KB129061

K-WISC-V 이해와 해석

곽금주 저

학지사

머리말

웩슬러 지능검사(WISC)를 처음 접하고 그 매력에 빠져 표준화 작업을 시작한 것이 1993년입니다. 예비 연구와 표준화 연구를 거쳐 1996년에『한국 웩슬러 유아지능검사(K-WPPSI-R)』(박혜원, 곽금주, 박광배 공저)를 출시하게 되었습니다. 웩슬러 지능검사는 최근의 발달심리학 연구를 토대로 아동의 지능과 인지능력을 정확하게 측정하고 심리학 이론에 근거해 해석한다는 점에서 매력적인 도구라고 생각합니다.

이후 웩슬러 아동지능검사의 한국판 연구를 시작하여 2001년에『한국 웩슬러 아동지능검사-3판(K-WISC-III)』(곽금주, 박혜원, 김청택 공저)을 출시하였습니다. 지능을 정확하게 측정할 수 있는 검사를 개발하고 그 검사를 제대로 실시하는 것은 중요합니다. 그러나 그만큼 중요한 것이 검사를 정확하게 이해하고 이 검사가 측정하는 능력을 바르게 해석하는 것입니다. 이러한 이유로 해석책자를 집필하기 시작하였습니다. 제게 책 한 권을 집필한다는 것은 많은 시간과 노력을 필요로 하는 작업입니다. 해석책자를 집필해 나갈 무렵 미국에서는『웩슬러 아동지능검사-4판(WISC-IV)』이 출시되었습니다. 해석책자 집필을 멈추고 한국판(4판) 표준화 연구를 시작하여 2011년에『한국 웩슬러 아동지능검사-4판(K-WISC-IV)』(곽금주, 오상우, 김청택 공저)을 출시하였습니다. 4판 해석책자를 준비하는 중에 2016년부터 다시 한국판(5판) 표준화 연구를 시작하여 2019년에『한국 웩슬러 아동지능검사 5판(K-WISC-V)』(곽금주, 장승민 공저)을 출시하였고, 이렇게 검사도구 개발에만 집중하다가 근 20여 년 만에 『K-WISC-V: 이해와 해석』을 드디어 출판하게 되었습니다.

웩슬러 아동지능검사는 여러 장면에서 유용한 검사도구입니다. 수행이 낮은 아동의 경우 심리적 특성이나 어떤 임상적 문제가 있는지를 알아볼 수 있다는 점에서 병원에서 활용되는 검사입니다. 임상장면만이 아니라 영재나 지체 아동을 변별하는 검사로서 세계적으로 가장 많이 사용되고 있는 지능검사입니다. 또한 보통 아동들의 심리적 상태나 학습상의 수행 등 여러 측면에서 한 아동의 내적 · 정신적 상태를 알아보는 데 유용하며, 학교장면에서도 학업을 위한 가이드라인을 제시할 때 참고할 수 있는 검사입니다.

이 책은 이러한 지능검사를 어떻게 실시하고 분석하여 그 결과를 해석할 것인지에 대한 전반적인 내용을 다루었습니다. 제1장에서 제4장까지는 지능, 지능검사, 웩슬러 지능검사 그리고 K-WISC-V에 대한 내용을 다루었습니다. 제5장과 제6장은 결과보고서1 그리고 제7장은 결과보고서2에 대한 해석을 다루었습니다. 결과보고서는 두 가지로 나뉘는데, 기록용지에 해당하는 결과보고서1과 더 많은 해석을 위한 CHC 분석 및 기타 분석에 대한 보고서인 결과보고서2가 있습니다. 이것을 학지사 인싸이트의 웹사이트에서 출력하여 본 후 어떻게 해석할 것인지에 관한 것은 이 책을 통해 도움을 받을 수 있습니다. 제8장 해석 사례와 보고서 작성의 내용은 학지사 인싸이트에서 실제로 점수를 기입하여 그 결과에 대한 결과보고서를 예시로 보여 주면서 설명하였습니다. 제9장과 제10장은 장애아동을 대상으로 한 외국 연구를 포함하여 K-WISC-V를 실시한 임상사례를 제시하고 있습니다. 물론 처음 접하시는 분들에게는 실시와 해석이 어려울 수 있기 때문에 학지사에서 실시하는 워크숍을 수강하실 것을 권장합니다.

웩슬러 아동지능검사를 실시하기 위해서는 실시 연습이 충분히 되어야 합니다. 그뿐만 아니라 올바른 해석을 위해 많은 공부가 전제되어야 합니다. 이 책은 물론이고 심리학에 대해 다양하게 공부를 하는 것이 필요합니다. 그런 의미에서 K-WISC-V를 사용하시는 검사자분들께 이 책이 조금이나마 도움이 되었으면 합니다.

이 책이 출판되기까지 많은 분의 도움이 있었습니다. 25여 년 넘게 웩슬러 아동지능검사의 연구 동반자인 서울대학교 발달심리학 연구실의 변지원 선생님과 원고를 꼼꼼히 읽고 수정해 준 김채윤, 박윤아, 표다솔 대학원생에게도 고마움을 전합니다. 또한 교정을 보는 데만 7개월이 넘게 소요되는 편집 과정을 묵묵히 진행해 주신 편집부 김진영 차장님께 감사드립니다. 무엇보다 30여 년 동안 변함없고 아낌없이 지원해 주신 학지사 김진환 사장님께 깊이 감사드립니다.

2021년 3월

저자 곽금주

차례

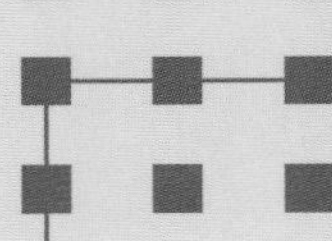

제1장

지능

Ⅰ. 지능이론
Ⅱ. 지능의 발달
Ⅲ. 지능검사

제1장 지능

인간이 지닌 능력에 대해 사람들은 오래전부터 관심을 가지고 있었다. 특히나 심리학자들은 지능이 어떤 요인들로 구성되어 있는지 그리고 그런 지능을 어떤 방법으로 측정할 수 있을지에 대해 관심을 두었다. 지능은 몸무게나 키와 같이 물리적으로 측정할 수 없는 추상적인 개념이다. 따라서 지능은 한 가지로 정의될 수 없으며, 지능에 대한 연구가 오랫동안 이루어져 왔지만 여전히 밝혀지지 않은 부분들도 많다. 이 장에서는 지능이론과 지능검사, 그리고 지능의 발달과 관련된 요인들에 대해서 알아볼 것이다.

I. 지능이론

지능의 정의에 대해서 〈표 1-1〉과 같이 학자들은 다양한 개념들을 제시하고 있다. 그러나 공통적으로 학자들은 지능이란 경험을 통해 학습해 나가고, 학습한 것을 토대로 문제를 해결하며, 획득한 지식을 사용하여 새로운 상황에 적응하는 능력으로 본다. 지능은 인간을 이해하는 데 중요한 지표로서 교육, 임상, 그리고 연구조사 등의 측면에서 매우 큰 의미를 갖는다.

표 1-1 지능의 정의

학자(년도)	지능의 정의
Terman (1921)	추상적 사고 능력
Thorndike (1921)	진리 또는 사실의 관점에서 좋은 응답을 하는 능력
Peterson (1921)	적응과 조절을 위한 생물학적 기능
Pintner (1921)	새로운 환경에 자신을 적응시키는 능력
Woodrow (1921)	능력을 획득하는 능력
Haggerty (1921)	감각, 지각, 연합, 기억, 상상, 변별, 판단, 추론과 같은 복잡한 정신 과정을 내포하는 실용적인 개념
Henmon (1921)	지식을 획득하는 능력과 가지고 있는 지식의 양

출처: 미국심리학회 연차대회(1921): Kaufman (2018) 재인용.

여기에서는 지능에 대한 심리학 이론 중 심리측정적 접근에 해당하는 대표적인 이론들을 다룰 것이다. 심리측정적 접근에서는 지능을 측정 가능한 것으로 보며, 기본적으로 요인 분석(factor analysis)을 사용해서 지능을 측정한다. 요인 분석이란, 다양한 요인 간의 상관을 분석해 상관이 높은 요인끼리는 단일 요인으로 묶어서 축약하는 통계 방법이다. 이 방법은 어떤 능력(또는 요인)을 측정하는 검사들 간에 점수의 상관이 높을 경우, 그 검사들이 동일한 능력을 측정한다고 가정하는 것이다. 가령, 검사 A, B, C, D, E의 점수가 높은 상관을 나타낼 경우 그 다섯 가지 검사가 모두 같은 능력을 측정한다고 볼 수 있으며, 해당 능력이 높은지 낮은지에 대한 개인차의 확인과 비교를 해 볼 수 있다(Gross, 2015).

다음은 요인 분석을 통해 지능을 심리측정적 접근으로 설명한 대표적인 이론인 Spearman의 2요인 이론, Thurstone의 기초 정신 능력, Guilford의 지능 구조 모델, Cattell과 Horn의 유동지능-결정지능 모델, Burt와 Vernon의 위계 모델, Carroll의 3계층 모델과 CHC 이론에 대해 설명하겠다.

1. Spearman의 2요인 이론

Spearman(1927)은 최초로 요인 분석을 사용하여 지능의 2요인 이론(two factor theory)을 제시하였으며, 지능은 일반 지능과 특수 지능으로 나뉜다고 주장하였다(Embretson & McCollam, 2000 재인용). Spearman은 영국에서 학령기 아동들을 대상으로 문학, 프랑스어, 영어, 수학, 소리 구분 등 다양한 영역들을 측정하는 검사를 진행했다. 그 결과, 그는 각 영역을 측정하는 검사들 간에 정적 상관이 있다는 것을 발견했다(Kaufman, 2018). 즉, 한 검사에서 좋은 점수를 받은 학생은 다른 검사에서도 좋은 점수를 받는다는 것이다. 따라서 Spearman은 검사의 수행이 주로 하나의 일반적인 지적 능력에 의해 결정된다고 보았으며, 이를 일반 요인(g-factor) 혹은 일반 지능(general intelligence)이라고 불렀다. 일반 지능이란 모든 하위검사 점수에 고르게 영향을 미치는 개인의 일반적인 지적 능력을 의미한다. 즉, 일반 지능은 모든 종류의 인지적 과제를 수행할 때 사용되는 능력으로, 인간의 선천적인 능력이라 할 수 있다. 그리고 Spearman은 일반 지능 외에 특정 종류의 인지적 과제를 수행할 때 필요한 능력인 특수 요인(s-factor) 혹은 특수 지능이 있다고 주장하였다. 특수 지능은 주로 환경에서 학습되고 습득되는 것으로 언어적 · 수리적 · 공간적 · 음악적 능력을 포함한다(곽금주, 2016). 이렇듯 Spearman은 지능을 일반 요인과 특수 요인으로 구분하여 지능의 2요인 이론을 주장했지만, 특히 일반 요인에 초점을 두었다. 따라서 Spearman의 지능이론을 일반지능이론(g theory)이라고 부르기도 한다. 그는 모든 인지능력 검사가 일반 요인 g의 측정을 포함하기 때문에 g가 높으면 모든 검사에서 수행이 높을 것이며, 수행의 개인차도 타고난 g에 의한 것이라고 보았다. Spearman이 지능의 g 요인을 주장한 이후로, 이 개념은 심리학에서 많은 주목을 받았으며 다양한 지능검사의 이론적 토대가 되었다. 한편, 몇몇 학자들은 일반 요인 g와 같은 단일 요인이 지능의 복잡성과 다양성을 대표할 수 없다고 반박하기도 했다.

2. Thurstone의 기초 정신 능력

Thurstone은 지능이 여러 요인으로 구성된다고 생각했으며, Spearman이 주장한 일반 지능 g에 대해 동의하지 않았다. 대신, Thurstone은 일반 지능 g를 "Spearman이 사용한 통계적 과정에 의해 인위적으로 만들어진 결과물"이라고 주장했으며, 인간의 지능을 단일한 특성으로 간주해서는 안 된다고 지적했다(Sternberg & Kaufman, 2011). 따라서 단일한 지능을 토대로 아동을 줄 세우는 것도 불가능하다고 주장하였다. Thurstone(1938)은 240명의 학생들을 대상으로 56개의 지능검사를 실시하고 요인 분석을 한 결과, 지능이 일곱 가지의 구별되는 요인으로 구성된다고 주장하였다(Lund, 2010 재인용). 이러한 일곱 가지 요인들을 기초 정신 능력(primary mental abilities)이라고 부르며, 언어이해(Verbal Comprehension), 언어 유창성(Verbal Fluency), 수리적 사고(Number), 지각 속도(Perceptual Speed), 공간 능력(Spatial Realization), 기억(Memory), 귀납적 사고(Inductive Reasoning)가 포함된다. 〈표 1-2〉는 일곱 가지 기초 정신 능력과 각 능력에 대한 설명이다.

표 1-2 Thurstone의 기초 정신 능력

기초 정신 능력	설명
언어이해	구어로 표현된 자료나 쓰여진 자료를 이해할 수 있는 능력
언어 유창성	언어 자료를 빠르게 생성할 수 있는 능력
수리적 사고	수학적 조작을 빠르고 정확하게 수행할 수 있는 능력
지각 속도	시각 자극들을 정확하고 빠르게 인지하고 차이점을 파악할 수 있는 능력
공간 능력	대상이나 모양을 정신적으로 조작할 수 있는 능력
기억	그림, 숫자 등의 자극을 회상할 수 있는 능력
귀납적 사고	주어진 정보로부터 규칙이나 관계를 만들어 내는 능력

출처: Lund (2010).

Thurstone은 일곱 가지의 기초 정신 능력에 일반 지능 g를 포함시키지 않았다. 하지만 일반 지능과 이 일곱 가지의 기초 정신 능력 간에 상관관계가 나타나는 경우가 있었고, 이는 일반 지능이 존재할 수 있다는 가능성을 시사했다. 따라서

Thurstone은 일반 지능이 존재할 수도 있다는 가능성은 인정했지만, 그럼에도 인간의 지적 능력을 평가할 때 IQ 점수와 같은 단일한 점수를 사용하는 것은 부적절하다고 주장하였다(Kaufman, 2018).

3. Guilford의 지능 구조 모델

Guilford(1967)도 Spearman의 일반 지능 개념이 지능을 충분히 설명하기에 부족하다고 판단하여, 3차원으로 이루어진 지능 구조 모델(structure of intellect model)을 제안하였다(Kaufman, 2018 재인용). Guilford는 지능이 세 가지 축인 내용, 조작, 산출로 구성된다고 보았다. 우선, 내용(content)은 개인이 어떠한 정보에 관심을 가지는지, 즉 사고의 대상을 의미한다. 조작(operation)은 받아들인 정보를 뇌가 어떤 방식으로 사고하는지에 대한 것이다. 산출(product)은 내용과 조작을 통해서 어떤 결과를 만들어내는지에 대한 것이다. 처음에 Guilford는 네 가지 내용, 다섯 가지 조작, 여섯 가지 산출로 120개의 요인을 제시했지만, 이후에는 요인을 더 늘려 다섯 가지 내용, 여섯 가지 조작, 여섯 가지 산출로 지능에는 180개의 요인이 존재한다고 주장했다(Kaufman, 2018). 다섯 가지 내용에는 시각적 · 청각적 · 상징적 · 의미적 · 행동적 내용이 포함되며, 여섯 가지 조작에는 평가, 수렴적 생성, 확산적 생성, 기억 파지, 기억 부조화, 인지가 포함된다. 그리고 여섯 가지 산출에는 단위, 유목, 관계, 체계, 변환, 함축이 포함된다(곽금주, 2016). Guilford의 지능 구조 모델은 특수교육이나 영재교육 분야에 크게 영향을 주었지만, 각각의 요인에 대한 경험적 증거가 부족하다는 비판을 받고 있다(Sternberg & Kaufman, 2011). 또한 점수들이 독립적이라기보다는 서로 상관을 나타내어 Guilford가 생각했던 것보다 요인들이 더 적을 가능성도 제기되었다(Brody & Bordy, 1976: Gross, 2015 재인용).

4. Cattell과 Horn의 유동지능-결정지능 모델

Cattell(1963)은 Spearman의 일반 지능 g의 개념을 확장하여 일반 지능이 유동지능(fluid intelligence, Gf)과 결정지능(crystallized intelligence, Gc)으로 나뉜다고 주장하였는데, 이를 유동지능-결정지능 모델(Gf-Gc theory)이라 한다(Kaufman, Raiford,

& Coalson, 2015 재인용). 유동지능이란 새로운 상황이나 문제에서 귀납적 · 연역적 · 양적 추론을 할 수 있는 능력으로, 학습과는 무관한 선천적인 지능을 말한다. 유동지능은 개인이 빠른 속도로 사고하고 행동할 수 있게 하고, 새로운 문제를 풀 수 있게 하며, 단기기억에도 관여한다. 반면, 결정지능은 학습과 관련된 후천적인 지능으로, 배운 지식과 능력을 사용해 질문에 답하고 문제를 해결하는 능력이다. 이는 학교 교육과 삶의 경험을 통해 축적되며, 상식, 일반적인 정보, 어휘 이해 등의 분야에서 사용된다. Cattell과 Horn은 결정지능이 유동지능에 의존한다고 말했다. 유동지능이 새로운 지식을 획득할 수 있도록 돕고, 새롭게 획득된 지식은 시간이 지나 결정지능의 일부가 되기 때문이다. 결정지능은 개인의 축적된 학습 경험을 반영하기 때문에 나이가 들수록 높아지는 반면, 유동지능은 생물학적 영향을 많이 받기 때문에 아동기와 청소년기에 점진적으로 높아지다가 청년기에 유지되고, 이후에는 떨어지는 경향이 있다(Gross, 2015).

Cattell의 제자인 Horn(1968)은 이러한 지능의 이분법적인 구분을 확장시켜, Gf-Gc 모델에 다른 인지능력을 추가하였다(Kaufman et al., 2015 재인용). Horn은 결정지능과 유동지능 이외에도 단기기억(Short-Term Apprehension & Retrieval, SAR), 장기 저장 및 인출(Tertiary Storage and Retrieval, TSR), 시각처리(Visual Processing, Gv), 그리고 처리속도(Processing Speed, Gs), 청각처리(Auditory Processing, Ga), 양적 지식(Quantitative Knowledge, Gq) 등의 요소들을 추가하여 지능이 9~10가지의 넓은 인지능력으로 나뉜다고 주장하였다(Flanagan & Dixon, 2013; Kaufman et al., 2015). Gf-Gc 모델의 특징은 지능을 구성하는 요인 간 위계가 없다는 점과 일반 지능 g를 포함시키지 않았다는 점이다(Kaufman et al., 2015).

5. Burt와 Vernon의 위계 모델

Spearman의 학생이었던 Burt는 모든 검사가 일반 지능 g를 측정한다는 점에 동의하였지만, 2요인 이론이 너무 간단하다고 여겼다. 따라서 Burt와 Vernon(1950)은 Spearman의 이론을 확장시킨 위계 모델(hierarchical model)을 주장했다(Kaufman, 2018 재인용). 위계 모델은 지능의 구조에 위계가 있다고 보는 것으로, 제일 상위에 Spearman의 '일반 지능 g'가 있고, 그 아래에 2개의 주요 집단(major group) 요인인 언어-교육적 능력(verbal-educational ability, v:ed)과 공간-역학적 능력(spatial mechanical ability, k:m)이 있다. 우선, 언어-교육적 능력은 언어 능력을 나타내며 언어나 수학 자료를 이해하고 조작하는 능력과 연관이 있다. 반면, 공간-역학적 능력은 공간 능력을 나타내며 모양을 정신적으로 조작하는 능력과 연관이 있다. 그리고 주요 집단 요인 아래에는 비주요 집단(minor group) 요인이 있는데, 이는 주요 집단을 구성하는 각각의 요인을 말한다. 예컨대, 언어-교육적 능력의 비주요 집단으로는 언어적 요인, 수 요인(numerical factors), 교육적 요인 등이 있으며, 공간-역학적 능력의 비주요 집단으로는 공간적 요인, 역학적 요인 등이 있다. 마지막으로, 비주요 집단 요인 아래에 특수 요인(specific factors)이 있다. 특수 요인은 비주요 집단을 구성하는 각각의 특정한 요인들을 말하며, 언어적 비주요 집단의 특수 요인으로는 이해, 읽기, 문법 등의 특수 요인을 예로 들 수 있다(Lund, 2010).

6. Carroll의 3계층 모델

Carroll(1997)은 지능에 위계가 있다고 주장하며, 약 1,500개의 지능 관련 연구 중 461개를 추려 이를 다시 분석한 결과로 지능의 3계층 모델(three-stratum model of cognitive abilities)을 주장하였다(Sternberg & Kaufman, 2011 재인용). [그림 1-1]에서 볼 수 있듯이, Carroll의 3계층 모델의 맨 위 계층 III(Stratum III)에는 일반 지능 g가 있다. 이는 Spearman의 일반 지능 g에 해당하는 요인으로서 모든 인지적 수행에 공통적으로 사용되는 지적 능력을 의미한다. g 아래 계층 II에는 g의 영향을 받는 8개의 넓은 인지능력(broad cognitive abilities)이 포함된다. 넓은 인지능력은 유동지능(Gf), 결정지능(Gc), 일반적 기억과 학습(General Memory and Learning, Gy), 시지각(Broad Visual Perception, Gv), 청지각(Broad Auditory Perception, Gu), 인출 능력(Broad Retrieval Ability, Gr), 인지 속도(Broad Cognitive Speediness, Gs), 반응시간/결정속도(Reaction Time/Decision Speed, Gt)로 구성된다. 이 중 g와 가장 상관이 높은 요인은 유동지능(Gf)이며, 가장 상관이 낮은 요인은 반응시간/결정속도(Gt)이다. 맨 아래에 있는 계층 I에는 약 70여 개의 좁은 인지능력(narrow cognitive abilities)이 포함된다. 계층 I의 각각의 좁은 인지능력은 계층 II를 구성하는 8개의 넓은 인지능력들 중 적어도 하나 이상과 높은 상관이 있다(Sternberg & Kaufman, 2011).

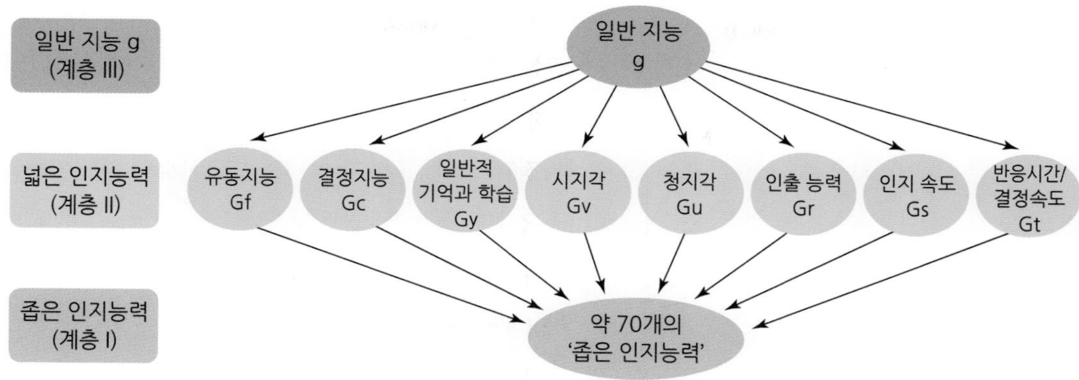

그림 1-1 Carroll의 지능의 3계층 모델

출처: 곽금주(2016).

Carroll의 3계층 모델은 인지능력 연구에 주요한 변화를 가져왔으며, 많은 학자들은 Carroll의 모델을 응용 심리학에서 가장 위대한 작업이라고 언급하였다(Kaufman, 2018).

7. CHC 이론

CHC 이론(Cattell-Horn-Carroll theory)은 Cattell과 Horn의 유동지능-결정지능 모델(Gf-Gc 모델)과 Carroll의 3계층 모델을 통합한 것이다(Kaufman et al., 2015). CHC 이론에 따르면, 지능은 일반 지능 g 요인 아래에 16개의 넓은 인지능력과 80개가 넘는 좁은 인지능력으로 구성된다(Flanagan & Dixon, 2013). 16개의 넓은 인지능력에는 유동추론(Gf=Fluid Reasoning), 결정지능(Gc=Crystalized Intelligence), (영역 특수적) 일반지식(Gkn=General (Domain-Specific) Knowledge), 양적 지식(Gq=Quantitative Knowledge), 읽기/쓰기 능력(Grw=Reading and Writing), 단기기억(Gsm=Short-Term Memory), 장기기억과 인출(Glr=Long-Term Storage and Retrieval), 시각처리(Gv=Visual Processing), 청각처리(Ga=Auditory Processing), 후각능력(Go=Olfactory Abilities), 촉각능력(Gh=Tactile Abilities), 정신운동능력(Gp=Psychomotor Abilities), 운동감각능력(Gk=Kinesthetic Abilities), 처리속도(Gs=Processing Speed), 결정속도/반응시간(Gt=Decision Speed/Reaction Time), 정

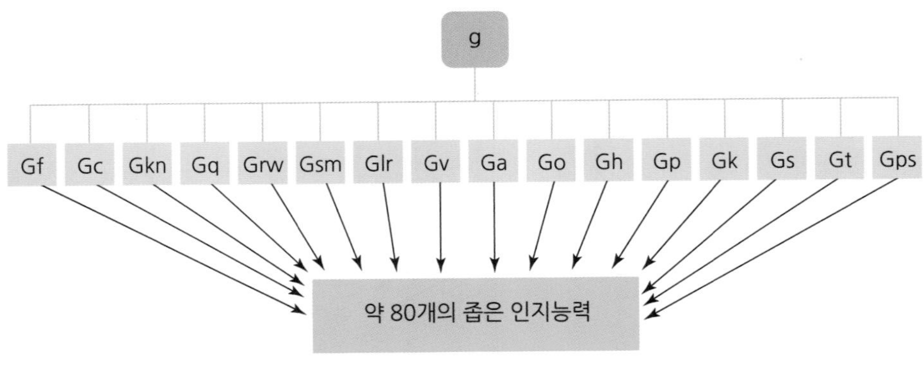

▮그림 1–2 **CHC 이론의 모형**

신운동속도(Gps=Psychomotor Speed)가 포함된다. CHC 이론은 웩슬러 지능검사를 포함한 대부분의 지능검사의 이론적 토대가 되었으며, 지능검사의 구조와 해석에도 큰 영향을 미쳤다(Kaufman, 2018). CHC 이론에 대한 더 자세한 내용은 제7장에서 설명하겠다.

II. 지능의 발달

어릴 때 똑똑한 사람은 성인이 되어서도 똑똑할까? 여기서는 어릴 때 측정한 지능지수가 성인이 되어서도 일정하게 유지되는지, 그리고 연령에 따라 지능이 어떻게 발달하는지에 대해 알아볼 것이다. 또한 지능이 유전에 의해 영향을 받는지 환경에 의해 영향을 받는지에 대한 논쟁을 살펴보겠다.

1. 지능의 안정성

심리학자들이 지능의 안정성에 관심을 갖는 이유는 지능의 안정성을 통해 미래의 수행을 예측할 수 있기 때문이다. 지능의 안정성(stability)이란 언제 어디에서 지능을 측정해도 지능지수가 일관되게 나타나는 정도를 의미한다. 지능의 안정성이 높다는 것은 연령이 증가해도 지능이 크게 변하지 않고 유지되었다는 의미이다. 반대로, 어렸을 때 측정한 지능점수와 성인이 된 후 측정한 지능점수가 크게 달라 상관이 낮다면, 지능의 안정성이 낮다고 말할 수 있다.

연령별 집단의 평균 지능에 대한 안정성을 확인하기 위해 Schneider, Niklas, 그리고 Schmiedeler(2014)는 만 4~7세 사이의 아동 200명을 대상으로 지능을 측정한 후, 이 아동들이 만 17세가 되었을 때와 만 23세가 되었을 때 지능을 다시 측정하였다. 그 결과, 연령이 증가할수록 전반적인 지능의 안정성은 높게 나타났으며, 이전 검사와의 검사 간격이 짧을수록 지능의 안정성이 높게 나타났다. 따라서 아동 초기의 지능은 성인기의 지능점수에 대한 단서를 제공해 준다고 할 수 있다(Fagan, 2011). 연령별로 측정된 IQ 간의 상관관계를 나타낸 〈표 1-3〉을 보면, 만 4세의 IQ는 이후의 IQ와 상관을 갖는다는 것을 확인할 수 있다. 또한 어릴 때 측정한 IQ보다 연령이 높을 때 측정한 IQ가 이후의 IQ를 더 정확하게 예측한다는 것을 알 수 있다(곽금주, 2016 재인용).

표 1-3 연령별 측정된 IQ 간 상관성

아동의 연령	7세 IQ와의 상관	17세 IQ와의 상관	23세 IQ와의 상관
4세	.69	.40	.46
5세	.64	.54	.48
7세	-	.64	.58
17세	-	-	.95
23세	-	-	-

출처: Schneider et al. (2014): 곽금주(2016) 재인용.

생애 초기에 지능이 낮았던 아동은 나이가 들어서도 일관되게 지능이 낮게 나타날 가능성이 크지만, 생애 초기에 지능이 높았던 아동은 이후 지능이 높게 나타나지 않을 수 있다. Lohman과 Korb(2006)의 연구에서 초등학교 1학년 때 높은 지능점수를 받은 아동은 학년이 높아졌을 때 높은 지능점수를 유지하지 못했다. 그러나 Schacter, Gilbert, 그리고 Wegner(2015)의 연구에서는 높은 지능점수를 받은 영재 아동이 6년 후에도 여전히 높은 지능점수를 유지하는 것으로 나타났다. 그러므로 지능점수가 높고 낮은 정도에 따라 지능의 안정성을 설명하기 위해서는 구체적인 연구가 더욱 필요하다(곽금주, 2016 재인용).

영아기의 인지능력이 이후의 지능을 예측할 수 있는 안정성을 증명하기 위해 오랜 시간 연구가 이루어져 왔다. 성인이나 아동을 대상으로 하는 지능검사와 달리 영아를 대상으로 한 지능검사는 감각운동적 · 사회적 기술을 위주로 측정하는 발달검사를 실시하고, 영아의 발달 상태를 상대적으로 나타내는 발달지수를 산출한다. 심리학자들은 발달지수로 이후의 지능을 설명하려고 했으나, 1950년대에 이러한 시도는 효과가 없는 것으로 나타났다. 가령, Bayley(1955)의 연구에서는 발달검사에서 측정하는 감각운동적 과제의 수행이 지능과 관련이 없는 것으로 나타났다(Sternberg & Kaufman, 2011 재인용). 이후에는 발달지수 대신 영아의 주의, 처리속도, 정보처리, 기억 등의 인지능력과 지능의 관계에 대한 연구가 많이 이루어졌다. Fagan(1990)은 영아기 습관화를 연구했는데, 습관화는 자극에 반복적으로 노출되었을 때 이에 익숙해지는 것을 말하며, 이 과정에서 정보처리와 같은 인지능력이 요구된다. 연구에 따르면, 영아기의 습관화 정도는 이후 아동기, 청소년기, 성인기의 지능과 상관이 있었다(곽금주, 2016 재인용). 또한 McCall과 Carriger(1993)의 연구에 따르면 영아기의 습관화와 기억 능력은 만 2~8세 때의 지능점수를 예측하였다. Sigman, Cohen, 그리고 Beckwith(1997)는 신생아를 대상으로 추상적 패턴에 대한 간단한 시각적 주의를 측정했는데, 이때의 시각적 주의와 만 18세의 지능 간에 상관이 있다는 것을 발견했다(Sternberg & Kaufman, 2011 재인용). 이러한 결과들은 영아기의 정보처리 능력과 관련된 인지능력이 이후 지능점수를 예측한다는 것을 보여 준다. 또한 인간의 지능은 일반적으로 연령이 증가함에 따라 발달한다. 연령에 따른 지능의 변화를 살펴보면, [그림 1-3]과 같이 생후 1세부터 약 10세까지 급격히 증가하다가 20세 전후에 발달의 정도가 절정에 이르고, 이후에는 지능의 발달 속도가 느려진다고 할 수 있다.

지능을 구성하는 하위 요인이 연령에 따라 다르게 발달한다는 주장도 존재한다. Thurstone(1955)은 일곱 가지 요인으로 구성된 기초 정신 능력(primary mental abilities)을 제시하였는데, 각 요인의 발달 속도는 연령에 따라 다르다고 주장하였다. 지각 속도 요인은 만 12세에, 공간 능력 요인과 귀납적 사고 요인은 만 14세에, 수리적 사고 요인과 기억 요인은 만 16세에, 언어이해 요인은 만 18세에 성숙한 수준에 도달한다. 그리고 가장 늦게까지 발달하는 언어 유창성 요인의 경우 만 20세

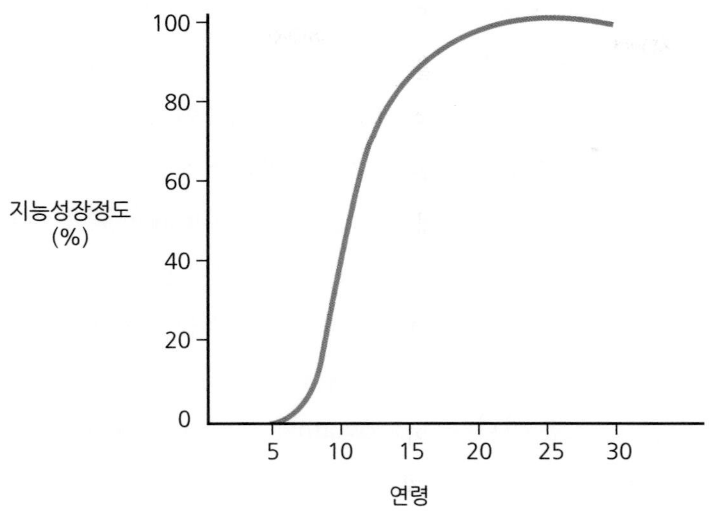

▌그림 1-3 **지능발달곡선**

출처: Dearborn & Rothney (1963): LaBarba (2013) 재인용.

이후에 성숙한 수준에 도달하게 된다(Carroll, 1993). 이는 연령에 따라 지능 요인 발달에 차이가 있다는 것을 말한다. Horn과 Cattell(1966)은 횡단 연구를 통해, 새로운 문제를 해결할 때 필요한 유동지능의 발달은 10대 후반에 절정에 도달하고 그 이후에는 발달이 완만해지는 반면, 결정지능은 개인의 경험과 학습을 반영하기 때문에 발달이 계속된다는 것을 발견했다(Sternberg & Kaufman, 2011 재인용). 그러나 모든 사람이 같은 발달 과정을 경험하는 것은 아니며 개인이 가진 유전 및 환경에 따라 지능은 서로 다르게 발달하는 변이성(variability)을 보이기도 한다.

2. 지능의 영향

지능이 개인에게 미치는 다양한 영향에 대해 오랫동안 학자들은 큰 관심을 가져왔다. 실제로 지능은 학업 성취, 직무 수행 능력, 자기 조절 능력, 신체적 · 정신적 건강 등 개인의 삶에 많은 영향을 미칠 수 있다. 이 부분에서는 지능이 개인의 삶에 미칠 수 있는 다양한 영향들에 대해 간략하게 살펴보겠다.

우선, 지능과 학업 성취는 서로 밀접한 관련이 있다(Sternberg & Kaufman, 2011). 실제로 초기 지능검사는 학업 성취를 예측하기 위한 목적으로 만들어졌으며(White,

Livesey, & Hayes, 2012), Neisser 등(1996)의 연구에 따르면 아동의 IQ 점수가 높을수록 학업 성취도가 높은 것으로 나타났다. 영재 아동과 일반 아동의 학업 성취를 예측한 연구에서도 영재 아동이 모든 학업 성취도 평가에서 더 높은 점수를 받았다(Guez, Peyre, Le Cam, Gauvrit, & Ramus, 2018). 이러한 결과는 지능검사와 학업 성취도 평가가 모두 Spearman의 일반 지능(general intelligence)을 측정하고 있기 때문일 수 있다(Neisser et al., 1996). 또한 학교 정규 교육과정에서는 주로 지능검사가 측정하는 능력(결정지능, 문제해결 전략)과 유사한 능력을 아동에게 가르치기 때문에 서로 밀접한 관련이 있을 수 있다. 그러나 높은 IQ 점수가 무조건적으로 높은 학업 성취를 예측하는 것은 아니다. Duckworth와 Seligman(2005)의 연구에 따르면 스스로를 통제하는 힘, 즉 자기 통제(self-discipline)가 높은 청소년이 IQ 점수가 높은 청소년보다 학업 성취 수준이 더 높은 것으로 나타났다. 뿐만 아니라, 높은 자기 통제 능력을 가진 청소년은 시간이 지날수록 학업 성취가 꾸준히 향상되는 경향을 보였다. 한편, Calero 등(2007)의 연구에서는 아동의 IQ 점수가 높을수록 일반 아동에 비해 자기 조절 능력이 더 높았으며, 스스로 동기부여할 수 있는 능력이 우수한 것으로 나타났다. 이렇듯 높은 IQ 점수가 무조건적으로 높은 학업 성취를 예측하는 것은 아니며 여러 가지 다른 능력이 영향을 미칠 수 있다.

높은 지능은 학업뿐만 아니라 직업 성취와도 관련이 있다. Hegelund, Flensborg-Madsen, Dammeyer, 그리고 Mortensen(2018)은 덴마크 남성 100만 명 이상을 대상으로 지능이 직업 성취에 영향을 미치는지 조사하였다. 그 결과, 낮은 IQ 점수는 직업적 실패를 예측하는 것으로 나타났다. 이는 앞서 설명한 학업 성취와 관련이 있을 수 있는데, 지능이 낮을수록 학업을 이수하지 못할 확률이 크기 때문에 직장에서 요구하는 자격을 갖추지 못할 수 있다(Fergusson, John Horwood, & Ridder, 2005). 또한 Schmidt와 Hunter(2004)의 연구에 따르면, 지능이 높을수록 직무 수행 성과가 높은 것으로 나타났으며, 소위 직장 내 성공요소로 여겨지는 성격 특성보다도 지능은 직무 수행 성과와 더 높은 관련이 있었다. 이러한 결과는 Spearman(1904)이 제시한 일반 지능이 직업 성취를 예측한다는 이론을 뒷받침한다(Schmidt & Hunter, 2004 재인용). 일반 지능은 개인이 습득할 수 있는 정보의 속도 및 양과 관련이 있다. 따라서 지능이 높을수록 더 많은 직무를 배우고, 직무상의 요구를 더 잘 수용하며, 더 높은 직무 수행 성과를 달성할 수 있다(Schmidt, Hunter, & Outerbridge, 1986). 그러나 높은 지능이 항상 높은 직업 성취 및 직무 수행 성과로 이어지는 것은 아니다. 지능이 높음에도 불구하고 직업 적성이나 직무 동기 등에 따라 직업 성취는 다양하게 나타날 수 있다(현성용 외, 2015).

많은 학자들은 높은 지능과 함께 자기 조절 능력의 중요성을 강조하며(예: Sternberg, 1988; Renzulli's, 2002: Calero, García-Martín, Jiménez, Kazén, & Araque, 2007 재인용), 아동기 지적 능력과 자기 조절 능력은 서로 밀접한 관련이 있다고 보고한다. 아동기의 자기 조절 능력은 주로 행동적인 측면에서 연구되었는데, 대표적인 연구로는 Mischel과 Mischel(1987)의 만족지연(delay of gratification) 연구이다. 만족지연 능력이란 미래의 더 큰 보상을 위해 현재의 만족을 지연시킬 수 있는 자기 조절 능력을 말하며, Mischel과 Mischel(1993)은 만족지연 실험을 통하여 아동이 자신의 동기를 조절하기 위해 사용하는 인지적 전략을 조사하였다(Calero et al., 2007 재인용). 그 결과, 아동기의 만족지연 능력은 이후 청소년기의 적응 행동 및 높은 학업 성취를 예측하였다. Carlero 등(2007)에 따르면 자기 조절 능력은 IQ 점수와 관련 있는 것으로 나타났다. Calero 등(2007)은 IQ 점수가 높은 아동과 IQ 점수가 평균인 아동을 대상으로 자기 조절 능력을 측정하였는데, 아동의 IQ 점수가 높을수록 자기 조절 능력이 우수한 것으로 나타났다. 이는 작업기억과 연관이 있는데, IQ 점수가 높은 아동은 높은 수준의 작업기억을 보여, 목표를 효율적으로 실행하기 위해 자신의 주의를 더 잘 집중하고 조절할 수 있기 때문이다. 국내 연구에서도 김연수와 곽금주(2015)가 학령 전기 아동을 대상으로 자기 조절 능력과 지능 사이의 연관성을 조사한 결과, 아동의 지능이 높을수록 자기 조절 능력이 높은 것으로 나타났다. 이처럼 높은 지능과 자기 조절 능력은 서로 밀접한 관련이 있는 것으로 보인다.

이외에도 지능은 개인의 수명에 영향을 미칠 수 있다. Calvin 등(2011)의 연구에 따르면, 질병이 생기기 이전에 실시한 지능검사에서 높은 IQ 점수를 받을수록 사망률이 낮게 나타났다. 지능점수와 사망률의 상관은 성별의 차이가 없었으며, 어린 시절 사회경제적 차이, 부모의 직업, 소득의 변수를 제외한 후에도 유의미하게 나타났다. Batty, Deary, 그리고 Gottfredson(2007)의 연구에서도 만 20세 이전에 측정된 IQ 점수가 높을수록 성인기 중후반의 사망률이 낮게 나타났다. 또한 낮은 IQ 점수는 개인의 건강상 위험을 나타내는 지표일 수 있다. Deary, Weiss, 그리고

Batty(2010)에 따르면, 신체적 질병 중 특히 심장마비는 아동기의 낮은 지능과 높은 연관성을 보였는데, 이는 지능이 낮을수록 부정적 정서나 질병들에 전략적으로 대처하는 데 어려움을 겪기 때문이다(곽금주, 2016 재인용). 뿐만 아니라, IQ 점수가 높은 사람은 IQ 점수가 낮은 사람에 비해 뇌의 예비 역량(cerebral reserve capacity)이 더 큰 경향이 있다. 뇌의 예비 역량이란 뇌 질환 및 인지능력에 대한 뇌의 회복력을 말하며, 뇌의 예비 역량이 높을수록 뇌 질환의 출현과 인지능력 저하를 감소시킬 수 있다(Staff, Murray, Deary, & Whalley, 2004). 이로 인해 상대적으로 IQ 점수가 낮은 사람은 성인기 이후 인지능력 저하를 보일 수 있으며, 이는 알츠하이머병(Alzheimer's disease)과 같은 질병을 유발시키는 위험 요소가 될 수 있다(Whalley & Deary, 2001). 이 외에도 IQ 점수는 개인이 건강 행동을 성공적으로 관리할 수 있는 능력을 반영한다(Batty et al., 2007). 이렇듯 IQ 점수는 개인의 지적 능력을 나타낼 뿐만 아니라 건강을 예측하는 중요한 지표로 사용될 수 있다.

IQ 점수는 신체적 건강뿐만 아니라 정신적 건강과도 연관이 있다. 국제질병분류인 ICD-10(International Statistical Classification of Diseases and Health-related Problems, 10th revision) 진단 지침에서도 지적장애 및 대부분의 정신발달 장애의 진단기준은 지적 능력의 평가를 포함한다(WHO, 1993: Mathiassen et al., 2012 재인용). 뿐만 아니라 IQ 점수는 성인기 정신질환을 예측할 수 있는 중요한 지표이다. Koenen 등(2009)의 연구에 따르면, 아동기의 낮은 IQ 점수는 이후 성인기에 우울증과 불안증 발생 위험 증가와 관련이 있었다. 이는 비축된 인지적 자원(cognitive reserve)과 관련이 있는데, 인지적 자원이란 신경정신 장애(neuropsychiatric disorders)의 발생을 감소시켜 줄 수 있는 개인의 뇌 구조 및 기능을 말한다(Koenen et al., 2009). 다시 말하면, 개인은 비축된 인지적 자원에 따라 신경 자원(neural resources)을 효율적으로 사용하는 데 차이를 보이는데, 지능이 높을수록 비축된 인지적 자원이 높아 신경정신 장애의 출현 위험이 적다. 이 외에도 스웨덴의 남성 100만 명 이상을 대상으로 한 징집 연구(the Swedish Conscript Study)에서도 질병 발생 전 실시한 지능검사에서 IQ 점수가 낮을수록 전체적인 정신질환의 출현 위험이 높은 것으로 나타났다(Gale, Batty, Tynelius, Deary, & Rasmussen, 2010). 이는 IQ 점수가 높을수록 스트레스를 다룰 수 있는 자기 통제감이 높게 나타나는 것과 연관될 수 있다. 그러나 무조건적으로 낮은 IQ 점수가 정신질환을 야기하는 것은 아니며,

앞서 언급한 연구 결과들은 집단의 평균에 근거한 것이기 때문에 개인마다 다른 특성을 설명하지는 못한다.

3. 유전과 환경

초기 지능에 대해 연구한 학자들은 지능이 유전에 의해 결정된다고 믿었다. 즉, 인간의 지적 능력은 선천적으로 결정되며, 불변하고, 고정되어 있다는 것이다. 그러나 다른 학자들은 지능이 사회적 · 환경적 영향을 받으며 개인의 노력에 따라 발달할 수 있다고 보았다. 이처럼 지능의 발달에 대해 학자들은 서로 다른 주장을 하고 있다. 여기에서는 지능의 유전적 영향과 환경적 영향에 대해서 알아보고 각 입장에서 어떠한 근거를 제시하고 있는지 살펴보겠다.

3.1. 유전적 영향

연구자들은 가계도 연구, 쌍둥이 연구, 입양아 연구 등을 통해 지능이 유전의 영향을 받는다는 것을 밝혀냈다. 우선, 지능이 유전된다고 주장한 대표적인 학자는 Francis Galton이다. 그는 천재성이 세대 간 유전된다고 보았고, 400명의 천재들의 가계를 조사한 결과, 대부분 6~10세대 사이에 천재들이 많다는 것을 발견하였다(황정규, 2010). Nichols(1978)의 가족 연구에서도 일란성 쌍둥이의 지능 상관 정도가 .82로 높게 나타나 유전자를 공유하는 가족 구성원 간의 지능이 서로 유의미한 상관관계를 보인다는 것을 보여 주었다(곽금주, 2016 재인용). 그러나 가족 구성원은 유전자뿐만 아니라 성장하고 생활하는 환경도 함께 공유하기 때문에 이러한 결과만으로는 지능이 유전에 의해 완전히 결정된다고 결론지을 수 없다.

따라서 연구자들은 혈연관계이지만 서로 다른 환경에서 자란 형제자매의 지능을 비교 연구한다. 그중에서도 특히 일란성 쌍둥이는 유전자를 서로 완전히 공유하기 때문에 지능에 대한 유전의 영향을 보기 위해 많이 연구된다. 영국의 유명한 심리학자 Burt(1966)는 태어나자마자 따로 키워진 일란성 쌍둥이의 지능점수가 높은 상관을 나타낸다는 것을 밝혔다. 그의 연구에 따르면, 쌍둥이들이 각자 다르게 경험했던 환경은 그들의 지적 능력에 거의 영향을 미치지 못했다(Plucker & Esping, 2016 재인용). [그림 1-4]는 유전적 관계가 밀접할수록 지능점수가 서로 유사하다는 것을 보여 준다(McGue et al., 1993: Myers & DeWall, 2015 재인용). 함께 양육된 이란성 쌍둥이보다 따로 양육된 일란성 쌍둥이의 지능점수 상관계수가 더 높았으며, 이는 지능이 유전에 영향을 받는다는 것을 보여 준다. Haworth 등(2009)과 Lykken(2006)의 연구에서는 특히 함께 양육된 일란성 쌍둥이의 지능점수가 같은 사람이 동일한 검사를 두 번 실시한 점수만큼이나 동일했다고 보고하였다(Myers & DeWall, 2015 재인용). 이 연구 결과 역시 유전이 지능에 중요한 영향을 미친다는 것을 보여 준다.

또한 입양아를 대상으로 한 지능 연구들도 있다. 입양아는 입양 부모와 같은 환경을 공유하지만 유전자는 공유하지 않고, 생물학적 부모와는 같은 환경을 공유하지 않지만 유전자는 공유한다. 그래서 지능에 대한 유전과 환경의 영향을 알아볼 때 이런 입양아를 대상으로 연구한다. Munsinger(1975)의 연구에 따르면, 입양 부모와 입양아의 지능 상관 정도가 0.19인 반면, 생물학적 부모와 입양아의 지능 상관 정도는 0.48로 더 높게 나타났다. 즉, 입양아의 지능은 입양 부모의 지능보다 생물학적 부모의 지능과 더 상관이 높은 것이다. 또한 Plomin(1988)의 연구에서 입양아와 입양 가정의 형제들의 지능을 청소년기에 측정한 결과, 어릴 때 함께 자랐음에도 입양아의 지능과 입양 가정의 형제들의 지능은 낮은 상관을 보였다(Gross,

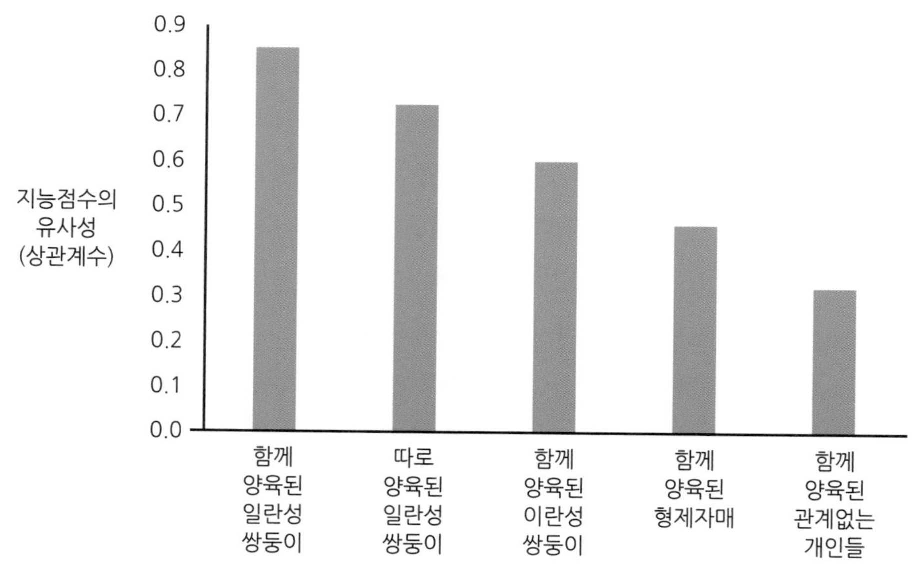

▌그림 1-4 **가족 간 지능점수의 유사성**

출처: McGue et al. (1993): Myers & DeWall (2015) 재인용.

2015 재인용).

이처럼 유전적 요인은 지능에 큰 영향을 미친다. 그러나 아무리 높은 지능을 가지고 태어났더라도 열악한 환경 또는 유전적 요인을 발휘하기 힘든 환경에서 자란다면, 지능이 충분히 발달되기 힘들 것이다. 그러므로 지능이 오로지 유전적 요인에 의해서만 결정된다고 보기에는 어렵다. 따라서 유전적 요인 이외에도 환경적 요인이 지능에 어떤 영향을 미치는지 알아볼 필요가 있다.

3.2. 환경적 영향

인간의 지능은 생후 부모로부터 가장 많은 영향을 받고, 학교에 진학하면서 교사, 또래 친구들 그리고 학교 교육에 의해 영향을 받는다. 또한 아동은 자라면서 사회로부터 직접적 혹은 간접적 영향을 받는다. 예컨대, 앞의 [그림 1-4]에서 함께 양육된 일란성 쌍둥이의 지능점수 유사성이 따로 양육된 일란성 쌍둥이의 지능점수 유사성보다 높게 나타난 결과는 유전뿐만 아니라 환경적 요인도 지능에 영향을 미친다는 점을 시사한다. 이 외에도 Kaufman과 Lichtenberge(2006)의 연구에 따르면, 함께 양육되었지만 유전적으로 관계가 없는 아동의 지능점수 상관이 서로 분리되어 양육된 생물학적 형제들의 지능점수 상관보다 더 높게 나타났다(현성용 외, 2015 재인용). 이를 통해 환경이 지능 발달에 어느 정도 영향을 미친다는 것을 알 수 있다.

Hunt(1982)는 이란의 한 고아원에서 적절한 보살핌의 부재 등 환경의 결핍이 지능의 발달을 지연시키는 현상을 관찰하였다. 결핍된 환경으로 인해 고아원의 아동들은 스스로 앉거나 걷기 등 해당 연령대에 요구되는 능력이 제대로 발달하지 않은 모습을 보였다. 그는 이러한 문제를 해결하고자 고아원의 아동들과 보육사들을 훈련시켰으며, 그 결과 고아원의 유아들은 모두 올바른 인지 발달을 할 수 있었다(Myers & DeWall, 2015 재인용). 이러한 결과는 극단적이기는 하지만 환경이 지능 발달에 영향을 줄 수 있다는 것을 보여 주는 또 다른 사례이다.

환경과 지능의 관계를 확인하기 위해 Olson, Bates, 그리고 Kaskie(1992)의 연구에서는 가정 환경 자극척도(Home Observation for Measurement of the Environment: HOME)와 지능의 상관관계를 조사하였다. HOME은 출생부터 만 3세 사이의 아동을 대상으로 아동의 생활 환경, 부모로부터 받는 정서적 지지, 학업적 자극 등 다양한 가정 환경 요소들을 측정한다. 연구 결과, 생후 6개월에 측정된 HOME 점수와 만 4세 때의 지능점수 간에 정적 상관이 있었고, 만 2세 때의 HOME 점수는 만 11세의 지능점수와도 정적 상관이 있었다(곽금주, 2016 재인용). 따라서 가정 환경의 환경적 요소들이 지능에 영향을 미치는 것으로 보인다.

형제간 출생 순위 및 가족의 수에 따른 지능의 차이도 발견되었다. Belmont와 Marolla(1973)는 약 40만 명을 대상으로 출생 순위에 따른 지능의 차이를 조사하였다. 그 결과, 대부분 첫째가 둘째보다 지능이 높았으며, 둘째는 셋째보다 지능이 높은 것으로 나타나, 출생 순위에 따른 지능의 차이를 확인할 수 있었다. 이는 지능이 가족 구성원에 의해 영향을 받기 때문인데, 예를 들어 첫째의 경우 상대적으로 성인(부모)의 지적 수준에서 영향을 많이 받아 둘째 혹은 그 이상의 형제보다 지능이 높을 수 있다(Zajonc, Markus, & Markus, 1979). 또한 Zajonc(1976)에 따르면, 첫째는 동생에게 신발끈을 묶는 방법을 알려 주거나, 단어의 뜻을 알려 주는 등 부족한 부분을 가르쳐 주는 과정에서 인지능력이 향상될 수 있다고 한다. 국내에서도 박혜원, 곽금주, 박광배(1995)가 만 3~7세 아동을 대상으로 형제간의 지능 상관에 대해 연구하였다. 그 결과, 셋째 이상 아동의 지능이 첫째와 둘째에 비해 낮은 경향을 보였으며, 외동의 지능이 가장 높은 것으로 나타났다. 그러나 출생 순위에 따른 지능의 상관 정도는 약한 수준이었으며, 이에 대해서는 구체적인 연구가 더 필요할 것으로 보인다.

또한 사회경제적 지위(Socioeconomic Status, SES) 수준이 아동의 지능에 중요한 영향을 미친다는 것을 유전과 관련하여 제시한 연구도 있다. 사회경제적 지위가 낮은 아동의 지능은 환경이 상대적으로 중요한 요인으로 작용하고, 사회경제적 지위가 높은 아동의 지능은 유전이 상대적으로 중요한 요인으로 작용한다는 것이다(Sternberg & Kaufman, 2011: Turkheimer, Haley, Waldron, D'Onofrio, & Gottesman, 2003; Von Stumm & Plomin, 2015 재인용). 이는 환경에 따라 유전이 지능에 미치는 영향도 달라질 수 있다는 것을 보여 준다. 사회경제적 지위가 낮은 아동의 지능이 환경의 영향을 더 많이 받는 이유는 그만큼 지능 발달에 부정적인 영향을 미칠 수 있는 환경적 요소들이 많기 때문이다. 예를 들어, Heyns(1978)의 연구에서는 사회경제적 지위가 낮은 아동들의 지능점수만이 방학 동안 감소하는 경향이 있었는데, 이는 사회경제적으로 열악한 환경에서는 방학 동안 교육을 통해 지능을 높일 수 있는 기회가 적기 때문이라고 볼 수 있다(곽금주, 2016 재인용).

플린 효과(Flynn effect)도 지능이 사회경제적 환경으로부터 영향을 받는다는 것을 보여 주는 중요한 증거이다. 플린 효과는 Flynn이라는 학자의 이름을 딴 것으로, 시간의 흐름에 따라 세대 전반의 IQ 점수가 높아지는 현상을 의미한다(Sternberg & Kaufman, 2011). Flynn은 1980년대에 지능검사를 개정할 때마다 규준 집단의 수행이 올라가는 현상을 관찰하였고, 이에 기초하여 인구 전반의 IQ 점수가 시간이 지남에 따라 증가하는 경향을 보인다고 해석했다. 또한 Flynn은 언어성 검사보다 비언어성 검사에서 플린 효과가 더 활발하게 일어나는 것을 관찰했는데, 이는 결정지능보다 학습에 덜 의존하는 유동지능이 더 높아졌다는 것을 의미한다. 즉, 추상적인 문제해결 능력을 측정하는 검사에서 사람들의 수행이 점점 높아졌다는 것이다(Sternberg & Kaufman, 2011). 이러한 현상이 일어나는 원인에 대해서는 정확히 알려진 바가 없지만, 일반적으로 유전에 의한 현상이라기보단 사회경제적 변화에 따른 인구집단의 변화로 해석된다. Neisser(1998)는 플린 효과가 발생한 나라들에서는 학교와 대학의 수가 눈에 띄게 증가했다는 점을 들며, 교육의 발전으로 인해 사람들이 시험이라는 검사 방식에 익숙해졌으며, 문제해결에 더 나은 인지적 책략을 사용할 수 있게 된 것이라고 설명하였다. 그러나 플린 효과의 원인이 교육의 발전 때문이라고 확정 지을 수는 없다. 앞서 말했던 것처럼 결정지능보다 유동지능에서 플린 효과가 더 나타났고, 유동지능은 교육이나 학습과 무관하기 때문이다. 이를 고려하면 교육의 발전 이외에 과학기술 또는 사회복지의 발전으로 인해 사람들의 영양상태가 좋아져 뇌와 신경계가 발달되고 지적 수행이 향상된 것으로 해석할 수도 있다(Schacter, Gilbert, & Wegner, 2016; Sternberg & Kaufman, 2011).

최근에는 이와 반대로 역플린 효과(negative Flynn effect)도 나타나고 있다. 역플린 효과란 평균집단의 지능점수가 오히려 감소하는 현상을 말한다. Dutton과 Lynn(2013)의 연구에서 1988년부터 2009년까지 핀란드 군대 징병자들을 대상으로 평균 지능을 조사한 결과, 1990년대 초반까지는 도형, 언어, 산수와 관련된 평균 지능점수가 향상되었지만, 이후에는 점차 감소하였다. 역플린 효과의 원인은 환경과 관련하여 다양하게 설명되고 있다. 그중 한 가지 설명은, 현재는 과거에 비해 사회복지 환경이 개선되어 사람들이 다양한 혜택을 받아 지능의 수준이 증가했지만, 지금보다 더 높은 수준으로 지능이 증가하기 위해서는 그에 걸맞게 더 나은 환경이 주어져야 한다는 것이다. 그러나 현재 그 이상으로 환경이 개선되고 있지 않기 때문에 지능의 수준이 정체되거나 하락하게 되었다고 설명한다. 아직까지 이러한 역플린 효과를 정확하게 설명하는 연구가 없으므로 추후 연구가 더 필요한 상황이다(곽금주, 2016).

결과적으로 지능에 유전이 더 큰 영향을 미치는지, 환경이 더 큰 영향을 미치는지에 대한 정확한 답은 없다. 따라서 우리는 '유전 대 환경'이라는 논쟁에서 벗어나 유전과 환경이 어떤 조화를 이루어 지능에 영향을 미치는지 생각해야 한다.

III. 지능검사

다음은 지능을 측정하는 방법인 지능검사에 대해 알아보겠다. 지능검사를 통해 개인의 지적 능력뿐만 아니라 잠재적인 인지능력에 대해서도 평가할 수 있다. 또한 지능검사를 통해 임상적 진단을 명료화할 수 있으며, 치료 목표도 설정할 수 있기 때문에 지능검사는 교육이나 임상 현장에서 다양하게 사용되고 있다. 예컨대, 미국 내 임상가들의 약 77%가 인지 기능뿐만 아니라 신경학적 기능에 대한 정보를 얻는 데 지능검사를 사용한다고 보고했고, 50%가 교육현장이나 직업 배치 등을 결정하는 데 지능검사를 사용하는 것으로 조사되었다(Harrison, Tanner, Pilbeam, & Baker, 1988: Lichtenberger & Kaufman, 2012 재인용). 다음은 지능검사의 기원과 지능검사의 종류에 대해 살펴보겠다.

1. 지능검사의 기원

지능검사의 기원은 19세기 말 영국과 20세기 초 프랑스에서 Francis Galton과 Alfred Binet에 의해 처음 시작된 것으로 알려져 있다. 먼저, Francis Galton은 '본성-양육(nature-nurture)'이라는 용어를 처음으로 제시한 학자이다. Galton은 확고한 유전론자로, 지적 능력이 뛰어난 천재는 생물학적으로 결정된다고 믿었다. 앞에서 살펴보았듯이 그는 가계도를 바탕으로 사회적 성공이 여러 세대에 걸쳐 일관되게 나타난다는 것을 발견하였고, 이를 바탕으로 우수한 지능과 천재성은 유전된다고 주장했다. 또한, 그는 Darwin의 진화론에 영향을 받아 인위적으로 인간의 종(species)을 진화시킬 수 있다고 믿었다. 1883년, Galton은 우생학(eugenics)이라는 명칭을 사용하며, 사회의 이익을 위해서 지능이 매우 높은 젊은 남자와 여자가 만나 결혼을 하고 자식을 낳도록 장려해야 한다고 주장하였다. 이 과정에서 Galton은 지능이 매우 높은 인간을 판별하기 위한 방법으로 지능검사의 개념을 생각해 낸 것이다. 그는 사람이 감각으로부터 정보를 받아들이기 때문에 가장 예민한 감각을 가지고 있는 사람이 가장 우수한 인지기능을 가지고 있을 것이라고 생각했다. 따라서 신경의 효능성을 측정함으로써 지적 능력을 알 수 있을 것이라고 추론했고, 반응시간, 감각 예민성, 운동 제어력 등을 측정하는 여러 검사를 개발하였다(Galton, 1885a, 1885b; Fancher, 1983, 1985; Kaufman, 2009; Simonton, 2009: Plucker & Esping, 2016 재인용). 이러한 검사는 수천 명의 데이터를 기반으로 처음 시도한 과학적인 지능검사였다. 그러나 미국 심리학자 Cattell의 제자였던 Wissler(1901)의 연구에 의해 신체적 능력과 지적 능력은 관련이 없다는 것이 밝혀졌다(Kaufman, 2018 재인용). Galton의 검사에서 측정하는 능력은 감각이나 운동 능력과 더 관련이 있었으며, 고차원적인 인지 기능과는 상관이 낮아 현대의 지능검사와는 차이가 있다. 이후 지능검사는 Alfred Binet와 Theodore Simon에 의해 더 구체적으로 개발되었다.

Galton과 달리, Binet는 천재가 아닌 지적장애 아동들에게 관심이 더 많았다. Binet는 지능이란 인간의 기본적인 능력으로 판단 · 이해 · 추리할 수 있는 능력을 포함한다고 정의했다. Binet와 Simon은 1905년 프랑스 정부의 요청을 받아 초등학교 아동 중 교육적 지체를 보이는 아동을 선별할 목적으로 비네-시몽 검사(Binet-Simon Test)를 제작했다. 당시 프랑스에서는 모든 아동이 학교에 진학해야 하는 법이 제정됨에 따라 다양한 아동들의 지적 능력을 파악하여 그들에게 적합한 교육을 제공하는 것이 필요했기 때문이다. 이에 따라 '학습 부진아'를 찾아내기 위해 개발된 비네-시몽 검사는 총 30개의 문항으로 구성되었으며, 난이도에 따라서 문항을 배열하였다. 문항에는 불을 붙인 성냥을 따라 손과 눈을 함께 움직이기, 간단한 명령 따르기, 몸짓 흉내 내기, 두 개의 비슷한 물건의 공통성 말하기 등이 포함되었다(황정규, 2010). 이후 1908년과 1911년에 Binet와 Simon은 지능검사를 재표준화하였다. 1908년에 실시된 재표준화 작업에서는 이전 판과 다르게 문항을 난이도 순서가 아닌 연령 단계에 따라서 재배열하였다. 이로 인해 연령에 따른 단계 변화의 정도를 볼 수 있었고, 출생과 동시에 결정되는 생활연령(Chronical Age, CA)과 정신연령(Mental Age, MA)을 비교함으로써 개인의 지적 능력도 파악할 수 있었다. 예를 들어, 5세 아동이 일반적인 5세 아동이 수행하는 과제를 모두 수행했다면, 그 아동은 자신의 생활연령과 일치하는 정신연령을 지닌 것이다. 반면, 자신의 생활연령보다 정신연령이 낮다면, 즉 5세 아동이 일반적인 5세 아동이 수행하는 과제를 적절히 수행하지 못했다면, 해당 아동은 정신연령과 지능이 낮다고 평가할 수 있다. 일반적으로, 어떤 아동이 자신의 생활연령보다 2년 이상 뒤처진다면 지적장애로 진단하였다(Fancher, 1985: Goodwin, 2015 재인용).

이후 1916년에 Terman이라는 학자가 비네-시몽 검사를 재표준화하면서 Binet의 정신연령 개념을 지능지수(Intelligent Quotient, IQ)라는 개념으로 발전시켰다. 이때의 지능지수란 비율 IQ로, 정신연령을 실제 생활연령으로 나누고 100을 곱한 값이다.

지능지수(IQ) = 정신연령(MA) / 생활연령(CA) × 100

그러나 이와 같은 비율 IQ를 사용하게 되면 연령 단계마다 지능지수의 표준편차가 달라지며, 다른 연령의 집단과는 지능을 비교할 수 없다. 따라서 현대 지능검사는 각 연령별 평균과 표준편차를 이용한 편차 IQ를 사용한다(Wechlser, 1958: Flanagan & Alfonso, 2017 재인용). Wechsler의 편차 IQ를 통해 개인의 지능지수가 각 연령 집단에서 어떤 위치에 있는지 평가할 수 있으며, 다른 연령의 집단과도 지능지수를 비교할 수 있다. 웩슬러 지능검사와 편차 IQ에 대한 설명은 제2장에서 자세히 설명하겠다. 다음은 최근 많이 사용되는 지능검사의 종류에 대한 설명이다.

2. 지능검사의 종류

심리검사를 포함하여 현재 사용되는 다양한 검사들의 목록인 『Tests in Print』(Murphy, Spies, & Plake, 2006)에 따르면, '지능과 적성(Intelligence and General Aptitude)' 항목에 약 200개의 검사들이 포함되어 있다. 이 중에서 대략 27개의 검사가 검사 이름에 '지능'이라는 단어를 포함하며, 그중에서도 일부 검사만이 IQ 점수를 산출한다(Sternberg & Kaufman, 2011). 여기서는 지능검사 중에서 스탠퍼드-비네 지능검사, 카우프만 지능검사, 웩슬러 지능검사, 라이터 비언어성 지능검사, 일반 비구어적 지능검사, 레이놀즈 지적 평가 척도를 설명하겠다.

2.1. 스탠퍼드-비네 지능검사

스탠퍼드-비네 지능검사(Stanford-Binet Test)는 미국의 심리학자 Lewis Terman(1916)이 앞서 언급한 비네-시몽 지능검사를 미국인들에게 적절히 사용될 수 있도록 재표준화하여 만든 검사이다. 비네-시몽 지능검사는 미국을 포함한 여러 지역으로 퍼져 나갔는데 당시 스탠퍼드 대학교의 Terman은 이 검사가 캘리포니아 지역에 잘 적용되지 않는 것을 발견하였다(Myers & DeWall, 2016). 이를 보완하고자 Terman은 기존의 비네-시몽 검사에 새로운 연령 규준을 만들고, 문항을 수정하여 스탠퍼드-비네 지능검사를 출시하였다. 이 검사에는 물건을 제시하면서 그 이름을 말하게 하거나, 세 단위의 숫자를 검사자가 읽으면 그것을 그대로 따라 하는 과제 등이 포함된다.

스탠퍼드-비네 지능검사의 가장 큰 특징은 지능지수(IQ)를 처음으로 도입했다는 것이다. 앞서 언급하였듯이 Terman은 비율 IQ를 사용하였는데, 비율 IQ는 연령대별 지능점수의 표준편차 때문에 지능점수를 다른 연령의 집단과 비교할 수 없다는 문제점이 있었다. 따라서 4판부터는 다른 지능검사와 마찬가지로 편차 IQ의 개념을 도입해 IQ를 산출한다. 가장 최신판은 『스탠퍼드-비네 지능검사 5판(Stanford-Binet Intelligence Scales-Fifth Edition, SB5)』(Roid, 2003)으로 만 2~85세 이상까지 폭넓은 연령에 적용되며, 10개의 소검사를 바탕으로 전체 IQ, 언어성 IQ, 비언어성 IQ를 측정하고, 유동추론, 지식, 양적추론, 시공간 처리, 작업기억 등 다섯 가지 영역의 지표점수가 제공된다(Kaufman, 2018).

국내의 경우, 전용신(1970)이 스탠퍼드-비네 지능검사 3판을 표준화하여 고대-비네 검사를 출판하였으며, 고대-비네 지능검사는 만 4~14세 아동의 지능을 평가한다. [그림 1-5]는 스탠퍼드-비네 지능검사 5판의 검사도구이다.

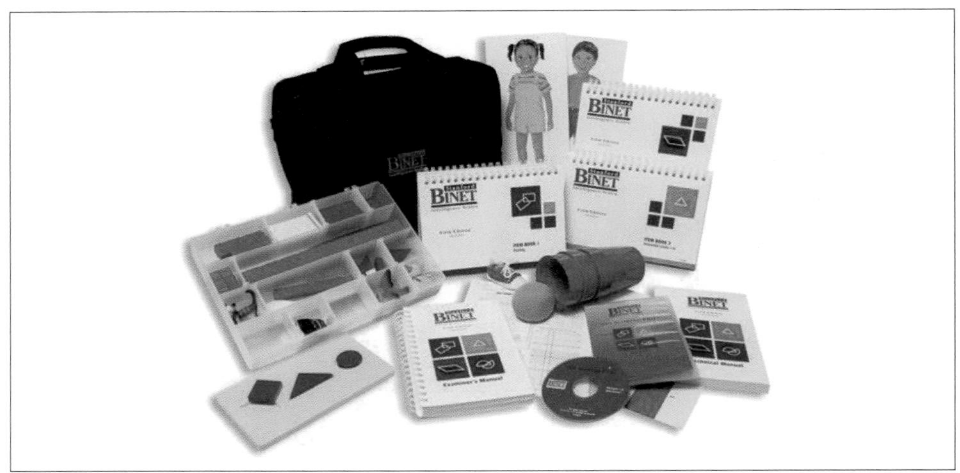

▌그림 1-5 **스탠퍼드-비네 지능검사 5판 검사도구**

출처: wpspublish 홈페이지.

2.2. 카우프만 지능검사

카우프만 지능검사(Kaufman Assessment Battery for Children, KABC)는 1983년 Kaufman 부부가 신경심리 이론을 기반으로 개발한 지능검사로, 아동의 인지처리 능력과 학습으로 습득한 지식의 정도를 나타내는 습득도를 평가한다. KABC는 비언어적 과제에 큰 비중을 두어 의사소통에 문제가 있거나 영어가 모국어가 아닌 아동에게도 실시할 수 있다는 장점이 있다(김도연, 옥정, 정현미, 2015).

이후 2004년에 Kaufman 부부는 KABC-II(Kaufman Assessment Battery for Children-Second Edition, KABC-II)를 개정하여 출시하였다. 만 2세 6개월~12세 6개월 아동을 대상으로 했던 KABC와 달리, KABC-II는 만 3세~18세에 이르는 아동과 청소년을 대상으로 실시한다. KABC-II는 18개의 하위검사로 구성되어 있으며 연령에 따라 사용하는 하위검사와 산출되는 척도가 다르다. KABC-II는 정신적 처리 과정, 유동추론 능력을 강조하며, 아동·청소년의 인지능력을 임상적·교육적·신경심리학적 측면에서 평가할 수 있다(Kaufman, 2018).

국내에서는 한국 아동 및 청소년을 대상으로 KABC-II가 표준화되어 한국 카우프만 아동지능검사 2(Kaufman Assessment Battery for Korean Children-Second Edition, KABC-II; 문수백, 2014)로 출시되었다. [그림 1-6]은 한국판 KABC-II 검사도구이다.

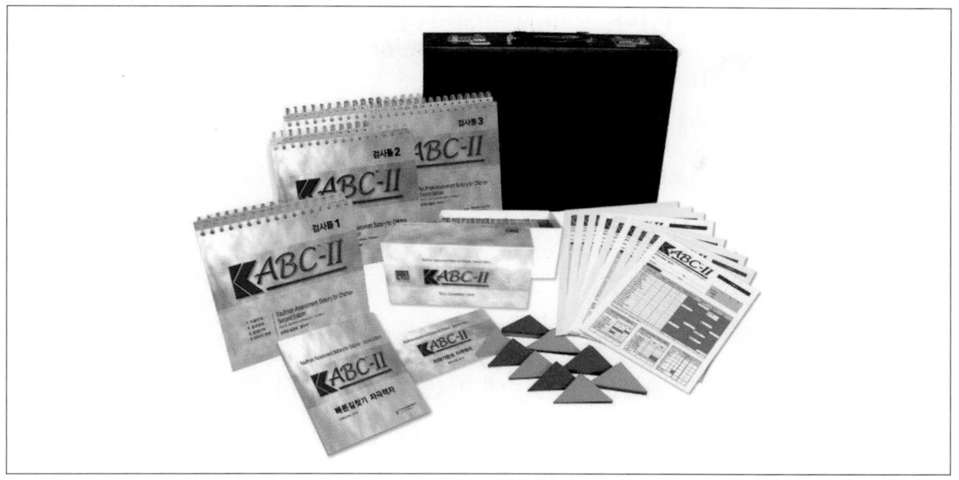

▌그림 1-6 **한국 카우프만 아동지능검사 검사도구**

출처: 인싸이트 홈페이지.

2.3. 웩슬러 지능검사

웩슬러 지능검사(Wechsler-Bellevue Intelligence Scale)는 전 세계적으로 가장 많이 사용되고 있는 지능검사 중 하나로 David Wechsler가 1939년에 처음 개발하였다. Wechlser(1939)는 지능이란 "개인이 목표를 달성하기 위해 실행할 수 있고, 합리적으로 사고할 수 있으며, 환경에 효과적으로 대처할 수 있는 '전반적(global)'이고 '총체적(aggregate)'인 능력"이라 정의하였다(이우경, 이원혜, 2012 재인용). 웩슬러 지능검사는 개인의 인지능력을 종합적으로 측정하고 개인의 인지적 강점 및 약점을 평가하는 검사도구이다. 웩슬러 지능검사는 실시 연령에 따라 웩슬러 성인지능검사(Wechsler Adult Intelligence Scale, WAIS), 웩슬러 아동지능검사(Wechsler Intelligence Scale for Children, WISC), 웩슬러 유아지능검사(Wechsler Preschool and Primary Scale of Intelligence, WPPSI)로 나뉜다. 각각의 검사는 수차례 개정되었으며, 가장 최신판으로는『웩슬러 성인지능검사 4판(Wechsler Adult Intelligence Scale-Fourth Edition, WAIS-IV)』(Wechsler, 2008),『웩슬러 아동지능검사 5판(Wechsler Intelligence Scale for Children-Fifth Edition, WISC-V)』(Wechsler, 2014a),『웩슬러 유아지능검사 4판(Wechsler Preschool and Primary Scale of Intelligence-Fourth Edition, WPPSI-IV)』(Wechsler, 2012)이 있다. WAIS-IV는 만 16~90세까지의 청소년과 성인의 인지능력을 평가하며, WISC-V는 만 6~16세까지의 아동과 청소년의 인지능력

을 평가하기 위해 개발되었다. 또한 WPPSI-IV는 만 2세 6개월~7세 7개월까지의 유아를 대상으로 하며, 검사는 연령에 따라 만 2세 6개월~3세 11개월용(2:6~3:11세용)과 만 4세~7세 7개월용(4:0~7:7세용)으로 나뉜다.

국내에서도 이 세 가지 검사 모두 한국판으로 표준화되었다. 최신판으로는 『한국 웩슬러 성인지능검사 4판(K-WAIS-IV)』(황순택, 김지혜, 박광배, 최진영, 홍상황, 2012), 『한국 웩슬러 아동지능검사 5판(K-WISC-V)』(곽금주, 장승민, 2019a), 『한국 웩슬러 유아지능검사 4판(K-WPPSI-IV)』(박혜원, 이경옥, 안동현, 2016)이 표준화되어 사용되고 있다. 각 지능검사의 개정에 따른 변화나 검사체계에 대해서는 제2장 웩슬러 지능검사에서 더 자세히 다루도록 하겠다. [그림 1-7]은 K-WISC-V의 검사도구이다.

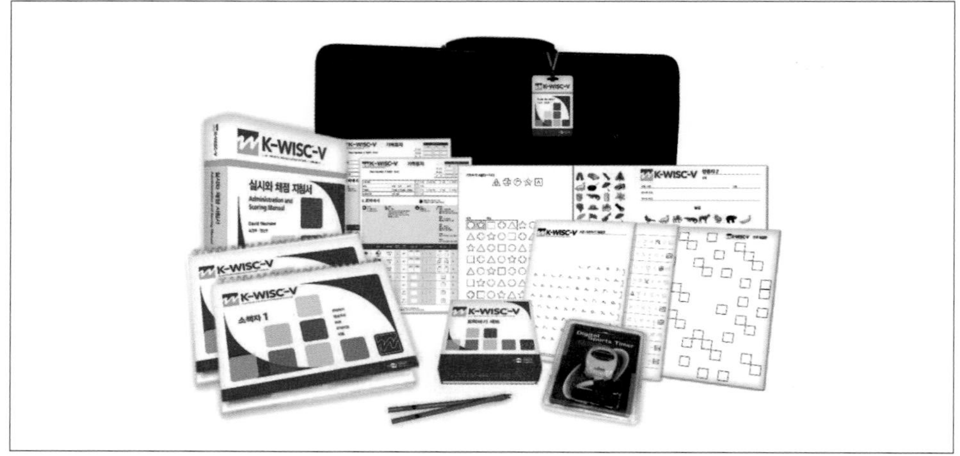

▌그림 1-7 **한국 웩슬러 아동지능검사 5판 검사도구**

출처: 인싸이트 홈페이지.

2.4. 라이터 비언어성 지능검사

라이터 비언어성 지능검사(Leiter International Performance Scale; Leiter & Arthur, 1940)는 비언어적인 인지 기능 평가의 필요성이 강조되면서 1940년 처음으로 출시되었다. 비언어성 지능에는 추론 능력, 2차원 및 3차원 공간의 시각화 능력, 기억력, 주의력, 복잡한 과제를 수행하기 위한 집중력, 처리속도 등의 능력이 포함된다(신민섭, 조수철, 2010). 이후 1997년 『라이터 비언어성 지능검사 개정판(Leiter

International Performance Scale-Revised, Leiter-R)』(Roid & Miller, 1997)으로 개정되었다. Leiter-R은 만 2~7세 아동의 인지능력, 기억력 및 주의력을 평가하는 비언어적 측정도구로, 인지능력이 높은 영재 아동이나 인지능력이 낮은 지적장애 아동을 판별할 수 있고, 적합한 치료 계획을 세울 수 있다. Leiter-R은 의사소통 능력에 결함이 있거나 타 문화권에서 성장한 아동의 비언어성 지능을 효과적으로 평가할 수 있다는 점이 장점이다. Leiter-R은 시각화 및 추론(Visualization and Reasoning, VR) 영역과 주의력 및 기억력(Attention and Memory, AM) 영역으로 구성되어 있으며, 각 영역은 10개의 소검사를 통해 측정된다. 이후 2013년『라이터 비언어성 지능검사 3판(Leiter International Performance Scale-Third Edition, Leiter-3)』(Roid, Miller, Pomplun, & Koch, 2013)이 출판되었으며, Leiter-3은 만 3~75세까지의 아동, 청소년, 성인을 대상으로 비언어성 지능을 측정하는 개별 검사도구이다.

국내에서는 2010년 신민섭과 조수철이 Leiter-R을 표준화하여 한국 라이터 비언어성 지능검사-개정판(Korean Leiter International Performance Scale-Revised, K-Leiter-R)을 출시하였다. K-Leiter-R은 만 2세 0개월~7세 11개월에 해당하는 아동을 대상으로 하며, 검사 시간은 약 90분 정도이다(신민섭, 조수철, 2010). [그림 1-8]은 K-Leiter-R의 검사도구이다.

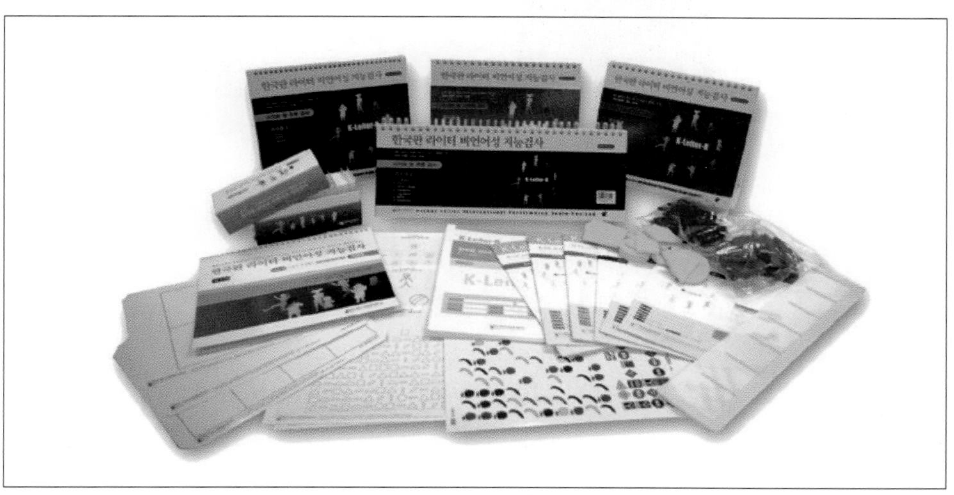

▌그림 1-8 **한국 라이터 비언어성 지능검사 검사도구**

출처: 인싸이트 홈페이지.

2.5. 일반 비구어적 지능검사

일반 비구어적 지능검사(Universal Nonverbal Intelligence Test, UNIT; Bracken & McCallum, 1998)는 라이터 비언어성 지능검사와 마찬가지로 비언어적인 인지능력을 평가하는 검사이며, 2016년에 개정되어 『일반 비구어적 지능검사 2판(Universal Nonverbal Intelligence Test-Second Editinon, UNIT 2)』(Bracken & McCallum, 2016)까지 출시되었다. UNIT 2는 만 5~21세를 대상으로 전반적인 인지능력과 기억, 유동추론, 양적추론 등의 인지 기능을 측정한다(Bracken & McCallum, 2016). 이 검사는 언어 능력을 필요로 하지 않는 비언어성 지능검사이므로, 검사자의 시범과 몸짓으로만 검사가 진행된다. 또한 수검자가 문항을 이해했는지 확인하기 위한 체크 문항과 검사자의 다양한 시범으로 구성되어 있다. UNIT 2는 기억력, 추론 능력, 양적추론 능력을 측정하는 6개의 소검사로 구성되며, 6개의 소검사들을 바탕으로 산출되는 전체 IQ와 기억 지표, 추론 지표, 양적 지표를 제공한다(Kaufman, 2018). UNIT은 국내에 표준화된 바가 없으며, [그림 1-9]는 UNIT 2의 검사도구이다.

▌그림 1-9 **일반 비구어적 지능검사 2판 검사도구**

출처: stoeltingco 홈페이지.

2.6. 레이놀즈 지적 평가 척도

『레이놀즈 지적 평가 척도(Reynolds Intellectual Assessment Scales, RIAS)』(Reynolds

& Kamphaus, 2003)는 만 3~94세를 대상으로 언어성 지능과 비언어성 지능을 측정하는 검사이며, 2015년에 개정되어 『레이놀즈 지적 평가 척도 2판(Reynolds Intellectual Assessment Scales-Second Edition, RIAS-2)』(Reynolds & Kamphaus, 2015)이 출판되었다. RIAS-2는 8개의 소검사로 구성되며, 전반적인 지능을 나타내는 구성 지능 지표(Composite Intelligence Index, CIX)와 언어 지능 지표(Verbal Intelligence Index, VIX), 비언어 지능 지표(Nonverbal Intelligence Index, NIX), 구성 기억 지표(Composite Memory Index), 처리속도 지표(Speeded Processing Index, SPI)의 점수를 산출한다(Kaufman, 2018). 검사 소요시간은 대략 40~45분 정도이다. 언어 지능을 측정하는 소검사들은 문장의 끝을 완성하거나, 단서를 듣고 추상적인 개념이나 대상을 알아맞추는 과제로 구성되며, 비언어 지능을 측정하는 소검사들은 그림이나 모양을 보고 추론하는 과제로 구성된다. 기억 소검사에는 문장이나 이야기를 듣고 기억해서 따라 말하는 과제나 그림을 보고 기억하는 과제가 있다. 처리속도 소검사는 그림을 보고 이름을 빨리 말하는 과제와 목표 그림을 빠르게 찾아내는 과제로 구성된다. RIAS-2는 앞서 살펴본 CHC 이론을 바탕으로 하며, 지능을 비언어와 언어로 구분하여 평가하는 것을 강조한다. 또한 과제 수행 시 시각-운동 속도(visual-motor speed)와 운동 협응(motor coordination) 능력의 영향을 최소화하고자 하였다(Kaufman, 2018). 국내에서 한국판 표준화 작업은 이루어지지 않았으며, [그림 1-10]은 RAIS 검사도구이다.

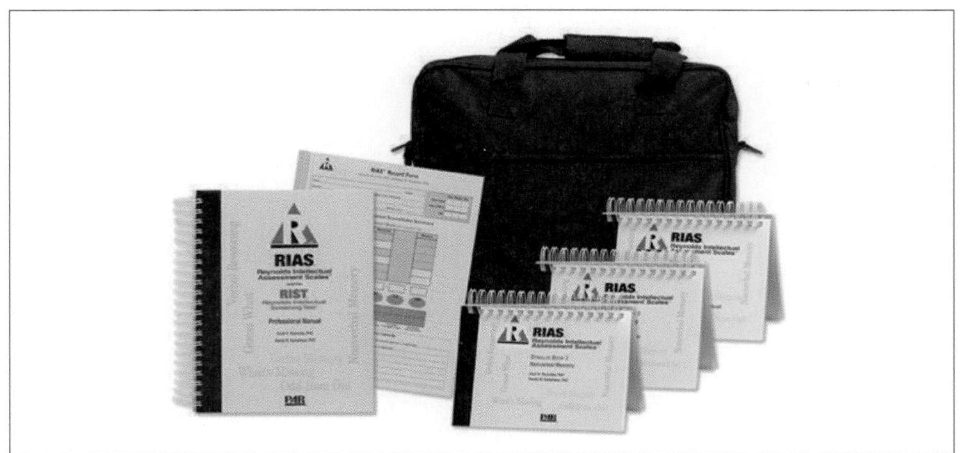

▌그림 1-10 **레이놀즈 지적 평가 척도 검사도구**

출처: wpspublish 홈페이지.

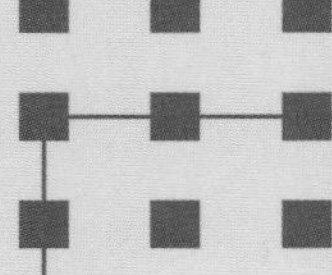

제2장

웩슬러 지능검사

제2장 웩슬러 지능검사

웩슬러 지능검사(Wechsler Intelligence Scale)는 지능을 측정하는 가장 공신력 있는 검사도구로 David Wechsler가 1939년 웩슬러-벨뷰 지능검사 I형(Wechsler-Bellevue Intelligence Scale Form I, WB-I)을 개발하며 처음 세상에 알려졌다. 이후 웩슬러 지능검사는 전 세계적으로 여러 나라에서 표준화 작업이 이루어졌고 현재까지 가장 보편적으로 사용되고 있는 지능검사이다(Kaufman, 2018). 이 장에서는 웩슬러 지능검사의 역사와 종류, 그리고 한국판 웩슬러 지능검사는 어떻게 표준화 되었는지에 대해 알아보겠다. 웩슬러 지능검사에 대해 알아보기 전 웩슬러 지능검사를 개발한 David Wechsler라는 학자에 대해 먼저 살펴보도록 하겠다.

I. David Wechsler에 대하여

▌그림 2-1 David Wechsler
(1896. 1. 12. ~ 1981. 5. 2.)

David Wechsler는 웩슬러 지능검사를 개발한 심리학자로 1896년 루마니아에서 7남매 중 막내로 태어나 6세 때 가족과 함께 뉴욕으로 이주하였다. 이후 Wechsler는 심리학자로서 많은 업적을 세웠으며, 1981년 85세의 나이로 사망하였다(Matarazzo, 1981).

Wechsler는 인생 대부분의 시간을 심리학을 연구하며 보냈다. 1917년 그는 미국 컬럼비아 대학교에서 실험 심리학 석사 학위를 취득하였다. 이후 심리학자로 군에 입대하여 제1차 세계대전 중 지능검사를 통해 신병을 선발하는 임무를 맡았다. Wechsler의 첫 번째 임무는 미국의 실험 심리학자인 Edwin Boring을 도와 군대에서 성인용 집단 지능검사를 실시하는 것이었다. 당시의 지능검사는 지필형 검사인 군대 알파(Army Alpha) 검사와 비언어성 검사인 군대 베타(Army Beta) 검사로 나뉘어 신병 선발과 부대 배치를 위해 사용되었다.

이후 Wechsler는 1918년 미국 텍사스 주에 발령받아 스탠퍼드-비네 지능검사(Stanford-Binet Test)를 실시하는 두 번째 임무를 맡게 된다. 스탠퍼드-비네 지능검사는 군대 알파 검사나 군대 베타 검사와 달리 집단을 대상으로 하지 않고 지능을 개별적으로 측정하는 검사도구이다. 하지만 Wechsler는 이러한 지능검사들을 실시하며 문제점을 발견하게 된다. 예를 들어, 신병을 선발할 때 일상생활에서는 특별한 문제없이 평범하게 살아온 사람들이 군대 알파 검사와 군대 베타 검사 그리고 스탠퍼드-비네 지능검사에서는 지능이 낮게 측정되어 군입대에 불합격하는 것이다. 또한 미국 남부의 오클라호마 주에서 한 남성은 스탠퍼드-비네 지능검사를 통해 정신연령이 8세라는 판정을 받았다(Boake, 2002). 지능검사를 받기 전 그는 능숙한 석유굴착업자로서 가정을 꾸리며 평범한 삶을 살고 있었다. 그러나 기계적으로 실시된 지능검사에서 지능이 낮다고 판정받은 그는 사회적으로 부정적인 평가를 피할 수 없었으며, 이로 인해 사회경제적으로 힘든 상황에 처했다. Wechsler는 이러한 문제의 이유는 스탠퍼드-비네 지능검사가 정규 교육을 통해서만 습득할 수 있는 언어 능력을 강조하였기 때문이라고 주장하며 지능검사의 문제점을 지적하였다(Wechsler, 1935: Boake, 2002 재인용).

1919년 제1차 세계대전이 끝난 후 Wechsler는 일 년간 런던 대학에서 지능과 관련된 다양한 연구에 참여하였다. 그 당시 Wechsler는 Pearson과 Spearman의 지도 하에 지능에 대한 견문을 넓혀 갔다. 동시에 그는 당시 지능검사의 한계점을 발견하였다. 예컨대, 스탠퍼드-비네 지능검사는 아동의 지능을 측정하기에는 적합했으나 성인의 지능을 제대로 측정하지 못했고, 모국어가 영어가 아닌 사람들에게 실시하기 어렵다는 한계점이 있었다. 또한 당시의 지능검사들은 Spearman과 Thorndike 등 여러 학자들의 지능이론을 기반으로 하였는데, Wechsler는 이러한 지능이론들이 현실에 적용되기엔 지능을 너무 좁은 개념으로 정의했다고 주장하였다(Matarazzo, 1981). 예를 들어, Wechsler는 Spearman이 제시한 일반 요인(g-factor) 혹은 일반 지능(general intelligence)이 개인의 지능을 결정하는 근본적인 능력이라는 데 동의하지 않았다. 대신 Wechsler는 소위 지능의 '비지적인(nonintellectual)' 요인들을 강조하였는데(Zachary, 1990), 지능의 비지적인 요인들은 사회적 · 도덕적 · 미적 가치를 지각하고 반응하는 개인의 잠재력을 의미한다(Wechsler, 1975). 또한 Wechsler(1950)는 "일반 지능은 지적 능력과 동일시될 수 없으며, 성격의 전체적인 징후로 간주되어야 한다."라고 강조했다(Kaufman & Kaufman, 2001 재인용). 여기서 Wechsler가 언급한 성격이란 넓은 의미로 사람과 관련된 대부분의 영역(인지능력, 성격 특성, 정서 행동, 태도 등)을 포함한다. 이러한 관점은 후에 그가 지능검사를 개발할 때 큰 영향을 주었으며, 그는 끈기, 호기심, 추진력, 의지 등과 같이 지적인 행동을 촉진하거나 불안, 정서적 불안정성, 충동, 고집 등과 같이 지적인 행동을 억제시키는 지능의 비지적인 요인들을 강조하였다(Kaufman & Kaufman, 2001).

Wechsler는 1939년 웩슬러 지능검사를 출판하며 지능 척도를 개발하고 표준화하는 등 지능검사 개발에 큰 공헌을 하였다. Wechsler(1944)는 지능이란 "개인이 목표를 달성하기 위해 행동하고, 합리적으로 생각하며, 환경에 효과적으로 대처할 수 있는 전반적(global)이고 총체적(aggregate)인 능력"이라고 정의하며 지능을 다양한 측면에서 이해하였다. 여기서 전반적인 능력이란 지능이 개인 행동 전체를 나타낸다는 것을 의미하고, 총체적인 능력은 지능이 질적으로 구분되는 요인이나 능력들로 구성된다는 것을 의미한다(Wechsler, 1944). 이러한 관점을 바탕으로 그는 웩슬러 지능검사를 개발하며 지능검사에 대한 끊임없는 열정을 보여 주었다. Wechsler는 1981년 85세의 나이로 사망했으며, 그가 남긴 웩슬러 지능검사는 현재까지 꾸준히 개정되며 전 세계적으로 가장 많이 사용하는 공신력 있는 지능검사가 되었다.

II. 웩슬러 지능검사

다음은 웩슬러 지능검사의 역사와 종류에 대해 알아보겠다.

1. 웩슬러 지능검사의 역사

앞서 설명하였듯이, Wechsler는 1910년 후반부터 스탠퍼드-비네 지능검사와 군대 알파 검사, 군대 베타 검사를 실시하며 지능검사에 대한 견문을 넓혔다. 이 당시 심리학자들은 지능검사를 지능이 낮은 사람을 구분해 내거나 학업 또는 직업 성취를 예측하는 목적으로 사용하였다(Lichtenberger & Kaufman, 2012). 그러나 Wechsler(1975)는 지능검사란 단지 공간 지각 능력이나 추론 능력과 같은 개인의 일부 능력을 측정하는 검사가 아니라고 지적하였다. 대신, 지능검사는 세상을 이해하고 직면한 문제에 대처할 수 있는 개인의 지혜(resourcefulness)를 측정하는 검사라고 주장하였다(Matarazzo, 1981). 또한 Wechsler는 1932년부터 뉴욕의 벨뷰 정신 병원에서 35년간 근무하며 많은 환자들의 지능을 스탠퍼드-비네 지능검사, 군대 알파 검사, 군대 베타 검사를 통해 측정하였다. 하지만 Wechsler는 이러한 검사들이 병원에 있던 환자들의 지능을 정확하게 측정하지 못한다고 판단하였다. 대신, 지능검사 점수가 개인의 성격, 동기, 문화적 기회, 정신병의 유무 등 다양한 변수들에 의해 지대한 영향을 받는다는 것을 깨달았다(Matarazzo, 1981). 따라서 그는 1932년부터 개인의 지능을 올바르게 평가하기 위해 현존하는 다양한 지능검사를 검토하며 지능검사를 개발하기 시작했다. 웩슬러 지능검사 개발의 변천사는 [그림 2-2]와 같다.

Wechsler는 1939년 그의 첫 번째 지능검사인 웩슬러-벨뷰 지능검사 I형(Wechsler-Bellevue Intelligence Scale Form I, WB-I)을 스탠퍼드-비네 지능검사, 군대 알파 검사, 군대 베타 검사 및 당시 개발되어 있던 여러 가지 표준화된 검사에 기초해 개발하였다. WB-I는 벨뷰 병원에 있던 환자들의 지능을 측정하기 위한 임상 목적으로 개발되었으며, 만 7~69세를 대상으로 하였다. 이후 Wechsler는 1946년에 웩슬러-벨뷰 지능검사 II형(Wechsler-Bellevue Intelligence Scale Form II, WB-II)을 개발하였으며, WB-II는 연령을 높여 만 10~79세를 대상으로 하였다. WB-I과 WB-II 지능검사는 편차 IQ를 도입하여 개인의 지능을 측정했다는 점에서 주목을 받았다(Lichtenberger & Kaufman, 2012). 웩슬러 이전의 지능검사는 비율 IQ를 사용했는데 비율 IQ는 정신연령을 생활연령으로 나눈 후 100을 곱하여 산출한다. 그러나 성인기 이후에는 인지능력이 연령에 따라 증가하는 것이 아니기 때문에 비율 IQ는 성

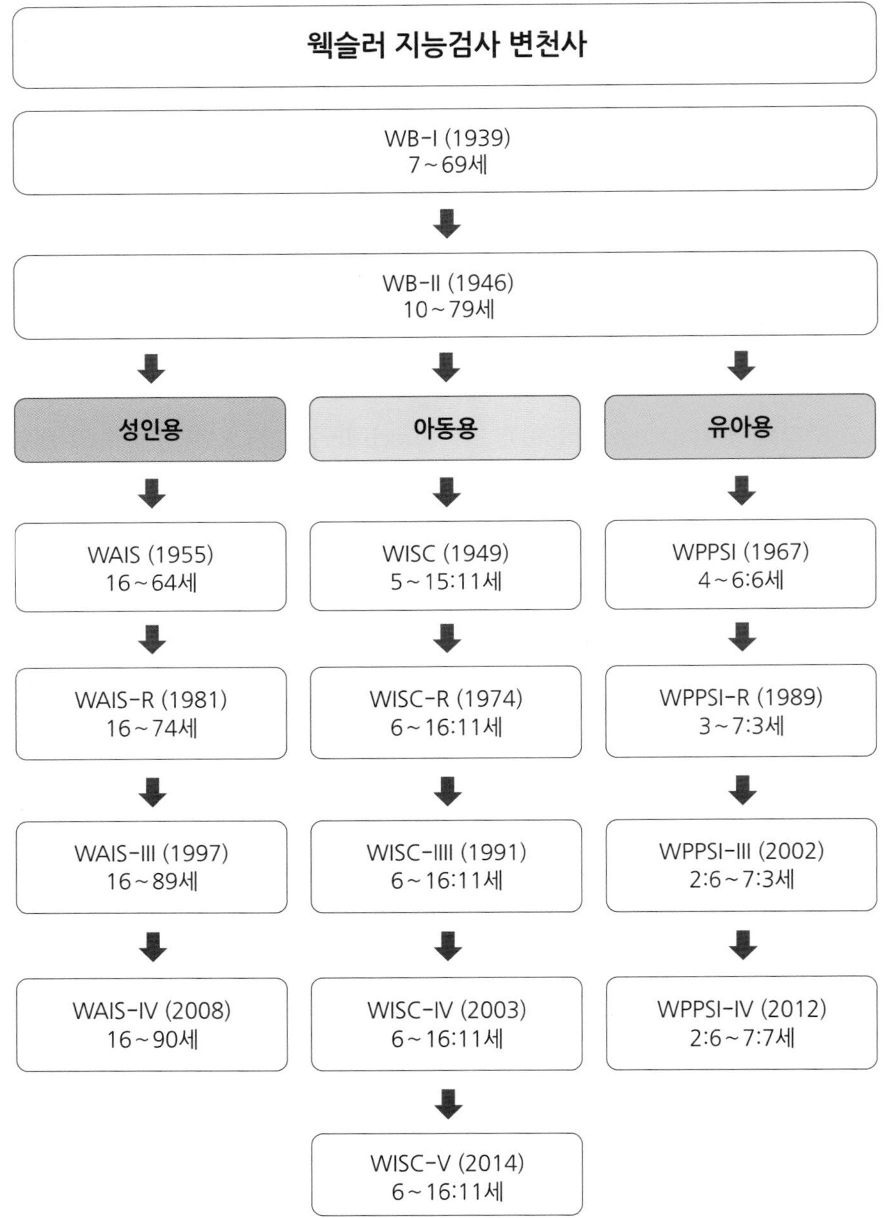

각 지능검사의 연령을 표기하였으며, 아동용과 유아용은 개월 수도 함께 표기하였다. 15:11은 만 15세 11개월을 의미한다. 지능검사의 약자는 본문을 참고하라.

그림 2-2 웩슬러 지능검사 변천사

인기 지능을 제대로 반영하지 못한다는 비판을 받았다(Higgins & Schools, 1966). 이러한 비율 IQ의 문제점을 보완하고자 Wechsler는 편차 IQ를 도입하였다. 편차 IQ는 점수를 평균 100, 표준편차 15인 표준점수로 변환하여 산출하며, 편차 IQ를 통해 개인이 속한 연령 집단 내에서 자신의 상대적인 위치를 파악할 수 있다(Flanagan & Alfonso, 2017). 즉, 편차 IQ는 개인이 수행한 점수를 같은 연령 집단의 점수와 비교하여 산출하는 것이다. [그림 2-3]은 한국 웩슬러 아동지능검사 5판(Korean Wechsler Intelligence Scale for Children-Fifth Edition, K-WISC-V; 곽금주 & 장승민, 2019a)의 기록용지에 제시된 지표점수의 정규분포이다. 예컨대, 어떤 사람의 IQ 점수가 130이라는 것은 평균 100보다 2표준편차(30점)만큼 높다는 것이며, 상위 2.2%에 해당하는 매우 우수한 수준이라는 것을 의미한다. [그림 2-3]에서 볼 수 있듯이, 전체 인구의 약 50%는 IQ 점수가 90에서 110인 평균 범주에 속하며, 16.1%가 각각 평균 이하와 평균 이상 범주, 6.7%가 각각 낮음과 우수 범주, 그리고 2.2%가 각각 매우 낮음과 매우 우수 범주에 속한다.

뿐만 아니라, Wechsler는 스탠퍼드-비네 지능검사에 언어 능력을 요구하는 문항이 과도하게 편중되어 있다고 보았으며, 언어성 지능뿐만 아니라 비언어성 지능도 따로 측정되어야 한다고 주장하였다(김도연, 옥정, 김현미, 2015). 따라서 Wechsler

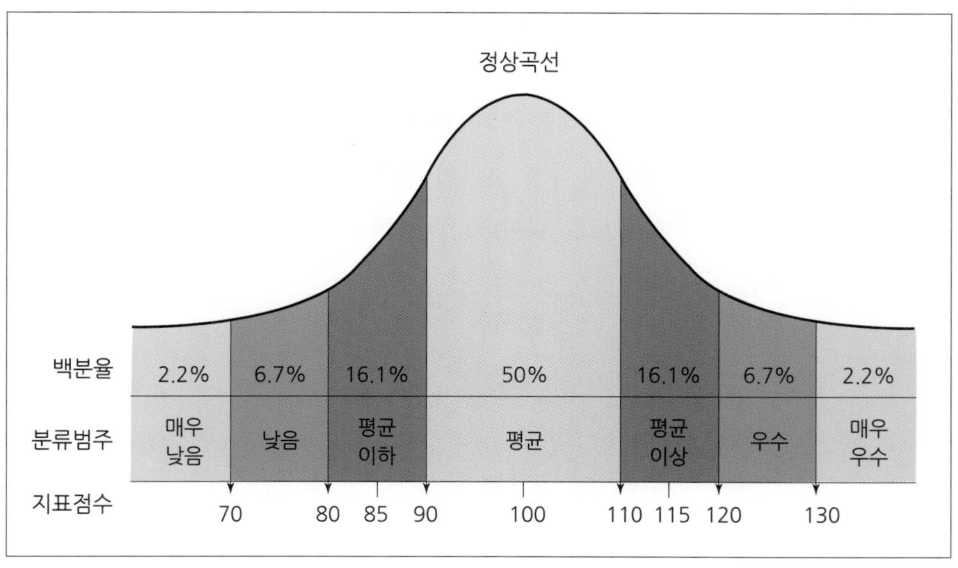

▌그림 2-3 **지표점수의 정규분포**

는 WB-I과 WB-II에 언어성 지능과 비언어성 지능을 따로 구분하여 언어성 지능지수(Verbal IQ), 동작성 지능지수(Performance IQ), 전체 IQ(Full Scale IQ)를 산출할 수 있도록 하였다. 그러나 WB-I과 WB-II는 신뢰도, 표집 크기, 규준 집단의 대표성 등에 문제가 있다는 비판을 받았다(Barry, Fulkerson, Kubala, & Seaquist, 1956). 따라서 1955년 Wechsler는 이를 보완하기 위해 WB-I을 바탕으로 만 16~64세를 대상으로 한 웩슬러 성인지능검사(Wechsler Adult Intelligence Scale, WAIS)를 개발하였으며, 1949년에는 WB-II을 바탕으로 만 5~15세를 대상으로 한 웩슬러 아동지능검사(Wechsler Intelligence Scale for Children, WISC)를 개발하였다. [그림 2-4]에서 볼 수 있듯이, 웩슬러 성인지능검사(WAIS)와 웩슬러 아동지능검사(WISC)는 수차례 개정되어 최신판으로는 2008년 WAIS-IV와 2014년 WISC-V가 출판되었다. 또한 미취학 아동을 대상으로 한 웩슬러 유아지능검사(Wechsler Preschool and Primary Scale of Intelligence, WPPSI)는 1967년에 개발되었으며, 최신판으로는 웩슬러 유아지능검사 4판(WPPSI-IV)이 2012년에 출판되었다. 더 자세한 내용은 다음에서 다루겠다.

2. 웩슬러 지능검사의 종류

웩슬러 지능검사는 앞서 설명하였듯이 연령에 따라 웩슬러 성인지능검사(WAIS), 웩슬러 아동지능검사(WISC), 웩슬러 유아지능검사(WPPSI)로 나뉜다. 이 세 종류의 지능검사는 75년 동안 여러 문제점들을 개선하여 꾸준히 개정되었다. 다음은 세 종류의 지능검사와 그 변화에 대해 다룰 것이며, 각각의 지능검사가 한국판으로 어떻게 표준화되었는지에 대해 설명할 것이다. 한국 웩슬러 지능검사 표준화 변천사는 [그림 2-4]와 같다.

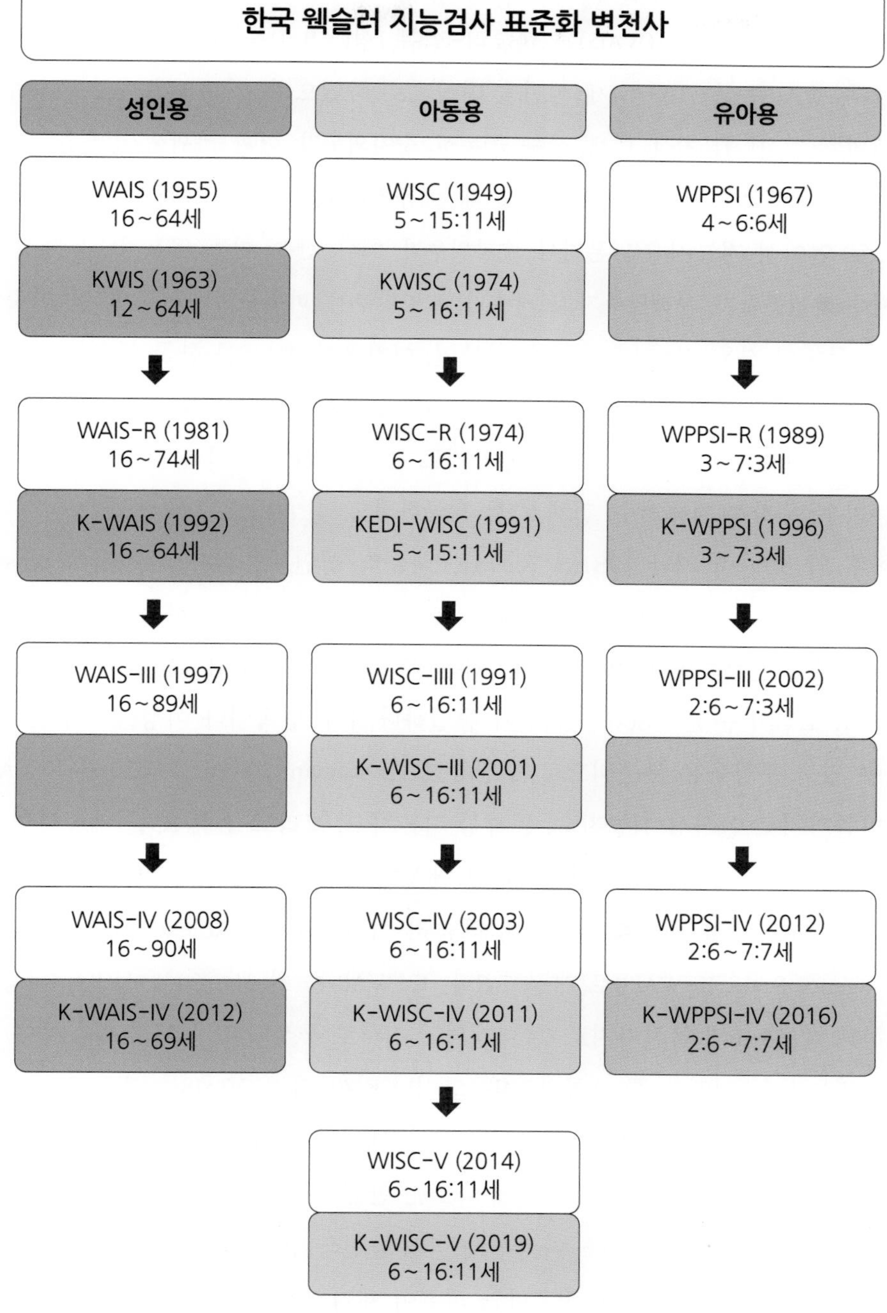

각 지능검사의 대상 연령을 표기하였으며, 아동용과 유아용은 개월 수도 함께 표기하였다. 15:11은 만 15세 11개월을 의미한다. WAIS-III (1997), WPPSI (1967), WPPSI-III (2002)는 한국판 표준화 작업이 이루어지지 않았다. 지능검사의 약자는 본문을 참고하라.

▌그림 2-4 한국 웩슬러 지능검사 표준화 변천사

2.1. 웩슬러 성인지능검사

웩슬러 성인지능검사(WAIS)는 웩슬러-벨뷰 I형(WB-I)을 바탕으로 1955년 개발되었다. WAIS는 만 16~64세 성인을 대상으로 하였으며, 기존 WB-I을 구성하는 11개의 소검사(기본지식, 이해, 산수, 공통성, 숫자외우기, 어휘, 바꿔쓰기, 빠진곳찾기, 토막짜기, 차례맞추기, 모양맞추기)를 그대로 유지하였다. 그리고 해당 소검사를 기반으로 언어성 지능지수(기본지식, 숫자외우기, 어휘, 산수, 이해, 공통성), 동작성 지능지수(빠진곳찾기, 차례맞추기, 토막짜기, 모양맞추기, 바꿔쓰기), 전체 IQ를 산출하였다. 국내의 경우, 1963년 전용신, 서봉연, 이창우가 WAIS를 한국 웩슬러 지능검사(Korean Wechsler Intelligence Scale, KWIS)로 표준화하였다. KWIS는 만 12~64세 성인을 대상으로 하며, WAIS와 마찬가지로 총 11개의 소검사를 바탕으로 언어성 지능지수, 동작성 지능지수, 전체 IQ를 제공한다.

이후 약 30년이 지난 1981년 WAIS는 웩슬러 성인지능검사-개정판(Wechsler Adult Intelligence Scale-Revised, WAIS-R)으로 개정되었으며 검사 실시 연령을 만 16~74세로 변경하였다. WAIS-R은 기존 WAIS의 11개 소검사를 그대로 유지하였으며, 소검사 문항의 80%는 이전과 동일하나 소수 민족이나 여성들에게 논란이 될 수 있는 문항들은 부분적으로 수정하였다(Kaufman, 1983). 그리고 기존 WAIS와 마찬가지로 언어성 지능지수, 동작성 지능지수, 그리고 전체 IQ를 제공하였다. 국내의 경우, 1992년 한국임상심리학회(염태호, 박영숙, 오경자, 김정규, 그리고 이영호)에서 WAIS-R을 표준화하여 한국 웩슬러 성인지능검사(Korean Wechsler Adult Intelligence Scale, K-WAIS)로 개정하였다. K-WAIS는 만 16~64세 성인을 대상으로 하며 WAIS-R과 마찬가지로 총 11개의 소검사로 구성되고, 언어성 지능지수, 동작성 지능지수, 전체 IQ를 제공하였다. 그러나 KWIS와 K-WAIS는 많은 호평을 받지 못했다. 예컨대, 황순택(2006)의 연구에 따르면, K-WAIS를 실시했을 때 젊은 연령대에서는 전체 IQ가 실제보다 낮게 나오는 반면, 나이 든 연령대에서는 전체 IQ가 실제보다 높게 산출되었다. 따라서 능력이 동일하더라도 개인이 속한 연령 범주에 따라 전체 IQ가 다르게 측정된다는 의혹이 제기되었다. 또한 K-WAIS는 KWIS보다 전체 IQ를 낮게 산출한다는 비판을 받아 K-WAIS의 타당성이 의심되었다(김홍근, 2004). 그러나 김홍근(2004)에 따르면 이는 세대별 지능 상승을 반영하는 '플린 효과'가 적용된 것이며, K-WAIS의 타당도를 의심할 충분한 근거가 되지 않는

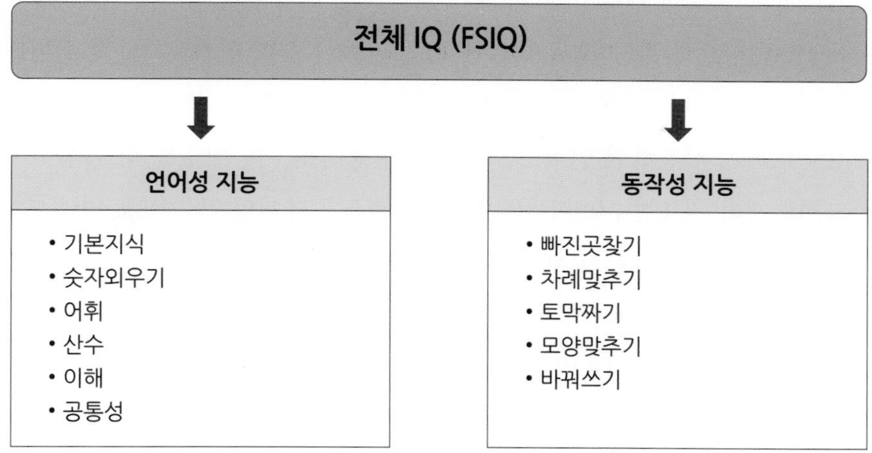

▌그림 2-5 **KWIS와 K-WAIS의 검사체계**

다. 왜냐하면 미국과 비교했을 때 한국은 세대별로 학력이 상승한 정도가 훨씬 급격해서, 세대별로 지능 수준의 상승 정도가 급격했을 가능성 또한 상대적으로 높기 때문이다. KWIS와 K-WAIS의 검사체계는 [그림 2-5]와 같다.

웩슬러 성인지능검사 3판(Wechsler Adult Intelligence Scale-Third Edition, WAIS-III)은 1997년 개정되었으며, 실시 연령대를 만 16~89세로 확장하였다. WAIS-III는 크게 세 가지의 변화가 있었다. 우선, 기존의 WAIS-R까지 사용했던 언어성 지능지수와 동작성 지능지수 외에 지능의 다양한 요인을 측정할 수 있도록 4개의 지표점수(Index score) 체계를 도입하였다. 언어이해지표(Verbal Comprehension Index, VCI), 지각조직지표(Perceptual Organization Index, POI), 작업기억지표(Working Memory Index, WMI), 처리속도지표(Processing Speed Index, PSI)가 이에 속한다. 둘째, WAIS-III는 기존의 WAIS-R을 구성하는 11개 소검사에 3개의 새로운 소검사(행렬추론, 순서화, 동형찾기)를 추가하여 총 14개의 소검사로 구성된다. 마지막으로, WAIS-R은 만 20~24세와 만 16~20세 집단을 비교했을 때 만 16~20세 집단의 전체 IQ 점수가 두드러지게 낮게 나타난다는 비판을 받아, WAIS-III에서는 타당성을 높이기 위해 규준 집단을 새롭게 업데이트하였다(Kaufman & Lichtenberger, 1999). 그러나 WAIS-III의 경우 국내에서 표준화되지 않았다.

웩슬러 성인지능검사의 가장 최신 개정판은 웩슬러 성인지능검사 4판(Wechsler

Adult Intelligence Scale-Fourth Edition, WAIS-IV)으로 2008년에 출판되었으며, 만 16~90세를 대상으로 한다. WAIS-IV는 최신 지능이론 및 신경심리학적 이론을 반영하여 개정되었으며, 크게 다음과 같은 세 가지의 변화가 있다. 첫째, WAIS-IV는 WAIS-III까지 사용하던 언어성 지능지수와 동작성 지능지수를 더 이상 사용하지 않고, 네 개의 지표점수(언어이해지표, 지각추론지표, 작업기억지표, 처리속도지표)와 전체 IQ만을 제공한다. WAIS-III의 지각조직지표는 지표명이 해당 지표가 측정하는 능력을 충분히 반영하지 않는다는 문제가 있어 지각추론지표(Perceptual Reasoning Index, PRI)로 지표명이 변경되었다(Weiss, Saklofske, Coalson, & Raiford, 2010). 둘째, WAIS-IV는 총 15개의 소검사로 구성되며, 10개의 핵심 소검사와 5개의 보충 소검사로 구분되어 있다. 핵심 소검사를 통해 지표점수를 산출하며, 보충 소검사는 추가적인 인지 기능의 정보를 제공하고, 필요에 따라 지표점수를 산출할 때 핵심 소검사를 대체하여 사용할 수 있다. WAIS-III에 비해 WAIS-IV는 전체 소검사의 수가 늘어났지만, 전체 IQ 산출에 필요한 소검사는 13개에서 10개로 감소하였다. 또한 WAIS-IV에서는 2개의 소검사(모양맞추기, 차례맞추기)가 동작을 줄이기 위해 삭제되었고, 3개의 소검사(퍼즐, 무게비교, 지우기)가 새롭게 추가되었다(Lichtenberger & Kaufman, 2012). 퍼즐 소검사는 시각적 조직화 능력을 측정하기 위해 추가되었으며, 무게비교 소검사는 유동지능을, 지우기 소검사는 처리속도 능력을 측정하기 위해 새롭게 추가되었다. 마지막으로, WAIS-IV에서는 4개의 지표점수 외에 선택적으로 점수를 산출할 수 있는 인지효율지표(Cognitive Proficiency Index, CPI)와 일반능력지표(General Ability Index, GAI)가 추가되었다(Weiss et al., 2010). 일반능력지표는 언어이해지표와 지각추론지표의 소검사들로 산출하며, 인지효율지표는 작업기억지표와 처리속도지표의 소검사들로 산출한다. 두 지표는 주로 전체 IQ의 대안으로 개인의 전반적인 인지능력을 측정하거나 우울장애, 알츠하이머병 등 임상 집단의 지적 기능을 평가할 때 활용된다(Weiss et al., 2010). 국내의 경우, WAIS-IV는 황순택, 김지혜, 박광배, 최진영, 홍상황이 2012년 한국 웩슬러 성인지능검사 4판(Korean Wechsler Adult Intelligence Scale-Fourth Edition, K-WAIS-IV)으로 표준화하였으며, [그림 2-6]은 K-WAIS-IV의 검사도구이다.

K-WAIS-IV의 실시는 만 16~69세를 대상으로 한다. WAIS-III가 국내에서 표준화되지 않았기 때문에, K-WAIS-IV는 이전 판인 KWIS와 K-WAIS에 비해 많은

K-WAIS-IV 검사도구에는 실시 및 채점 요강, 기술 및 해석 요강, 자극책자 1, 자극책자 2, 기록용지, 반응용지 1, 반응용지 2, 기호쓰기 · 동형찾기 · 지우기 채점판, 토막짜기 세트, 초시계, 연필 등이 있다.

▮그림 2-6 **K-WAIS-IV의 검사도구**

출처: 한국심리연구소 홈페이지.

부분이 변화되었다. K-WAIS-IV는 WAIS-IV와 마찬가지로 언어성 지능지수와 동작성 지능지수의 구분을 없애고, 총 4개의 지표(언어이해지표, 지각추론지표, 작업기

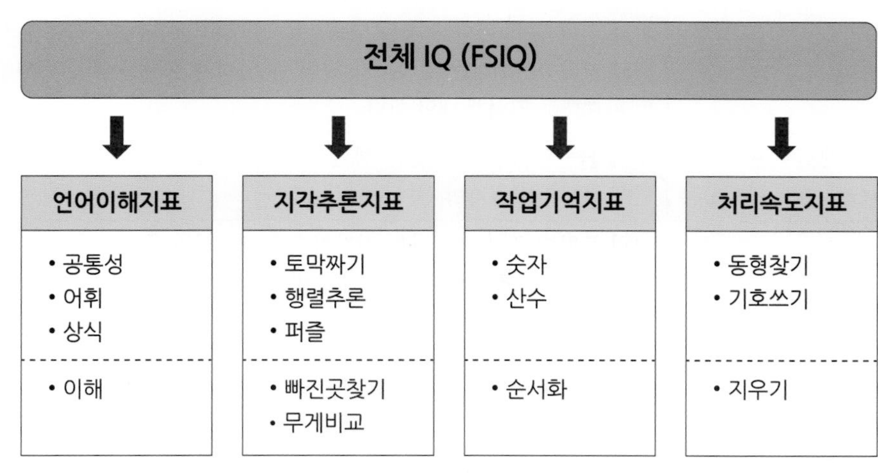

회색은 보충 소검사

▮그림 2-7 **K-WAIS-IV의 검사체계**

억지표, 처리속도지표)를 제공한다. K-WAIS-IV의 검사체계는 [그림 2-7]과 같으며, 언어이해지표는 공통성, 어휘, 상식 핵심 소검사, 그리고 이해 보충 소검사로 구성되고, 작업기억지표는 숫자와 산수 핵심 소검사, 순서화 보충 소검사로 구성된다. 지각추론지표는 토막짜기, 행렬추론, 퍼즐 핵심 소검사로 구성되고 무게비교, 빠진곳찾기 보충 소검사로 구성된다. 마지막으로, 처리속도지표는 동형찾기, 기호쓰기 핵심 소검사, 지우기 보충 소검사로 구성된다. 각 지표에 해당하는 핵심 소검사들로 전체 IQ를 산출한다. 그리고 K-WAIS-IV에서도 일반능력지표와 인지효율지표를 활용하여 종합적인 인지능력을 평가할 수 있다.

K-WAIS-IV는 WAIS-IV와 마찬가지로 총 15개의 소검사로 구성된다. 소검사 종류와 그 설명은 〈표 2-1〉을 참고하라.

표 2-1 K-WAIS-IV 소검사

소검사	설명
토막짜기 (Block Design)	제한시간 내에 수검자는 제시된 모형(model)과 그림(picture)을 보고 또는 그림만 보고, 빨간색과 흰색으로 이루어진 토막을 사용하여 똑같은 모양(design)을 만들어야 한다.
공통성 (Similarities)	공통적인 사물이나 개념을 나타내는 두 개의 단어가 제시되면 수검자는 그 둘에 어떠한 유사점이 있는지를 기술해야 한다.
숫자 (Digit Span)	숫자 바로 따라하기에서 수검자는 검사자가 읽어 준 일련의 숫자를 동일한 순서로 기억해 내야 한다. 숫자 거꾸로 따라하기에서는 검사자가 읽어 준 일련의 숫자를 역순으로 기억해 내야 한다. 숫자 순서대로 따라하기에서는 검사자가 읽어 준 일련의 숫자를 작은 숫자부터 차례대로 기억해 내야 한다.
행렬추론 (Matrix Reasoning)	수검자는 일부가 빠져 있는 행렬 매트릭스를 보고, 완성할 수 있는 반응 선택지를 골라야 한다.
어휘 (Vocabulary)	그림 문항의 경우 수검자는 시각적으로 제시되는 물체의 이름을 말해야 한다. 언어 문항의 경우 시각 및 언어로 제시되는 단어의 뜻을 말해야 한다.
산수 (Arithmetic)	제한시간 내에 일련의 산수 문제를 암산으로 풀어야 한다.
동형찾기 (Symbol Search)	제한시간 내에 탐색 집단에서 표적(target) 기호와 동일한 것을 찾아야 한다.

퍼즐 (Visual Puzzles)	제한시간 내에 완성된 퍼즐을 보고 그 퍼즐을 만들 수 있는 세 개의 반응을 찾아야 한다.
상식 (Information)	다양한 분야의 일반적인 지식을 묻는 질문에 대답해야 한다.
기호쓰기 (Coding)	제한시간 내에 숫자와 짝지어진 기호를 옮겨 써야 한다.
순서화 (Letter-Number Sequencing)	검사자가 수검자에게 일련의 숫자와 글자를 읽어 주면 수검자는 숫자와 글자를 순서대로 회상해야 한다.
무게비교 (Figure Weights)	제한시간 내에 양쪽 무게가 달라 균형이 맞지 않는 저울 그림을 보고 균형을 맞추는 데 필요한 반응을 찾아야 한다.
이해 (Comprehension)	사회적 상황에 내재된 일반적 원리와 사회적 상황에 대한 자신의 이해에 근거해서 질문에 답해야 한다.
지우기 (Cancellation)	제한시간 내에 조직적으로 배열되어 있는 도형들 속에서 표적 모양과 색깔과 모양이 동일한 도형을 찾아 표시해야 한다.
빠진곳찾기 (Picture Completion)	제한시간 내에 중요한 부분이 빠져 있는 그림을 보고 빠진 부분을 찾아야 한다.

출처: 황순택, 김지혜, 박광배, 최진영, 홍상황(2013).

2.2. 웩슬러 아동지능검사

웩슬러 아동지능검사(Wechsler Intelligence Scale for Children, WISC)는 1949년 웩슬러-벨뷰 지능검사 II형(WB-II)을 바탕으로 제작되었으며, 만 5~15세를 대상으로 한다. WISC는 총 12개의 소검사로 구성되는데, 11개의 소검사(상식, 공통성, 산수, 어휘, 이해, 숫자, 빠진곳찾기, 차례맞추기, 토막짜기, 모양맞추기, 기호쓰기)는 WB-II를 구성하는 소검사와 동일하나 아동에게 적합한 문항들을 추가하여 개정한 것이고, 1개의 소검사(미로)는 아동지능검사를 위해 특별히 제작한 것이다. 이러한 소검사들을 바탕으로 WISC에서는 언어성 지능지수, 동작성 지능지수, 전체 IQ를 산출할 수 있다. 국내의 경우, 이창우와 서봉연이 1974년 최초로 WISC를 한국 웩슬러 아동지능검사(Korean Wechsler Intelligence Scale for Children, KWISC)로 표준화하였다. KWISC는 만 5~16세를 대상으로 실시하며, WISC와 마찬가지로 12개의 소검사로 구성되고, 언어성 지능지수, 동작성 지능지수, 전체 IQ를 제공한다.

이후 1974년 WISC는 웩슬러 아동지능검사-개정판(Wechsler Intelligence Scale for Children–Revised, WISC-R)으로 개정되었으며, 만 5~15세였던 실시 연령 범위가 만 6~16세로 변경되었다. WISC-R은 WISC와 동일한 12개의 소검사로 구성되며, 이 소검사들을 통해 언어성 지능지수, 동작성 지능지수, 그리고 전체 IQ를 산출한다. 그러나 WISC-R의 경우 검사에 대한 아동의 흥미를 지속시키기 위해 소검사 실시 순서를 변경하였다. WISC에서는 언어성 소검사를 모두 실시한 이후 동작성 소검사를 실시한 반면, WISC-R에서는 언어성 소검사와 동작성 소검사를 교차로 실시하여 검사를 진행하는 동안 아동이 지루함을 느끼지 않게끔 하였다. 또한 숫자, 기호쓰기, 미로 소검사를 제외한 나머지 소검사들의 문항을 아동의 수준에 맞춰 쉽게 개정하였다. 국내의 경우, 1991년 한국교육개발원에서 WISC-R을 표준화하여 한국교육개발원 웩슬러 아동지능검사(Korean Educational Development Institute-Wechsler Intelligence Scale for Children, KEDI-WISC)가 개발되었다. KEDI-WISC는 WISC-R과 달리 미취학 아동에게도 검사를 실시할 수 있도록 연령 범위를 만 5~15세로 변경하였다. KEDI-WISC는 WISC-R과 마찬가지로 총 12개의 소검사로 구성되며, 언어성 지능지수, 동작성 지능지수, 전체 IQ를 제공한다. KWISC와 KEDI-WISC의 검사체계는 [그림 2-8]과 같다.

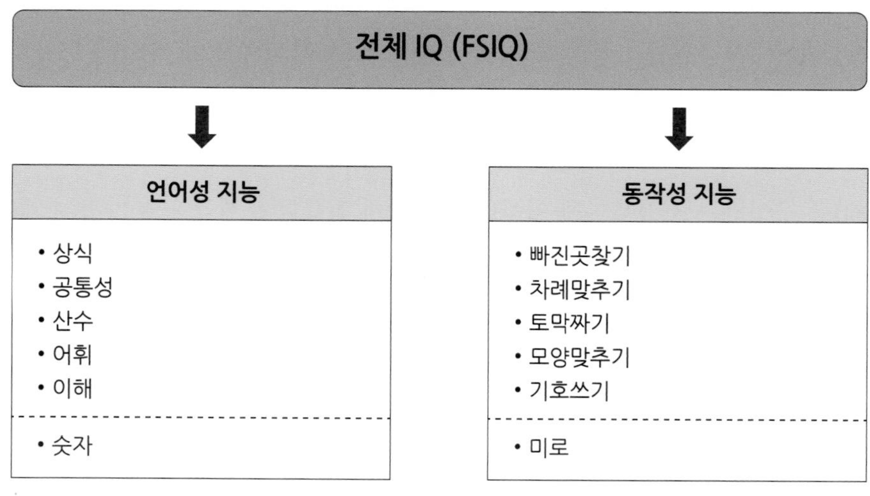

그림 2-8 KWISC와 KEDI-WISC의 검사체계

웩슬러 아동지능검사 3판(Wechsler Intelligence Scale for Children-Third Edition, WISC-III)은 1991년 개정되었다. WISC-III의 실시 연령대는 만 6~16세이며, 검사 체계에 큰 변화가 있었다. 기존 WISC-R과 달리, WISC-III부터는 언어성 지능지수, 동작성 지능지수, 전체 IQ를 제공하는 것뿐만 아니라 4개의 지표(언어이해지표, 지각조직지표, 주의집중지표, 처리속도지표)를 새롭게 추가하여 더 구체적인 인지능력을 파악할 수 있게 하였고 임상적 평가, 신경심리학적 평가, 교육평가 등을 위한 검사의 유용성을 높였다. WISC-III은 총 13개의 소검사로 구성되어 있다. 우선, 언어이해지표는 상식, 공통성, 어휘, 이해 소검사, 지각조직지표(Perceptual Organization Index, POI)는 빠진곳찾기, 차례맞추기, 토막짜기, 모양맞추기 소검사를 포함하며, 주의집중지표(Freedom from Distraction Index, FDI)는 산수와 숫자 소검사, 처리속도지표는 기호쓰기와 동형찾기 소검사로 구성된다. 처리속도지표의 동형찾기 소검사는 WISC-III에서 새롭게 추가된 소검사로 시각단기기억, 시각적 변별 능력, 집중력 등 다양한 처리속도 능력을 측정하기 위해 추가되었다. 주의집중지표의 지표명이 적절하지 않다는 의견도 있었는데, 이는 주의집중지표를 구성하는 산수와 숫자 소검사가 주의집중력보다는 작업기억과 더 연관이 있었기 때문이다(Kaufman, Flanagan, Alfonso, & Mascolo, 2006). 또한, 주의집중력은 아동의 산술 능력이 아니라 아동의 행동관찰을 통해 평가되어야 한다는 주장이 제기되기도 하였다(Little, 1992). 국내의 경우, 2001년 곽금주, 박혜원, 김청택이 WISC-III을 표준화하여 한국 웩슬러 아동지능검사 3판(Korean Wechsler Intelligence Scale for Children-Third Edition, K-WISC-III)으로 출판하였으며, K-WISC-III의 대상 연령은 만 6~16세 11개월이다. K-WISC-III도 WISC-III과 마찬가지로 13개의 소검사를 바탕으로 언어성 지능지수, 동작성 지능지수, 전체 IQ를 산출하며, 이 외에도 네 개의 지표(언어이해지표, 지각조직지표, 주의집중지표, 처리속도지표)를 제공하였다. [그림 2-9]는 K-WISC-III의 검사도구이고, K-WISC-III의 검사체계는 [그림 2-10]과 같다.

다음으로 웩슬러 아동지능검사 4판(Wechsler Intelligence Scale for Children-Fourth Edition, WISC-IV)은 2003년 개정되었으며, 실시 연령대는 만 6~16세로 이전 판과 동일하다. WISC-IV는 이전 판에 비해 검사체계와 소검사 등이 변화하였으며, 특히 처리속도와 작업기억, 유동추론 능력 등을 측정하기 위한 소검사와 지표들이 새롭게 추가되거나 재개정되었다. 우선, 이전 판과 가장 크게 달라진 점은

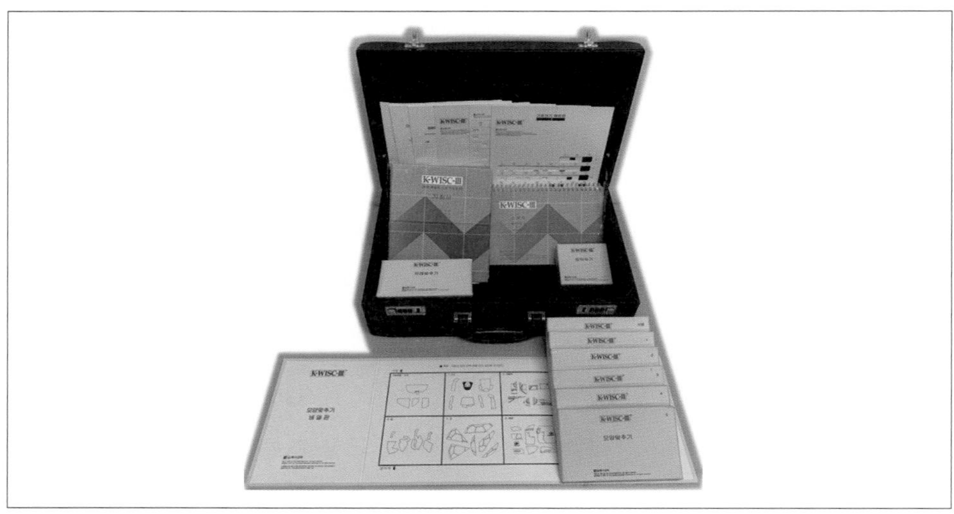

도구 목록: 지침서, 기록용지(기호쓰기 A형, B형 포함), 기호쓰기 채점판(A형, B형), 미로찾기 반응지, 동형찾기 반응지(A형, B형), 동형찾기 채점판, 소책자(빠진곳찾기, 산수, 토막짜기 문항 포함), 산수 3번용 막대, 차례맞추기 그림카드(총 15세트), 토막짜기 토막 9개, 모양맞추기 총 6세트, 모양맞추기 배열판

▌그림 2-9 K-WISC-III 검사도구

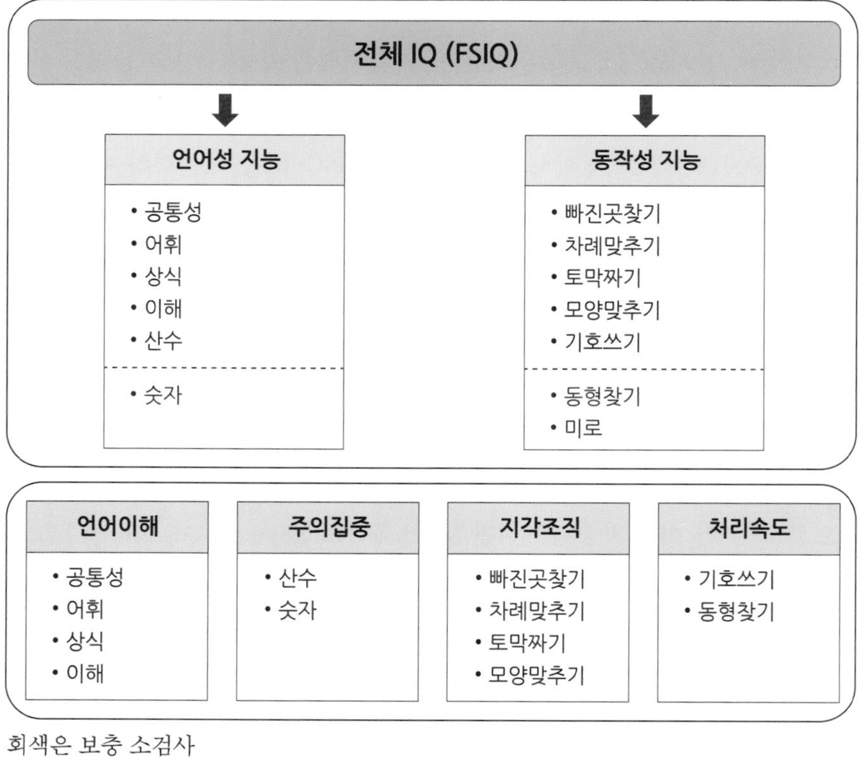

회색은 보충 소검사

▌그림 2-10 K-WISC-III의 검사체계

기존의 언어성 지능지수와 동작성 지능지수를 삭제하였다는 것이다. WISC-IV는 15개의 소검사를 바탕으로 전체 IQ와 4개의 지표(언어이해지표, 지각추론지표, 작업기억지표, 처리속도지표)만을 제공한다. 또한 WISC-III의 지각조직지표는 WISC-IV에서 지각추론지표(Perceptual Reasoning Index, PRI)로 지표명이 변경되었는데, 이는 해당 지표가 측정하는 인지능력을 지표명에 더 정확하게 반영하기 위함이다. 그리고 주의집중지표도 작업기억지표(Working Memory Index, WMI)로 지표명이 변경되었다. WISC-IV에서는 작업기억지표로 명칭을 바꾸면서 작업기억의 측정을 강화하였는데, 예를 들어, 산수 소검사 대신 순차연결 소검사를 포함시켰다. 왜냐하면 산수 소검사는 작업기억보다 계산 능력, 수학 능력을 더 많이 측정한다고 보았기 때문이다(Weiss, Saklofske, Prifitera, & Holdnack, 2006). 또한 숫자 소검사를 구성하는 숫자 바로 따라하기 과제보다 숫자 거꾸로 따라하기 과제에 더 많은 작업기억 능력이 필요하다는 연구 결과를 바탕으로, 각 과제들에 대한 처리점수를 개발하여 단기기억과 작업기억을 구분하여 측정할 수 있게 하였다(Weiss, Saklofske, Prifitera, & Holdnack, 2006). 네 가지 지표 외에도 WISC-IV에서는 일반능력지표(General Ability Index, GAI)와 인지효율지표(Cognitive Proficiency Index, CPI)를 추가적으로 사용하여 아동의 인지능력에 대해 종합적인 평가를 할 수 있다(Raiford, Weiss, Rolfhus, & Coalson, 2005; Weiss et al., 2006). 일반능력지표 점수는 언어이해지표와 지각추론지표를 구성하는 소검사들로 산출하며, 인지효율지표 점수는 작업기억지표와 처리속도지표를 구성하는 소검사들로 산출한다. 일반능력지표는 주로 지표점수들 간의 편차가 클 때 전체 IQ의 대안으로 사용하였으며, 인지효율지표는 학습장애나 ADHD 아동의 인지능력을 평가하기 위해 활용되었다(Weiss et al., 2006). 두 지표는 공식적인 검사체계에 포함되진 않지만 Raiford 등(2005)과 Weiss 등(2006)이 제시한 규준표를 활용하여 해당 지표점수를 계산할 수 있다. WISC-IV에서는 이전 판에 사용된 3개의 소검사(차례맞추기, 모양맞추기, 미로)가 지나치게 빠른 수행을 강조한다는 비판을 받아들여 이를 삭제하였다(Flanagan & Alfonso, 2017). 차례맞추기, 모양맞추기, 미로 소검사는 과제를 빠르게 수행할수록 가산점을 부여하는데, 이러한 점수 산출 방식은 느린 반응 속도, 근육 손상 등의 요인에 의해 부정적인 영향을 받을 수 있기 때문이다(Flanagan & Alfonso, 2017). 다음으로, WISC-IV에서는 5개의 새로운 소검사(단어추리, 행렬추리, 공통그림찾기, 순차연결, 선택)를 추가하였다. 먼저, 단어추리 소검사는 언어이해지표의 보충 소검사로 아동의 언어 이해, 언어적 추상화 능력, 대안적 개념 형성 능력 등을 측정하기 위해 새롭게 개발되었다. 그리고 행렬추리와 공통그림찾기 소검사는 기존 동작성 지능지수에 잘 반영되지 못했던 유동추론 능력, 즉 새로운 자극이나 상황에서 유연하게 문제를 해결하는 능력을 측정하기 위해 추가되었다. 또한 작업기억과 처리속도를 측정하기 위해 순차연결과 선택 소검사도 각각 추가되었다. WISC-IV를 바탕으로 국내에서는 곽금주, 오상우, 김청택이 2011년 한국 웩슬러 아동지능검사 4판(Korean Wechsler Intelligence Scale for Children-Fourth Edition, K-WISC-IV)을 개정하였다. K-WISC-IV도 WISC-IV와 마찬가지로 총 15개의 소검사로 구성되어 있으며, 전체 IQ와 더불어 아동의 인지능력을 세부적으로 살펴볼 수 있는 네 개의 지표(언어이해지표, 지각추론지표, 작업기억지표, 처리속도지표) 점수를 제공한다. 또한 K-WISC-IV에서도 네 개의 지표점수 외에 언어이해지표와 지각추론지표 소검사로 구성된 일반능력지표, 작업기억지표와 처리속도지표 소검사로 구성된 인지효율지표를 사용하여 아동의 인지능력에 대해 추가적으로 해석할 수 있다. [그림 2-11]은 K-WISC-IV 검사

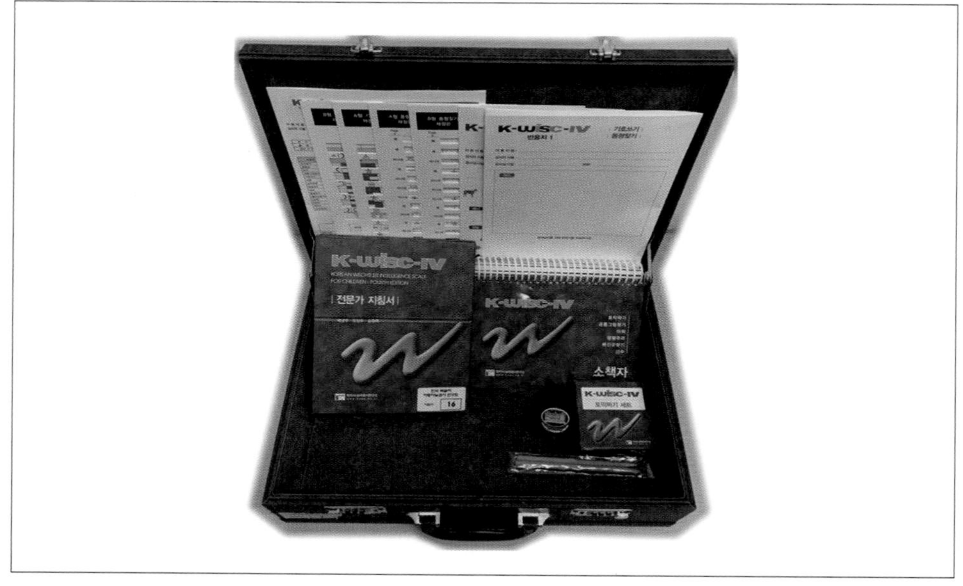

도구 목록: 전문가 지침서, 기록용지, 소책자, 반응지 1, 반응지 2, 토막짜기 세트(토막 9개), 기호쓰기 채점판, 동형찾기 채점판, 선택 채점판, 지우개가 달리지 않은 연필, 지우개가 달리지 않은 빨간 색연필, 초시계

그림 2-11 K-WISC-IV 검사도구

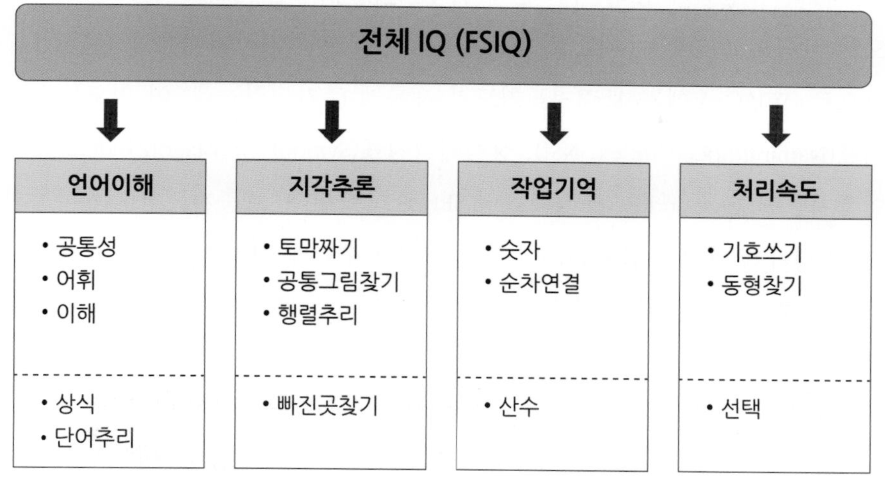

회색은 보충 소검사

▌그림 2-12 K-WISC-IV의 검사체계

도구이고, K-WISC-IV의 검사체계는 [그림 2-12]와 같다.

웩슬러 아동지능검사의 최신 개정판은 웩슬러 아동지능검사 5판(Wechsler Intelligence Scale for Children-Fifth Edition, WISC-V)으로 2008년 지능, 인지 발달, 인지 신경 등 최근 연구들을 반영하여 개정되었으며, 이전 판에서 많은 부분이 변화하였다. WISC-V의 구조 및 검사체계에 대해서는 제3장에서 자세히 다루고 있으므로 여기서는 간단히 설명하겠다. 우선, WISC-V의 검사체계는 이전 판들과 달리 네 개의 척도(전체척도, 기본지표척도, 추가지표척도, 보충지표척도)로 나뉜다. 전체척도는 다섯 가지 영역인 언어이해, 시공간, 유동추론, 작업기억, 처리속도로 구성되며 각 영역에 해당하는 일곱 가지 소검사인 공통성, 어휘, 토막짜기, 행렬추리, 무게비교, 숫자, 기호쓰기를 바탕으로 전체 IQ를 산출한다. 기본지표척도의 경우, 다섯 가지 지표인 언어이해지표, 시공간지표, 유동추론지표, 작업기억지표, 처리속도지표로 구성되며 각 지표는 2개의 소검사를 포함한다. 여기서 시공간지표와 유동추론지표는 WISC-IV의 지각추론지표가 둘로 나뉜 것이다. 또한 WISC-V에서는 아동의 인지능력과 수행 능력에 대한 추가적인 정보를 제공하기 위해 추가지표척도를 새롭게 추가하였는데, 이는 양적추론지표, 청각작업기억지표, 비언어지표, 일반능력지표, 인지효율지표로 구성된다. 여기서 일반능력지표와 인지효율지표는

WISC-IV나 WAIS-IV 등의 이전 판에서 학습장애 아동을 평가하거나 전체 IQ의 대안으로 사용되고 있었던 지표로 WISC-V의 공식적인 검사체계에 포함되었다. 마지막으로, WISC-V에는 보충지표척도가 새롭게 추가되었는데, 이 척도는 이름명명지표(Naming Speed Index, NSI), 상징해석지표(Symbol Translation Index, STI), 저장인출지표(Storage and Retrieval Index, SRI)로 구성된다. 보충지표척도는 아동의 학습 능력 평가를 위해 도입되었는데 특히 읽기나 수학에 어려움이 있는 학습장애 아동의 인지능력을 평가하기 위해 개발되었다(Weiss, Saklofske, Holdnack, & Prifitera, 2015). 다음으로 WISC-V의 소검사는 총 21개로 구성된다. 이전 판인 WISC-IV를 구성하는 13개의 소검사(토막짜기, 공통성, 행렬추리, 숫자, 기호쓰기, 어휘, 동형찾기, 상식, 공통그림찾기, 순차연결, 선택, 이해, 산수)는 유지되고 2개의 소검사(단어추리, 빠진곳찾기)가 삭제되었다. 단어추리 소검사는 어휘 소검사와 겹치는 부분이 있어 삭제되었고, 빠진곳찾기 소검사는 빠른 수행 속도를 지나치게 강조한다는 비판을 받아 삭제되었다. 대신, 8개의 소검사(무게비교, 퍼즐, 그림기억, 이름 빨리 말하기, 양 빨리 말하기, 즉각 암호 해독, 지연 암호 해독, 재인 암호 해독)가 새롭게 추가되었다. 무게비교, 퍼즐 소검사는 WAIS-IV, 그림기억 소검사는 WPPSI-IV를 토대로 고안되었다. 그리고 보충지표척도에 포함되는 이름 빨리 말하기, 양 빨리 말하기, 즉각 암호 해독, 지연 암호 해독, 재인 암호 해독 소검사는 5판에서 새롭게 개발되었으며, 주로 학습장애 아동의 인지능력을 평가할 때 사용된다(Weiss, Saklofske, Holdnack, & Prifitera, 2019). 국내의 경우, WISC-V를 바탕으로 곽금주, 장승민이 2019년 WISC-V를 표준화하여 『한국 웩슬러 아동지능검사 5판(Korean Wechsler Intelligence Scale for Children-Fifth Edition, K-WISC-V)』을 출판하였다. [그림 2-13]은 K-WISC-V의 검사도구이다.

[그림 2-14]와 같이 K-WISC-V의 검사체계는 전체척도, 기본지표척도, 추가지표척도로 구성되며, 미국판 WISC-V의 보충지표척도는 삭제되었다. K-WISC-V와 WISC-V의 차이점에 대해서는 제3장에서 자세히 설명하고 있으므로 여기서는 K-WISC-V의 검사체계에 대해서만 간단히 설명하겠다.

K-WISC-V의 전체척도는 WISC-V와 마찬가지로 5개의 영역인 언어이해, 시공간, 유동추론, 작업기억, 처리속도로 구성되며 각 영역에 해당하는 일곱 가지 소검사인 공통성, 어휘, 토막짜기, 행렬추리, 무게비교, 숫자, 기호쓰기를 바탕으로 전체

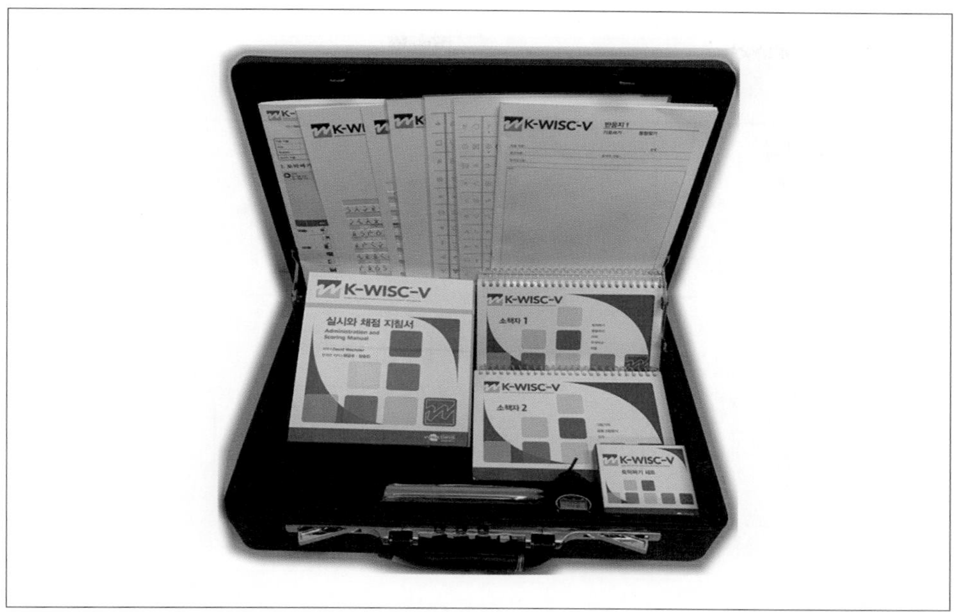

도구 목록: 실시와 채점 지침서, 기록용지, 소책자 1, 2, 반응지 1, 2, 토막짜기 세트, 기호쓰기 채점판, 동형찾기 채점판, 지우개가 달리지 않은 연필, 지우개가 달리지 않은 빨간 색연필, 초시계

그림 2-13 K-WISC-V 검사도구

IQ를 산출한다. 그리고 기본지표척도는 언어이해지표, 시공간지표, 유동추론지표, 작업기억지표, 처리속도지표로 구성된다. 언어이해지표는 공통성과 어휘 소검사, 시공간지표는 토막짜기와 퍼즐 소검사, 유동추론지표는 행렬추리와 무게비교 소검사, 작업기억지표는 숫자와 그림기억 소검사, 처리속도지표는 기호쓰기와 동형찾기 소검사로 구성된다. 추가지표척도는 양적추론지표, 청각작업기억지표, 비언어지표, 일반능력지표, 인지효율지표로 이루어져 있다. 양적추론지표는 무게비교와 산수 소검사로 구성된다. 청각작업기억지표는 작업기억 중에서도 특히 청각작업기억을 측정하고 숫자와 순차연결 소검사로 구성된다. 비언어지표는 언어적 요구를 최소화한 토막짜기, 퍼즐, 행렬추리, 무게비교, 그림기억, 기호쓰기 소검사로 구성된다. 일반능력지표는 작업기억과 처리속도의 영향을 가장 적게 받는 지표로, 공통성, 어휘, 토막짜기, 행렬추리, 무게비교 소검사로 구성된다. 마지막으로, 인지효율지표는 숫자, 그림기억, 기호쓰기, 동형찾기 소검사로 이루어져 있다. 소검사 설명 등 자세한 내용은 제3장에서 다루겠다.

전체척도

언어이해	시공간	유동추론	작업기억	처리속도
공통성 어휘 상식 이해	토막짜기 퍼즐	행렬추리 무게비교 공통그림찾기 산수	숫자 그림기억 순차연결	기호쓰기 동형찾기 선택

기본지표척도

언어이해	시공간	유동추론	작업기억	처리속도
공통성 어휘	토막짜기 퍼즐	행렬추리 무게비교	숫자 그림기억	기호쓰기 동형찾기

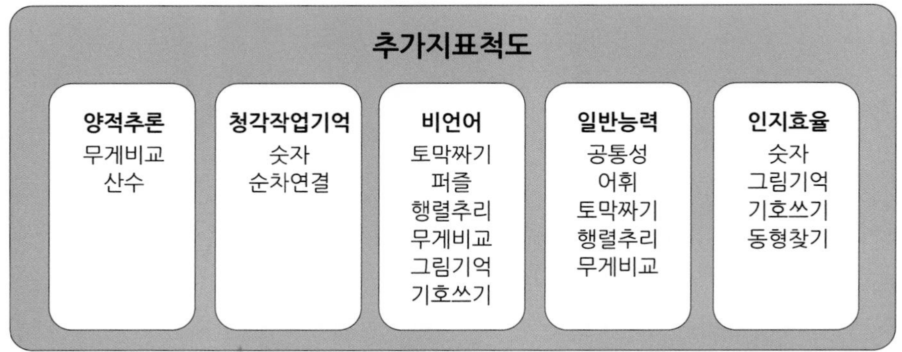

▌그림 2-14 **K-WISC-V 검사체계**

출처: 곽금주, 장승민(2019b).

2.3. 웩슬러 유아지능검사

웩슬러 유아지능검사(Wechsler Preschool and Primary Scale of Intelligence, WPPSI)는 취학 전 아동의 지능 평가에 대한 요구가 증가함에 따라 1967년 처음으로 개발되었으며, 웩슬러 지능검사 도구 중 가장 나중에 개정되었다. WPPSI의 검사 실시 연령은 만 4~6세 6개월이며, 11개의 소검사(상식, 이해, 산수, 어휘, 공통성, 문장, 도형, 토막짜기, 미로, 빠진곳찾기, 동물짝짓기)를 바탕으로 언어성 지능지수, 동작성 지능지수, 전체 IQ를 산출한다.

이후 1989년『웩슬러 유아지능검사-개정판(Wechsler Preschool and Primary Scale of Intelligence-Revised, WPPSI-R)』이 출간되었다. WPPSI-R에서는 검사 실시 연령을 만 3~7세 3개월로 확대하였으며, 연령별 문항의 난이도를 조정하였다. 또한 WPPSI-R은 기존 11개의 소검사에 모양맞추기 소검사가 동작성 지능을 측정하는 소검사로 추가되어 총 12개의 소검사로 구성된다. 국내의 경우, 박혜원, 곽금주, 박광배가 1996년 WPPSI-R을 표준화하여 『한국 웩슬러 유아지능검사(Korean Wechsler Preschool and Primary Scale of Intelligence, K-WPPSI)』를 출판하였다. K-WPPSI는 총 12개의 소검사로 구성되어 있으며, 동작성 지능지수, 언어성 지능지수, 전체 IQ를 제공한다. K-WPPSI의 검사체계는 [그림 2-15]와 같다.

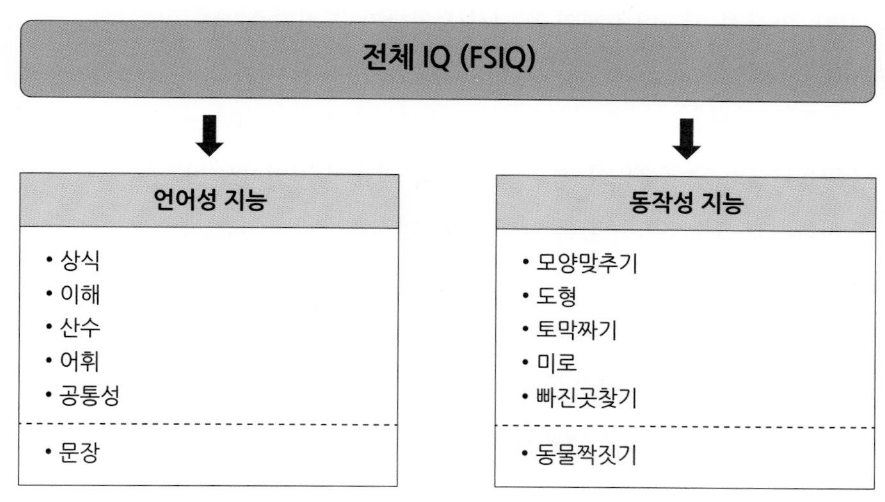

회색은 보충 소검사

▌그림 2-15 **K-WPPSI의 검사체계**

『웩슬러 유아지능검사 3판(Wechsler Preschool and Primary Scale of Intelligence-Third Edition, WPPSI-III)』은 2002년에 개정되었다. WPPSI-III은 이전 판과 달리 검사체계에 많은 변화가 있었다. 먼저, WPPSI-III은 총 14개의 소검사(상식, 이해, 어휘, 공통성, 토막짜기, 모양맞추기, 빠진곳찾기, 수용어휘, 그림명명, 행렬추리, 공통그림찾기, 단어추론, 상징찾기, 기호쓰기)를 포함한다. WPPSI-R의 5개 소검사(산수, 동물짝짓기, 도형, 미로, 문장)는 기억력을 지나치게 강조하여 삭제되었고, 7개의 소검사(행렬추리, 공통그림찾기, 단어추리, 기호쓰기, 상징찾기, 수용어휘, 그림명명)가 새롭게 추가되었다. 행렬추리, 공통그림찾기, 단어추리 소검사는 유동추론 능력을 더 자세히 측정하기 위해, 기호쓰기와 상징찾기 소검사는 처리속도를 측정하기 위해 추가되었다. 그리고 수용어휘와 그림명명 소검사는 언어 능력을 추가적으로 측정하기 위해 새롭게 추가되었다. 또한 WPPSI-III은 대상 연령이 만 2세 6개월~7세 3개월로 확장되면서 검사 실시 연령을 만 2세 6개월~3세 11개월(2:6~3:11)과 만 4세 0개월~7세 3개월(4:0~7:3)의 두 연령군으로 나누었다. 이때 각 연령군에 따라 소검사 및 지표가 다르게 구성되는데, 이는 연령에 따른 인지 발달을 더 잘 반영하기 위함이다. 먼저, 2:6~3:11세용의 경우 총 4개의 지표점수(언어성 지능, 동작성 지능, 전체 IQ, 종합언어능력)를 제공한다. 언어성 지능은 3개의 소검사(상식, 수용어휘, 그림명명), 동작성 지능은 2개의 소검사(토막짜기, 모양맞추기)를 포함한다. 종합언어능력(General Language Composite)은 새롭게 추가된 지표로 수용어휘와 그림명명 소검사로 구성되며, 유아의 어휘 발달지연이나 언어지체가 의심될 경우 사용한다. 다음으로 4:0~7:3세용의 경우 총 5개의 지표점수(언어성 지능, 동작성 지능, 전체 IQ, 처리속도, 종합언어능력)를 제공한다. 먼저, 언어성 지능(상식, 어휘, 단어추론, 이해, 공통성)과 동작성 지능(토막짜기, 행렬추리, 공통그림찾기, 빠진곳찾기, 모양맞추기)은 각각 5개의 소검사를 포함한다. 다음으로 종합언어능력지표는 2개의 소검사(수용어휘, 그림명명)로 구성되며 유아의 언어 발달을 측정하고, 2:0~3:11세용과 달리 4:0~7:3세용에서는 수용어휘와 그림명명 소검사를 선택적으로 실시한다. 마지막으로, 4:0~7:3세용은 처리속도지표(기호쓰기, 상징찾기)를 포함한다. 그러나 WPPSI-III은 국내에서 표준화되지 않았다.

최신 개정판은 『웩슬러 유아지능검사 4판(Wechsler Preschool and Primary Scale of Intelligence-Fourth Edition, WPPSI-IV)』으로 2016년에 개정되었다. WPPSI-IV는 지능, 인지 발달, 신경 발달, 인지뇌과학에 대한 새로운 연구를 반영하였으며 지표나 소검사 등 검사체계가 크게 변화하였다(Wechsler, 2012). 우선, WPPSI-IV에서는 이전 판과 달리 기존의 동작성 지능지수와 언어성 지능지수의 구분을 삭제하였다. 대상 연령은 만 2세 6개월~7세 7개월로 넓혔으며, 연령군에 따라 검사는 2:6~3:11세용과 4:0~7:7세용으로 나뉘고, WPPSI-III와 마찬가지로 연령군에 따라 소검사 및 지표가 다르게 구성된다. 우선, 2:6~3:11세용의 경우 7개의 소검사(수용어휘, 상식, 그림명명, 토막짜기, 모양맞추기, 그림기억, 위치찾기)를 포함하며 검사체계는 전체척도, 기본지표척도, 추가지표척도로 나뉜다. 전체척도는 언어이해, 시공간, 작업기억 영역으로 구성되며 각 영역에 해당하는 5개의 핵심 소검사인 수용어휘, 상식, 토막짜기, 모양맞추기, 그림기억을 바탕으로 전체 IQ를 산출한다. 기본지표척도는 3개의 기본지표인 언어이해지표(수용어휘, 상식), 시공간지표(토막짜기, 모양맞추기), 작업기억지표(그림기억, 위치찾기)로 구성되며 각 지표는 2개의 핵심 소검사로 구성된다. 여기서 작업기억지표의 소검사인 그림기억과 위치찾기는 WPPSI-IV에서 새롭게 추가된 것이다. 추가지표척도는 3개의 추가지표인 어휘습득지표(수용어휘, 그림명명), 비언어지표(토막짜기, 모양맞추기, 그림기억, 위치찾기), 일반능력지표(수용어휘, 상식, 토막짜기, 모양맞추기)로 구성된다. 어휘습득지표는 해당 소검사들이 측정하는 인지능력을 정확하게 반영하고자 WPPSI-III의 종합언어능력지표 명칭을 변경한 것으로, 표현언어 수행에 대한 추가적인 정보를 제공한다.

다음으로 4:0~7:7세용의 경우, 15개 소검사(상식, 공통성, 어휘, 이해, 수용어휘, 그림명명, 토막짜기, 모양맞추기, 행렬추리, 공통그림찾기, 그림기억, 위치찾기, 동형찾기, 선택하기, 동물짝짓기)로 구성되며 검사체계는 2:6~3:11세용과 마찬가지로 전체척도, 기본지표척도, 추가지표척도로 나뉜다. 전체척도는 언어이해, 시공간, 유동추론, 작업기억, 처리속도 영역으로 구성되며, 각 영역에 해당하는 6개의 소검사인 상식, 공통성, 토막짜기, 행렬추리, 그림기억, 동형찾기를 바탕으로 전체 IQ를 산출한다. 기본지표척도는 5개의 기본지표인 언어이해지표(상식, 공통성), 시공간지표(토막짜기, 모양맞추기), 유동추론지표(행렬추리, 공통그림찾기), 작업기억지표(그림기억, 위치찾기), 처리속도지표(동형찾기, 선택하기)로 구성되며, 각 지표는 2개의 핵심 소검사로 구성된다. 처리속도지표의 동형찾기, 선택하기 소검사와 동물짝짓기 소검사는 아동의 단기 시각기억, 인지적 유연성, 시각적 변별 능력 등을 측정하기 위해 WPPSI-IV에 새롭게 추가되었다. 4:0~7:7세용의 추가지표척도는 5개의 추가지표인 어휘습득지표(수용어휘, 그림명명), 비언어지표(토막짜기, 행렬추리, 공통그림찾기, 그림기억, 동형찾기), 일반능력지표(상식, 공통성, 토막짜기, 행렬추리), 인지효율지표(그림기억, 위치찾기, 동형찾기, 선택하기)로 구성되며 2:6~3:11세용보다 더 다양한 추가지표를 제공한다. WPPSI-IV에서는 이전 판과 달리 일반능력지표와 인지효율지표를 검사체계에 포함하여 검사도구의 임상적 유용성을 높이고자 하였다. 국내의 경우, 박혜원, 이경옥, 안동현이 2016년 WPPSI-IV를 표준화하여『한국 웩슬러 유아지능검사 4판(Korean Wechsler Preschool and Primary Scale of Intelligence-Fourth Edition, K-WPPSI-IV)』을 출판하였다. [그림 2-16]은 K-WPPSI-IV의 검사도구이다. K-WPPSI-IV의 검사도구는 K-WISC-V보다 소책자나 문항의 그림이 더 크며, 소검사를 실시할 때 지침서 외에 필요한 검사도구(모양맞추기 퍼즐, 위치찾기 세트 등)가 더 많다.

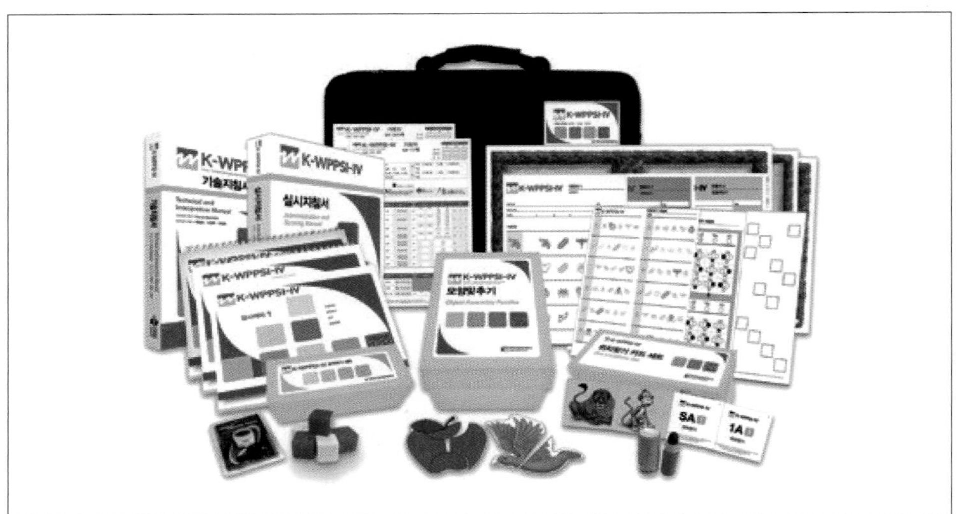

K-WPPSI-IV 검사도구에는 실시지침서, 기술지침서, 검사책자 1, 검사책자 2, 검사책자 3, 토막짜기 세트, 기록용지 2~3세용, 기록용지 4~7세용, 반응지 1, 반응지 2, 반응지 3, 위치찾기 울타리 판, 위치찾기 카드 세트, 동물짝짓기 · 동형찾기 · 선택하기 채점판, 모양맞추기 퍼즐, 초시계 등이 있다.

그림 2-16 K-WPPSI-IV 검사도구

출처: 인싸이트 홈페이지.

K-WPPSI-IV는 1996년 박혜원, 곽금주, 박광배가 K-WPPSI를 출판한 이후로 약 20년만에 개정된 것이다. K-WPPSI-IV는 WPPSI-IV를 바탕으로 하며 한국의 사회문화적 배경 및 한국 유아의 수행 수준을 반영하였다(이경옥, 박혜원, 이상희, 2016). K-WPPSI-IV도 WPPSI-IV와 마찬가지로 만 2세 6개월~3세 11개월(2:6~3:11)과 만 4세 0개월~7세 7개월(4:0~7:7)의 두 연령군으로 나뉘며, 각 검사는 서로 다른 지표 및 소검사들로 구성된다. 이전 판인 K-WPPSI와 다르게 K-WPPSI-IV는 언어성 지능지수와 동작성 지능지수를 삭제하고, 기본지표척도(언어이해지표, 시공간지

표, 유동추론지표, 작업기억지표, 처리속도지표)와 추가지표척도(어휘습득지표, 비언어지표, 일반능력지표, 인지효율지표)를 제공한다. K-WPPSI-IV 2:6~3:11세용 검사체계는 [그림 2-17], 4:0~7:7세용 검사체계는 [그림 2-18]과 같으며 각 지표와 소검사 구성은 미국판과 동일하므로 설명을 생략하겠다.

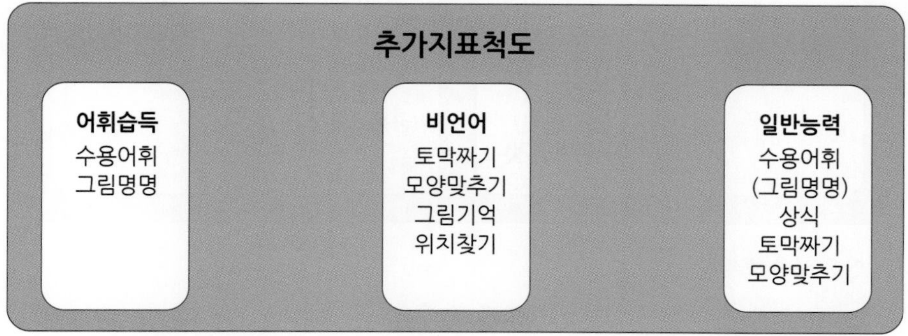

(　　) 안은 보충 소검사

▌그림 2-17　K-WPPSI-IV 2:6~3:11세용 검사체계

출처: 박혜원, 이경옥, 안동현(2016).

4:0~7:7세

전체척도

언어이해	시공간	유동추론	작업기억	처리속도
상식 공통성 (어휘) (이해)	토막짜기 (모양맞추기)	행렬추리 (공통그림찾기)	그림기억 (위치찾기)	동형찾기 (선택하기) (동물짝짓기)

기본지표척도

언어이해	시공간	유동추론	작업기억	처리속도
상식 공통성	토막짜기 모양맞추기	행렬추리 공통그림찾기	그림기억 위치찾기	동형찾기 선택하기

(　　) 안은 보충 소검사

그림 2-18 K-WPPSI-IV 4:0~7:7세용 검사체계

출처: 박혜원, 이경옥, 안동현(2016).

〈표 2-2〉는 K-WPPSI-IV 소검사에 대한 설명이다.

표 2-2 K-WPPSI-IV 소검사

소검사	설명
토막짜기 (Block Design)	제한시간 내에 제시된 모형 또는 토막그림을 보고, 한 가지나 두 가지 색으로 된 토막을 사용하여 똑같은 모양을 만든다.
상식 (Information)	그림 문항의 경우, 일반 상식에 관한 질문에 가장 적절한 보기를 선택한다. 언어문항의 경우, 일반 상식에 관한 광범위한 주제를 다루는 질문에 대답한다.
행렬추리 (Matrix Reasoning)	완성되지 않은 행렬을 보고 행렬을 완성시키기 위해 적절한 보기를 선택한다.
동형찾기 (Bug Search)	제한시간 내에 제시된 벌레그림과 같은 벌레그림을 보기 중에서 찾아 표시한다.
그림기억 (Picture Memory)	일정시간 동안 1개 이상의 그림이 있는 자극페이지를 보고 난 후, 반응페이지의 보기 중에서 해당 그림을 찾아낸다.
공통성 (Similarities)	그림 문항의 경우, 제시된 2개의 사물과 같은 범주의 사물을 보기 중에서 선택한다. 언어 문항의 경우, 공통된 사물이나 개념을 나타내는 2개의 단어를 듣고 공통점을 말한다.
공통그림찾기 (Picture Concepts)	2줄 또는 3줄의 그림을 보고, 각 줄에서 공통된 특성을 지닌 그림을 하나씩 선택한다.
선택하기 (Cancellation)	제한시간 내에 비정렬 또는 정렬된 그림을 훑어보고 목표 그림을 찾아 표시한다.
위치찾기 (Zoo Location)	일정시간 동안 울타리 안에 있는 1개 이상의 동물카드를 보고 난 후, 각 카드를 보았던 위치에 동물카드를 배치한다.
모양맞추기 (Object Assembly)	제한시간 내에 사물의 표상을 만들기 위해 조각을 맞춘다.
어휘 (Vocabulary)	그림 문항의 경우, 검사책자에 있는 그림의 이름을 말한다. 언어 문항의 경우, 검사자가 읽어 준 단어의 정의를 말한다.
동물짝짓기 (Animal Coding)	제한시간 내에 동물과 모양의 대응표를 보고, 동물그림에 해당하는 모양에 표시한다.
이해 (Comprehension)	그림 문항의 경우, 일반적인 원칙이나 사회적 상황을 가장 잘 나타내는 보기를 선택한다. 언어 문항의 경우, 일반적인 원칙과 사회적 상황에 대한 이해를 기초로 질문에 답한다.
수용어휘 (Receptive Vocabulary)	검사자가 읽어 주는 단어를 가장 잘 표현하는 보기를 선택한다.
그림명명 (Picture Naming)	그림으로 제시된 사물의 이름을 말한다.

출처: 박혜원, 이경옥, 안동현(2016).

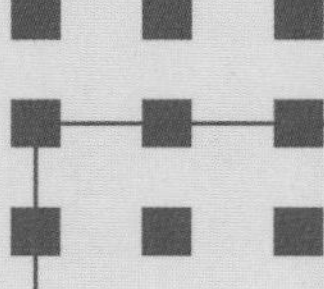

제3장

K-WISC-V 이해

제3장 K-WISC-V 이해

이 장에서는 한국 웩슬러 아동지능검사 5판(Korean Wechsler Intelligence Scale for Children-Fifth Edition, K-WISC-V)에 대해 더 자세히 설명하고자 한다. K-WISC-V는 만 6세 0개월~만 16세 11개월 아동의 지능을 평가하기 위한 검사이다(곽금주, 장승민, 2019a). 이 장에서는 K-WISC-V의 검사체계를 설명하고, 원판인 WISC-V와의 비교, 이전 판인 K-WISC-IV와의 비교를 통해 K-WISC-V에 대한 이해를 높이고자 한다.

Ⅰ. K-WISC-V에 대하여

한국 웩슬러 아동지능검사 5판(Korean Wechsler Intelligence Scale for Children-Fifth Edition, K-WISC-V)은 K-WISC-IV(곽금주, 오상우, 김청택, 2011)의 개정판으로 2014년 미국에서 출시된 『웩슬러 아동지능검사 5판(WISC-V)』(Wechsler, 2014a)을 바탕으로 표준화된 검사이다. WISC-V는 지능이론, 인지 발달, 신경 발달, 인지신경과학, 그리고 학습과정에 대한 최근 심리학 연구들에 기초하여 제작되었다. 이러한 원판의 특성을 반영하여 한국판 표준화도 최근의 심리학 이론을 바탕으로 하였으며, 전국 아동들을 대상으로 여러 번의 예비연구와 표준화 연구를 거쳐 진행되었다. 또한 한국 아동들에게 적합한 문항과 규준을 마련하였으며, 검사의 임상적 유용성을 높이고자 하였다(곽금주, 장승민, 2019b). 이 외에도 검사자의 편의성을 위해 실시 및 채점 절차 등이 수정되었다. 다음은 K-WISC-V의 검사체계, 의의 및 한계점 등에 대한 설명이다.

1. K-WISC-V의 검사체계

K-WISC-V의 검사체계는 전체척도(Full Scale)와 기본지표척도(Primary Index Scales), 그리고 추가지표척도(Ancillary Index Scales)로 구성된다. 전체척도는 전체 IQ(Full Scale IQ)를 제공하며, 기본지표척도는 5개의 기본지표점수, 추가지표척도는 5개의 추가지표점수를 제공한다. [그림 3-1]은 K-WISC-V의 검사체계로 지표 및 각 지표에 해당하는 소검사를 제시한다. 각각의 지표와 소검사가 측정하는 인지능력 및 해석에 대해서는 제5장과 제6장에서 자세히 설명하고 있으므로 여기서는 핵심적인 내용만 다루겠다.

전체척도

언어이해	시공간	유동추론	작업기억	처리속도
공통성	토막짜기	행렬추리	숫자	기호쓰기
어휘	**퍼즐**	무게비교	**그림기억**	**동형찾기**
상식		**공통그림찾기**	**순차연결**	**선택**
이해		**산수**		

기본지표척도

언어이해	시공간	유동추론	작업기억	처리속도
공통성	토막짜기	행렬추리	숫자	기호쓰기
어휘	퍼즐	무게비교	그림기억	동형찾기

추가지표척도

양적추론	청각작업기억	비언어	일반능력	인지효율
무게비교	숫자	토막짜기	공통성	숫자
산수	순차연결	퍼즐	어휘	그림기억
		행렬추리	토막짜기	기호쓰기
		무게비교	행렬추리	동형찾기
		그림기억	무게비교	
		기호쓰기		

▌그림 3-1 **K-WISC-V의 검사체계**

출처: 곽금주, 장승민(2019b).

1.1. 전체척도

전체척도는 다섯 가지 영역인 언어이해(Verbal Comprehension), 시공간(Visual Spatial), 유동추론(Fluid Reasoning), 작업기억(Working Memory), 처리속도(Processing Speed)로 구성된다. 전체척도는 총 16개 소검사를 포함하며 10개의 기본 소검사(공통성, 어휘, 토막짜기, 퍼즐, 행렬추리, 무게비교, 숫자, 그림기억, 기호쓰기, 동형찾기)와 6개의 추가 소검사(상식, 이해, 공통그림찾기, 산수, 순차연결, 선택)로 구성된다.

전체척도는 아동의 전반적인 지적 능력을 반영하는 전체 IQ(Full Scale IQ, FSIQ)를 제공한다. 전체 IQ는 아동의 전반적인 행동뿐만 아니라 이후 학업 성취를 예측하는 데에도 활용할 수 있다. 전체 IQ는 앞서 설명한 10개의 기본 소검사 중 7개의 소검사인 공통성, 어휘, 토막짜기, 행렬추리, 무게비교, 숫자, 기호쓰기를 통해 산출된다. 이는 언어이해 영역에서 2개, 시공간 영역에서 1개, 유동추론 영역에서 2개, 작업기억과 처리속도 영역에서 각각 1개의 소검사가 포함된 것이다. 이처럼 전체 IQ는 다양한 영역의 소검사를 포함하기 때문에, 전체 IQ를 통해 아동의 전반적인 지적 능력이 또래 집단과 비교하여 어떤 수준인지 평가할 수 있다.

1.2. 기본지표척도

기본지표척도는 5개의 기본지표인 언어이해지표(Verbal Comprehension Index, VCI), 시공간지표(Visual Spatial Index, VSI), 유동추론지표(Fluid Reasoning Index, FRI), 작업기억지표(Working Memory Index, WMI), 처리속도지표(Processing Speed Index, PSI)로 구성되며, 각 지표는 2개의 기본 소검사를 포함한다.

우선, 언어이해지표는 결정지능과 언어 정보를 개념화하는 능력, 언어로 자신의 생각을 표현할 수 있는 능력 등을 측정하며, 공통성과 어휘 소검사로 구성된다. 다음으로 시공간지표는 시각 정보를 분석하고 시공간 관계를 이해하는 시공간 추론 능력, 정신적 회전 능력, 시각작업기억을 측정하며, 토막짜기와 퍼즐 소검사로 구성된다. 유동추론지표는 사전 지식이나 문화적 기대, 결정지능으로는 풀 수 없는 새로운 문제를 해결할 수 있는 능력을 측정하며, 행렬추리와 무게비교 소검사로 구성된다. 작업기억지표는 주의집중하여 짧은 시간 동안 의식적으로 시청각 정보를 입력하고, 유지하고, 조작하여 결과를 재생산할 수 있는 능력을 측정하며, 숫자와 그림기억 소검사로 구성된다. 마지막으로, 처리속도지표는 의사결정을 위해 시각 정보를 빠르고 정확하게 처리하는 능력을 측정하며, 기호쓰기와 동형찾기 소검사로 구성된다. 각 지표별 점수를 통해 아동의 구체적인 인지능력과 강점 및 약점에 대해 평가할 수 있으며, 이에 대한 설명은 제5장에서 자세히 다루겠다.

1.3. 추가지표척도

추가지표척도는 5개의 추가지표인 양적추론지표(Quantitative Reasoning Index, QRI), 청각작업기억지표(Auditory Working Memory Index, AWMI), 비언어지표(Nonverbal Index, NVI), 일반능력지표(General Ability Index, GAI), 인지효율지표(Cognitive Proficiency Index, CPI)를 포함하며, 각 지표는 기본 소검사와 추가 소검사의 조합으로 구성된다.

먼저, 양적추론지표는 암산능력, 양적 관계를 이해하고 적용하는 능력, 언어적 문제해결 능력 등을 측정하며, 무게비교와 산수 소검사로 구성된다. 청각작업기억지표는 청각단기기억, 작업기억, 청각적 순차처리 능력, 정신적 조작 능력 등을 측정하며, 숫자와 순차연결 소검사로 구성된다. 비언어지표는 언어적 요구를 최소화하여 아동의 전반적인 지능을 측정하며, 토막짜기, 퍼즐, 행렬추리, 무게비교, 그림기억, 기호쓰기 소검사로 구성된다. 일반능력지표는 작업기억과 처리속도 요구를 최소화하여 아동의 전반적인 지능을 측정하는 지표이며, 공통성, 어휘, 토막짜기, 행렬추리, 무게비교 소검사로 구성된다. 마지막으로, 인지효율지표는 학습, 문제해결, 고차원적인 추론 과정에서 이루어지는 정보 처리의 효율성을 측정하는 지표이며, 숫자, 그림기억, 기호쓰기, 동형찾기 소검사로 구성된다. 추가지표를 통해 기본지표척도에서 측정하는 능력 외 아동의 특정한 인지능력에 대해 추가적으로 평가할 수 있다.

1.4. 소검사

K-WISC-V는 앞서 살펴보았듯이, 총 16개의 소검사로 구성되며 10개의 기본 소검사인 공통성, 어휘, 토막짜기, 퍼즐, 행렬추리, 무게비교, 숫자, 그림기억, 기호쓰기, 동형찾기와 6개의 추가 소검사인 상식, 이해, 공통그림찾기, 산수, 순차연결, 선택으로 구성된다. 〈표 3-1〉은 실시 순서에 따른 소검사별 설명이다.

표 3-1 K-WISC-V 소검사

소검사	설명
토막짜기 (Block Design)	제한시간 내에 두 가지 색으로 이루어진 토막을 사용하여 제시된 모형이나 그림과 똑같은 모양을 만들어야 한다.
공통성 (Similarities)	공통적인 사물이나 개념을 나타내는 두 개의 단어를 듣고, 두 단어가 어떻게 유사한지 말해야 한다.
행렬추리 (Matrix Reasoning)	행렬이나 연속의 일부를 보고, 행렬 또는 연속을 완성하는 보기를 찾아야 한다.
숫자 (Digit Span)	수열을 듣고 기억하여 숫자를 바로 따라하고, 거꾸로 따라하고, 순서대로 따라해야 한다.
기호쓰기 (Coding)	제한시간 내에 기호표를 사용하여 간단한 기하학적 모양이나 숫자에 상응하는 기호를 따라 그려야 한다.
어휘 (Vocabulary)	그림 문항에서는 소책자에 그려진 사물의 이름을 말하고, 말하기 문항에서는 검사자가 읽어 주는 단어의 뜻을 말해야 한다.
무게비교 (Figure Weights)	제한시간 내에 양쪽 무게가 달라 균형이 맞지 않는 저울 그림을 보고 균형을 유지할 수 있는 보기를 찾아야 한다.
퍼즐 (Visual Puzzles)	제한시간 내에 완성된 퍼즐을 보고, 퍼즐을 구성할 수 있는 3개의 조각을 찾아야 한다.
그림기억 (Picture Span)	제한시간 내에 1개 이상의 그림이 있는 자극페이지를 본 후, 반응페이지에 있는 보기에서 해당 그림을 (가능한 한 순서대로) 찾아야 한다.
동형찾기 (Symbol Search)	제한시간 내에 반응 부분을 훑어보고 표적 모양과 동일한 것을 찾아야 한다.
상식 (Information)	일반적 지식에 관한 광범위한 주제를 다루는 질문에 답해야 한다.
공통그림찾기 (Picture Concepts)	두 줄 혹은 세 줄로 이루어진 그림들을 보고 각 줄에서 공통된 특성으로 묶을 수 있는 그림들을 하나씩 골라야 한다.
순차연결 (Letter-Number Sequencing)	연속되는 숫자와 글자를 듣고, 숫자는 오름차순으로, 글자는 가나다 순으로 암기해야 한다.
선택 (Cancellation)	제한시간 내에 무선으로 배열된 그림과 일렬로 배열된 그림을 훑어보고 표적 그림에 표시해야 한다.
이해 (Comprehension)	일반적인 원칙과 사회적 상황에 대한 이해에 근거하여 질문에 답해야 한다.
산수 (Arithmetic)	제한시간 내에 그림 문항과 말하기 문항으로 구성된 산수 문제를 암산으로 풀어야 한다.

출처: 곽금주, 장승민(2019b).

1.5. 처리점수

처리점수(Process Scores)는 아동의 소검사 수행 과정에 영향을 미치는 인지능력에 대한 정보를 제공한다. K-WISC-V는 토막짜기, 숫자, 그림기억, 순차연결, 동형찾기, 기호쓰기, 선택 소검사에서 총 18개의 처리점수를 제공한다. 처리점수의 내용 및 해석은 제6장을 참고하라. 〈표 3-2〉는 처리점수의 종류와 원어 및 약자이다.

표 3-2 처리점수의 종류와 원어 및 약자

처리점수	원어(약자)
시간 보너스가 없는 토막짜기	Block Design No Time Bonus (BDn)
토막짜기 부분점수	Block Design Partial Score (BDp)
토막짜기 공간크기 오류	Block Design Dimension Errors (BDde)
토막짜기 회전 오류	Block Design Rotation Errors (BDre)
숫자 바로 따라하기	Digit Span Forward (DSf)
숫자 거꾸로 따라하기	Digit Span Backward (DSb)
숫자 순서대로 따라하기	Digit Span Sequencing (DSs)
가장 긴 숫자 바로 따라하기	Longest Digit Span Forward (LDSf)
가장 긴 숫자 거꾸로 따라하기	Longest Digit Span Backward (LDSb)
가장 긴 숫자 순서대로 따라하기	Longest Digit Span Sequence (LDSs)
가장 긴 그림기억 자극	Longest Picture Span Stimulus (LPSs)
가장 긴 그림기억 반응	Longest Picture Span Response (LPSr)
가장 긴 순차연결	Longest Letter-Number Sequence (LLNs)
동형찾기 세트 오류	Symbol Search Set Errors (SSse)
동형찾기 회전 오류	Symbol Search Rotation Errors (SSre)
기호쓰기 회전 오류	Coding Rotation Errors (CDre)
선택 (무선배열)	Cancellation Random (CAr)
선택 (일렬배열)	Cancellation Structured (CAs)

출처: 곽금주, 장승민(2019b).

2. WISC-V와 K-WISC-V

앞서 언급한 바와 같이 K-WISC-V는 WISC-V의 특성 대부분을 그대로 반영하였다. 그러나 표준화 과정 중 원판을 그대로 따르는 것은 신뢰도, 타당성, 변별력 등의 이유로 적합하지 않다는 판단에 따라 한국판은 미국 원판과 몇 가지 차이점을 두었다. 여기서는 K-WISC-V가 미국 원판인 WISC-V와 어떤 점이 다른지에 대해 설명하겠다.

우선, WISC-V의 검사체계는 [그림 3-2]와 같이 전체척도, 기본지표척도, 추가지표척도, 보충지표척도(Complementary Index Scale)로 구성된다. 제2장에서 언급했듯이 WISC-V의 전체척도는 언어이해, 시공간, 유동추론, 작업기억, 처리속도 영역으로 구성되며, 각 영역에 해당하는 공통성, 어휘, 토막짜기, 행렬추리, 무게비교, 숫자, 기호쓰기 소검사로 전체 IQ를 산출한다. 기본지표척도는 언어이해지표(공통성, 어휘), 시공간지표(토막짜기, 퍼즐), 유동추론지표(행렬추리, 무게비교), 작업기억지표(숫자, 그림기억), 처리속도지표(기호쓰기, 동형찾기)로 구성되며, 각 지표는 2개의 기본 소검사를 포함한다. 추가지표척도는 양적추론지표(무게비교, 산수), 청각작업기억지표(숫자, 순차연결), 비언어지표(토막짜기, 퍼즐, 행렬추리, 무게비교, 그림기억, 기호쓰기), 일반능력지표(공통성, 어휘, 토막짜기, 행렬추리, 무게비교), 인지효율지표(숫자, 그림기억, 기호쓰기, 동형찾기)로 구성된다. K-WISC-V는 WISC-V와 전체척도, 기본지표척도, 추가지표척도의 지표 및 소검사 구성이 동일하다.

WISC-V의 보충지표척도는 명명속도지표(Naming Speed Index, NSI), 상징해석지표(Symbol Translation Index, STI), 그리고 기억인출지표(Storage and Retrieval Index, SRI)로 구성된다. 보충지표척도는 아동의 지적 능력보다는 교육적 평가와 관련된 정보를 제공하기 위해 개발된 것으로 학습장애와 같이 읽기 능력이나 수학 능력에 결함이 있는 아동의 인지능력을 평가할 때 주로 사용된다(Weiss, Saklofske, Holdnack, & Prifitera, 2016). 그러나 한국의 표준화 연구에서는 보충지표척도에 포함되는 소검사들이 한국 아동에게 유용하지 않다고 판단되었다. 따라서 미국 측과 상의를 통해 한국판에서는 보충지표척도를 검사체계에 포함시키지 않았다(곽금주, 장승민, 2019b). 이에 대해선 뒤에서 자세히 설명하겠다.

명명속도지표는 아동이 얼마나 빠르고 정확하게 사물의 이름을 말할 수 있는지

전체척도

언어이해지표 (VCI)	시공간지표 (VSI)	유동추론지표 (FRI)	작업기억지표 (WMI)	처리속도지표 (PSI)
공통성 어휘 상식 이해	토막짜기 퍼즐	행렬추리 무게비교 공통그림찾기 산수	숫자 그림기억 순차연결	기호쓰기 동형찾기 선택

기본지표척도

언어이해지표 (VCI)	시공간지표 (VSI)	유동추론지표 (FRI)	작업기억지표 (WMI)	처리속도지표 (PSI)
공통성 어휘	토막짜기 퍼즐	행렬추리 무게비교	숫자 그림기억	기호쓰기 동형찾기

추가지표척도

양적추론지표 (QRI)	청각작업기억지표 (AWMI)	비언어지표 (NVI)	일반능력지표 (GAI)	인지효율지표 (CPI)
무게비교 산수	숫자 순차연결	토막짜기 퍼즐 행렬추리 무게비교 그림기억 기호쓰기	공통성 어휘 토막짜기 행렬추리 무게비교	숫자 그림기억 기호쓰기 동형찾기

보충지표척도

명명속도지표 (NSI)	상징해석지표 (STI)	기억인출지표 (SRI)
이름 빨리 말하기 양 빨리 말하기	즉각 암호해독 지연 암호해독 재인 암호해독	이름 빨리 말하기 양 빨리 말하기 즉각 암호해독 지연 암호해독 재인 암호해독

▌그림 3-2 **WISC-V의 검사체계**

기본적인 명명 능력을 측정하며, 이름 빨리 말하기(Naming Speed Literacy, NSL)와 양 빨리 말하기(Naming Speed Quantity, NSQ) 소검사로 구성된다. 특히 명명속도지표는 학습장애 중 읽기장애와 수학장애와 연관이 있다(Weiss, Saklofske, Holdnack, & Prifitera, 2019). 상징해석지표는 다양한 상황에서 시각적 · 언어적 연합 자극을 얼마나 잘 기억할 수 있는지를 측정하며, 즉각 암호해독(Immediate Symbol Translation, IST), 지연 암호해독(Delayed Symbol Translation, DST), 재인 암호해독(Recognition Symbol Translation, RST) 소검사로 구성된다. 상징해석지표는 난독증(dyslexia)과 연관이 있으며, 읽기 판독 능력, 발음의 정확성과 유창성, 읽기 이해 능력 등을 측정한다. 마지막으로, 기억인출지표는 명명속도지표와 상징해석지표를 합한 것으로 이름 빨리 말하기, 양 빨리 말하기, 즉각 암호해독, 지연 암호해독, 재인 암호해독 소검사로 구성된다. 기억인출지표는 장기기억의 저장과 인출 능력을 종합적으로 측정하며, 아동이 정보를 빠르고 효율적으로 기억에 저장하고 인출하는 능력을 측정한다(Wechsler, 2014b). 〈표 3-3〉은 보충지표척도 소검사에 대한 설명으로 소검사 과제의 그림 및 문항은 한국판 표준화 연구 과정에서 사용한 것이다.

표 3-3 WISC-V 보충지표척도의 소검사

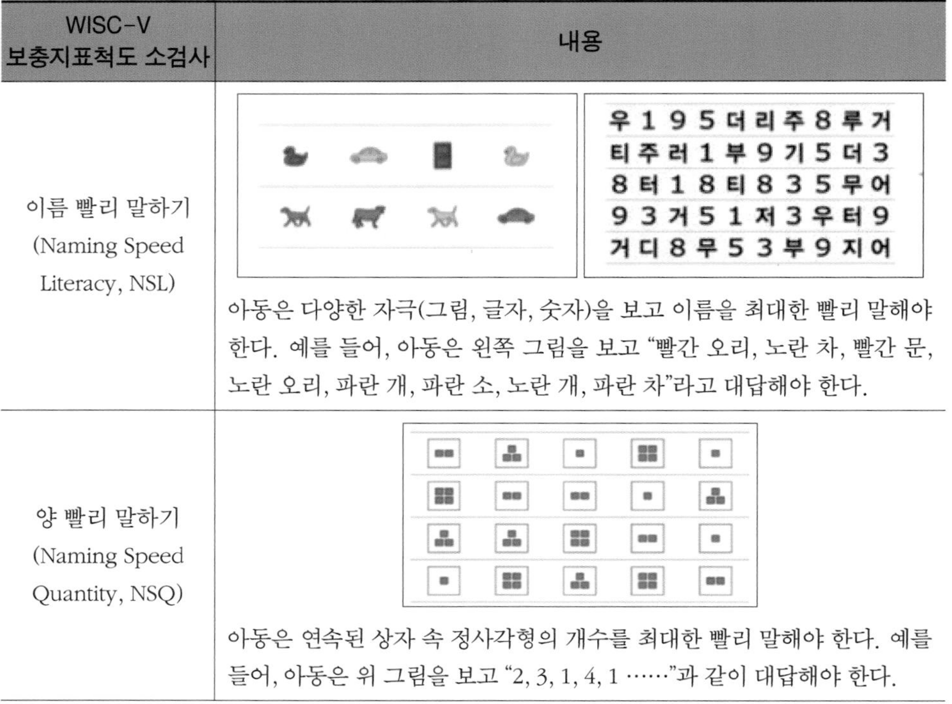

WISC-V 보충지표척도 소검사	내용
이름 빨리 말하기 (Naming Speed Literacy, NSL)	아동은 다양한 자극(그림, 글자, 숫자)을 보고 이름을 최대한 빨리 말해야 한다. 예를 들어, 아동은 왼쪽 그림을 보고 "빨간 오리, 노란 차, 빨간 문, 노란 오리, 파란 개, 파란 소, 노란 개, 파란 차"라고 대답해야 한다.
양 빨리 말하기 (Naming Speed Quantity, NSQ)	아동은 연속된 상자 속 정사각형의 개수를 최대한 빨리 말해야 한다. 예를 들어, 아동은 위 그림을 보고 "2, 3, 1, 4, 1 ……"과 같이 대답해야 한다.

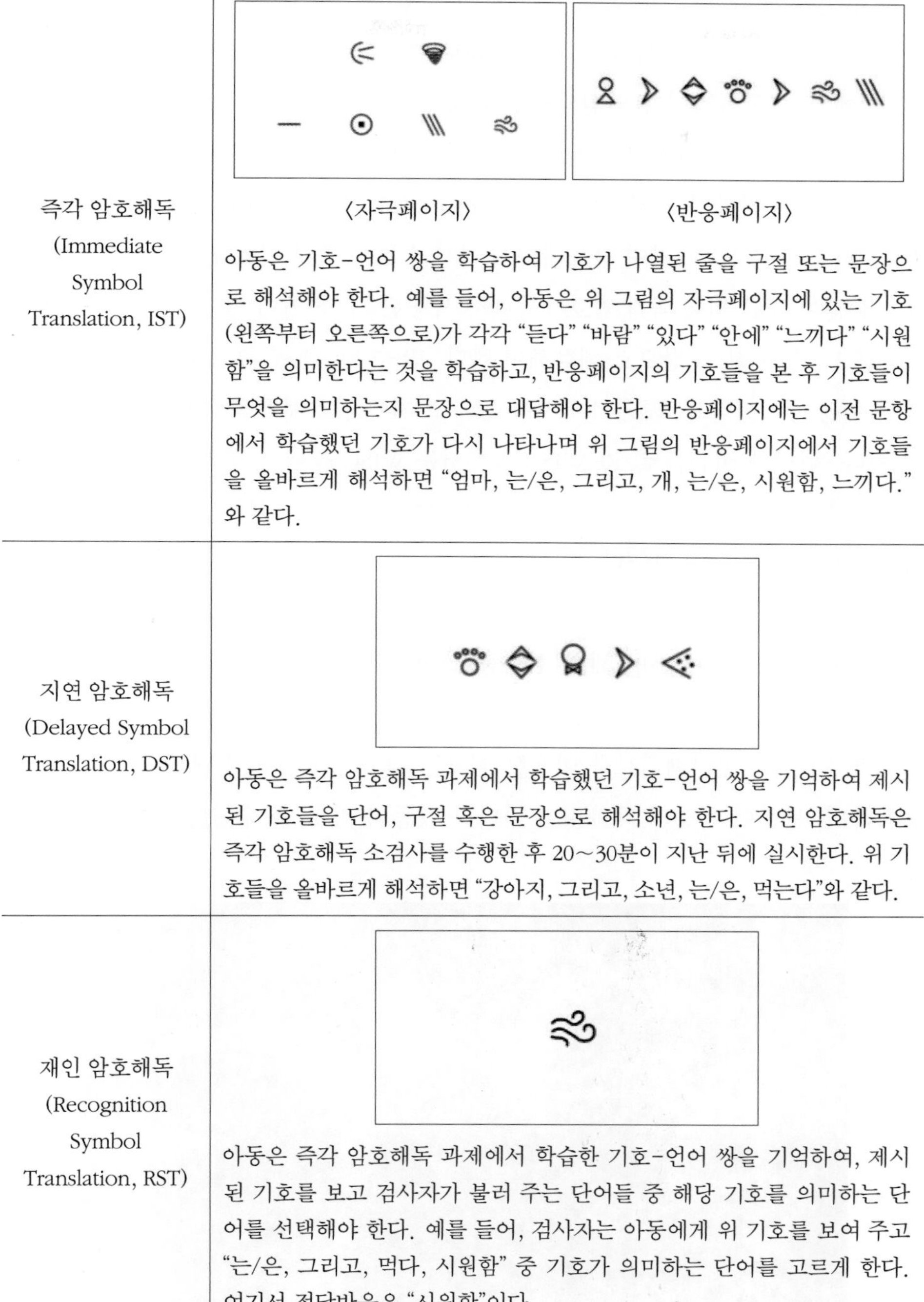

즉각 암호해독 (Immediate Symbol Translation, IST)	〈자극페이지〉 〈반응페이지〉 아동은 기호-언어 쌍을 학습하여 기호가 나열된 줄을 구절 또는 문장으로 해석해야 한다. 예를 들어, 아동은 위 그림의 자극페이지에 있는 기호(왼쪽부터 오른쪽으로)가 각각 "들다" "바람" "있다" "안에" "느끼다" "시원함"을 의미한다는 것을 학습하고, 반응페이지의 기호들을 본 후 기호들이 무엇을 의미하는지 문장으로 대답해야 한다. 반응페이지에는 이전 문항에서 학습했던 기호가 다시 나타나며 위 그림의 반응페이지에서 기호들을 올바르게 해석하면 "엄마, 는/은, 그리고, 개, 는/은, 시원함, 느끼다."와 같다.
지연 암호해독 (Delayed Symbol Translation, DST)	아동은 즉각 암호해독 과제에서 학습했던 기호-언어 쌍을 기억하여 제시된 기호들을 단어, 구절 혹은 문장으로 해석해야 한다. 지연 암호해독은 즉각 암호해독 소검사를 수행한 후 20~30분이 지난 뒤에 실시한다. 위 기호들을 올바르게 해석하면 "강아지, 그리고, 소년, 는/은, 먹는다"와 같다.
재인 암호해독 (Recognition Symbol Translation, RST)	아동은 즉각 암호해독 과제에서 학습한 기호-언어 쌍을 기억하여, 제시된 기호를 보고 검사자가 불러 주는 단어들 중 해당 기호를 의미하는 단어를 선택해야 한다. 예를 들어, 검사자는 아동에게 위 기호를 보여 주고 "는/은, 그리고, 먹다, 시원함" 중 기호가 의미하는 단어를 고르게 한다. 여기서 정답반응은 "시원함"이다.

앞서 언급한 바와 같이 보충지표척도의 소검사들이 실질적으로 변별력이 없다는 비판과 검사 실시의 어려움 등의 이유로 한국판에서는 보충지표척도를 제외하였다. 예컨대, 학습장애가 의심되는 아동에게 보충지표척도에 해당하는 검사를 실시하였으나, 일반 아동과 연령별로 비교하였을 때 결과적으로 점수 차이가 없었다. 또한 보충지표척도는 검사 실시가 복잡하고 소요시간이 오래 걸린다는 한계점을 갖고 있다. 예를 들어, 지연 암호해독 소검사의 경우 즉각 암호해독 소검사 실시 후 20~30분이 지난 뒤에 즉각 암호해독에서 사용된 기호-언어 쌍을 기억하여 제시된 기호를 단어, 구절, 문장으로 해석해야 한다. 만약 20~30분 후에 이해나 산수 소검사를 수행 중이었다면, 해당 소검사를 멈추고 지연 암호해독을 해야 하는 번거로움이 있다. 이러한 이유들로, K-WISC-V에서는 WISC-V에서 새롭게 추가한 보충지표척도와 이에 속하는 소검사가 타당성과 실효성 문제로 인해 그다지 유용하지 않다는 판단을 내려 제외하였다.

또한 WISC-V의 경우 새로운 형태의 검사 방식이 도입되어 주목을 받았다. 4판까지는 종이와 연필을 사용해서 검사를 실시하였으나, 5판부터는 디지털 형태의 큐-인터랙티브(Q-interactive)를 사용하여 검사의 편의성을 높이고자 하였다. [그림 3-3]과 같이 큐-인터랙티브를 이용한 검사는 검사자가 자신의 태블릿에서 문항을 선택하면, 문항이 아동의 태블릿에 나타나 아동이 바로 풀 수 있는 방식으로 진행

▮그림 3-3 **큐-인터랙티브를 이용한 검사**

출처: Pearson 홈페이지.

된다. 이러한 형태의 검사는 점수 계산이 쉬워 편리하게 이용할 수 있지만, 다음과 같은 문제점이 있다. 우선, 태블릿으로 검사하는 과정에서 기계상의 문제가 검사에 영향을 미칠 수 있으며, 아동이 디지털 기기를 접한 빈도 및 익숙한 정도에 따라서 검사 결과가 달라질 수 있다. 또한 검사 전체가 태블릿을 통해서만 진행되는 것이 아니기에 다소 불편할 수 있다. 예컨대, 기호쓰기, 동형찾기, 선택 소검사의 경우 종이와 연필을 사용해서 검사를 진행해야 하기 때문에 종이를 사용하는 방식과 디지털 기기를 사용하는 방식을 번갈아 가며 검사를 실시해야 한다. 다음으로, 태블릿을 사용한 검사 결과 해석은 미국 출판사 측에서 산출해 주고 있는데, 한국에서는 굳이 그럴 필요가 없다. 제4장에서 설명하고 있듯이 한국에서는 인싸이트 홈페이지에서 결과를 산출할 수 있기 때문이다. 따라서 한국판에서는 디지털 방식을 도입하지 않았으며, 종이와 연필을 사용하여 검사를 진행하고 있다. 디지털 형태의 검사는 쉽고 편리하게 진행할 수 있지만, 위의 단점을 보완할 필요가 있으며, 신뢰도 및 타당도와 관련해서도 검증이 필요하다.

3. K-WISC-V의 의의 및 한계점

다음은 새롭게 표준화된 K-WISC-V의 의의 및 한계점에 대한 설명이다. K-WISC-V는 이전 판에 비해 검사 내용, 검사 실시와 채점, 그리고 검사 해석 부분에서 강점을 가지며, 동시에 몇 가지 한계점도 제기되고 있다.

우선, 5판의 전체 IQ는 다섯 가지 지표로 구성되어 네 가지 지표로 구성된 4판에 비해 전반적인 인지능력을 더 폭넓게 측정한다. 즉, 4판의 지각추론지표가 5판에서는 시공간지표와 유동추론지표로 나뉘면서 시각처리 능력과 유동추론 능력을 더 구체적으로 해석할 수 있다. 또한 5판에서는 새롭게 개발된 3개의 소검사(무게비교, 퍼즐, 그림기억)가 추가되었다. 무게비교 소검사는 유동추론 능력을 측정하며, 퍼즐 소검사는 시각처리 능력을 측정한다. 그리고 그림기억 소검사는 작업기억 능력을 측정하는데, 청각작업기억뿐만 아니라 시각작업기억도 평가할 수 있다. 이 외에도 숫자 소검사 중 숫자 순서대로 따라하기 과제가 새롭게 추가되면서 작업기억을 더 세부적으로 측정할 수 있게 되었다. 두 번째로, 검사 해석 부분에서 선택할 수 있는 임계값 유의수준(.01, .05, .10, .15)의 선택지가 늘어났다. 임계값 유의수준은 통계적 유의미성을 나타내는 것으로, 검사자가 얼마나 더 엄격하게 결과를 측정할 것인지 결정할 수 있는 선택지가 늘어난 것이다. 세 번째로, 5판에서는 4판에 비해 처리점수가 늘어나면서 처리점수의 차이 비교를 더 세부적으로 할 수 있다. 처리점수는 아동의 과제 수행과 인지적 강점 및 약점에 대한 더 깊은 수준의 이해와 해석을 제공한다. 네 번째로, 5판에서는 추가지표척도가 추가되어 전체척도와 기본지표척도 분석 후 아동의 인지능력에 대한 추가적인 정보를 파악할 수 있다. 이는 전체 IQ가 놓칠 수 있는 아동에 대한 임상적 · 실용적 단서를 제공한다는 점에서 중요한 의미를 지닌다. 다섯 번째로, 아동의 발달수준에 더 적합하도록 검사를 수정하였다. 예를 들어, 아동이 소검사 과제를 충분히 이해할 수 있도록 시범문항, 연습문항, 가르치는 문항 등을 늘렸다. 또한 아동의 인지능력을 평가할 때 과제 수행 속도를 지나치게 강조하지 않기 위해 시간보너스 점수의 비중을 줄였다. 예컨대, 어린 아동이나 운동 기술이 부족한 아동 등을 위해 토막짜기 소검사에서 시간보너스의 비중을 줄였다. 이 외에도 5판에서는 소검사 실시에 대한 설명이 4판보다 더 분명하고 간결하게 수정되어 검사자의 편의성을 높였다.

한편, K-WISC-V의 한계점도 논의되고 있다. 우선, 5판은 CHC 이론을 강조하고 있는 지능검사이지만, CHC 이론에 해당하는 모든 능력을 측정하지는 못한다. CHC 이론(Cattell-Horn-Carroll Theory)이란 Cattell-Horn의 유동지능-결정지능 모델과 Carroll의 3계층 모델이 결합하여 만들어진 지능이론이다. CHC 이론은 오늘날 모든 지능검사에 가장 영향력이 있으며, 보편적으로 사용되는 이론적 토대이다. 이에 따라 K-WISC-V의 기본지표척도는 CHC 이론에 해당하는 다섯 가지의 넓은 인지능력(Gc, Gv, Gf, Gsm, Gs)을 반영한다. 그러나 그 이외에 CHC 이론의 능력들을 모두 포괄적으로 측정하지 않는다는 한계점이 있다. CHC 이론에 대한 더 자세한 내용은 제7장에서 다루겠다. 두 번째로, 기본지표점수 산출 시 소검사를 대체하거나 비례배분을 할 수 없어 지표점수 해석에 제약이 있다. 전체 IQ의 경우, 전체 IQ를 산출하는 7가지 소검사 중 실시가 어려운 한 가지 소검사에 한하여 다른 소검사로 대체하거나 비례배분을 할 수 있다. 비례배분이란 전체 IQ 산출을 위해 환산점수들을 비례적으로 합산하는 방법을 말한다(곽금주 & 장승민, 2019b). 하지만 전체 IQ와 다르게, 기본지표점수를 산출할 때는 소검사를 대체하거나 비례배분할 수 없다. 따라서 기본지표점수를 산출할 때 기본지표에 해당하는 소검사의 실시가 불가능한 경우 소검사를 대체할 수 없기 때문에 기본지표점수 해석에 제약이 있다. 세 번째로, 비언어지표의 '비언어' 지표라는 명칭이 적절한지에 대한 의문이 제기되었다. 비언어지표는 언어적 요구를 최소화한 아동의 전반적인 지능을 측정하지만 언어 능력이 완전히 배제된 것은 아니다. 비언어지표를 구성하는 소검사들도 사실상 지시사항을 듣고 이해한 뒤 언어적으로 대답해야 하기 때문이다. 따라서 엄밀히 말하면 비언어지표는 언어 능력을 완전히 제외한 것이 아니라 언어의 비중이 감소한 지표로 보는 것이 더 적절하다. 마지막으로, 검사 실시나 해석에 있어 검사자의 역량이 중요한 역할을 하므로, 검사자는 이러한 역량을 갖추기 위해 검사 전에 충분한 훈련을 거쳐야 한다. 그러나 『WISC-V: Administration and scoring manual』(Wechsler, 2014b) 등 관련 지침서에서는 검사자의 자격 요건이나 필요한 훈련에 대한 내용을 다루고 있지 않다는 비판도 있다(Flanagan & Alfonso, 2017).

II. K-WISC-IV와 K-WISC-V의 비교

다음은 K-WISC-IV와 K-WISC-V를 비교하여, 5판의 어떤 부분이 새롭게 변경되었는지 알아보겠다. 우선, [그림 3-4]는 K-WISC-IV와 K-WISC-V의 검사도구

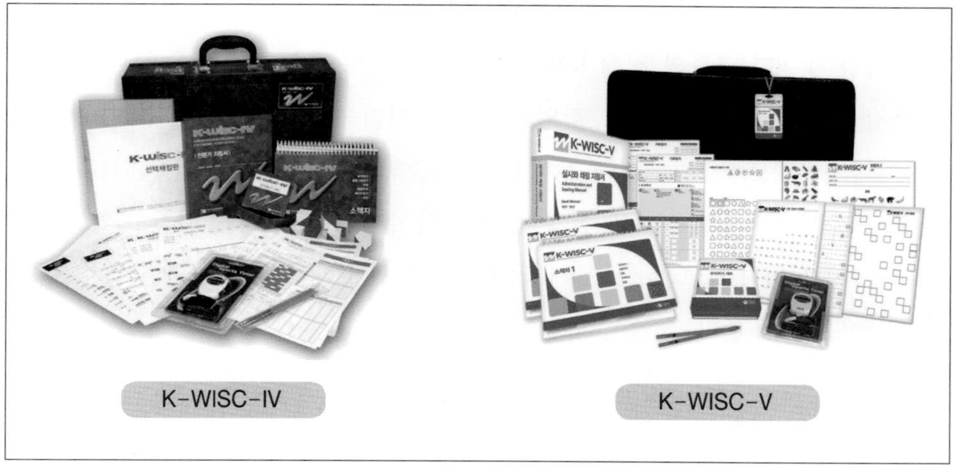

▌그림 3-4 K-WISC-IV와 K-WISC-V의 검사도구

출처: 인싸이트 홈페이지.

이다. 4판과 5판의 검사도구는 대부분 동일하나 4판에서는 소책자가 한 권이었던 반면, 5판에서는 소책자가 두 권으로 구성된다. 다음은 4판과 5판의 전체 IQ, 지표, 그리고 소검사들을 비교 설명하겠다.

1. 전체 IQ의 비교

전체 IQ는 아동의 전반적인 지적 능력에 대한 점수로 4판과 5판은 전체 IQ를 산출하는 소검사 구성이 서로 다르다. 우선, 4판의 경우 전체 IQ는 총 10개의 소검사인 공통성, 어휘, 이해, 토막짜기, 공통그림찾기, 행렬추리, 숫자, 순차연결, 기호쓰기, 동형찾기로 산출된다. 이는 언어이해지표에서 3개의 소검사, 지각추론지표에서 3개의 소검사, 그리고 작업기억지표와 처리속도지표에서 각각 2개의 소검사를 포함한 것이다. 그러나 4판의 전체 IQ는 g 부하량이 높지 않은 영역의 소검사들을 포함하고 있다는 비판이 제기되었다. g 부하량이란 소검사가 일반 지능 g, 즉 전반적인 지적 능력을 측정하는 정도를 의미한다(Flanagan & Alfonso, 2017). 특히 처리속도지표의 소검사들은 g 부하량이 낮은 편인데, 4판의 전체 IQ는 처리속도지표의 소검사 2개를 포함하고 있어 이에 대한 비판이 제기되기도 했다.

반면, 5판의 전체 IQ는 7개의 소검사인 공통성, 어휘, 토막짜기, 행렬추리, 무게비교, 숫자, 기호쓰기로 산출한다. 이는 4판 각 지표에서 g 부하량이 상대적으로 낮은 이해, 공통그림찾기, 동형찾기, 순차연결 소검사를 제외하고, 무게비교 소검사를 추가한 것이다. 5판의 전체 IQ는 언어이해지표와 유동추론지표에서 각각 2개의 소검사, 그리고 시공간지표, 작업기억지표, 처리속도지표에서 각각 1개의 소검사를 포함한다. 또한 5판에서는 전체 IQ를 산출하는 데 필요한 소검사가 10개에서 7개로 감소하면서 4판에 비해 전체 IQ 소검사 실시에 소요되는 시간도 25~30분 정도가 단축되었다(Flanagan & Alfonso, 2017). [그림 3-5]는 4판과 5판의 전체 IQ 구조의 차이를 보여 준다.

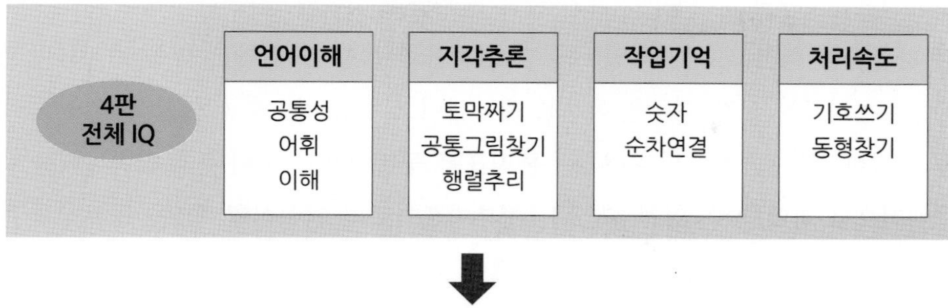

그림 3-5 **4판의 전체 IQ와 5판의 전체 IQ**

2. 지표의 비교

다음은 4판과 5판의 지표에 대한 비교이다. 우선, 4판은 4개의 지표인 언어이해지표(VCI), 지각추론지표(PRI), 작업기억지표(WMI), 처리속도지표(PSI)로 구성된다. 각각의 지표는 주요 소검사와 보충 소검사를 포함하며, 보충 소검사는 주요 소검사 시행이 어려울 경우에만 대체해서 실시한다. 언어이해지표는 3개의 주요 소검사(공통성, 어휘, 이해)와 2개의 보충 소검사(상식, 단어추리), 지각추론지표는 3개의 주요 소검사(토막짜기, 공통그림찾기, 행렬추리)와 1개의 보충 소검사(빠진곳찾기), 작업기억지표는 2개의 주요 소검사(숫자, 순차연결)와 1개의 보충 소검사(산수)를 포함하며, 마지막으로 처리속도지표는 2개의 주요 소검사(기호쓰기, 동형찾기)와 1개의 보충 소검사(선택)로 구성된다.

한편, 5판은 검사체계에 새로운 척도 개념을 도입하여, 5개의 기본지표로 구성된 기본지표척도와 5개의 추가지표로 구성된 추가지표척도를 제공한다. 우선, 5판의 기본지표척도는 앞서 언급하였듯이 언어이해지표(VCI), 시공간지표(VSI), 유동추론지표(FRI), 작업기억지표(WMI), 처리속도지표(PSI)로 구성된다. 시공간지표와 유동추론지표는 4판의 지각추론지표가 둘로 세분화된 것이다. 시공간지표의 경우 시공간 자극을 인식하고, 구체적인 시공간 정보를 처리할 수 있는 능력을 측정한다면, 유동추론지표는 시각 자극을 이용해 개념적이고 추상적인 추론을 할 수 있는 능력을 측정한다. 시공간지표와 유동추론지표를 구분함으로써 아동의 인지능력을 더 구체적으로 파악할 수 있게 되었다. 기본지표척도의 언어이해지표는 공통성과 어휘 소검사, 시공간지표는 토막짜기와 퍼즐 소검사, 유동추론지표는 행렬추리와 무게비교 소검사, 작업기억지표는 숫자와 그림기억 소검사, 처리속도지표는 기호쓰기와 동형찾기 소검사를 포함한다. 4판에서는 작업기억지표가 숫자와 순차연결 소검사로 구성되어 있었으나 5판에서는 순차연결 대신 그림기억 소검사를 새롭게 추가하여, 청각작업기억뿐만 아니라 시각작업기억도 함께 측정한다. [그림 3-6]은 4판의 지표들이 어떻게 5판의 기본지표척도로 바뀌었는지를 보여 주며, 각 지표를 구성하는 소검사들을 제시한다. [그림 3-6]에서 볼 수 있듯이 4판의 경우 각각의 지표점수를 산출할 때 한 소검사에 대해서는 보충 소검사로 대체가 가능하였다. 그러나 5판의 경우, 기본지표점수를 산출할 때 소검사를 대체할 수 없다.

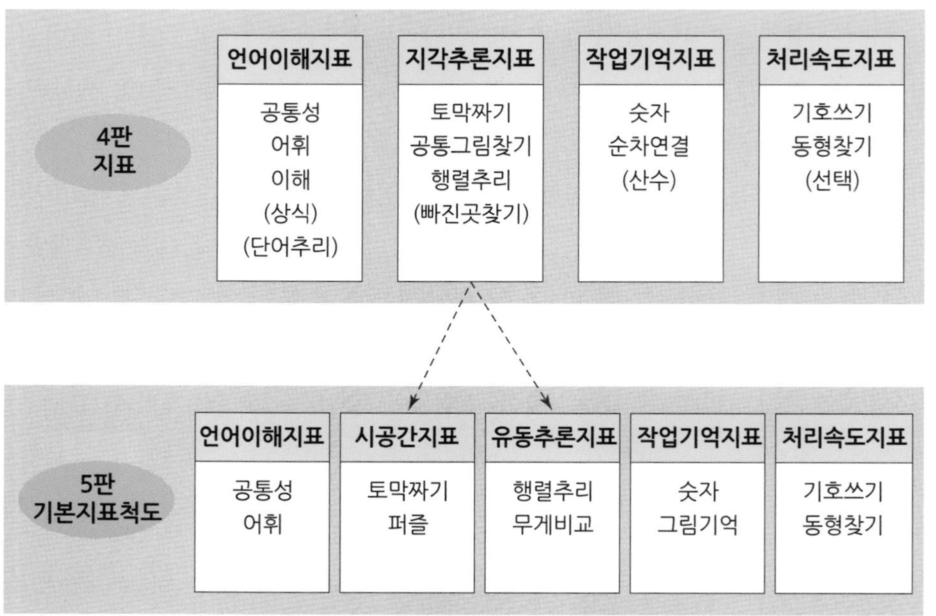

( ) 안은 4판의 보충 소검사

그림 3-6 4판의 지표와 5판의 기본지표척도

4판과 달리 5판에서는 추가지표척도가 새롭게 추가되어 아동의 인지능력과 검사 수행에 대한 추가적인 정보를 제공한다. 5판의 추가지표척도는 5개의 추가지표인 양적추론지표(QRI), 청각작업기억지표(AWMI), 비언어지표(NVI), 일반능력지표(GAI), 인지효율지표(CPI)로 구성된다. 우선, 양적추론지표는 아동의 암산 수행 능력, 양적 관계를 이해하고 적용하는 능력, 언어적 문제해결 능력, 추상적 개념 추론 능력, 작업기억을 측정한다. 그리고 청각작업기억지표는 아동의 청각단기기억, 작업기억, 청각적 순차처리 능력, 정신적 조작 능력 등을 측정한다. 5판의 청각작업기억지표는 4판의 작업기억지표와 소검사 구성이 동일하다. 비언어지표는 언어적 요구를 최소화한 아동의 시공간, 유동추론, 작업기억, 처리속도 능력을 측정한다. 일반능력지표는 처리속도와 작업기억 요구를 최소화한 아동의 전반적인 지적 능력을 측정한다. 마지막으로, 인지효율지표는 작업기억지표와 처리속도지표를 합한 것으로, 아동이 고차원적인 추론을 얼마나 효율적으로 하는지 측정한다. 5판의 추가지표척도에서 일반능력지표와 인지효율지표는 임상적 진단에 자주 활용되며, 지표 간 점수 차이가 너무 커서 전체 IQ를 해석하기 어려울 경우 전체 IQ의 대안으로 사용되기도 한다. 이에 대해서는 제5장, 제6장에서 자세히 설명하겠다. 4판에서도 전체 IQ를 해석하기 어려울 경우 대안으로 일반능력지표와 인지효율지표 점수를 산출하여 아동의 전반적인 지적 능력을 평가하기도 하였다. 4판의 일반능력지표는 언어이해지표와 지각추론지표를 합한 것으로 공통성, 어휘, 이해, 토막짜기, 공통그림찾기, 행렬추리 소검사로 구성되며, 인지효율지표는 작업기억지표와 처리속도

5판 추가지표척도	양적추론지표	청각작업기억지표	비언어지표	일반능력지표	인지효율지표
	무게비교 산수	숫자 순차연결	토막짜기 퍼즐 행렬추리 무게비교 그림기억 기호쓰기	공통성 어휘 토막짜기 행렬추리 무게비교	숫자 그림기억 기호쓰기 동형찾기

▌그림 3-7 **5판의 추가지표척도**

지표를 합한 것으로 숫자, 순차연결, 기호쓰기, 동형찾기 소검사로 구성된다. 5판에서는 추가지표척도에 공식적으로 일반능력지표와 인지효율지표를 포함하고 있으며, 각 지표의 소검사 구성은 4판과 다르다. [그림 3-7]은 5판의 추가지표척도를 구성하는 지표와 각 지표를 구성하는 소검사이다.

3. 소검사의 비교

다음은 4판과 비교하여 5판의 소검사가 어떻게 달라졌는지 알아보겠다. 우선, 4판은 총 15개의 소검사를 포함하며 10개의 주요 소검사(공통성, 어휘, 이해, 토막짜기, 공통그림찾기, 행렬추리, 숫자, 순차연결, 기호쓰기, 동형찾기)와 5개의 보충 소검사(상식, 단어추리, 빠진곳찾기, 산수, 선택)로 구성된다.

5판은 4판과 동일한 13개의 소검사(토막짜기, 공통성, 행렬추리, 숫자, 기호쓰기, 어휘, 동형찾기, 상식, 공통그림찾기, 순차연결, 선택, 이해, 산수)와 새롭게 추가된 3개의 소검사(무게비교, 퍼즐, 그림기억)를 포함해 총 16개의 소검사로 구성된다. 5판에서는 주요 소검사와 보충 소검사가 아닌 기본 소검사와 추가 소검사라는 용어를 사용하여 소검사들을 구분한다. 무게비교, 퍼즐, 그림기억 소검사는 양적추론 능력, 유동추론 능력, 시각작업기억 등 기존 4판과는 다른 인지능력을 측정하기 위해 새롭게 추가되었다(Wechsler, 2014b). 반면, 5판에서는 4판에 해당하는 2개의 소검사(단어추리, 빠진곳찾기)가 제외되었는데, 언어이해지표에 해당하는 단어추리 소검사는 어휘 소검사와 상관이 높다는 문제가 있어 삭제되었다. 그리고 지각추론지표의 빠진곳찾기 소검사는 시간제한이 소검사 수행에 미치는 영향이 커서 삭제되었다. 이 외에 5판의 다른 소검사들에는 어떤 변경 사항이 있었는지 〈표 3-4〉에 제시된 K-WISC-V의 소검사 주요 변화를 참고하라.

▌표 3-4 K-WISC-V의 소검사 주요 변화

K-WISC-IV 소검사	변경 사항	K-WISC-V 소검사
토막짜기	실시 방법, 채점 방법 변경	토막짜기
공통성	문항 변경	공통성
행렬추리	문항 변경	행렬추리
숫자	순서대로 따라하기 과제 추가	숫자
기호쓰기	문항 변경	기호쓰기
어휘	문항 변경	어휘
동형찾기	실시 방법 변경	동형찾기
상식	문항 변경	상식
공통그림찾기	문항 변경	공통그림찾기
순차연결	문항, 실시 방법, 채점 방법 변경	순차연결
선택	문항 변경	선택
이해	문항 변경	이해
산수	문항, 실시 방법 변경	산수
단어추리	삭제	
빠진곳찾기	삭제	
	새롭게 추가	무게비교
	새롭게 추가	퍼즐
	새롭게 추가	그림기억

3.1. 유지 및 수정된 소검사

다음은 소검사를 하나씩 살펴보며 4판의 소검사가 5판에서는 어떻게 유지되고 수정되었는지 설명하고자 한다. 기본적으로 5판에서는 소검사의 내용들을 현대화하고, 개인의 배경에 따라 결과가 달라지지 않도록 내용을 조정하였다. 또한 세대적 현상(generational phenomenon)으로 선진국에서 평균 IQ가 10년간 약 3점씩 일정하게 상승하는 플린 효과(Flynn effect)를 극복하기 위해 4판보다 5판의 소검사 난이도가 전반적으로 상향 조정되었다. 제4장에서 5판의 소검사 실시와 채점 주의사항에 대해 자세히 다루고 있으므로 여기서는 5판의 소검사가 4판에서 어떻게 변화하였는지에 대해 중점을 두어 설명하겠다.

● 토막짜기

토막짜기(Block Design, BD) 소검사는 문항의 난이도, 모형 제시 방법이 바뀌었으며, 처리점수, 중지점이 변경되었다. 우선, 토막짜기 문항의 난이도는 상향 조정되었다. 이를테면, 4판에서는 사각형이나 마름모 모형을 사용하여 토막짜기 문항을 제시했다면 5판에서는 'X'자와 같은 새로운 모형을 추가하여 난이도를 높였다. 다음으로, 검사자가 아동에게 토막을 어떻게 만들어야 하는지 모형을 제시할 때, 4판에서는 1, 2번 문항에서 모형만 제시하면서 시범을 보이고 3번 문항에서는 모형과 소책자의 그림을 함께 보여 주며 시범을 보였다. 그러나 5판에서는 1~3번 문항 모두 검사자가 아동에게 소책자의 그림과 토막 모형을 함께 제시하면서 시범을 보여 아동의 충분한 이해를 돕는다. 또한 3개의 처리점수가 새롭게 추가되었다. 우선, 아동이 제한시간 내에 완성한 토막의 개수에 대해 점수를 주는 토막짜기 부분점수(Block Design Partial Score, BDp), 아동이 토막으로 만든 사각형이나 마름모 모형이 최대 크기를 초과할 때(예를 들어, 2×2토막 모형을 만들어야 하는데 아동이 한 줄에 3개의 토막을 놓았을 때) 나타나는 토막짜기 공간크기 오류(Block Design Dimension Errors, BDde) 점수, 그리고 제한시간이 끝났을 때 모형이 30° 이상 명백하게 회전된 경우에 받는 토막짜기 회전 오류(Block Design Rotation Errors, BDre) 점수가 추가되었다. 처리점수는 4판의 시간보너스가 없는 토막짜기(Block Design No Time Bonus, BDn) 점수가 5판에서도 유지되었으나 문항 수가 변경되어 총점이 달라졌다. 예컨대, 4판의 BDn 점수는 최대 50점이지만 5판의 BDn 점수는 최대 46점이다. 마지막으로, 중지점이 수정되었는데 4판에서는 3문항 연속 0점을 받은 경우 중지하는 반면, 5판에서는 2문항 연속 0점을 받은 경우 소검사 실시를 중지한다.

● 공통성

공통성(Similarities, SI) 소검사의 경우 5판에서 문항의 난이도가 상향 조정되면서 가르치는 문항이 늘어났고, 시작점, 중지점, 채점 방법이 변경되었다. 우선, 가르치는 문항은 아동이 오답 반응을 할 경우 검사자가 답을 교정해 주는 문항이다. 4판에서는 1, 2번 문항이 가르치는 문항이었던 반면, 5판에서는 1~8번 문항이 모두 가르치는 문항이다. 또한 4판에서는 연령대에 따른 시작점을 만 6~8세와 만 9~16세로 나눈 반면, 5판에서는 아동의 연령대를 만 6~7세, 만 8~9세, 만 10~11세,

만 12~16세로 보다 세부적으로 나누어 시작점을 구분했다. 중지점의 경우, 4판에서는 5문항 연속 0점을 받으면 중지하지만 5판에서는 3문항 연속 0점을 받으면 중지한다. 마지막으로, 채점 방법의 경우 4판에서 문항 1, 2번은 0점 또는 1점으로 채점하고 나머지 문항들은 0, 1, 2점으로 채점하는 반면, 5판에서는 모든 문항을 0, 1, 2점으로 채점한다.

● 행렬추리

행렬추리(Matrix Reasoning, MR) 소검사는 문항의 그림과 기록용지 반응란이 수정되었으며, 문항 수와 중지점도 변경되었다. 우선, 4판의 문항들은 사물과 관련된 그림들로 구성된 반면, 5판에서는 사물과 관련된 그림들이 아닌 기호나 도형으로 변경되었다. 기록용지 반응란의 경우, 4판에서는 아동이 반응하지 않거나 답을 모른다고 말하면 DK(Don't Know)란에 표시를 하였으나 5판의 기록용지에는 DK란이 삭제되었다. 문항 수의 경우, 4판은 35문항으로 총점이 최대 35점인 반면, 5판은 문항 수가 32문항으로 최대 32점이다. 마지막으로, 중지점의 경우 4판에서는 4문항 연속 0점을 받은 경우, 또는 연속되는 5개의 문항 중 4개의 문항에서 0점을 받은 경우 중지하였으나, 5판에서는 3문항 연속 0점을 받은 경우 중지한다.

● 숫자

숫자(Digit Span, DS) 소검사는 새로운 과제가 추가되면서 검정문항과 처리점수도 새롭게 추가되었다. 우선, 4판의 경우 숫자 소검사는 숫자 바로 따라하기(DSf)와 숫자 거꾸로 따라하기(DSb) 과제로 구성된 반면, 5판에서는 숫자 순서대로 따라하기 과제(DSs)가 추가되어 총 3개의 과제로 이루어진다. DSs과제를 추가한 이유는 기존의 숫자 바로 따라하기 과제가 작업기억이 아닌 단기기억만을 측정한다는 우려가 있었기 때문이다(Reynolds, 1997: Weiss, Sakolfske, Holdnack, & Prifitera, 2019 재인용). 따라서 작업기억을 더 잘 측정하기 위해 WAIS-IV의 DSs 과제가 5판에 추가되었다. 이에 따라 검정문항도 추가되었는데, 검정문항이란 아동이 과제를 수행할 능력이 있는지 판단하는 문항을 말한다. 예컨대, 숫자 순서대로 따라하기 과제를 실시하기 전, 만 6~7세 아동에게 1부터 5까지의 숫자를 셀 수 있는지 확인하는 것이다. 만약 아동이 숫자를 1부터 3까지 셀 수 없으면, 숫자 순서대로 따라하기 과제를 실시할 수 없으며, 숫자 소검사 실시를 중지한다. 마지막으로, 숫자 순서대로 따라하기 과제에 대한 두 가지 처리점수가 추가되었다. 먼저, 숫자 순서대로 따라하기(Digit Span Sequencing, DSs) 점수는 숫자 순서대로 따라하기 과제의 총점을 나타내는 처리점수이다. 그리고 가장 긴 숫자 순서대로 따라하기(Longest Digit Span Sequence, LDSs) 점수는 숫자 순서대로 따라하기 과제에서 아동이 정답 반응을 한 마지막 시행에서의 숫자 개수를 나타내는 처리점수이다.

● 기호쓰기

기호쓰기(Coding, CD) 소검사는 반응지, 연습문항, 총점, 그리고 처리점수가 변경되었다. 우선, 반응지의 경우 아동이 빠르게 과제를 수행하는 데 도움을 주고자 5판에서는 4판보다 모형들 사이의 간격을 줄이고 모형의 크기를 크게 하였다. 그리고 아동이 기호를 쓸 때 연필을 들어올릴 필요가 없도록 기호를 수정하였다. 이를테면, 4판에서 네모 모형 안에 'ㅣㅣ'기호를 써야 했다면, 5판에서는 '∧'로 변경하여 아동이 과제를 수행할 때 한 획에 기호를 완성할 수 있게 하였다. 또한 5판에서는 연습문항을 늘려 아동이 검사 수행을 더 잘 이해할 수 있도록 하였다. 총점의 경우, 4판에서는 A형(만 6~7세)의 총점이 최대 65점, B형(만 8~16세)의 총점이 최대 119점이다. 반면, 5판에서는 연령은 동일하나 A형 총점이 최대 75점, B형 총점이 최대 117점으로 수정되었다. 4판 A형의 총점은 시간보너스 점수를 포함하는 반면, 5판에서는 시간보너스 점수가 삭제되었다. 마지막으로 처리점수의 경우, 5판에서는 기호쓰기 회전 오류(Coding Rotation Errors, CDre) 점수가 추가되었다. 기호쓰기 회전 오류 점수는 아동의 그림이 어느 방향이든 적합한 기호보다 90° 이상 회전되어 있을 경우 받는 처리점수이다. A형의 기호쓰기 회전 오류 최대 점수는 60점, B형의 기호쓰기 회전오류 최대 점수는 104점이다.

● 어휘

어휘(Vocabulary, VC) 소검사는 문항 내용과 문항 수가 달라졌으며, 시작점, 중지점, 실시 방법이 변경되었다. 우선, 5판에서는 기존 4판에서 사용하던 어휘들을 변경하였다. 또한 문항의 이름을 변경하였는데, 4판의 경우 아동이 소책자에 있는 그림의 이름을 말하는 '그림 문항'과 검사자가 읽어 주는 단어의 정의를 말해야 하는

'말하기 문항'으로 나뉜다. 5판에서도 마찬가지로 두 가지 유형의 문항으로 나뉘지만 말하기 문항을 '언어 문항'이라는 용어로 바꿔 사용한다. 문항 수의 경우, 4판에서는 1~4번이 그림 문항, 5~36번이 말하기 문항으로 총점이 최대 68점이다. 한편, 5판에서는 문항 수를 줄여 1~4번이 그림 문항, 5~29번이 언어 문항이며 총점이 최대 54점이다. 시작점의 경우, 4판에서는 만 6~8세가 문항 5, 만 9~11세가 문항 6, 만 12~16세가 문항 8에서 시작하지만, 5판에서는 만 6~7세가 문항 1, 만 8~16세가 문항 7에서 시작한다. 또한 4판의 중지점은 5문항 연속 0점을 받았을 때 중지하지만, 5판에서는 3문항 연속 0점을 받았을 때 중지한다. 마지막으로, 4판의 말하기 문항은 연령대에 따라 실시 방법이 다르다. 예컨대, 만 6~8세 아동에게는 소책자를 사용하지 않고 문항을 읽어 주지만, 만 9~16세 아동에게는 발음을 들려주며, 소책자에 있는 단어를 가리켜 아동이 단어를 함께 볼 수 있도록 제시한다. 한편, 5판의 언어 문항에서는 연령대와 상관없이 소책자를 사용하지 않고, 검사자가 아동에게 문항을 읽어 줄 때 "부엌. 부엌이 무엇인가요?"처럼 단어를 두 번 들려준다. 이는 아동이 잘못 들을 가능성을 줄이기 위함이다.

● 동형찾기

동형찾기(Symbol Search, SS) 소검사의 경우 반응지의 문항, 난이도, 총점, 처리점수, 실시 방법이 변경되었다. 우선, 동형찾기 소검사는 연령대에 따라 A형(만 6~7세)과 B형(만 8~16세)으로 나뉘는데, 4판의 A형은 1개의 표적 모양과 3개의 반응 부분으로 구성되고 B형은 2개의 표적 모양과 5개의 반응 부분으로 구성된다. 그러나 5판에서는 A형을 1개의 표적 모양과 5개의 반응 부분으로 구성하면서 문항의 난이도를 높였다. 또한 4판의 반응지에서 아동은 반응 부분에 표적 모양과 일치하는 모양이 있을 때 '예' 상자에 표시하고, 그렇지 않을 경우 '아니오' 상자에 표시한다. 그러나 5판의 반응지에는 '예' 상자가 없다. 그래서 만약 반응 부분에 표적 모양과 일치하는 모양이 있다면 해당 모양에 표시를 하고, 그렇지 않을 경우 '아니오' 상자에 표시해야 한다. 또한 5판에서는 연습문항을 늘려 아동이 과제를 충분히 이해할 수 있도록 하였다. 다음으로, A형의 총점이 달라졌다. 4판은 A형 최대 점수가 45점인 반면, 5판은 A형의 최대 점수가 42점이다. 5판 A형에는 4판과 달리 동형찾기 소검사에 시간보너스 점수가 있고, 시간보너스 점수를 포함한 최대 점수가 42점이다. 처리점수의 경우, 5판에 두 가지 오류 점수가 추가되었다. 첫 번째는 동형찾기 세트 오류(Symbol Search Set Errors, SSse) 점수로 아동이 표적 모양과 비슷하지만 다른 모양을 선택함으로써 생기는 오류에 대한 점수이다. 두 번째는 동형찾기 회전 오류(Symbol Search Rotation Errors, SSre) 점수이며, 아동이 표적 모양을 회전시킨 모양을 선택함으로써 생기는 오류에 대한 점수이다. 각각의 오류 점수는 A형의 경우 최대 20점, B형의 경우 최대 30점이다. 마지막으로, 5판에는 새로운 실시 방법이 추가되었는데, 만약 아동이 한 페이지의 과제를 끝까지 마치고, 페이지 넘기는 것을 잊어버리거나 어려워하면 검사자가 넘겨 준다는 지침이 추가되었다.

● 상식

상식(Information, IN) 소검사의 경우 문항 내용과 문항 수가 달라졌으며, 가르치는 문항, 시작점, 중지점이 변경되었다. 우선, 5판에서는 기존 4판의 문항에 있던 단어들을 변경하였다. 문항 수의 경우, 4판은 총 33문항으로 총점이 최대 33점인 반면, 5판은 총 31문항으로 총점이 최대 31점이다. 또한 4판에서는 문항 1, 2번이 가르치는 문항이었다면, 5판에서는 각 연령별 시작점과 그다음 문항을 가르치는 문항으로 하여 아동이 과제를 더 잘 이해할 수 있게 하였다. 시작점의 경우, 4판은 만 6~8세가 문항 6, 만 9~11세가 문항 7, 만 12~16세가 문항 11에서 시작한다. 그러나 5판은 만 6~7세가 문항 3, 만 8~10세가 문항 8, 만 11~16세가 문항 11에서 시작한다. 마지막으로, 4판의 중지점은 5문항 연속 0점을 받은 경우에 중지하는 반면, 5판에서는 3문항 연속 0점을 받는 경우 중지한다.

● 공통그림찾기

공통그림찾기(Picture Concepts, PC) 소검사는 4판 지각추론지표의 주요 소검사였지만, 5판에서는 유동추론지표에 해당하는 소검사를 대체할 수 있는 추가 소검사로 변경되었다. 공통그림찾기 소검사에서는 문항이 수정되었고, 문항 수가 달라졌으며, 기록용지 반응란, 시작점, 중지점이 달라졌다. 우선, 4판의 소책자에 제시된 대부분의 그림들은 5판에서 변경되었다. 또한 4판은 문항 수가 28문항으로 총점이 최대 28점이지만, 5판은 문항 수가 27문항으로 총점이 최대 27점이다. 기록용지 반응란의 경우, 4판에서는 아동이 반응하지 않거나 답을 모른다고 말하면 DK(Don't

Know)란에 동그라미를 표시하였다. 그러나 5판의 기록용지에는 DK란이 삭제되었다. 시작점의 경우, 4판은 연령대를 두 집단으로 나눠 만 6~8세는 문항 1, 만 9~16세는 문항 5에서 시작하였으나, 5판의 경우 연령대를 세 집단으로 나눠 만 6~8세는 문항 1, 만 9~11세는 문항 4, 만 12~16세는 문항 7에서 시작한다. 마지막으로, 4판의 중지점은 5문항 연속 0점을 받는 경우 중지하지만, 5판에서는 3문항 연속 0점을 받는 경우 중지한다.

● 순차연결

순차연결(Letter-Number Sequencing, LN) 소검사는 4판 작업기억지표의 주요 소검사였지만, 5판에서는 작업기억지표에 해당하는 소검사를 대체할 수 있는 추가 소검사로 변경되었다. 순차연결 소검사는 문항과 정답 반응의 기준이 변경되고, 시범문항과 연습문항이 추가되었으며, 처리점수가 변경되었다. 우선, 4판의 문항에서 제시되는 숫자와 글자들이 5판에서 변경되었다. 또한 5판에서는 문항 1, 2에 대한 정답 반응의 기준이 변경되었다. 예를 들어, 4판의 경우 '가-2'가 주어졌을 때 아동이 '2-가' 혹은 '가-2'라고 응답하면 정답으로 간주하였다. 그러나 5판의 경우 '가-2'가 주어졌을 때 '2-가'라고 응답한 경우에만 점수를 얻을 수 있다. 즉, 문항 1, 2에서는 숫자 다음 글자 순서로 응답한 경우에만 점수를 얻을 수 있다. 한편, 5판의 문항 3 이후의 문제에 대해서는 4판과 마찬가지로 두 가지 정답 반응을 다 인정한다. 이를테면, '가-3-2'가 주어졌을 때, 아동이 '2-3-가' 혹은 '가-2-3'라고 응답하면 정답으로 간주한다. 또한 5판에서는 두 가지의 조합(가-2)으로 이루어진 문항 1, 2번이 끝난 후, 세 가지 이상의 조합(가-3-2)이 시작되는 문항 3을 실시하기 전 시범문항과 연습문항을 새롭게 추가하였다. 이는 아동이 문항에 대해 충분히 이해할 수 있도록 피드백을 주기 위함이다. 다음으로 처리점수의 경우, 아동의 기억 폭 과제 수행 능력을 나타내는 가장 긴 순차연결(Longest Letter-Number Sequence, LLNs)이 새롭게 추가되었다. 가장 긴 순차연결은 아동이 정답 반응을 한 마지막 시행에서의 숫자와 글자의 총 개수이며, 최대 총점은 8점이다.

● 선택

선택(Cancellation, CA) 소검사의 경우 제시된 그림 개수, 시간보너스 점수, 지시

사항이 변경되었다. 우선, 4판에서는 아동이 찾아야 하는 그림의 개수가 10개였으나 5판에서는 8개로 감소하였다. 또한 5판에서는 시범문항과 연습문항에 제시되는 그림의 개수를 늘려 아동이 검사를 수행하기 전 과제를 충분히 익힐 수 있도록 하였다. 그리고 4판에서는 시간보너스 점수를 제공했지만 5판에서는 시간보너스 점수가 삭제되었다. 마지막으로, 5판에는 몇 가지 구체적인 지시 사항이 추가되었다. 예를 들어, 아동은 검사문항에 답을 표시할 때 한 가지 형태의 사선(/)만 사용해야 한다. 만약 아동이 다른 모양으로 표시한다면, 검사자는 시간측정을 멈추지 않은 채 아동에게 하나의 선만 사용하여 표시해야 한다고 알려준다.

● 이해

이해(Comprehension, CO) 소검사는 4판에서 언어이해지표의 주요 소검사에 속하였으나, 5판에서는 언어이해지표에 해당하는 소검사를 대체할 수 있는 추가 소검사로 바뀌었다. 이해 소검사에서는 문항 내용과 문항 수가 변경되었고, 시작점, 중지점, 가르치는 문항이 달라졌다. 우선, 5판에서는 기존 4판에서 사용하던 어휘들을 변경하였다. 문항 수의 경우, 4판은 문항 수가 21문항으로 총점이 최대 42점이지만 5판은 문항 수가 19문항으로 총점이 최대 38점이다. 시작점의 경우, 4판에서는 연령을 세 집단으로 나누어 만 6~8세는 문항 1, 만 9~11세는 문항 2, 만 12~16세는 문항 6이 시작점이다. 그러나 5판에서는 연령을 두 집단으로 나누어 만 6~12세는 문항 1, 만 13~16세는 문항 3을 시작점으로 변경하였다. 4판의 중지점은 4문항 연속해서 0점을 받았을 때 중지하는 반면, 5판에서는 3문항 연속해서 0점을 받았을 때 중지한다. 가르치는 문항의 경우, 4판에서는 모든 연령대에서 문항 1을 가르치는 문항으로 사용했으나, 5판에서는 만 6~12세는 문항 1, 2, 만 13~16세는 문항 3, 4를 가르치는 문항으로 사용한다.

● 산수

산수(Arithmetic, AR) 소검사는 4판에서는 작업기억지표의 보충 소검사였으나, 5판에서는 양적추론지표의 추가 소검사로 바뀌었다. 산수 소검사의 경우 실시 방법, 중지점, 문항이 달라졌다. 우선, 실시 방법의 경우, 4판에서 검사자는 문항을 한 번만 읽어 주지만, 아동이 반복을 요구하거나 명백히 이해하지 못할 때 시간측정을 멈추지 않은 상태에서 문항을 반복하여 읽어 줄 수 있다. 그러나 5판에서는 문항 1~19를 다시 읽어 줄 수 없다. 만약 아동이 다시 읽어 주기를 요구한다면, 검사자는 시간측정을 멈추지 않은 상태에서 "다시 읽어 줄 수 없어요."라고 아동에게 말해 주어야 한다. 하지만 이후 문항 20을 실시하기 전에는 문항을 한 번 더 읽어 줄 수 있다는 지시사항을 아동에게 말해 주고, 문항 20~34는 아동이 요구한다면 문항을 다시 읽어 줄 수 있다. 이때는 시간측정을 멈추고 딱 한 번만 문항을 다시 읽어 줄 수 있으며, 정확히 그대로 반복해 읽어 준 후 멈췄던 시간에 이어서 완료 시간을 측정한다. 다음으로 중지점의 경우, 4판은 4문항 연속 0점을 받은 경우 중지하는 반면, 5판은 3문항 연속 0점을 받는 경우 중지한다. 마지막으로, 5판의 산수 소검사에는 아동의 특정 반응을 요구하는 문항을 추가하였는데, 이는 검사지 30번 문항에 (*)로 표시하여 구분하고 있다. 이를테면, "40명의 아이들 중 15%가 여자 아이들이에요. 남자 아이들은 몇 명일까요?"라는 문항에 아동이 85%라고 반응하면 점수를 얻을 수 없다. 검사자는 시간측정을 멈추지 않은 상태에서 "남자 아동이 85%는 맞아요. 하지만 그것이 몇 명의 남자 아이들일까요?"라고 추가적으로 질문하여 아동이 올바른 대답을 할 수 있게 한다.

3.2. 새로 추가된 소검사

새로 추가된 소검사는 유동추론지표의 무게비교, 시공간지표의 퍼즐, 그리고 작업기억지표의 그림기억 소검사가 있다. 새로 추가된 무게비교와 퍼즐 소검사는 성인용 지능검사인 WAIS-IV에서 사용된 검사이며, 이는 전체 검사의 난이도를 높인다. 또한 그림기억 소검사는 유아용 지능검사인 WPPIS-IV에서 사용된 검사와 유사하다.

● 무게비교

무게비교(Figure Weight, FW) 소검사는 K-WAIS-IV에 있는 소검사와 유사하며 5판에 새롭게 추가되었다. 무게비교 소검사에서 아동은 적절한 정답을 선택하기 위해 저울의 균형을 이룬 모양 간의 관계를 파악하고, 이러한 관계를 다른 저울에 적용할 줄 알아야 한다. 무게비교 소검사의 시작점은 연령대가 두 집단으로 나뉜다. 만 6~8세 아동은 연습문항 A를 실시한 후 문항 1을 실시하며, 만 9~16세 아동은 연습문항 B를 실시한 후 문항 4를 실시한다. 문항 수는 총 34문항으로 총점은 최대 34점이며, 문항마다 시간제한이 다르다. 예컨대, 문항 1~18의 제한시간은 20초이고, 문항 19~34의 제한시간은 30초이다. 중지점의 경우 아동이 3문항 연속 0점을 받는 경우 소검사를 중지한다. 마지막으로, 무게비교 소검사의 문항 27은 별도의 지시문을 포함한다. 문항 27은 기록용지 앞 (**)표시로 구분되며, 1개 또는 2개의 저울이 제시되었던 앞의 문항들과는 달리 문항 27부터는 3개의 저울이 제시되기 때문에 문항 27을 실시하기 전 검사자는 아동에게 "이제 3개의 저울을 모두 보고 답을 찾아야 해요."라는 지시를 해야 한다.

● 퍼즐

퍼즐(Visual Puzzle, VP) 소검사는 5판에 새롭게 추가된 소검사로, 무게비교 소검사와 마찬가지로 K-WAIS-IV에 있는 소검사이다. 퍼즐 소검사는 완성된 퍼즐을 보고 아동이 제한시간 내에 퍼즐을 구성할 수 있는 3개의 조각을 선택해야 한다. 이 소검사 수행을 위해 아동은 시공간 추론 능력, 정신적 회전 능력, 시각작업기억, 부분-전체 관계를 이해하는 능력, 추상적인 시각 자극을 분석하고 종합하는 능력이 필요하다. 즉, 퍼즐 소검사는 퍼즐 자극을 눈으로만 보고 구성해야 하기 때문에 정신적이고 비운동적인 구성 능력을 측정한다. 퍼즐 소검사는 총 29문항으로 총점은 최대 29점이며, 각 문항의 제한시간은 30초이다. 시작점의 경우, 모든 연령의 아동이 동일한 시범문항과 연습문항을 실시한 후, 만 6~7세는 문항 1, 만 8~10세는 문항 5, 만 11~16세는 문항 8을 실시한다. 아동이 3문항 연속 0점을 받는 경우 중지한다.

● 그림기억

그림기억(Picture Span, PS) 소검사는 5판에 새롭게 추가된 소검사로, K-WPPSI-IV에 있는 소검사와 유사하다. 이 소검사에서 아동은 제한시간 내에 1개 이상의 그림이 있는 자극페이지를 본 후, 반응페이지에 있는 보기에서 해당 그림을 순서대로 찾아야 한다. 그림기억 소검사 문항은 총 26문항으로 총점은 최대 49점이다. 시작점의 경우 모든 연령의 아동이 연습문항 B, C를 실시한 후 문항 4를 실시한다. 이때 연습문항에서는 첫 번째 시행을 실패할 경우 한 번 더 할 수 있게 하여 아동의 충분한 연습을 돕는다. 지적장애나 인지능력이 낮을 것으로 의심되는 아동에 한해서는 연습문항 A를 실시한 후 문항 1을 실시한다. 연습문항 A부터 문항 3까지는 자극페이지를 3초 동안 제시하고, 연습문항 B부터 문항 26까지는 자극페이지를 5초 동안 제시한다. 아동이 3문항 연속 0점을 받는 경우 중지한다. 검사자는 아동의 반응을 그대로 기록해야 하며, 문항 1~3은 0 또는 1점으로 채점하고 문항 4~26은 0, 1, 2점으로 채점한다. 마지막으로, 5판의 그림기억 소검사는 K-WPPSI-IV와 달리 두 가지 처리점수가 있다. 첫 번째는 가장 긴 그림기억 자극(Longest Picture Span Stimulus, LPSs)이며, 이는 만점을 받은 마지막 문항에서 자극페이지에 제시된 그림의 개수를 나타낸다. 두 번째는 가장 긴 그림기억 반응(Longest Picture Span Response, LPSr)으로, 만점을 받은 마지막 문항에서 반응페이지에 제시된 그림의 개수를 나타낸다. 가장 긴 그림기억 자극의 최대 점수는 8점이고 가장 긴 그림기억 반응의 최대 점수는 12점이다.

3.3. 삭제된 소검사

삭제된 소검사는 4판에서 언어이해지표의 단어추리 소검사와 지각추론지표의 빠진곳찾기 소검사이다.

● 단어추리

단어추리(Word Reasoning, WR) 소검사는 아동이 일련의 단서에서 공통된 개념을 찾아 단어로 말하는 검사이며, 아동의 범주화 능력, 추상적 추론 능력, 언어적 개념화 능력, 언어 표현 능력 등을 측정한다. 예컨대, 단어추리 소검사에서 "이것은 멍멍 소리를 내는 동물이에요."라고 단서를 제시하면 아동은 "개"라는 정답 반응을 해야 한다. 한편, 단어추리 소검사와 상관이 높은 어휘 소검사에서는 단어를 들려주고 아동에게 그 뜻을 물어본다. 어휘 소검사는 그림 문항(문항 1~4)과 언어 문항(문항 5~29)을 따로 제시하고 있어, 단어추리 소검사보다 더 구체적으로 아동의 어휘 지식이나 언어 이해, 언어 기술, 언어 발달 등을 측정할 수 있다. 이에 따라 4판의 단어추리 소검사는 5판에서 삭제되었다.

● 빠진곳찾기

빠진곳찾기(Picture Completion, PCm) 소검사에서 아동은 그림을 보고 제한시간 내에 빠져 있는 중요한 부분을 가리키거나 말해야 한다. 예를 들어, 아동은 귀 한쪽이 그려지지 않은 여우 그림을 보고 손으로 가리키며, “여우의 귀 부분이 빠졌어요.”와 같은 정답 반응을 보여야 한다. 이는 본질적인 것과 비본질적인 것을 구분하는 능력, 시각 장기기억, 그리고 세부적인 부분을 하나씩 집중해서 파악하는 능력을 필요로 한다. 5판에서는 아동의 인지능력을 평가할 때 시간제한에 대한 강조를 줄이고자 하여, 빠진곳찾기 소검사가 삭제되었다.

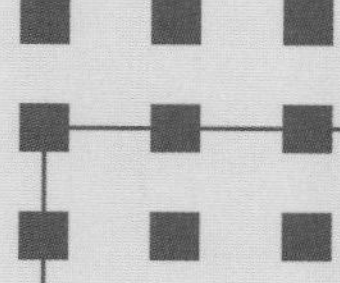

제4장

K-WISC-V 실시와 채점

Ⅰ. 검사 실시 지침

Ⅱ. 소검사 실시와 채점 방법 및 주의사항

제4장 K-WISC-V 실시와 채점

제4장에서는 K-WISC-V 검사 실시와 채점을 위한 기본 지침을 간단히 설명하고자 한다. K-WISC-V는 규준 집단을 기반으로 표준화된 검사이기 때문에 정확한 결과를 얻기 위해서는 표준화된 실시와 채점 절차를 따르는 것이 중요하다. 이 장은 곽금주와 장승민(2019b)의 『한국 웩슬러 아동 지능검사-5판(K-WISC-V) 실시와 채점 지침서』에 기초하여 작성된 것으로 자세한 내용은 원 책자를 참고하기 바란다.

I. 검사 실시 지침

검사자가 검사를 원활하게 진행하기 위해서는 실시 지침을 숙지하고, 전문가 수준의 훈련을 반드시 받아야 한다. 물리적 환경, 검사도구, 라포 형성, 기록용지 작성, 소검사 실시 순서, 소검사 문항 종류, 시작점, 역순 규칙, 중지 규칙, 그리고 시간측정에 관하여 살펴보겠다.

1. 물리적 환경

우선, 검사의 물리적 환경은 검사자와 아동 모두에게 편안해야 한다. 적당한 채광, 온도, 습도, 그리고 조용한 상태를 유지할 수 있는 실내에서 검사를 진행하도록 한다. 검사 시작 전 검사실 외부에 안내문을 부착하여 검사 중 발생할 수 있는 불필요한 방해를 최소화한다. 검사 중에는 검사자와 아동 외에 다른 사람이 검사실에 함께 있을 수 없지만, 경우에 따라서 부모나 같이 온 보호자가 뒤편에 조용히 앉아 있을 수 있다. 시각적·청각적 방해 요소를 줄여 산만함이 없는 검사 환경을 조성하는 것이 중요하다. 특히 아동의 주의를 끌 수 있는 물건들은 미리 치워 깨끗한 검사 환경을 유지한다. 가구들은 아동의 신체적 조건을 고려해 미리 준비한다. 예컨대, 아동의 키가 작을 경우 어린이용 보조 의자를 미리 준비하여 아동이 검사를 실시할 때 불편함이 없게 한다. 이처럼 검사자는 검사 실시 전 아동이 자신의 능력을 최대한 발휘할 수 있도록 주의를 기울여 최적의 환경을 제공해야 한다.

검사를 실시하는 동안 검사자는 아동과 마주 보는 위치에 앉아 아동이 수행하는 모습을 충분히 관찰할 수 있도록 적당한 거리를 유지해야 한다. 검사실에 창문이 있다면 아동이 창문을 등지고 앉게 해야 하며, 바퀴 달린 의자는 아동이 쉽게 움직일 수 있으므로 바퀴가 없는 의자를 준비한다. 활동적이거나 산만한 아동의 경우 검사 시간 동안 책상 앞에 앉아 있지 않으려 할 수 있다. 이러한 경우, 검사자의 판단하에 아동이 검사자의 지시를 잘 따를 수 있는 장소에서 검사를 실시할 수 있다. 그러나 이는 매우 예외적인 경우이므로 이후 결과 해석을 위해 기록용지에 기록해 두어야 하며, 보고서에도 검사가 표준화된 절차에 따라 실시되지 않았음을 명시해야 한다.

2. 검사도구

검사도구에는 실시와 채점 지침서, 기록용지, 반응지 2개, 소책자 2개, 토막짜기 세트, 채점판, 연필, 색연필, 초시계가 있다(〈표 4-1〉 참조). 소검사마다 필요한 소책자와 반응지, 채점판 등이 다르기 때문에 검사자는 각 소검사에 해당하는 준비도구들을 미리 숙지해야 한다.

표 4-1 K-WISC-V 검사도구 목록

실시와 채점 지침서, 기록용지, 반응지 1, 반응지 2
소책자 1, 소책자 2
토막짜기 세트(빨간색과 하얀색으로 된 토막 9개)
기호쓰기 & 동형찾기 & 선택 채점판
지우개가 달리지 않은 연필 & 지우개가 달리지 않은 빨간 색연필
초시계

검사자는 검사를 실시하는 동안 검사도구들을 가까이 배치하고 검사가 끝나면 다시 도구함에 넣도록 한다. 특히 기록용지에는 문항의 답이 나와 있는 경우가 있기 때문에 아동에게 노출되지 않도록 주의한다. 실시와 채점 지침서의 표지에는 가로 분선이 있는데, 가로 분선을 뒤로 꺾은 후 세워서 사용하면 지침서가 쓰러지지 않게 고정시킬 수 있다. [그림 4-1]과 같이, 지침서를 세운 후 그 앞에 기록용지를 두면 아동이 볼 수 없는 곳에서 기록용지를 사용할 수 있다. 소책자 1은 토막짜기, 행렬추리, 어휘, 무게비교, 퍼즐 소검사를 실시할 때 사용하며, 소책자 2는 그림기억, 공통그림찾기, 산수 소검사를 실시할 때 사용한다. 또한 소책자에는 각 소검사마다 인덱스 탭이 달려 있어 검사자는 실시하고자 하는 소검사를 쉽게 찾을 수 있다. 검사 진행 시 소책자는 책상 위에 평평하게 두며, 검사자는 아동 쪽을 향해 소책자의 페이지를 넘기도록 한다. 이때 아동이 마음대로 페이지를 넘기지 못하게 잘 통제해야 한다. 특히 소책자는 어린 아동의 주의를 분산시킬 수 있으므로 검사 실시에 불필요한 소책자는 [그림 4-1]과 같이 검사도구 함에 다시 넣어 아동이 볼 수 없게 한다. 반응지 1은 기호쓰기와 동형찾기 소검사를 실시할 때 사용하며, 반응지 2는 선택 소검사를 실시할 때 사용한다. 그리고 초시계는 시간제한이 있는 소검사를 실시할 때 사용하며 최대한 눈에 띄지 않는 곳에 두어 아동의 주의를 뺏지 않도록 조용히 작동시켜야 한다.

▌그림 4-1 **검사도구 배치**

3. 라포 형성

검사 실시에 영향을 주는 중요한 요인 중 한 가지는 검사자와 아동의 라포(rapport) 형성이다(곽금주, 2002). 라포는 공감적인 상호 신뢰 관계 또는 신뢰감을 뜻한다. 라포 형성과 유지는 검사를 실시하는 동안 아동이 최선을 다해 과제를 수행할 수 있도록 돕는다. 라포를 최대한으로 형성하기 위해서는 검사자의 역량이 중요하기 때문에 검사자는 아동과 청소년 평가에 대한 전문 교육을 이수해야 한다. 또한 검사자는 아동의 연령대별 발달적 변화에 대한 충분한 지식이 있어야 하며, 이를 바탕으로 아동 평가를 능숙하게 할 줄 알아야 한다.

라포 형성을 위해 검사 시작 전 검사자는 아동이 검사자와 익숙해질 수 있게 충분한 시간을 갖는다. 예를 들어, 검사자는 아동에게 바로 검사에 대해 이야기하기보다는 자연스러운 대화를 나눠 라포를 형성할 수 있다. 단, 지나친 자극이나 필요 이상의 놀이는 피하고 친밀감을 형성하기에 충분한 시간만을 갖도록 한다. 아동과 적당한 수준의 라포를 형성한 뒤, 검사자는 아동의 발달 수준에 맞추어 게임과 같은 흥미로운 주제로 검사를 설명함으로써 아동의 주의를 집중시킬 수 있다. 특히 검사에 대해 소개할 때 검사자는 '시험'이나 '검사'라는 단어를 직접적으로 사용하지 않도록 주의한다. 왜냐하면 대부분의 아동은 '시험'이라는 단어에 부정적인 생각을 가지고 있어 검사에 대한 거부 반응이나 두려움을 형성할 수 있기 때문이다. 그러나 만약 아동이 "시험을 보는 건가요?"라고 직접적으로 물어볼 경우, 거짓말을 하기보다는 "그래요. 그러나 학교에서 보는 시험과는 다른 시험이에요."라고 대답한다. 검사에 대한 아동의 태도를 살펴보기 위한 한 가지 방법은 아동에게 이곳에 온 이유를 아는지 먼저 물어보는 것이다. 이때 아동의 대답에 따라서 검사자는 아동이 검사에 대해 어떻게 생각하는지 파악할 수 있다. 검사자는 또한 아동에게 모든 질문에 정확하게 답하는 사람은 아무도 없고, 몇몇 문제는 쉽고 몇몇 문제는 어렵다는 것을 설명한다. 하지만 청소년의 경우 어린 아동과 같은 대우를 받으면 검사자에게 반감을 표현하거나 검사에 비협조적인 태도를 보일 수 있다. 따라서 청소년과 대화를 나눌 때는 그들에게 흥미로운 주제로 대화를 이어 나가되 적당한 거리를 유지하는 것이 중요하다.

검사 진행 시, 검사자는 아동과 형성한 라포를 유지할 수 있도록 아동에게 자신감 있는 태도로 검사를 실시하며 서두르지 않는다. 검사자는 아동의 노력을 칭찬하여 동기를 부여하고 아동이 최선을 다해 검사를 마칠 수 있도록 도와준다. 특히 아동의 수행 결과에 대한 피드백보다는 아동이 검사 수행 시 보이는 태도에 대해 긍정적인 피드백을 하는 것이 중요하다. 예를 들어, 검사자는 아동에게 "계속 열심히 노력하는 모습이 보기 좋아요." 또는 "와! 정말 최선을 다하고 있네요."와 같이 말해 줄 수 있다. 그러나 칭찬이 반복될 경우 그 효과가 미미해질 수 있으므로 주의해야 한다. 만약 아동이 검사를 지루해하거나 지나치게 지쳐 있을 경우 다음 소검사로 넘어갈 때 간단한 대화를 시도하거나 잠시 휴식시간을 가질 수 있다. 검사자는 전문가적인 태도와 친근한 태도 사이의 균형을 유지하며 검사가 마무리되는 시점까지 라포가 지속될 수 있도록 주의를 기울여야 한다(곽금주, 2002). 검사자가 아동과 적절한 라포 형성을 하지 못할 경우, 검사 수행에 부정적 영향을 미쳐 정확한 검사 결과를 파악하지 못할 수 있다. 따라서 검사자는 아동과 얼마나 빠르게 라포를 형성했고 유지하였는지 또는 라포 형성을 실패하였는지에 대한 정보를 기록용지에 작성한다.

4. 기록용지 작성

K-WISC-V의 기록용지는 이전 판에 비해 검사와 채점을 더욱 간편하고 편리하게 할 수 있도록 수정되었다. 기록용지에는 각 소검사에 대한 간단한 정보와 규칙들이 제시되어 있고 검사자가 아동의 반응을 기록하고 채점할 수 있는 칸이 있다. 우선, 기록용지 첫 페이지 상단에는 아동의 연령 계산 및 아동과 부모의 간단한 정보를 기입할 수 있는 부분이 있다. 검사자는 반드시 아동의 연령을 정확히 파악한 후 검사를 진행해야 한다. 왜냐하면 아동의 연령에 따라 각 소검사의 시작점이 다르고, 적용되는 역순 규칙도 다르며 이에 따라 점수 또한 달라질 수 있기 때문이다. [그림 4-2]의 연령 계산법의 예시처럼 검사 실시일과 아동의 출생일을 정확하게 기입하고, 검사일에서 출생일을 빼서 아동의 정확한 연령을 계산한다. 만약 아동이 여러 날에 걸쳐 검사를 받았다면, 제일 처음 받았던 날짜를 검사일에 기입하도록 한다. 계산 시 모든 달은 30일로 가정하며 개월과 연도는 반올림하지 않는다.

아동의 연령이 검사 실시 연령의 경계에 있는 경우, 검사자의 판단하에 적절한 검사를 실시하도록 한다. 예를 들어, 만 6세 0개월의 아동의 경우, K-WISC-V도 실시할 수 있지만 동시에 K-WPPSI-IV(실시 연령: 만 2세 6개월~7세 7개월)도 실시할 수 있다. 이 경우 검사자는 아동의 역량을 파악하여 K-WISC-V와 K-WPPSI-IV 중 한 검사를 정하여 실시해야 한다. 일반적으로 만 6세 아동의 지능이 평균 혹은 그 이상이라고 추측될 때는 K-WISC-V를 실시하고, 그렇지 않을 경우 K-WPPSI-IV 실시를 권장한다. 마찬가지로 만 16세 아동의 지능이 평균 혹은 그 이하라고 추측될 때는 K-WISC-V를 실시하고, 그렇지 않을 경우 K-WAIS-IV를 실시한다. 〈표 4-2〉는 만 6세와 만 16세 아동의 예상되는 능력 수준에 따라 실시할 수 있는 검사에 대한 내용이다(Flanagan & Alfonso, 2017).

연령 계산	년	월	일
	2017	23	42
검사일	~~2018~~	~~12~~	~~12~~
출생일	2009	12	16
연 령	8	11	26

▌그림 4-2 **연령 계산법**

출처: 곽금주, 장승민(2019b).

▌표 4-2 **연령과 능력 수준에 따라 실시할 수 있는 검사**

연령	예상되는 능력 수준	검사
6세 0개월~7세 7개월	평균 이하	K-WPPSI-IV 혹은 다른 대체 검사
	평균	K-WISC-V
	평균 이상	K-WISC-V
16세 0개월~16세 11개월	평균 이하	K-WISC-V
	평균	K-WISC-V
	평균 이상	K-WAIS-IV 혹은 다른 대체 검사

출처: Flanagan & Alfonso (2017).

연령 계산과 아동 및 부모의 정보 기입란 아래부터 소검사 기록 페이지가 시작된다. 소검사 수행을 기록하는 페이지는 총 21페이지이며, 각 소검사마다 시작점, 역순 및 중지 규칙을 제공하여 검사자가 보다 더 편리하게 검사를 진행할 수 있도록 하였다. [그림 4-3]에서 볼 수 있듯이, 기록용지의 소검사 기록 첫 페이지에는 토막짜기 소검사에 해당하는 시작점, 역순 및 중지 규칙, 문항별 채점 기준, 처리점수가 제시된다. 만약 초시계가 필요한 소검사인 경우, 소검사 이름 옆에 시계 그림이 표시되어 있으며 검사자는 문항별 시간제한 규칙에 대해 사전에 충분히 파악하고 있어야 한다. 자세한 소검사별 실시와 채점 방법 및 주의사항에 대해서는 다음 장에서 다루도록 하겠다.

검사자는 검사를 실시하는 동안 아동의 반응을 가능한 한 모두 기록하는 것이 좋다. 아동의 수행을 정답과 오답만으로 기록하면 아동의 반응을 구체적으로 분석할 수 없기 때문이다. 뿐만 아니라 자세히 기록된 정보를 통해서 검사 당시 상황을 더 잘 이해할 수 있으며, 평가 시 다양한 부분을 고려할 수 있다. 특히 언어 능력을 측정하는 공통성, 어휘, 상식, 이해 소검사에서는 검사자가 아동의 답변을 모두 기록하는 것이 중요하다. 숫자나 산수 소검사와 같이 아동이 긴 문장이 아닌 수로만 대답하는 경우에도 오답 반응을 포함한 아동의 답변을 모두 기록해서 해석할 때 활용할 수 있도록 한다. 또한 검사자는 추가 질문, 촉구, 문항 반복을 사용한 경우에도 기록용지에 기록해야 한다. 촉구는 아동에게 소검사에 대한 지시를 상기시키거나 지시사항을 올바르게 다시 가르치기 위해 사용한다. 이를테면, 기호쓰기 소검사에서 아동이 문항을 빠뜨리거나 역으로 시작할 경우 아동에게 "하나도 빠뜨리지 말고, 순서대로 하세요."라고 설명한다. 검사자는 아동의 반응 외에 자신이 아동에게 한 지시사항도 기록해야 한다. 예를 들어, 검사자가 아동에게 "더 자세히 말해 보세요."라고 지시했을 경우 아동의 반응과 함께 기록한다. 이후 검사 결과를 해석할 때, 아동의 정답 반응이 자발적으로 이루어진 것인지 혹은 검사자의 질문으로 인해 답변의 질이 높아졌는지 등의 정보를 해석에 활용할 수 있기 때문이다. 마지막으로, 약자를 사용하면 더 쉽게 아동의 반응을 기록할 수 있다. 〈표 4-3〉은 기록용지 표기에 사용되는 약자와 설명이다.

K-WISC-V 기록용지

KOREAN-WECHSLER INTELLIGENCE SCALE FOR CHILDREN™-FIFTH EDITION

저자 | David Wechsler | 한국판 저자 | 곽금주 · 장승민

연령 계산	년	월	일
검사일			
출생일			
연 령			

아동 이름:		부	학력: □ 고졸 이하 □ 대졸 □ 대학원 이상
소속:	성별: □ 남 □ 여		직업:
학년(반):	우세손: □ 오른손 □ 왼손	모	학력: □ 고졸 이하 □ 대졸 □ 대학원 이상
검사자 이름:	검사 기관:		직업:

1. 토막짜기

제한시간: 문항을 참고한다.
각 문항마다 완료시간을 기록한다.

시작
6–7세: 문항 1
8–16세: 문항 3

역순
8–16세
처음 제시되는 2문항 중 *어느 1문항이라도* 만점을 받지 못하는 경우, 2문항 연속으로 만점을 받을 때까지 **역으로** 실시한다.

중지
2문항 연속
0점을 받는 경우

채점
문항 1–3: 0–2점
문항 4–9: 0 또는 **4**점
문항 10–13: 0 또는 **4, 5, 6, 7**점

BDn 시간 보너스가 없는 토막짜기
문항 1–3: 0–2점
문항 4–13: 0 또는 **4**점

BDp 토막짜기 부분점수
문항 1: 0–2점
문항 2–9: 0–4점
문항 10–13: 0–12점

BDde 토막짜기 공간크기 오류
공간 크기 오류가 있는 문항의 총 수

BDre 토막짜기 회전 오류
30° 이상의 회전이 있는 문항의 총 수

		제시방법	필요한 토막 수	제한 시간	완성 시간	선택 부분점수	완성 모형	점수
6-7 →		모형과 그림	4	30"	시행 1 / 시행 2	0 1 2	시행 1 / 시행 2	0 / 시행 2: 1 / 시행 1: 2
		모형과 그림	8	45"	시행 1 / 시행 2	0 1 2 3 4	시행 1 / 시행 2	0 / 시행 2: 1 / 시행 1: 2
8–16 →		모형과 그림	8	45"	시행 1 / 시행 2	0 1 2 3 4	시행 1 / 시행 2	0 / 시행 2: 1 / 시행 1: 2
		그림	4	45"		0 1 2 3 4		0 4
		그림	4	45"		0 1 2 3 4		0 4
		그림	4	75" (1:15)		0 1 2 3 4		0 4
		그림	4	75" (1:15)		0 1 2 3 4		0 4

계속 →

Insight of psychology inpsyt 인싸이트 심리검사연구소

▌그림 4-3 기록용지의 소검사 기록 첫 페이지

▮표 4-3 기록용지용 표기 약자와 설명

약자	설명
Q (Query Administered)	추가 질문을 사용한 경우
P (Prompt Administered)	촉구를 사용한 경우
DK (Don't Know)	아동이 모른다고 반응한 경우
NR (No Response)	아동이 반응하지 않은 경우
IR (Item Repetition)	문항을 반복하여 알려 준 경우
RR (Requested Repetition)	아동이 문항 반복을 요구했지만, 검사자가 문항을 반복하지 않은 경우
SV (Subvocalization)	아동이 식별할 수 있는 보조발성을 사용한 경우
SC (Self-correction)	아동이 자발적으로 자신의 반응을 수정한 경우

16개의 소검사 기록 페이지가 끝난 후 아동의 점수를 세부적으로 분석할 수 있는 분석 페이지가 제시된다. 분석 페이지에는 원점수-환산점수 변환, 환산점수-지표점수 변환, 지표점수 및 소검사 환산점수 프로파일, 지표 및 소검사 간 차이비교, 처리점수, 강점 및 약점 등을 위한 칸이 제공된다. 또한 기록용지에는 [그림 4-4]와 같이 검사 시간 동안 아동의 행동을 관찰하여 타당한 정보를 기록할 수 있는 행동 관찰 페이지가 있다.

아동 이름:	소속:	연령:
성별: □ 남 □ 여	우세손: □ 오른손 □ 왼손	
검사자 이름:	검사 기관:	

기록용지

행동관찰

의뢰인/의뢰 사유/현재 보이는 문제점

언어(예, 사투리, 외국어 사용, 표현/수용언어능력, 조음문제 등)

외모

시각/청각/신체운동 문제(교정여부[예, 안경, 보청기 등])

주의력과 집중력

검사태도(예, 라포, 적극성, 습관, 관심, 동기, 성공/실패에 대한 반응)

정서/기분

특이행동/언어화(예, 보속증, 상동운동, 특이 언어사용 등)

기타

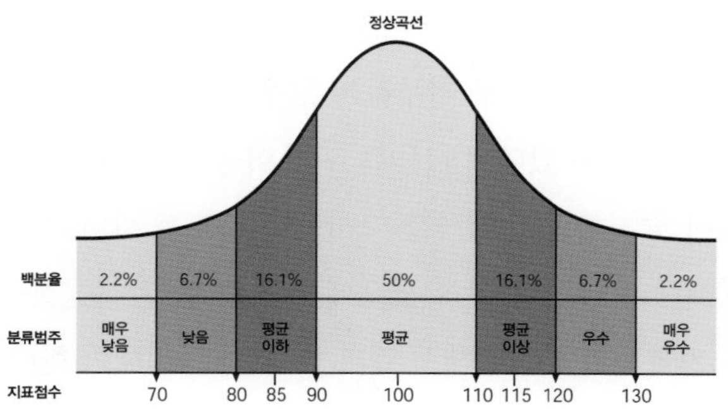

▌그림 4-4 기록용지의 행동관찰 페이지

5. 소검사 실시 순서

다음으로는 소검사 실시 순서에 대해 설명하겠다. 우선, 소검사는 기록용지에 제시되는 순으로 실시하며, 그 순서는 〈표 4-4〉와 같다.

표 4-4 소검사 실시 순서

1. 토막짜기	7. 무게비교	13. 순차연결
2. 공통성	8. 퍼즐	14. 선택
3. 행렬추리	9. 그림기억	15. 이해
4. 숫자	10. 동형찾기	16. 산수
5. 기호쓰기	11. 상식	
6. 어휘	12. 공통그림찾기	

언어이해 영역, 시공간 영역, 유동추론 영역, 작업기억 영역, 처리속도 영역에 해당하는 16개의 소검사들을 검사 전반에 걸쳐 번갈아 실시한다. 가장 먼저 시공간 영역에 해당하는 토막짜기 소검사를 실시하는데, 이는 아동의 흥미와 관심을 유발하기 위함이다. 그다음에는 언어이해 영역의 공통성 소검사, 유동추론 영역의 행렬추리 소검사 순으로 7개의 기본 소검사를 먼저 실시한다. 뒤이어 3개의 기본 소검사와 6개의 추가 소검사를 실시하는데 실시하지 않는 소검사는 건너뛸 수 있으나 표준화된 순서대로 진행한다. 이러한 순서의 목적은 검사를 실시하는 동안 아동의 피로를 최소화하며 흥미를 증가시키고 검사의 다양성을 유지하는 데 있다(Wechsler, 2014b). 그러나 만약 아동이 특정 소검사를 거부하는 경우, 하고 있는 소검사를 잠시 중단하고 다음 소검사로 넘어갈 수 있다. 대신, 그 후에 아동이 다른 소검사를 충분히 잘 수행하고 있다면 일시 중지했던 소검사를 다시 실시하도록 한다. 이러한 변경 사항은 아동의 편의를 위해서가 아닌 임상적 필요에 근거해야 한다는 것을 유의해야 하며, 모든 변경 사항을 기록용지에 기입해서 결과 해석 시 고려해야 한다.

6. 검정문항, 시범문항, 연습문항, 가르치는 문항

각 소검사는 과제에 따라 검정문항, 시범문항, 연습문항, 가르치는 문항을 제공한다. 먼저, 검정문항은 과제를 수행하기 위한 필수적인 능력이 있는지 확인하는 문항이다. 만약 아동이 검정문항을 통과하지 못할 경우에는 해당 소검사를 실시하지 않는다. 검정문항은 숫자 소검사의 숫자 순서대로 따라하기와 순차연결 소검사에서 실시한다. 예컨대, 숫자 소검사의 숫자 순서대로 따라하기 과제에서는 만 6~7세 아동에게 검정문항을 실시하는데, 검사자는 아동에게 "큰 소리로 들을 수 있게 숫자 1부터 5까지 세어 보세요."라고 요구한다. 만약 아동이 적어도 숫자를 3까지 올바르게 말했다면 연습문항 A를 실시할 수 있다. 그러나 아동이 숫자를 3까지 올바르게 세지 못했을 경우, 해당 소검사를 실시하지 않는다. 시범문항은 검사자가 해당 과제를 어떻게 수행하는지 아동에게 직접 보여 주는 문항이다. 기호쓰기, 퍼즐, 동형찾기, 순차연결, 선택 소검사에서 시범문항을 제공한다. 다음으로 아동이 과제를 정확하게 이해했는지 파악하기 위해 연습문항을 제공한다. 아동은 연습문항을 통해 과제를 본격적으로 시작하기 전에 연습해 볼 수 있고, 검사자는 연습문항을 통해 아동이 과제를 충분히 이해했는지 파악할 수 있다. 연습문항은 공통성, 행렬추리, 숫자, 기호쓰기, 무게비교, 퍼즐, 그림기억, 동형찾기, 공통그림찾기, 순차연결, 선택 소검사에서 제공한다. 반면, 어휘, 상식, 이해, 산수 소검사와 같이 연습문항이 없는 소검사들에서는 가르치는 문항을 제공한다. 가르치는 문항에서 오답 반응을 보인 경우 검사자는 아동에게 정답을 가르쳐 주어야 하며, 가르치는 문항은 실시와 채점 지침서에 '†' 모양으로 표시되어 있다. 가르치는 문항은 아동이 새로운 과제에 익숙해질 수 있게 돕고, 해당 과제를 정확하게 이해하고 있는지 확실히 파악하기 위해 제공한다. 검정문항, 시범문항, 연습문항, 가르치는 문항에 대한 규칙은 지정된 문항들에 대해서만 적용해야 올바른 채점을 할 수 있으므로 주의해야 한다.

7. 시작점, 역순 규칙 및 중지 규칙

시작점, 역순 규칙 그리고 중지 규칙은 검사 실시 시간을 단축하고 아동의 피로감이나 지루함을 줄이기 위해 고안되었다. 시작점, 역순 규칙, 중지 규칙을 통해 아동은 자신의 연령대에 맞는 문항에서 검사를 시작할 수 있으며, 필요하지 않은 문항은 제외시킬 수 있다. 각 소검사마다 다른 시작점, 역순 규칙, 중지 규칙이 있으며, 검사자는 이를 충분히 익히고 올바르게 실시할 수 있어야 한다. [그림 4-5]는 K-WISC-V 기록용지에 명시된 시작점, 역순 규칙, 중지 규칙의 기호이며, 각 소검사마다 상단에 이러한 기호와 함께 설명을 제시하였다. 이를 통해 검사를 실시할 동안 검사자는 수월하게 시작점, 역순 규칙, 중지점을 확인할 수 있다.

▌그림 4-5 K-WISC-V 시작점, 역순 규칙, 중지 규칙 기호

출처: 곽금주, 장승민(2019a).

우선, 시작점은 아동의 연령에 따라 어느 문항에서 검사를 시작해야 하는지 결정하는 기준이다. 숫자와 그림기억 소검사만 모든 연령대(만 6~16세)가 같은 시작점을 가지며, 이 외의 다른 소검사들은 아동의 연령에 따라 시작점이 달라진다. 그러나 지적장애 아동이나 지적 결손이 의심되는 아동은 연령에 상관없이 항상 6세용 시작점(문항 1번)에서 검사를 시작한다. 다음으로, 역순 규칙이란 처음 제시되는 두 문항 중 어느 한 문항에서라도 아동이 만점을 받지 못할 경우, 두 문항에서 연속적으로 만점을 받을 때까지 역으로 검사문항을 실시하는 규칙을 말한다. 만약 아동이 역순으로 두 문항에서 연속으로 만점을 받았다면, 역으로 실시하기 전의 문항으로 다시 돌아가 중지점까지 검사를 계속 진행한다. 이 규칙은 어린 아동이나 지적 결손이 의심되는 아동을 위해 고안되었다. 역순 규칙은 11개의 소검사(토막짜기, 공통성, 행렬추리, 어휘, 무게비교, 퍼즐, 그림기억, 상식, 공통그림찾기, 이해, 산수)에 적용된다. 마지막으로, 중지 규칙은 소검사 실시를 언제 중단할지 결정하는 규칙으로 아동이 특정 수의 문항에서 연속적으로 0점을 받을 경우, 해당 소검사를 중지한다. 하지만 섣불리 소검사 실시를 중지하지 않도록 주의해야 하며, 판단이 어려울 경우 중지 기준 이상의 문항을 실시하도록 한다. 대신, 점수 계산 시 중지점보다 더 많이 실시한 문항에 대해서는 점수를 부여하지 않는다. 각 소검사의 중지 규칙에 대한 자세한 설명은 곽금주와 장승민(2019b)의 『한국 웩슬러 아동 지능검사(K-WISC-V)

실시와 채점 지침서』를 참고하라. 다음은 다양한 사례를 바탕으로 역순 규칙과 중지 규칙을 어떻게 적용하는지에 대해 설명하고자 한다.

7.1. 처음 제시되는 2문항에서 모두 만점을 받은 경우

다음은 처음 제시되는 2문항에서 모두 만점을 받은 경우 역순 규칙과 중지 규칙이 어떻게 적용되는지 사례를 통해 살펴보겠다. [그림 4-6]에서 볼 수 있듯이 만 10세 아동은 무게비교 소검사에서 해당 연령의 시작점인 문항 4번과 그다음 문항인 문항 5번에서 모두 만점을 받았다. 따라서 검사자는 역순 규칙을 적용하지 않고 그 다음 문항(문항 6번)을 실시하였다. 아동이 시작점에서 처음 2문항 모두 만점을 받았기 때문에 이전 문항들(문항 1번부터 3번까지)에 대해서는 모두 자동으로 만점을 받는다. 이때 검사자는 [그림 4-6]과 같이 문항 3번의 점수 표기란 밑에 사선을 긋고 3이라고 표시한다. 본 검사에서 아동은 문항 7, 8, 9번에서 3문항 연속으로

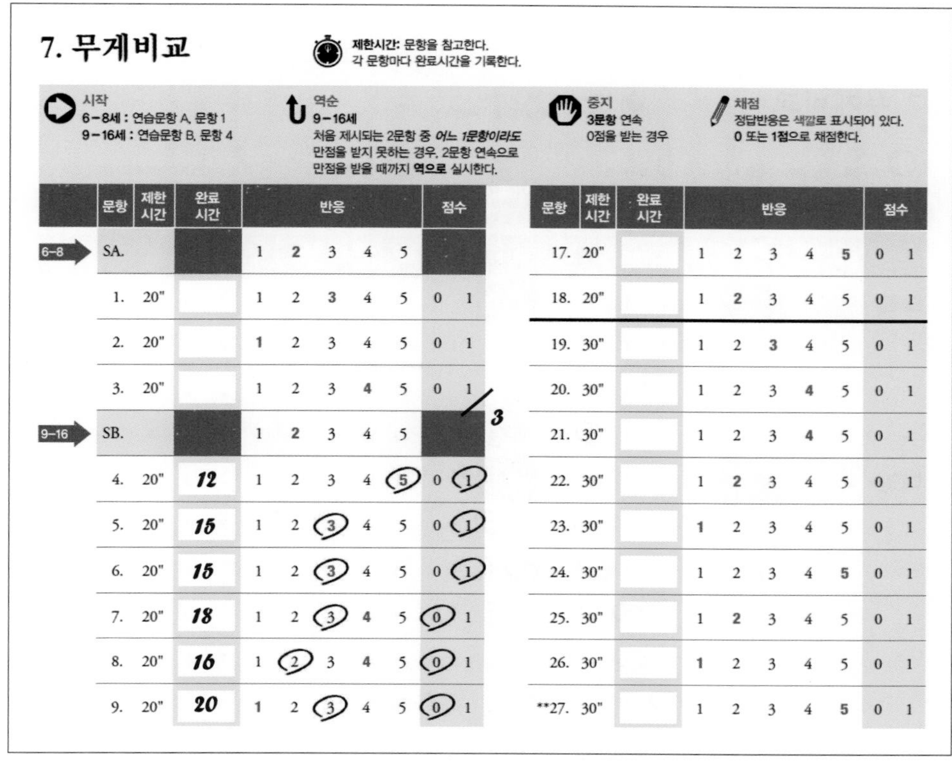

7. 무게비교

제한시간: 문항을 참고한다.
각 문항마다 완료시간을 기록한다.

시작
6-8세 : 연습문항 A, 문항 1
9-16세 : 연습문항 B, 문항 4

역순
9-16세
처음 제시되는 2문항 중 *어느 1문항이라도* 만점을 받지 못하는 경우, 2문항 연속으로 만점을 받을 때까지 **역으로** 실시한다.

중지
3문항 연속
0점을 받는 경우

채점
정답반응은 색깔로 표시되어 있다.
0 또는 **1점**으로 채점한다.

	문항	제한시간	완료시간	반응	점수	문항	제한시간	완료시간	반응	점수
6-8	SA.			1 2 3 4 5		17.	20"		1 2 3 4 5	0 1
	1.	20"		1 2 3 4 5	0 1	18.	20"		1 2 3 4 5	0 1
	2.	20"		1 2 3 4 5	0 1	19.	30"		1 2 3 4 5	0 1
	3.	20"		1 2 3 4 5	0 1 / 3	20.	30"		1 2 3 4 5	0 1
9-16	SB.			1 2 3 4 5		21.	30"		1 2 3 4 5	0 1
	4.	20"	12	1 2 3 4 5	0 1	22.	30"		1 2 3 4 5	0 1
	5.	20"	15	1 2 3 4 5	0 1	23.	30"		1 2 3 4 5	0 1
	6.	20"	15	1 2 3 4 5	0 1	24.	30"		1 2 3 4 5	0 1
	7.	20"	18	1 2 3 4 5	0 1	25.	30"		1 2 3 4 5	0 1
	8.	20"	16	1 2 3 4 5	0 1	26.	30"		1 2 3 4 5	0 1
	9.	20"	20	1 2 3 4 5	0 1	**27.	30"		1 2 3 4 5	0 1

▌그림 4-6 **처음 제시되는 2문항 모두 만점을 받은 예**

0점을 받아 중지 규칙에 해당하였기 때문에 문항 9번에서 검사 실시를 중지하였다. 따라서 아동의 무게비교 소검사 총점은 6점이다.

7.2. 시작 문항은 만점을 받고 그다음 문항에서 만점을 받지 못한 경우

다음은 시작 문항에서는 만점을 받았지만 그다음 문항에서는 만점을 받지 못한 경우이다. [그림 4-7]에서 볼 수 있듯이, 무게비교 소검사에서 만 10세 아동은 해당 연령의 시작점인 문항 4번에서 만점을 받고 문항 5번에서는 만점을 받지 못했다. 처음 제시되는 2문항에서 모두 만점을 받지 못하였기 때문에, 검사자는 역순 규칙을 적용해 역순으로 문항 3번을 실시했다. 그 결과, 아동은 문항 3번에서 만점을 받았고, 이는 2문항 연속(문항 3번과 문항 4번)으로 만점을 받은 것이 된다. 따라서 역순 규칙을 중지하고 이전 문항(문항 1번과 문항 2번)에 대해서 만점을 부여하며, 순차적으로 문항 6번을 실시하였다. 해당 아동은 문항 7, 8, 9번에서 3문항 연속으로 0점을 받아 중지 규칙을 적용하여 검사 실시를 중지하였다. 따라서 아동의 무게비교 소검사 총점은 5점이다.

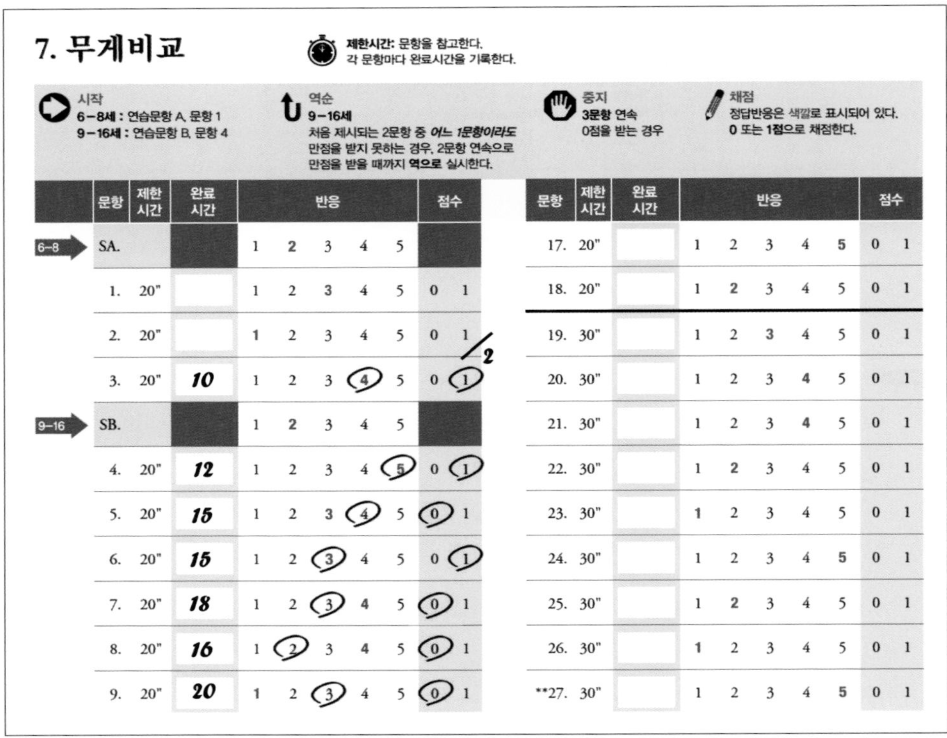

7. 무게비교

제한시간: 문항을 참고한다.
각 문항마다 완료시간을 기록한다.

시작
6–8세 : 연습문항 A, 문항 1
9–16세 : 연습문항 B, 문항 4

역순
9–16세
처음 제시되는 2문항 중 ***어느 1문항이라도*** 만점을 받지 못하는 경우, 2문항 연속으로 만점을 받을 때까지 **역으로** 실시한다.

중지
3문항 연속
0점을 받는 경우

채점
정답반응은 색깔로 표시되어 있다.
0 또는 **1점**으로 채점한다.

	문항	제한 시간	완료 시간	반응	점수
6–8	SA.			1 2 3 4 5	
	1.	20"		1 2 3 4 5	0 1
	2.	20"		1 2 3 4 5	0 1 / 2
	3.	20"	10	1 2 3 (4) 5	0 (1)
9–16	SB.			1 2 3 4 5	
	4.	20"	12	1 2 3 4 (5)	0 (1)
	5.	20"	15	1 2 3 (4) 5	(0) 1
	6.	20"	15	1 2 (3) 4 5	0 (1)
	7.	20"	18	1 2 (3) 4 5	(0) 1
	8.	20"	16	1 (2) 3 4 5	(0) 1
	9.	20"	20	1 2 (3) 4 5	(0) 1

문항	제한 시간	완료 시간	반응	점수
17.	20"		1 2 3 4 5	0 1
18.	20"		1 2 3 4 5	0 1
19.	30"		1 2 3 4 5	0 1
20.	30"		1 2 3 4 5	0 1
21.	30"		1 2 3 4 5	0 1
22.	30"		1 2 3 4 5	0 1
23.	30"		1 2 3 4 5	0 1
24.	30"		1 2 3 4 5	0 1
25.	30"		1 2 3 4 5	0 1
26.	30"		1 2 3 4 5	0 1
**27.	30"		1 2 3 4 5	0 1

▌그림 4-7 시작 문항은 만점을 받고 그다음 문항에서 만점을 받지 못한 예

7.3. 시작 문항에서 만점을 받지 못한 경우

다음은 아동이 시작점에서부터 만점을 받지 못한 경우이다. [그림 4-8]에서 볼 수 있듯이 만 10세 아동은 무게비교 소검사에서 해당 연령의 시작점인 문항 4번부터 0점을 받았다. 따라서 검사자는 역순 규칙을 적용하여 역순으로 문항 3번을 실시하였다. 아동은 문항 3번에서 만점을 받았고, 2문항 연속으로 만점을 받을 때까지 역순으로 실시해야 하기 때문에 검사자는 문항 2번을 실시했다. 아동은 문항 2번에서 만점을 받아 2문항 연속(문항 2번, 문항 3번)으로 만점을 받았기 때문에 검사자는 다시 순차적으로 문항 5번을 실시했다. 이때 문항 1번에 대해서는 만점을 부여한다. 이후 해당 아동은 문항 7, 8, 9번에서 3문항 연속으로 0점을 받았기 때문에 중지 규칙에 해당하여 검사를 중지했다. 따라서 아동의 무게비교 소검사 총점은 5점이다.

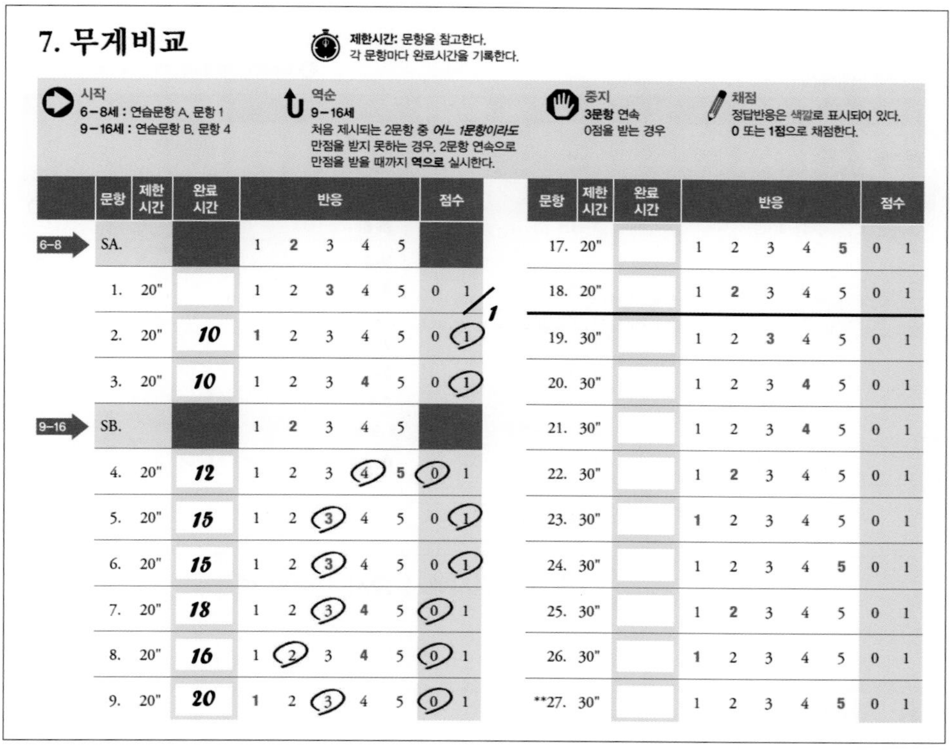

7. 무게비교

제한시간: 문항을 참고한다.
각 문항마다 완료시간을 기록한다.

시작
6–8세 : 연습문항 A, 문항 1
9–16세 : 연습문항 B, 문항 4

역순
9–16세
처음 제시되는 2문항 중 *어느 1문항이라도* 만점을 받지 못하는 경우, 2문항 연속으로 만점을 받을 때까지 **역으로** 실시한다.

중지
3문항 연속
0점을 받는 경우

채점
정답반응은 색깔로 표시되어 있다.
0 또는 **1점**으로 채점한다.

	문항	제한 시간	완료 시간	반응	점수
6–8	SA.			1 2 3 4 5	
	1.	20"		1 2 3 4 5	0 1 / 1
	2.	20"	10	1 2 3 4 5	0 1
	3.	20"	10	1 2 3 4 5	0 1
9–16	SB.			1 2 3 4 5	
	4.	20"	12	1 2 3 4 5	0 1
	5.	20"	15	1 2 3 4 5	0 1
	6.	20"	15	1 2 3 4 5	0 1
	7.	20"	18	1 2 3 4 5	0 1
	8.	20"	16	1 2 3 4 5	0 1
	9.	20"	20	1 2 3 4 5	0 1

문항	제한 시간	완료 시간	반응	점수
17.	20"		1 2 3 4 5	0 1
18.	20"		1 2 3 4 5	0 1
19.	30"		1 2 3 4 5	0 1
20.	30"		1 2 3 4 5	0 1
21.	30"		1 2 3 4 5	0 1
22.	30"		1 2 3 4 5	0 1
23.	30"		1 2 3 4 5	0 1
24.	30"		1 2 3 4 5	0 1
25.	30"		1 2 3 4 5	0 1
26.	30"		1 2 3 4 5	0 1
**27.	30"		1 2 3 4 5	0 1

그림 4-8 시작 문항에서 만점을 받지 못한 예

7.4. 한 문항에 두 번 이상의 시행이 있는 경우

숫자나 순차연결 소검사와 같이 한 문항에서 두 번 이상의 시행이 있는 경우 중지 규칙을 적용할 때 주의해야 한다. [그림 4-9]를 통해 예시를 살펴보겠다. 숫자 소검사에 해당하는 숫자 거꾸로 따라하기 과제의 경우, 아동이 한 문항에서 두 번의 시행 모두 0점을 받는 경우 검사를 중지한다. [그림 4-9]와 같이 아동은 문항 3번의 첫 번째 시행에서는 만점을 받았지만, 문항 3번의 두 번째 시행에서는 만점을 받지 못했다. 그리고 바로 다음 문항 4번의 첫 번째 시행에서도 아동은 만점을 받지 못했다. 그러나 아동이 한 문항에서 두 시행 모두 0점을 받은 것이 아니기 때문에 이는 중지 규칙에 해당하지 않는다. 이후 아동은 문항 5번에서 첫 번째와 두 번째 시행 모두 0점을 받았고, 이는 숫자 거꾸로 따라하기의 중지 규칙에 해당하므로 검사를 중지했다. 따라서 아동의 숫자 거꾸로 따라하기 소검사 총점은 6점이다.

4. 숫자 (계속)

거꾸로 따라하기

한문항에서 *2번의 시행* 모두 0점을 받은 경우

	문항	시행	정답 반응	반응	시행 점수	문항 점수
6–16	S.	9 – 4	4 – 9	4-9		
		5 – 6	6 – 5	6-5		
	1.	2 – 1	1 – 2	1-2	0 (1)	0 1 (2)
		1 – 3	3 – 1	3-1	0 (1)	
	2.	3 – 9	9 – 3	9-3	0 (1)	0 1 (2)
		8 – 5	5 – 8	5-8	0 (1)	
	3.	2 – 3 – 6	6 – 3 – 2	6-3-2	0 (1)	0 (1) 2
		5 – 4 – 1	1 – 4 – 5	1-3-5	(0) 1	
	4.	4 – 5 – 8	8 – 5 – 4	8-4-5	(0) 1	0 (1) 2
		2 – 7 – 5	5 – 7 – 2	5-7-2	0 (1)	
	5.	7 – 4 – 5 – 2	2 – 5 – 4 – 7	2-4-5-7	(0) 1	(0) 1 2
		9 – 3 – 8 – 6	6 – 8 – 3 – 9	6-3-8-9	(0) 1	
	6.	2 – 1 – 7 – 9 – 4	4 – 9 – 7 – 1 – 2		0 1	0 1 2
		5 – 6 – 3 – 8 – 7	7 – 8 – 3 – 6 – 5		0 1	

▌그림 4-9 **숫자 소검사에서 중지 규칙의 예**

8. 시간측정

검사자는 아동이 시간측정을 한다는 것을 의식하지 못하도록 초침소리가 작은 초시계를 사용하며, 아동이 볼 수 없는 곳에 놓고 사용하도록 한다. 경우에 따라서는 라포의 유지를 위해 아동에게 추가 시간을 줄 수 있으며, 아동이 문항을 완성하는 도중에는 소검사를 중지시키지 않고 기다리는 식으로 배려할 수 있다. 만약 아동이 검사자에게 시간을 재는 것이냐고 물어볼 경우, 그렇다고 대답하되 걱정할 필요 없다고 안심시켜 준다. 시간측정이 필요한 소검사는 토막짜기, 기호쓰기, 무게비교, 퍼즐, 그림기억, 동형찾기, 선택, 산수 소검사가 있다. 특히 토막짜기와 동형찾기 소검사에서는 아동의 수행 시간에 따른 시간보너스 점수가 부여되기 때문에 검사자는 시간을 엄격히 측정해야 한다. 반면, 공통성, 어휘, 상식, 이해, 행렬추리, 공통그림찾기, 숫자 그리고 순차연결 소검사에서는 엄격한 시간제한을 두지 않는다. 대신, 각 문항마다 30초 정도의 시간을 주는 30초 지침을 적용한다. 만약 아동이 30초 안에 반응하지 않으면, 검사자는 "답이 무엇일까요?"라고 물으며 아동이 답을 할 수 있도록 격려하고, 답하지 않는다면 다음 문항으로 넘어가야 한다. 또한 문항의 난이도가 어려워지면서 아동의 수행 시간이 점점 지체된다면 추가 시간을 허용할 수 있지만 의무 사항은 아니다.

II. 소검사 실시와 채점 방법 및 주의사항

다음은 총 16개의 소검사 실시와 채점 방법 및 주의사항에 대해 설명한다. 각 소검사별 준비도구, 시작점, 역순 규칙, 중지 규칙, 실시와 채점 방법이 다르기 때문에 이와 관련된 주의사항에 대해 간략하게 알아보도록 하겠다. 채점 후 환산점수 및 처리점수 등의 점수 산출을 위해서는 인싸이트 홈페이지(http://inpsyt.co.kr)에서 제공하는 채점프로그램을 이용해야 한다. 채점프로그램의 사용 방법에 대해서는 제8장 '해석 사례와 보고서 작성'을 참고하라.

1. 토막짜기

제한시간 내에 빨간색 또는 흰색으로 이루어진 토막을 사용하여 제시된 모형이나 그림과 똑같은 모양을 만들어야 한다.

준비도구 토막짜기 소검사를 실시하기 위해서는 [그림 4-10]과 같이 실시와 채점 지침서, 기록용지, 소책자 1, 토막짜기 토막, 초시계가 필요하다.

▌그림 4-10 **토막짜기 소검사 준비도구**

시작점, 중지점, 역순 규칙 토막짜기 소검사의 연령별 시작점, 역순 규칙, 중지 규칙은 〈표 4-5〉와 같다.

▌표 4-5 **토막짜기 소검사의 연령별 시작점, 역순 규칙, 중지 규칙**

연령	시작점	역순 규칙	중지 규칙
6~7세	문항 1	-	2문항 연속 0점을 받는 경우
8~16세	문항 3	처음 제시되는 2문항 중 어느 1문항이라도 만점을 받지 못할 경우, 2문항 연속으로 만점을 받을 때까지 역으로 실시한다.	

토막짜기 소검사의 역순 규칙은 8~16세에만 적용된다.

실시 및 채점 주의사항 토막짜기 소검사는 각 문항별로 모형의 제시 방법과 제한 시간이 다르므로 검사자가 실시할 때 주의해야 할 부분들이 많다. 우선, 아동에게 토막을 제시할 때는 기록용지에 명시된 각 문항별 제시방법을 토대로 모형과 그림을 같이 제시하거나 혹은 그림만 보여 주어야 한다. 또한 토막은 각 문항에 필요한 개수만큼만 꺼내 놓아야 하며 필요한 토막의 수는 기록용지에 명시되어 있다. 토막은 개수에 따라 다양한 표면이 보이도록 제시한다. 예컨대, 4개의 토막을 사용하는 문항에서는 1개의 토막만 적-백 면을 보여야 하며, 9개의 토막을 사용하는 문항의 경우 토막 2개가 적-백 면을 보이게 제시해야 한다. 검사자는 아동의 수행과 동시에 완성 시간을 초단위로 기록용지에 기록해야 한다. 뿐만 아니라, 검사자는 기록용지의 완성 모형란에 아동의 답변을 검사자의 시점에서 보이는 모양 그대로 그린다. 단, 아동이 올바르게 완성하지 못했을 경우에만 아동의 수행을 기록용지에 기록하며, 올바르게 완성했을 경우에는 시간 절약을 위해 체크 표시만 한다.

2. 공통성

공통성을 가진 사물이나 개념을 나타내는 두 개의 단어를 듣고, 두 단어가 어떻게 유사한지 말해야 한다.

준비도구 공통성 소검사를 실시하기 위해서는 [그림 4-11]과 같이 실시와 채점 지침서 그리고 기록용지가 필요하다.

▌그림 4-11 **공통성 소검사 준비도구**

시작점, 중지점, 역순 규칙 공통성 소검사의 연령별 시작점, 역순 규칙, 중지 규칙은 〈표 4-6〉과 같다.

표 4-6 공통성 소검사의 연령별 시작점, 역순 규칙, 중지 규칙

연령	시작점	역순 규칙	중지 규칙
6~7세	연습문항, 문항 1	-	3문항 연속 0점을 받는 경우
8~9세	연습문항, 문항 3	처음 제시되는 2문항 중 어느 1문항이라도 만점을 받지 못할 경우, 2문항 연속으로 만점을 받을 때까지 역으로 실시한다.	
10~11세	연습문항, 문항 5		
12~16세	연습문항, 문항 7		

공통성 소검사의 역순 규칙은 8~16세에만 적용된다.

실시 및 채점 주의사항 '†' 표시가 있는 문항(1~8번)은 가르치는 문항으로 이 문항에서 아동이 만점을 받지 못한 경우 검사자는 정답을 가르쳐 주어야 한다. 또한 검사자는 필요할 때마다 아동에게 단어를 반복해서 들려줄 수 있지만, 절대로 단어들을 변경하거나 단어의 뜻을 설명해 주어서는 안 된다. 공통성 소검사를 기록할 때는 아동의 답변을 그대로 기록하는 것이 중요하다. 기록된 답변을 바탕으로 검사자는 실시와 채점 지침서에서 제공하는 예시 반응과 일반적 채점 원칙에 따라 0점, 1점, 2점 중 무엇을 부여할지 선택하여 점수를 주어야 하기 때문이다. 검사자는 각 문항에 대한 점수별 예시 반응을 파악하고 있어야 한다.

3. 행렬추리

미완성인 행렬을 보고, 행렬을 완성시키는 적절한 답을 선택해야 한다.

준비도구 행렬추리 소검사를 실시하기 위해서는 [그림 4-12]와 같이 실시와 채점 지침서, 기록용지, 소책자 1이 필요하다.

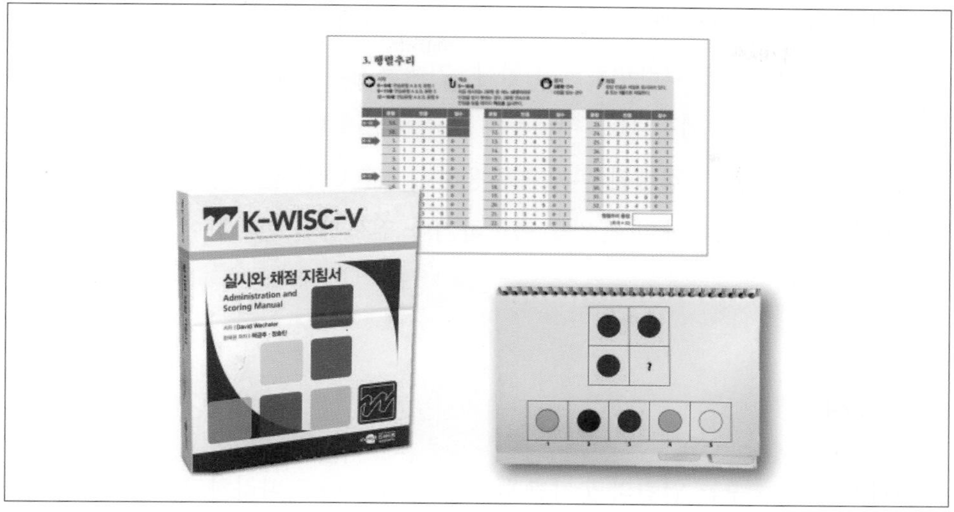

▌그림 4-12 **행렬추리 소검사 준비도구**

시작점, 중지점, 역순 규칙 행렬추리 소검사의 연령별 시작점, 역순 규칙, 중지 규칙은 〈표 4-7〉과 같다.

▌표 4-7 **행렬추리 소검사의 연령별 시작점, 역순 규칙, 중지 규칙**

연령	시작점	역순 규칙	중지 규칙
6~8세	연습문항 A & B, 문항 1	-	3문항 연속 0점을 받는 경우
9~11세	연습문항 A & B, 문항 5	처음 제시되는 2문항 중 어느 1문항이라도 만점을 받지 못할 경우, 2문항 연속으로 만점을 받을 때까지 역으로 실시한다.	
12~16세	연습문항 A & B, 문항 9		

행렬추리 소검사의 역순 규칙은 9~16세에만 적용된다.

실시 및 채점 주의사항 행렬추리 소검사는 두 가지 유형(행렬, 연속 순서)으로 구성되어 있으며, 연습문항 A와 B는 이 두 가지 유형을 소개한다. 아동에게 연습문항을 소개할 때 검사자는 소책자 1에 제시된 자극과 보기 그리고 물음표가 있는 상자를 손으로 직접 가리키며 설명하는 것이 중요하다. 또한 아동에게 답을 이야기할 때 선택지를 가리키거나 선택지의 번호를 말하면 된다고 알려 준다. 기록용지에 각 문항의 정답 반응은 굵은 글씨로 표기되어 있으며, 검사자는 각 문항별로 아동의 반응을 동그라미로 표시한다. 기록용지의 정답 반응과 아동의 반응이 일치하면 1점으로 채점한다. 행렬추리 소검사는 일반적인 30초 지침을 따르며, 만약 아동이 30초가 경과된 후에도 반응하지 않는다면 검사자는 "답이 무엇일까요?"와 같은 질문을 하여 반응을 촉구하거나 검사자의 판단하에 추가시간을 주도록 한다.

4. 숫자

검사자가 읽어 주는 일련의 숫자를 듣고 기억하여 바로 따라하고, 거꾸로 따라하고, 순서대로 따라해야 한다.

준비도구　숫자 소검사를 실시하기 위해서는 [그림 4-13]과 같이 실시와 채점 지침서 그리고 기록용지가 필요하다.

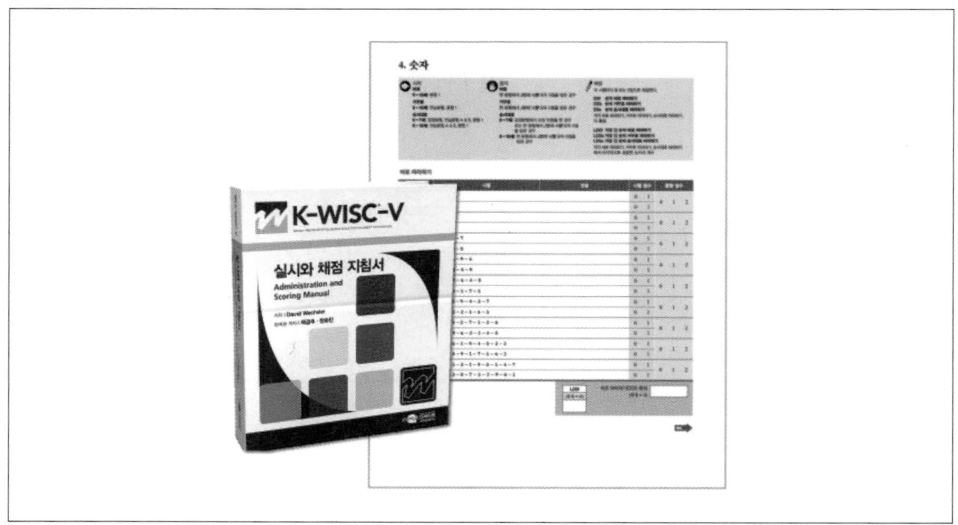

그림 4-13　**숫자 소검사 준비도구**

시작점, 중지점, 역순 규칙　숫자 소검사의 연령과 과제별 시작점, 중지 규칙은 다음 〈표 4-8〉과 같다.

표 4-8 숫자 소검사의 연령별 시작점, 중지 규칙

과제	연령	시작점	중지 규칙
바로 따라하기	6~16세	문항 1	한 문항에서 두 번의 시행 모두 0점을 받은 경우
거꾸로 따라하기	6~16세	연습문항, 문항 1	한 문항에서 두 번의 시행 모두 0점을 받은 경우
순서대로 따라하기	6~7세	검정문항, 연습문항 A & B, 문항 1	검정문항에서 오답 반응을 한 경우 또는 한 문항에서 두 번의 시행 모두 0점을 받은 경우
	8~16세	연습문항 A & B, 문항 1	한 문항에서 두 번의 시행 모두 0점을 받은 경우

숫자 소검사는 역순 규칙이 없다.

실시 및 채점 주의사항 숫자 소검사를 실시할 때 검사자가 가장 많이 하는 실수는 문항을 너무 빨리 읽는 것이다. 검사자는 1초 간격으로 숫자를 읽어야 하며, 검사 실시 전 문항 읽는 연습을 충분히 하도록 한다. 그리고 마지막 숫자를 읽을 때 검사자는 목소리 톤을 약간 낮춰 문항 제시가 끝났다는 것을 표현한다. 숫자 소검사에서 검사자는 어떤 시행도 다시 읽어 주지 않는다. 만약 아동이 다시 듣기를 요구할 경우, 다시 불러 줄 수 없다고 알려 주어야 한다. 세 가지 과제 모두 한 문항에 두 번의 시행이 있으며 두 번의 시행에서 모두 정답 반응을 보이면 해당 문항의 점수는 2점이고, 한 시행에서만 정답 반응을 할 경우 1점, 두 시행 모두에서 정답 반응을 하지 못할 경우 점수는 0점으로 채점하고 중지한다.

5. 기호쓰기

제한시간 내에 기호표를 사용하여 간단한 기하학적 모양이나 숫자와 상응하는 기호를 따라 그려야 한다.

준비도구 기호쓰기 소검사를 실시하기 위해서는 [그림 4-14]와 같이 실시와 채점 지침서, 기록용지, 반응지 1, 지우개가 달리지 않은 연필, 초시계, 기호쓰기 채점판이 필요하다.

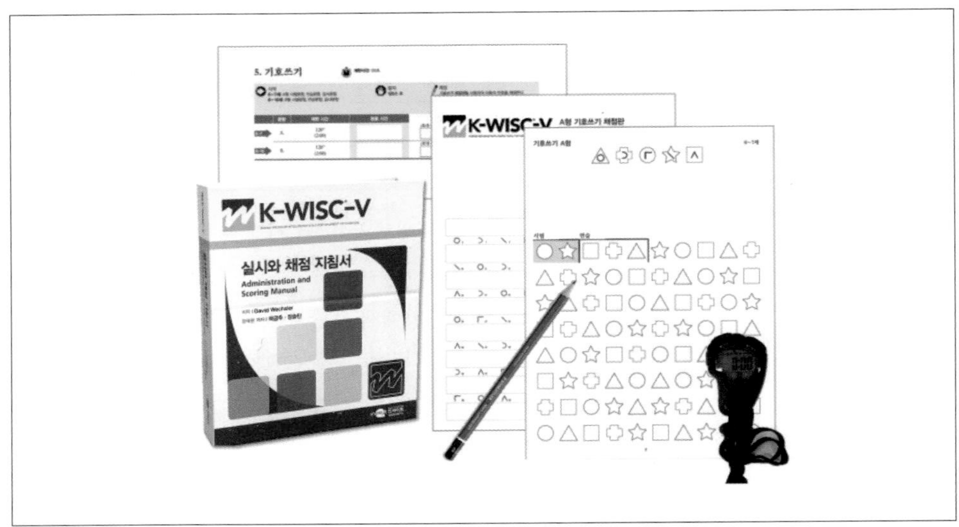

▌그림 4-14 기호쓰기 소검사 준비도구

시작점, 중지점, 역순 규칙 기호쓰기 소검사의 연령별 시작점과 중지 규칙은 다음 〈표 4-9〉와 같다.

▌표 4-9 기호쓰기 소검사의 연령별 시작점과 중지 규칙

연령	시작점	중지 규칙
6~7세	A형 시범문항, 연습문항, 검사문항	120초 후
8~16세	B형 시범문항, 연습문항, 검사문항	

기호쓰기 소검사는 역순 규칙이 없다.

실시 및 채점 주의사항 기호쓰기 소검사의 A형과 B형 모두 시범문항과 연습문항을 제공한다. 우선, 시범문항을 통해 검사자는 아동에게 과제 수행 방법을 직접 보여 준다. 그다음 연습문항을 실시하여 아동이 과제를 이해할 수 있도록 설명해 주고 아동이 과제를 이해했을 때에만 검사문항을 실시하도록 한다. 기호쓰기 소검사를 실시할 때 검사자가 가장 많이 하는 실수는 아동이 빠뜨린 문항에 대해 피드백을 하지 않는 것이다. 검사자는 아동을 계속 관찰하여 아동이 문항을 빠뜨리거나 순서대로 시행하지 않는 경우 "하나도 빠뜨리지 말고, 순서대로 하세요."라고 알려 주어야 한다. 또한 검사자는 지우개를 제공하지 않으며, 제한시

간 120초에 맞춰서 검사를 중단시킨다. 기호쓰기 소검사는 채점판이 제공되는데, 이를 아동의 반응지와 포개어 놓고 채점판 위에 나와 있는 기호와 아동의 반응을 비교하여 채점한다.

6. 어휘

그림 문항에서는 소책자에 있는 그림들의 이름을 말해야 하고, 언어 문항에서는 검사자가 크게 읽어 주는 단어의 뜻을 말해야 한다.

준비도구　어휘 소검사를 실시하기 위해서는 [그림 4-15]와 같이 실시와 채점 지침서, 기록용지, 소책자 1이 필요하다.

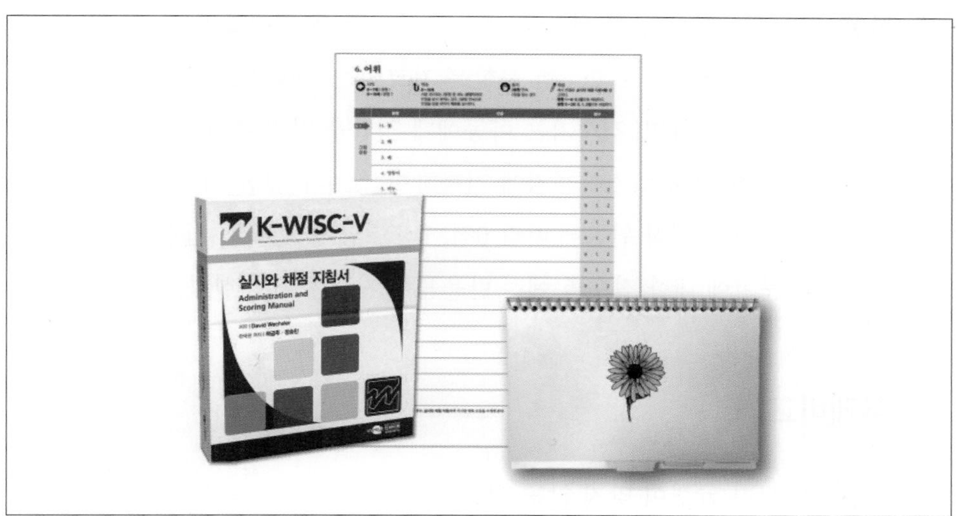

[그림 4-15] 어휘 소검사 준비도구

시작점, 중지점, 역순 규칙　어휘 소검사의 연령별 시작점, 역순 규칙, 중지 규칙은 다음 〈표 4-10〉과 같다.

표 4-10 어휘 소검사의 연령별 시작점, 역순 규칙, 중지 규칙

연령	시작점	역순 규칙	중지 규칙
6~7세	문항 1	-	3문항 연속 0점을 받는 경우
8~16세	문항 7	처음 제시되는 2문항 중 어느 1문항이라도 만점을 받지 못할 경우, 2문항 연속으로 만점을 받을 때까지 역으로 실시한다.	

어휘 소검사의 역순 규칙은 8~16세에만 적용된다.

실시 및 채점 주의사항 어휘 소검사는 그림 문항(1~4번)과 언어 문항(5~29번)으로 구성되어 있다. 각 문항에서 검사자는 단어를 먼저 읽은 후, 그 단어의 정의를 질문해야 한다. 예를 들어, 문항 7번의 경우 "외투. 외투가 무엇인가요?"라고 단어를 두 번 반복해 주어야 한다. 또한 아동이 문항을 다시 듣기 원하면 필요할 때마다 반복하여 들려줄 수 있지만 절대로 단어를 변경해서 들려주지 않는다. 이는 아동이 단어를 잘못 들어 대답을 제대로 하지 못해 점수를 받지 못하는 경우를 최소화하기 위함이다. 1, 7, 8번 문항은 가르치는 문항으로 이 문항에서 아동이 만점을 받지 못한다면, 검사자는 아동에게 정답을 알려 준다. 채점 시 검사자는 아동이 답변한 그대로 기록용지에 기록하여 실시와 채점 지침서에 제공되는 예시 반응과 일반적 채점 원칙에 따라 0점, 1점, 2점 중 선택해 점수를 부여한다. 검사자는 각 문항에 대한 점수별 예시 반응을 숙지해 두어야 한다.

7. 무게비교

양쪽 무게가 달라 균형이 맞지 않는 저울 그림을 보고 균형을 유지할 수 있는 답을 제한시간 내에 찾아야 한다.

준비도구 무게비교 소검사를 실시하기 위해서는 [그림 4-16]과 같이 실시와 채점 지침서, 기록용지, 소책자 1, 초시계가 필요하다.

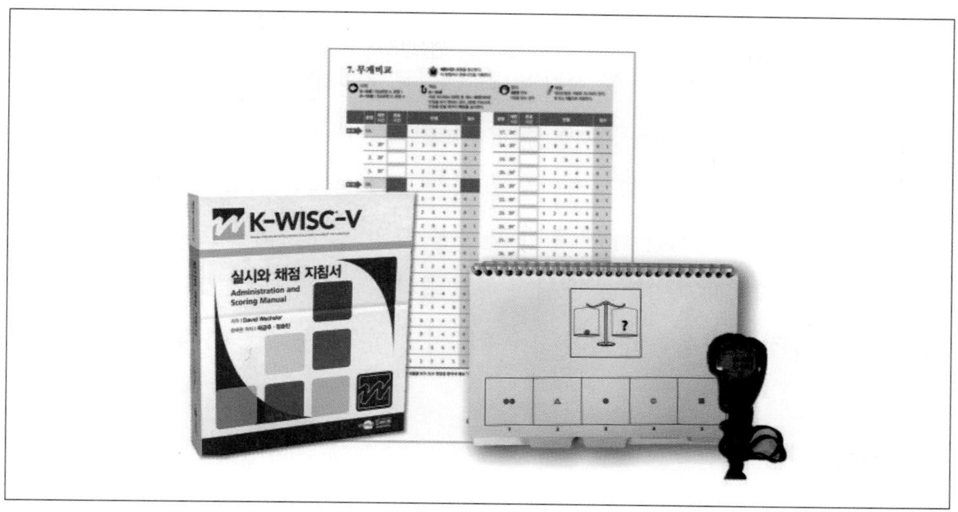

▌그림 4-16 **무게비교 소검사 준비도구**

시작점, 중지점, 역순 규칙 무게비교 소검사의 시작점, 역순 규칙, 중지 규칙은 다음 〈표 4-11〉과 같다.

▌표 4-11 **무게비교 소검사의 연령별 시작점, 역순 규칙, 중지 규칙**

연령	시작점	역순 규칙	중지 규칙
6~8세	연습문항 A, 문항 1	-	3문항 연속 0점을 받는 경우
9~16세	연습문항 B, 문항 4	처음 제시되는 2문항 중 어느 1문항이라도 만점을 받지 못할 경우, 2문항 연속으로 만점을 받을 때까지 역으로 실시한다.	

무게비교 소검사의 역순 규칙은 9~16세에만 적용된다.

실시 및 채점 주의사항 연습문항에서 검사자는 아동에게 실시 지침서에 명시된 지시대로 자극, 보기, 물음표를 가리켜 과제를 정확하게 알려 주는 것이 중요하다. 무게비교 소검사를 실시하는 동안 아동은 연필이나 종이를 사용할 수 없지만, 책상 위에 손가락으로 쓰는 것은 검사자가 제지하지 않아도 된다. 무게비교 소검사는 문항에 따라 제한시간이 달라지므로 시간측정에 주의를 기울여야 한다. 제한시간에서 10초가 남았을 때까지 반응하지 않으면, "답이 무엇일까요?"라고 말하며 반응을 촉구한다. 제한시간은 기록용지에 각 문항별로 제시되어 있으며, 검사자는 각 문항의 완성 시간을 초 단위로 기록용지에 정확하게 기록한다. 각 문항에 대한 정답 반응은 기록용지에 굵게 표시되어 있으며, 검사자는 각 문항에 대한 아동의 반응을 동그라미로 표시한다. 검사자는 아동의 반응과 정답 반응을 비교하여, 제한시간 내에 정답 반응을 보인 경우 1점으로 채점한다. 만약 아동이 제한시간 내 자발적으로 답을 수정했다면 수정한 답으로 채점하고, 제한시간 이후에 정답 반응을 하였거나 수정하여도 점수에는 반영하지 않는다.

8. 퍼즐

완성된 퍼즐을 보고 제한시간 내에 퍼즐을 구성할 수 있는 3개의 조각을 선택해야 한다.

준비도구 퍼즐 소검사를 실시하기 위해서는 [그림 4-17]와 같이 실시와 채점 지침서, 기록용지, 소책자 1, 초시계가 필요하다.

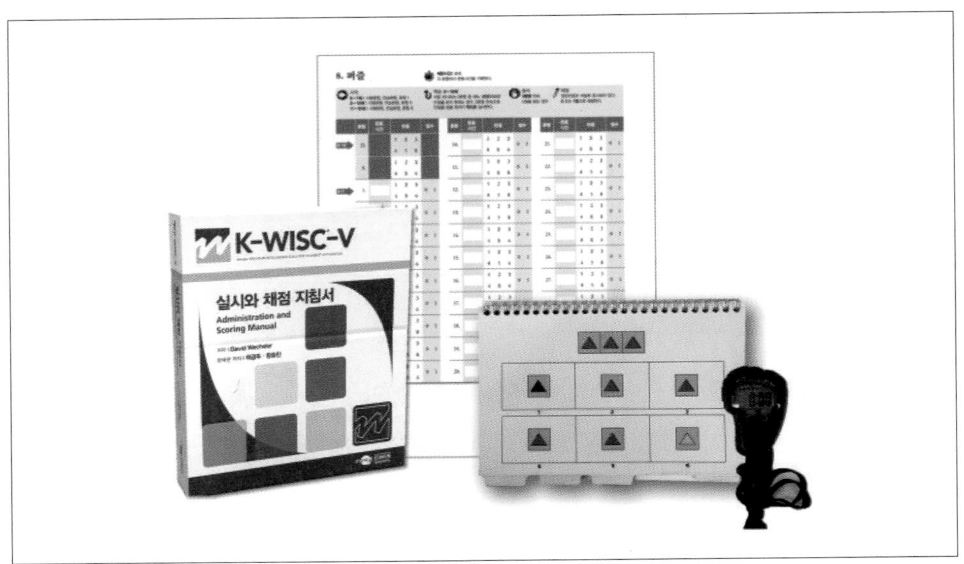

그림 4-17 **퍼즐 소검사 준비도구**

시작점, 중지점, 역순 규칙 퍼즐 소검사의 연령별 시작점, 역순 규칙, 중지 규칙은 다음 〈표 4-12〉와 같다.

표 4-12 퍼즐 소검사의 연령별 시작점, 역순 규칙, 중지 규칙

연령	시작점	역순 규칙	중지 규칙
6~7세	시범문항, 연습문항, 문항 1	-	3문항 연속 0점을 받는 경우
8~10세	시범문항, 연습문항, 문항 5	처음 제시되는 2문항 중 어느 1문항이라도 만점을 받지 못할 경우, 2문항 연속으로 만점을 받을 때까지 역으로 실시한다.	
11~16세	시범문항, 연습문항, 문항 8		

퍼즐 소검사의 역순 규칙은 8~16세에만 적용된다.

실시 및 채점 주의사항 연습문항에서 검사자는 아동에게 소책자에 나와 있는 완성된 퍼즐과 보기들을 손가락으로 직접 가리키며 설명해 준다. 검사자는 각 문항마다 완성 시간을 초 단위로 정확하게 측정하여 기록용지에 기록한다. 각 문항의 제한시간은 30초이며, 아동이 20초가 경과된 후에도 반응하지 않으면, "답이 무엇일까요?"라고 질문하고 이 지시를 하는 동안 시간측정을 멈추지 않는다. 각 문항에 대한 아동의 반응은 기록용지에 동그라미로 표시하며, 기록용지에 각 문항에 대한 정답 반응이 굵게 표시되어 있다. 검사자는 아동의 반응과 정답 반응을 비교하여 채점한다.

9. 그림기억

제한시간 내에 1개 이상의 그림이 있는 자극페이지를 본 후, 반응페이지에 있는 보기에서 해당 그림을 순서대로 찾아내야 한다.

준비도구 그림기억 소검사를 실시하기 위해서는 [그림 4-18]과 같이 실시와 채점 지침서, 기록용지, 소책자 2, 초시계가 필요하다.

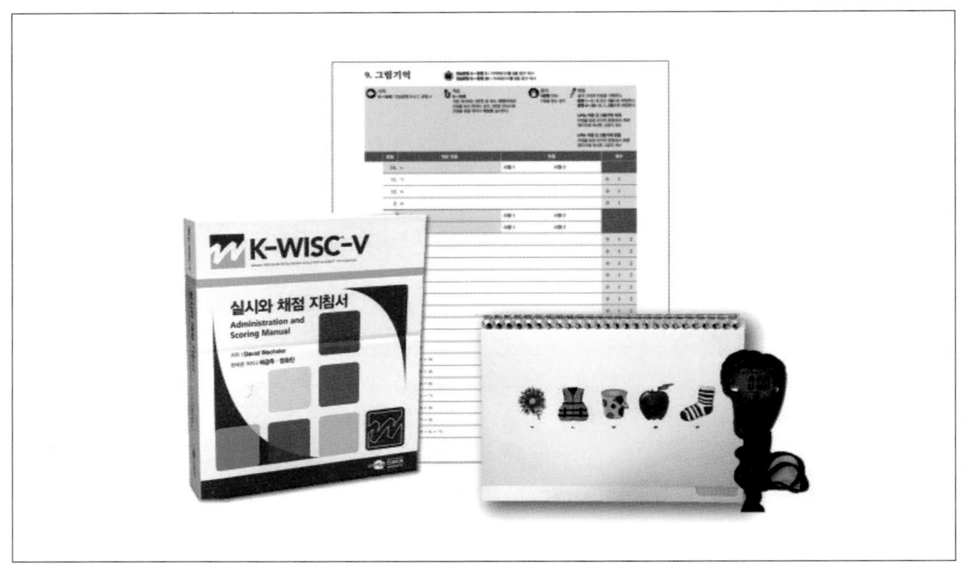

▌그림 4-18 **그림기억 소검사 준비도구**

시작점, 중지점, 역순 규칙 그림기억 소검사의 시작점, 역순 규칙, 중지 규칙은 다음 〈표 4-13〉과 같다.

▌표 4-13 **그림기억 소검사의 연령별 시작점, 역순 규칙, 중지 규칙**

연령	시작점	역순 규칙	중지 규칙
6~16세	연습문항 B & C, 문항 4	처음 제시되는 2문항 중 어느 1문항이라도 만점을 받지 못할 경우, 2문항 연속으로 만점을 받을 때까지 역으로 실시한다.	3문항 연속 0점을 받는 경우

실시 및 채점 주의사항 연습문항 B와 C에서 검사자는 아동에게 자극페이지 그림을 5초 동안 제시한 후 반응페이지에서 동일한 그림을 찾게 한다. 만약 아동이 제시가 끝나기 전에 반응페이지로 넘기려고 한다면, 아동을 제지하고 검사자가 페이지를 넘길 것이라고 말한다. 이때 시간측정은 멈추지 않는다. 연습문항과 가르치는 문항을 제외하고 자극페이지는 각 문항당 한 번만 보여 줄 수 있다. 문항 4번에서 26번까지는 아동이 정답 반응을 모두 올바른 순서대로 찾은 경

우에 2점으로 채점하고, 아동이 그림은 모두 찾았지만 그 순서가 틀렸을 경우는 1점으로 채점한다. 특히 그림기억의 경우 아동의 반응에 따라 채점이 달라지기 때문에 검사자가 아동을 주의 깊게 관찰하는 것이 중요하다.

10. 동형찾기

제한시간 내에 반응 부분을 훑어보고 표적 모양이 있는지를 답해야 한다.

준비도구 동형찾기 소검사를 실시하기 위해서는 [그림 4-19]와 같이 실시와 채점 지침서, 기록용지, 반응지 1, 지우개가 달리지 않은 연필, 초시계, 동형찾기 채점판이 필요하다.

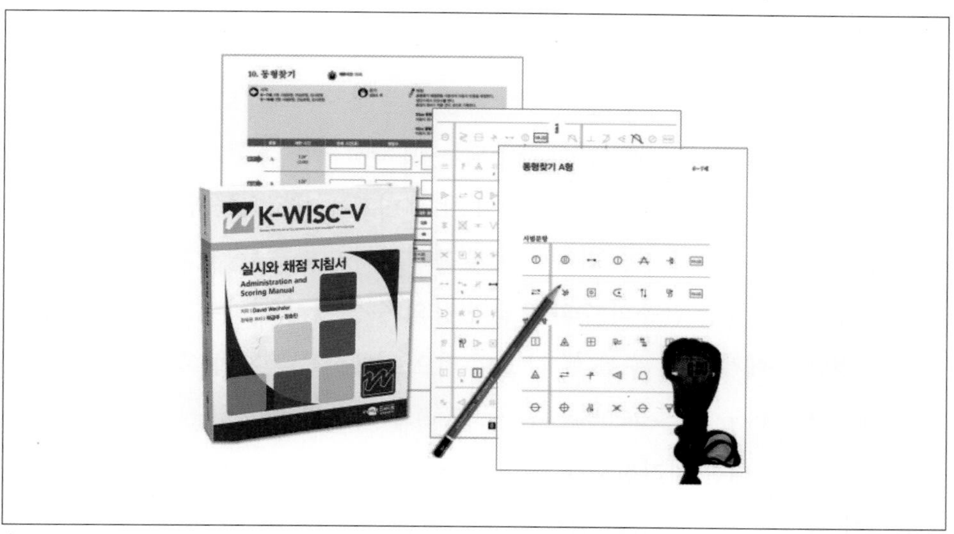

▌그림 4-19 **동형찾기 소검사 준비도구**

시작점, 중지점, 역순 규칙 동형찾기 소검사의 연령별 시작점, 중지 규칙은 다음 〈표 4-14〉와 같다.

표 4-14 동형찾기 소검사의 연령별 시작점과 중지 규칙

연령	시작점	중지 규칙
6~7세	A형 시범문항, 연습문항, 검사문항	120초 후
8~16세	B형 시범문항, 연습문항, 검사문항	

동형찾기 소검사는 역순 규칙이 없다.

실시 및 채점 주의사항 동형찾기 소검사의 A형과 B형 모두 시범문항과 연습문항을 제공한다. 먼저, 시범문항을 통해 검사자는 아동에게 과제에 대해 설명하고 과제 수행 방법을 직접 보여 준다. 그다음 연습문항을 실시하여 아동이 충분히 이해할 수 있도록 돕는다. 그리고 아동이 과제를 이해했을 때에만 검사문항을 실시한다. 검사를 실시하는 동안 아동에게 지우개를 주지 않는다. 대신, 아동이 실수를 했을 경우 검사자는 "그대로 두세요." 또는 "되도록 빨리 계속 해 보세요." 라고 말하며 시간측정을 멈추지 않는다. 동형찾기 소검사에서 검사자가 많이 하는 실수는 아동이 빠뜨린 문항을 언급해 주지 않는 것이다. 만약 아동이 문항을 빠뜨렸다면, 검사자는 이를 언급하여 아동이 문항을 차례대로 실시할 수 있게 한다. 동형찾기 소검사는 채점판이 제공되는데, 채점판 아래 검은색 상자에 명시된 동형찾기 반응페이지 번호를 확인하여 각 페이지에 해당하는 답안을 사용한다. 채점판에는 각 문항의 정답 반응이 굵게 표시되어 있다. 동형찾기 소검사 채점은 모든 페이지의 정답 반응의 수와 오답 반응의 수를 각각 더하여 기록용지에 옮겨 적고 정답 수에서 오답 수를 뺀 값을 총점으로 계산한다. 또한 동형찾기 소검사는 세트 오류(Symbol Search Set Errors, SSse)와 회전 오류(Symbol Search Rotation Errors, SSre)에 대한 처리점수가 있다. 세트 오류는 아동이 정답 대신 표적 모양과 유사한 특징을 가진 모양을 선택했을 때 받는 오류 점수이고, 회전 오류는 정답 반응과 비교했을 때 90°/180°/270°로 회전된 모양을 선택했을 때 받는 오류 점수이다. 모든 문항에 세트 오류와 회전 오류가 있는 것은 아니며, 채점판에 각 문항마다 세트 오류는 'S', 회전 오류는 'R'로 표시되어 있다. 검사자는 이를 통해 아동의 세트 오류와 회전 오류의 수를 합하여 총점을 기록용지에 적는다.

11. 상식

일반적 지식에 관한 광범위한 주제를 다루는 질문에 대해서 답해야 한다.

준비도구　상식 소검사를 실시하기 위해서는 [그림 4-20]과 같이 실시와 채점 지침서 그리고 기록용지가 필요하다.

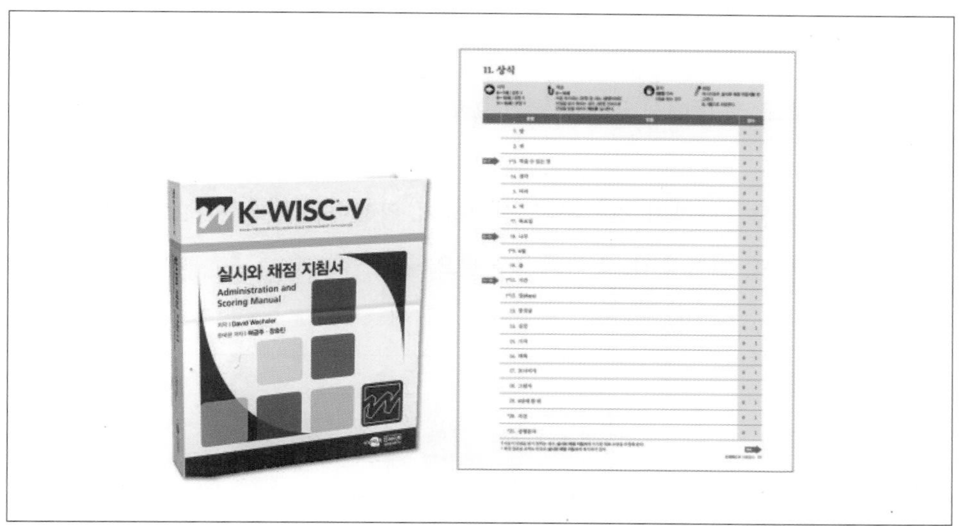

▮그림 4-20　**상식 소검사 준비도구**

시작점, 중지점, 역순 규칙　상식 소검사의 연령별 시작점, 역순 규칙, 중지 규칙은 다음 〈표 4-15〉와 같다.

▮표 4-15　**상식 소검사의 연령별 시작점, 역순 규칙, 중지 규칙**

<table>
<tr><th>연령</th><th>시작점</th><th>역순 규칙</th><th>중지 규칙</th></tr>
<tr><td>6~7세</td><td>문항 3</td><td rowspan="3">처음 제시되는 2문항 중 어느 1문항이라도 만점을 받지 못할 경우, 2문항 연속으로 만점을 받을 때까지 역으로 실시한다.</td><td rowspan="3">3문항 연속 0점을 받는 경우</td></tr>
<tr><td>8~10세</td><td>문항 8</td></tr>
<tr><td>11~16세</td><td>문항 11</td></tr>
</table>

실시 및 채점 주의사항　상식 소검사를 실시할 때 검사자는 정확한 발음으로 아동

에게 문항을 전달해야 한다. 아동이 잘못 들었을 경우에는 그 문항을 반복하여 말해 줄 수 있지만 절대로 단어들을 변경하거나 의미를 설명해 주어서는 안 된다. 문항 3, 4, 8, 9, 11, 12번은 검사자가 가르치는 문항으로 만약 아동이 이 문항에서 오답을 말했다면 정답을 알려 주어야 한다. 검사자는 아동의 반응과 실시와 채점 지침서에 나와 있는 예시 반응을 비교하여 1점 혹은 0점으로 채점한다.

12. 공통그림찾기

그림들을 보고 각 줄에서 공통된 특성으로 묶을 수 있는 그림들을 골라야 한다.

준비도구 공통그림찾기 소검사를 실시하기 위해서는 [그림 4-21]과 같이 실시와 채점 지침서, 기록용지, 소책자 2가 필요하다.

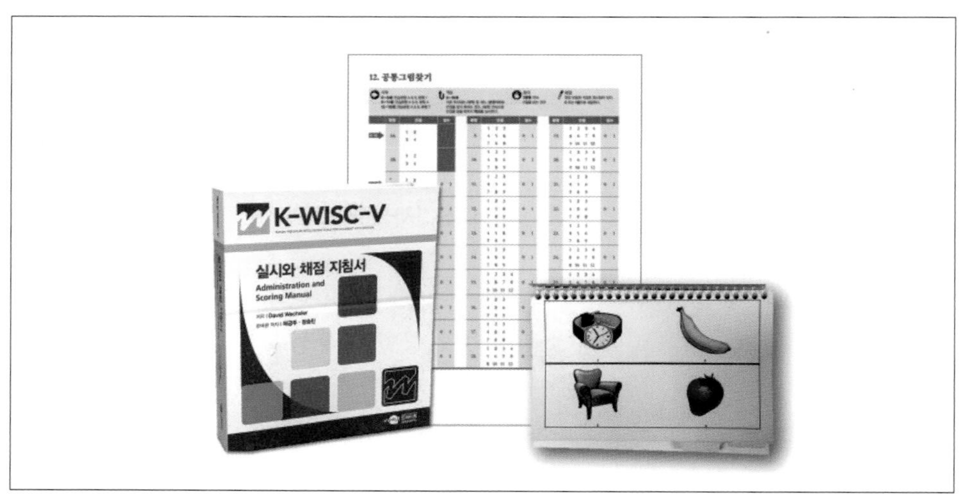

그림 4-21 **공통그림찾기 소검사 준비도구**

시작점, 중지점, 역순 규칙 공통그림찾기 소검사의 연령별 시작점, 역순 규칙, 중지 규칙은 다음 〈표 4-16〉과 같다.

표 4-16 공통그림찾기 소검사의 연령별 시작점, 역순 규칙, 중지 규칙

연령	시작점	역순 규칙	중지 규칙
6~8세	연습문항 A & B, 문항 1	-	3문항 연속 0점을 받는 경우
9~11세	연습문항 A & B, 문항 4	처음 제시되는 2문항 중 어느 1문항이라도 만점을 받지 못할 경우, 2문항 연속으로 만점을 받을 때까지 역으로 실시한다.	
12~16세	연습문항 A & B, 문항 7		

공통그림찾기 소검사의 역순 규칙은 9~16세에만 적용된다.

실시 및 채점 주의사항 공통그림찾기 소검사에서 검사자는 아동이 반드시 각 줄에서 한 개의 그림만 고르도록 지시한다. 만약 아동이 각 줄에서 여러 개를 고르는 경우, 실시와 채점 지침서에 명시된 대로 아동에게 올바른 수행 방법을 지시해 주어야 한다. 만약 아동이 첫 번째 반응 이후 자발적으로 수정한다면, 아동이 수정한 답변으로 채점한다. 공통그림찾기 소검사는 일반적인 30초 지침을 사용하며 아동이 30초가 지난 후에도 반응하지 않을 경우 검사자는 반응을 촉구할 수 있다. 각 문항의 정답 반응은 지침서와 기록용지에 굵게 표시되어 있으며, 검사자는 각 문항에 대한 아동의 반응을 기록용지에 동그라미로 표시한다. 정답 반응과 아동의 반응을 비교하여 아동이 정답 반응을 모두 올바르게 표시했을 경우에만 1점으로 채점한다.

13. 순차연결

검사자는 아동에게 연속되는 숫자와 글자를 읽어 주고, 아동은 숫자를 오름차순으로, 글자는 가나다 순으로 암기해야 한다.

준비도구 순차연결 소검사를 실시하기 위해서는 [그림 4-22]와 같이 실시와 채점 지침서 그리고 기록용지가 필요하다.

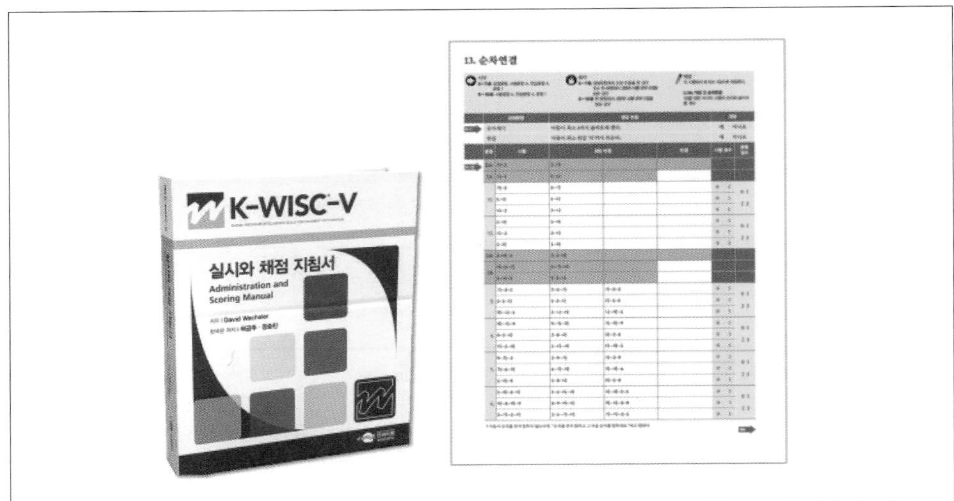

▌그림 4-22 순차연결 소검사 준비도구

시작점, 중지점, 역순 규칙 순차연결 소검사의 연령별 시작점과 중지 규칙은 다음 〈표 4-17〉과 같다.

▌표 4-17 순차연결 소검사의 연령별 시작점, 중지 규칙

연령	시작점	중지 규칙
6~7세	검정문항, 시범문항 A, 연습문항 A, 문항 1	검정문항에서 오답 반응을 한 경우 또는 한 문항에서 세 번의 시행 모두 0점을 받은 경우
8~16세	시범문항 A, 연습문항 A, 문항 1	한 문항에서 세 번의 시행 모두 0점을 받은 경우

순차연결 소검사는 역순 규칙이 없다.

실시 및 채점 주의사항 순차연결 소검사는 만 6~7세 아동에 한하여 검정문항을 실시한다. 만약 아동이 숫자를 1부터 3까지 올바르게 셀 수 없거나 한글 '다'까지 대답하지 못하면 순차연결 소검사를 실시하지 않는다. 그리고 기록용지에 아동이 검정문항을 통과했는지 여부를 표시한다. 아동이 문항을 다시 요청하더라도 절대로 다시 읽어 주지 않는다. 또한 순차연결 소검사는 숫자를 먼저 암기하고 글자를 암기하는 것이 원칙이지만, 아동이 모든 숫자와 글자를 순서대로 암기한다면 1점으로 채점한다. 각 문항마다 총 세 번의 시행이 있으며 아동이 숫자와

글자 모두 올바르게 나열했을 경우 각 시행에 대해서 1점을 주고, 그 점수를 합하여 기록용지에 기록한다.

14. 선택

제한시간 내에 무선 혹은 일렬로 배열된 그림을 훑어보고 표적그림에 표시한다.

준비도구 선택 소검사를 실시하기 위해서는 [그림 4-23]과 같이 실시와 채점 지침서, 기록용지, 반응지 2, 지우개 없는 빨간 색연필, 초시계, 선택 채점판이 필요하다.

▍그림 4-23 **선택 소검사 준비도구**

시작점, 중지점, 역순 규칙 선택 소검사의 시작점과 중지 규칙은 다음 〈표 4-18〉과 같다.

▍표 4-18 **선택 소검사의 연령별 시작점, 중지 규칙**

연령	시작점	중지 규칙
6~16세	시범문항, 연습문항, 문항 1	각 문항마다 45초 후

선택 소검사는 역순 규칙이 없다.

실시 및 채점 주의사항 시범문항에서 검사자는 아동에게 빨간 색연필로 사선 모양을 그어서 표적 그림에 표시해야 한다는 것을 정확하게 알려 준다. 이후 연습문항에서 아동이 올바르게 수행하지 못하면 검사자는 실시와 채점 지침서에 명시된 대로 올바른 과제 수행 방법을 아동에게 알려 준다. 선택 소검사는 각 문항마다 45초의 제한시간이 있다. 검사자는 시간을 정확히 측정하며, 제한시간이 지난 후에는 실시를 멈추어야 한다. 선택 소검사는 채점판이 제공되며, 선택 채점판에 표시되어 있는 각 상자는 반응지에서 아동이 표시해야 할 표적그림의 위치와 동일하다. 따라서 검사자는 채점판을 이용하여 아동의 반응을 쉽게 채점할 수 있다. 채점판을 반응지 위에 모양을 맞추어 올려놓고 아동이 표시한 그림과 채점판의 상자를 비교하여 기록용지에 정답 반응과 오답 반응을 채점한다.

15. 이해

일반적인 원칙과 사회적 상황에 대한 이해에 근거하여 질문에 대답해야 한다.

준비도구 이해 소검사 실시를 위해서는 [그림 4-24]와 같이 실시와 채점 지침서 그리고 기록용지가 필요하다.

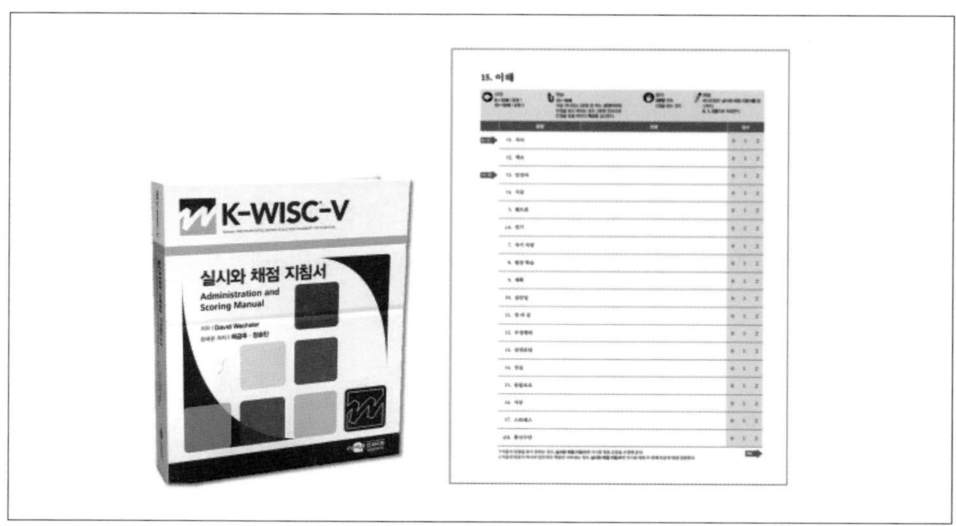

▌그림 4-24 이해 소검사 준비도구

시작점, 중지점, 역순 규칙 이해 소검사의 연령별 시작점, 역순 규칙, 중지 규칙은 다음 〈표 4-19〉와 같다.

표 4-19 이해 소검사의 연령별 시작점, 역순 규칙, 중지 규칙

연령	시작점	역순 규칙	중지 규칙
6~12세	문항 1	-	3문항 연속 0점을 받는 경우
13~16세	문항 3	처음 제시되는 2문항 중 어느 1문항이라도 만점을 받지 못할 경우, 2문항 연속으로 만점을 받을 때까지 역으로 실시한다.	

이해 소검사의 역순 규칙은 13~16세에만 적용된다.

실시 및 채점 주의사항 검사자는 필요할 때마다 각 문항을 반복할 수 있지만 단어들을 변경하거나 쉽게 풀어서 설명하지 않는다. 검사자는 아동의 답변을 그대로 기록용지에 기록해야 하며, 실시와 채점 지침서에 제시되는 예시 반응과 일반적 채점 원칙을 바탕으로 채점한다. 검사자는 이해 소검사를 실시하기 전 각 문항에 대한 점수별 예시 반응과 일반적 개념을 숙지해야 한다.

16. 산수

제한시간 내에 그림 문항과 언어 문항으로 구성된 산수 문제를 암산으로 계산하여 대답해야 한다.

준비도구 산수 소검사를 실시하기 위해서는 [그림 4-25]와 같이 실시와 채점 지침서, 기록용지, 소책자 2, 초시계가 필요하다.

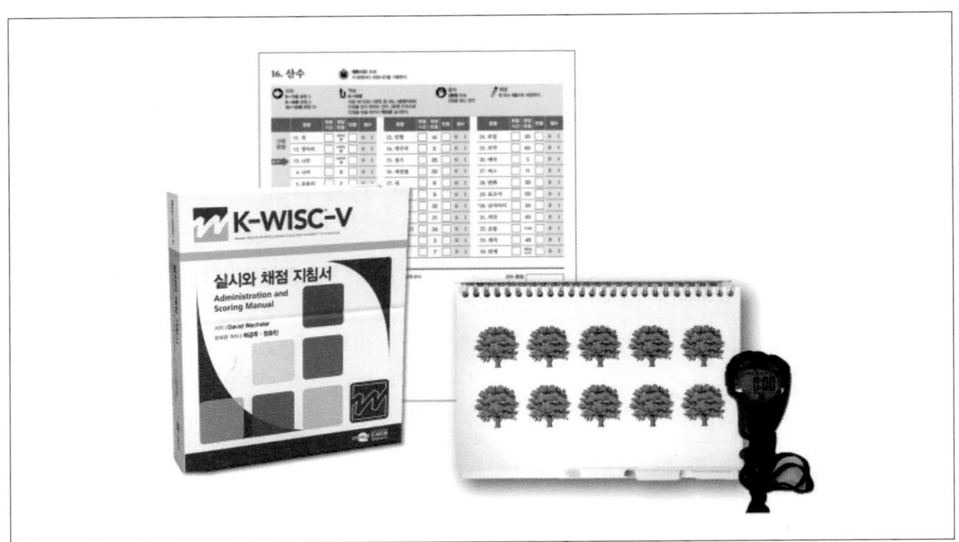

▌그림 4-25 **산수 소검사 준비도구**

시작점, 중지점, 역순 규칙 산수 소검사의 시작점, 역순 규칙, 중지 규칙은 다음 〈표 4-20〉과 같다.

▌표 4-20 **산수 소검사의 연령별 시작점, 역순 규칙, 중지 규칙**

연령	시작점	역순 규칙	중지 규칙
6~7세	문항 3	처음 제시되는 2문항 중 어느 1문항이라도 만점을 받지 못할 경우, 2문항 연속으로 만점을 받을 때까지 역으로 실시한다.	3문항 연속 0점을 받는 경우
8~9세	문항 6		
10~16세	문항 10		

실시 및 채점 주의사항 산수 소검사는 그림 문항(1~5번)과 언어 문항(6~34번)으로 구성되어 있으며, 그림 문항은 소책자 2에 제시되어 있다. 아동이 과제를 수행할 때 손가락을 사용하여 계산하는 것은 가능하지만 종이와 연필 사용은 불가능하다. 문항 1~19번은 다시 읽어 주지 않는 반면, 문항 20~34번은 아동이 요구할 경우 문항을 반복하여 들려줄 수 있다. 단, 문항 반복은 한 번만 가능하며, 문항을 반복할 때는 시간측정을 멈추고 반복이 끝난 후 다시 시간을 이어서 측정한다. 산수 소검사는 각 문항당 제한시간이 30초이며, 만약 아동이 제한시간

을 초과하여 대답했을 경우에는 0점으로 채점한다. 검사자는 각 문항마다 아동의 완성 시간을 기록용지에 정확하게 초 단위로 기록한다. 그리고 아동이 정답 반응에서 단위를 정확하게 말하지 않아도 숫자상으로 정답이면 점수를 주도록 한다.

제5장

K-WISC-V 해석 7단계: 단계 1~단계 3

I. 단계 1: 전체 IQ 해석하기

II. 단계 2: 기본지표척도 해석하기

III. 단계 3: 기본지표척도 소검사 해석하기

K-WISC-V 해석 7단계: 단계 1~단계 3

이 장에서는 K-WISC-V의 결과를 해석하는 방법에 대해 설명하고자 한다. K-WISC-V의 결과 해석을 통해 아동의 인지적 특성, 강점 및 약점에 대해 평가할 수 있다. K-WISC-V의 해석은 총 7단계로 이루어지며 [그림 5-1]과 같다.

단계 1은 '전체 IQ 해석하기' 단계로 전체 IQ 점수를 통해 아동의 전반적인 지적 능력을 평가한다. 이 단계에서 전체 IQ에 대한 대안으로 일반능력지표(GAI), 인지효율지표(CPI), 또는 비언어지표(NVI)를 활용할 수도 있다. 단계 2는 '기본지표척도 해석하기' 단계로 기본지표척도에 해당하는 언어이해지표(VCI), 시공간지표(VSI), 유동추론지표(FRI), 작업기억지표(WMI), 처리속도지표(PSI) 점수에 대해서 개별적으로 살펴보고 강점과 약점을 알아보며 지표점수 간 차이를 비교한다. 단계 3은 '기본지표척도 소검사 해석하기' 단계로 기본지표를 구성하는 소검사 점수를 알아보고, 강약점을 살펴보며, 소검사 점수 간 차이를 비교하여 해석한다. 단계 4는 '추가지표척도 해석하기' 단계이며, 5개의 추가지표인 양적추론지표(QRI), 청각작업기억지표(AWMI), 비언어지표(NVI), 일반능력지표(GAI), 인지효율지표(CPI) 점수에 대해서 알아보고 지표점수 간 차이를 비교하여 해석한다. 단계 5는 '추가지표척도 소검사 해석하기' 단계로 추가지표척도에 해당하는 소검사 점수를 알아보고 소검사 점수 간 차이를 비교하여 해석한다. 그리고 단계 6은 '처리분석 해석하기' 단계로 처리점수를 통해 검사 수행 시 아동이 사용하는 문제해결전략이나 오류의 특성 등 아동의 인지적 처리과정을 파악한다. 마지막으로, 단계 7은 'CHC 분석 해석하기' 단계로 CHC 이론(Cattell-Horn-Carroll Theory)을 바탕으로 산출한 CHC 지표점수에 대해서 해석한다. 이 장에서는 해석 단계 1에서 단계 3까지를 설명하며, 나머지 단계는 제6장과 제7장에서 다루도록 하겠다.

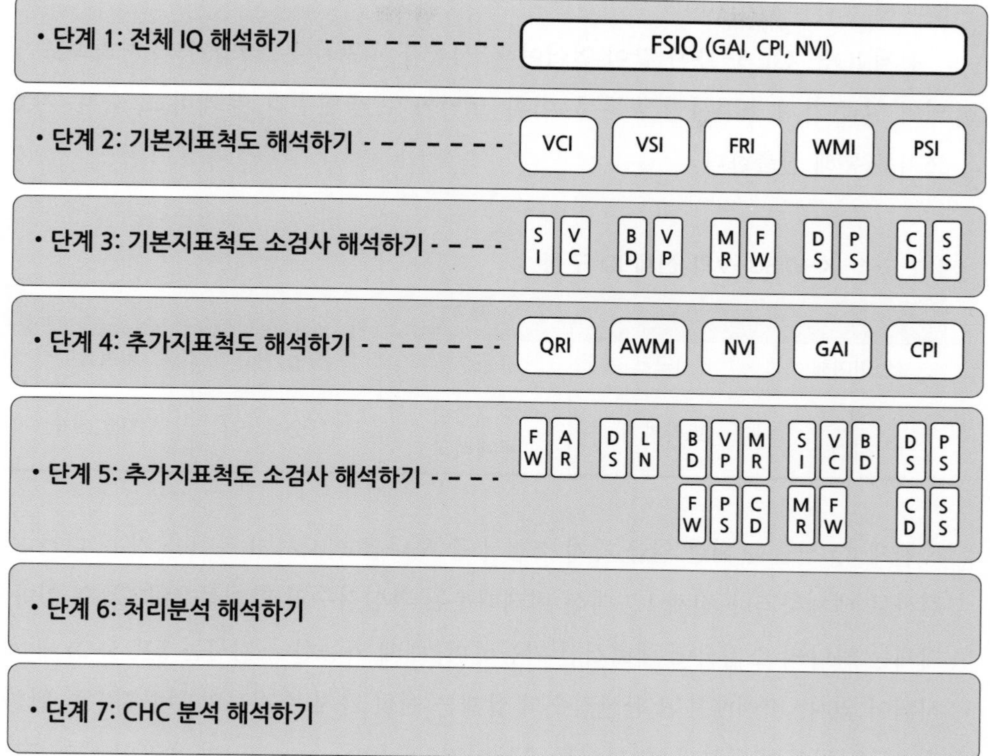

▌그림 5-1 K-WISC-V 해석의 7단계

FSIQ = Full Scale IQ(전체 IQ), VCI = Verbal Comprehension Index(언어이해지표), VSI = Visual Spatial Index(시공간지표), FRI = Fluid Reasoning Index(유동추론지표), WMI = Working Memory Index(작업기억지표), PSI = Processing Speed Index(처리속도지표), QRI = Quantitative Reasoning Index(양적추론지표), AWMI = Auditory Working Memory Index(청각작업기억지표), NVI = Nonverbal Index(비언어지표), GAI = General Ability Index(일반능력지표), CPI = Cognitive Proficiency Index(인지효율지표), BD = Block Design(토막짜기), SI = Similarities(공통성), MR = Matrix Reasoning(행렬추리), DS = Digit Span(숫자), CD = Coding(기호쓰기), VC = Vocabulary(어휘), FW = Figure Weights(무게비교), VP = Visual Puzzles(퍼즐), PS = Picture Span(그림기억), SS = Symbol Search(동형찾기), IN = Information(상식), PC = Picture Concepts(공통그림찾기), LN = Letter-Number Sequencing(순차연결), CA = Cancellation(선택), CO = Comprehension(이해), AR = Arithmetic(산수)

I. 단계 1. 전체 IQ 해석하기

단계 1은 전체 IQ(FSIQ)를 해석하는 단계로 전체 IQ의 단일성을 살펴본다. 전체 IQ는 아동의 전반적인 지적 능력에 대한 가장 신뢰로운 측정치이다(Kaufman,

Raiford, & Coalson, 2016).

전체 IQ는 〈표 5-1〉과 같이 언어이해, 시공간, 유동추론, 작업기억, 처리속도 영역의 일곱 가지 소검사인 공통성, 어휘, 토막짜기, 행렬추리, 무게비교, 숫자, 기호쓰기를 통해 산출한다.

표 5-1 K-WISC-V의 전체 IQ 구성

전체 IQ				
언어이해	시공간	유동추론	작업기억	처리속도
공통성 어휘	토막짜기	행렬추리 무게비교	숫자	기호쓰기

전체 IQ 산출을 위한 일곱 가지 소검사 중 하나를 실시하지 못했을 경우, 다른 소검사로 대체하거나 전체 IQ 대신 비례배분된 환산점수의 합계를 사용할 수 있다. 대체는 하나의 소검사에 대해서만 가능하며, 대체 가능한 소검사는 〈표 5-2〉에 제시되어 있다. 비례배분된 환산점수의 합계는 여섯 가지 소검사의 환산점수를 합한 후 7/6을 곱하여 구한다. 인싸이트 홈페이지(http://inpsyt.co.kr)의 온라인 채점프로그램에서 전체 IQ를 구할 때 7개의 소검사 점수 중 6개의 점수만 입력하면 자동으로 비례배분된 환산점수의 합계가 산출된다.

표 5-2 전체 IQ 소검사의 대체 가능한 소검사

전체 IQ 소검사	대체 가능한 소검사
공통성	상식 또는 이해
어휘	상식 또는 이해
토막짜기	퍼즐
행렬추리	공통그림찾기
무게비교	공통그림찾기 또는 산수
숫자	그림기억 또는 순차연결
기호쓰기	동형찾기 또는 선택

전체 IQ 점수를 포함해 지표점수는 질적으로 분류할 수 있으며, 이러한 분류

를 통하여 아동의 인지능력을 같은 연령대의 아동과 비교하여 해석할 수 있다. 〈표 5-3〉은 Wechsler(2014c)가 제시한 지표점수의 질적 분류이다. 점수가 69 이하면 매우 낮음, 70~79는 낮음, 80~89는 평균 하, 90~109는 평균으로 분류하고, 110~119는 평균 상, 120~129는 우수, 130 이상이면 매우 우수로 분류한다. 예를 들어, 아동의 전체 IQ 점수가 105점이라면 질적 분류를 통해 아동의 전반적인 지적 능력이 또래와 비교하여 평균 수준이라는 것을 알 수 있다. [그림 5-2]는 K-WISC-V의 기록용지에서 제시하는 지표점수의 정규분포로, 질적 분류를 그래프로 나타낸 것이다.

표 5-3 지표점수의 질적 분류

점수	분류
130 이상	매우 우수
120~129	우수
110~119	평균 상
90~109	평균
80~89	평균 하
70~79	낮음
69 이하	매우 낮음

출처: Wechsler(2014c).

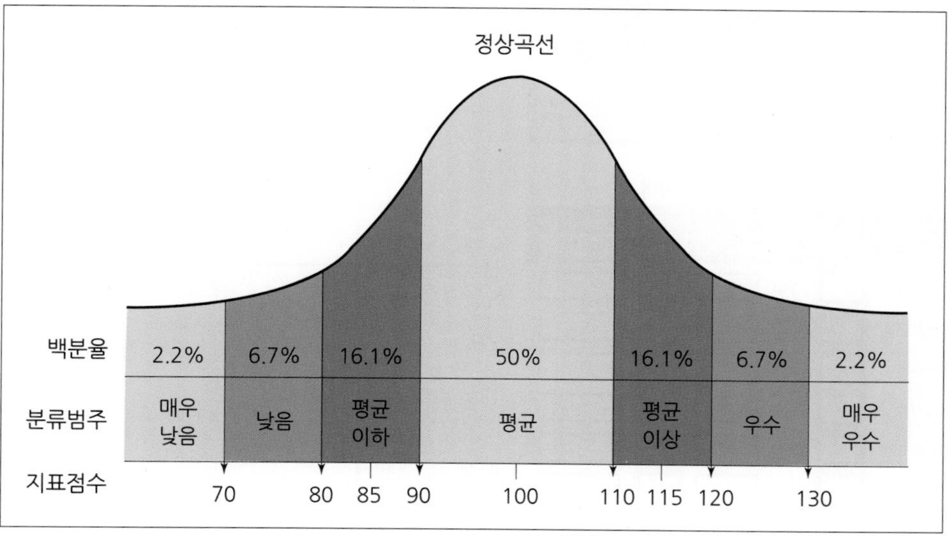

그림 5-2 지표점수의 정규분포

출처: 곽금주, 장승민(2019a).

K-WISC-V

KOREAN-WECHSLER INTELLIGENCE SCALE FOR CHILDREN®- FIFTH EDITION

연령 계산	년	월	일
검사일			
출생일			
연 령			

아동 이름: 성별: □ 남 □ 여

검사자 이름:

원점수-환산점수 변환

소검사	원점수	환산점수					
토막짜기							
공통성							
행렬추리							
숫자							
기호쓰기							
어휘							
무게비교							
퍼즐							( )
그림기억							( )
동형찾기							( )
상식							( )
공통 그림찾기							( )
순차연결							( )
선택							( )
이해							( )
산수							( )
환산점수 합계							
		언어이해	시공간	유동추론	작업기억	처리속도	전체IQ

소검사 환산점수 프로파일

	언어이해				시공간		유동추론				작업기억			처리속도		
	공통성	어휘	상식	이해	토막짜기	퍼즐	행렬추리	무게비교	공통그림찾기	산수	숫자	그림기억	순차연결	기호쓰기	동형찾기	선택
19																
18																
17																
16																
15																
14																
13																
12																
11																
10																
9																
8																
7																
6																
5																
4																
3																
2																
1																

지표점수 프로파일

	언어이해	시공간	유동추론	작업기억	처리속도	전체IQ
160						
155						
150						
145						
140						
135						
130						
125						
120						
115						
110						
105						
100						
95						
90						
85						
80						
75						
70						
65						
60						
55						
50						
45						
40						

환산점수-지표점수 변환

지표	환산 점수합	지표점수		백분위	신뢰구간 90%, 95%
언어이해		VCI			
시공간		VSI			
유동추론		FRI			
작업기억		WMI			
처리속도		PSI			
전체 IQ		FSIQ			

▌그림 5-3 기록용지의 분석 첫 페이지

[그림 5-3]은 K-WISC-V 기록용지의 첫 페이지이다. 해당 페이지에는 [원점수-환산점수 변환]과 [환산점수-지표점수 변환], 그리고 [지표점수 프로파일] 부분에 전체 IQ를 기록할 수 있게 되어 있다.

전체 IQ의 분석 결과는 K-WISC-V 결과보고서1의 기본분석에서 확인할 수 있다. 다음의 [그림 5-4]는 결과보고서1의 기본분석을 보여 주는 예시로, 전체 IQ와 기본지표점수에 대한 분석 결과와 지표점수 프로파일이 나와 있다.

지표점수 분석

지표		환산점수 합	지표점수	백분위	신뢰구간 (95%)	진단분류 (수준)	측정표준오차 (*SEM*)
언어이해	VCI	29	124	95	115-130	우수	3.55
시공간	VSI	26	116	86	106-123	평균 상	4.61
유동추론	FRI	27	120	91	111-126	우수	4.30
작업기억	WMI	20	100	50	92-108	평균	3.93
처리속도	PSI	30	127	96	115-132	우수	4.89
전체 IQ	FSIQ	95	126	96	119-131	우수	2.77

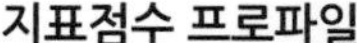

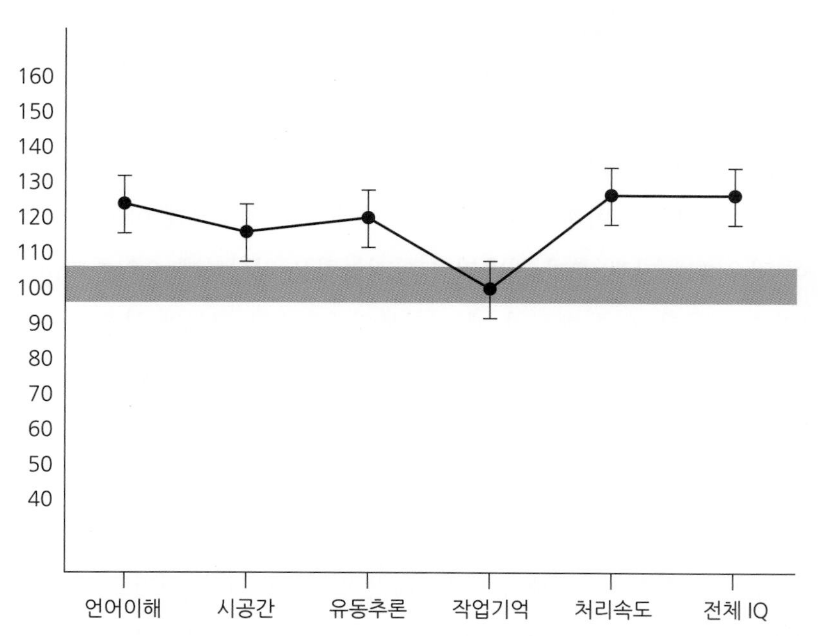

그림 5-4 **결과보고서1의 기본분석**

지표점수 분석 결과는 백분위, 신뢰구간, 진단분류, 측정표준오차와 함께 제시된다. 백분위란 해당 지표점수 미만의 사례가 전체 표본에서 얼마나 많은지를 백분율로 나타낸 것으로, 해당 지표점수의 상대적 위치를 보여준다. 예를 들어, 아동의 전체 IQ 점수가 126이고 백분위가 96일 경우, 동일 연령대에서 전체 IQ가 126점 미만인 경우가 전체 표본 중 96%라는 의미이다. 즉, 이 아동의 전체 IQ는 상위 4%에 해당한다. 신뢰구간이란 특정 점수가 어느 범위에 있는지 확률적으로 보여 주는 것이다. 예를 들어, 아동의 전체 IQ 점수가 126이고 95% 신뢰구간이 119~131이라면, 동일한 검사를 100번 실시했을 때 95번은 119~131 사이의 점수를 받는다는 의미이다. 진단분류란 앞서 언급한 Wechsler(2014c)가 제시한 지표점수의 질적 분류를 의미하고, 측정표준오차란 점수에서 오차의 양에 대한 추정치로, 신뢰구간을 계산할 때 사용되는 값이다(김도연, 옥정, 김현미, 2015).

전체 IQ를 해석할 때는 지표점수와 함께 제시된 백분위, 신뢰구간, 진단분류를 보고하며 해석한다. [그림 5-4]를 예로 들면, 해당 아동의 전체 IQ 점수는 126으로 [우수] 수준이며 백분위 96이고, 95%의 신뢰구간에서 119~131 사이에 해당하며, 아동의 전반적인 지적 능력은 또래에 비해 우수한 수준이라고 해석할 수 있다.

1. 전체 IQ의 단일성

전체 IQ를 해석하려면 전체 IQ의 단일성을 확인해야 한다. 전체 IQ는 기본지표들을 모두 포함해 아동의 전반적인 인지능력을 요약한 점수이다. 그러나 기본지표점수들 간 점수가 지나치게 차이 날 경우, 인지 발달이 고르게 이루어지지 않은 것이며 이 경우에는 전체 IQ가 전반적인 인지능력을 정확하게 요약한다고 볼 수 없다. 그러므로 전체 IQ를 해석할 때는 기본지표점수가 고르게 분포되어 있는지를 확인해야 한다. Flanagan과 Kaufman(2004)에 따르면, 일반적으로 가장 높은 기본지표점수와 가장 낮은 기본지표점수의 편차가 표준편차 1.5 이상, 즉 23점 이상일 때는 점수분포가 고르지 않다고 보아, 전체 IQ가 전반적인 지적 능력을 충분히 반영하지 못한다고 판단한다(Flanagan & Alfonso, 2017 재인용). 이런 경우에는 전반적인 지적 능력을 설명하기 위해 전체 IQ 대신 일반능력지표, 인지효율지표, 또는 비언어지표를 사용한다(Kaufman, Raiford, & Coalson, 2015). 일반능력지표는 추상적

추론 능력, 언어적 문제해결 능력 등을 측정하며 작업기억과 처리속도의 영향을 덜 반영한다. 인지효율지표는 빠르고 정확하게 정보를 처리 및 조작하는 인지적 효율성을 측정한다. 비언어지표는 언어적 요구를 최소화한 지표로 언어장애가 있거나 언어 표현에 어려움이 있는 아동의 지적 능력을 측정하는 데 유용하다. 각 지표에 대한 자세한 설명은 제6장을 참고하라.

앞서 제시된 [그림 5-4]의 예시를 통해 전체 IQ의 단일성을 확인하는 방법을 설명하고자 한다. 여기서는 가장 높은 기본지표점수인 처리속도지표(127) 점수와 가장 낮은 기본지표점수인 작업기억지표(100) 점수의 차이(27)가 23점 이상이다. 그러므로 아동의 전체 IQ(126) 점수가 해당 아동의 전반적인 인지능력을 충분히 반영한다고 볼 수 없다. 이 경우, 전체 IQ 점수로 전반적인 지적 능력을 해석하기 보다, 다른 개별 지표점수들로 의미 있는 해석을 해야 한다. 또한 전체 IQ의 대안으로 일반능력지표, 인지효율지표, 또는 비언어지표를 활용할 수 있다. 전체 IQ의 단일성을 확인하여 해석할 수 있는지 판단했던 것과 마찬가지로, 일반능력지표, 인지효율지표나 비언어지표를 활용할 때도 단일성을 확인하여 지표점수를 해석한다.

II. 단계 2. 기본지표척도 해석하기

단계 2는 기본지표척도에 대해서 해석하는 단계로 기본지표점수의 단일성을 살펴보고, 강점과 약점을 평가하며 기본지표점수들 간의 차이를 비교한다.

기본지표척도에는 〈표 5-4〉와 같이 언어이해지표, 시공간지표, 유동추론지표, 작업기억지표, 처리속도지표가 있고, 각 지표는 두 개의 소검사로 구성된다.

표 5-4 K-WISC-V의 기본지표척도 구성

기본지표척도				
언어이해지표	시공간지표	유동추론지표	작업기억지표	처리속도지표
공통성 어휘	토막짜기 퍼즐	행렬추리 무게비교	숫자 그림기억	기호쓰기 동형찾기

전체 IQ가 동일하더라도 세부적인 능력에서는 차이가 날 수 있기 때문에, 아동의 인지능력을 충분히 설명하기 위해서는 전체 IQ뿐만 아니라 기본지표점수도 함께 고려해야 한다. 예를 들어, 두 아동의 전체 IQ 점수가 120으로 동일하지만 한 아동은 언어이해지표 점수가 110, 작업기억지표 점수가 130이고 다른 아동은 언어이해지표 점수가 130, 작업기억지표 점수가 110 이다. 이 경우에는 전체 IQ 점수만으로 두 아동의 능력 차이를 설명할 수 없기 때문에, 다른 개별 지표점수도 살펴보아야 한다(Wechsler, 2014c).

기본지표척도의 해석과 관련이 있는 부분은 [그림 5-3] 기록용지 분석 첫 페이지의 [환산점수-지표점수 변환] 과 [지표점수 프로파일], 그리고 다음의 [그림 5-5] 기록용지 기본분석 페이지의 [지표수준 강점/약점]과 [지표수준 차이비교] 부분이다.

기본지표점수를 해석할 때는 앞에서의 전체 IQ 해석과 마찬가지로, 지표점수와 함께 제시된 백분위, 신뢰구간, 진단분류를 보고하며 해석한다. 앞서 제시된 [그림 5-4] 결과보고서1의 기본분석 사례를 예로 들면, 해당 아동의 처리속도지표 점수는 127로 [우수] 수준이며, 백분위 96이고, 95% 신뢰구간에서 115~132 사이에 속한다고 해석할 수 있다.

기본분석

강점/약점

	비교	점수		비교점수		차이	임계값	강점/약점	누적비율
지표수준	언어이해(VCI)		–		=			강/약	
	시공간(VSI)		–		=			강/약	
	유동추론(FRI)		–		=			강/약	
	작업기억(WMI)		–		=			강/약	
	처리속도(PSI)		–		=			강/약	
소검사수준	공통성		–		=			강/약	
	어휘		–		=			강/약	
	토막짜기		–		=			강/약	
	퍼즐		–		=			강/약	
	행렬추리		–		=			강/약	
	무게비교		–		=			강/약	
	숫자		–		=			강/약	
	그림기억		–		=			강/약	
	기호쓰기		–		=			강/약	
	동형찾기		–		=			강/약	

비교기준

비교점수

□ 지표점수평균(MIS) [5개 지표점수 합] ÷ 5 = [MIS]

□ 전체 IQ(FSIQ) [ ]

임계값 유의수준

□ .01 □ .05 □ .10 □ .15

누적비율 준거집단

□ 전체표본 □ 능력수준

비교기준

비교점수

□ MSS-P [10개 기본지표 소검사 환산점수 합] ÷ 10 = [MSS-P]

□ MSS-F [7개 FSIQ 소검사 환산점수 합] ÷ 7 = [MSS-F]

임계값 유의수준

□ .01 □ .05 □ .10 □ .15

차이비교

	비교		점수1			점수2		차이	임계값	유의미한 차이	누적비율
지표수준	언어이해–시공간	VCI		–	VSI		=			Y / N	
	언어이해–유동추론	VCI		–	FRI		=			Y / N	
	언어이해–작업기억	VCI		–	WMI		=			Y / N	
	언어이해–처리속도	VCI		–	PSI		=			Y / N	
	시공간–유동추론	VSI		–	FRI		=			Y / N	
	시공간–작업기억	VSI		–	WMI		=			Y / N	
	시공간–처리속도	VSI		–	PSI		=			Y / N	
	유동추론–작업기억	FRI		–	WMI		=			Y / N	
	유동추론–처리속도	FRI		–	PSI		=			Y / N	
	작업기억–처리속도	WMI		–	PSI		=			Y / N	
소검사수준	공통성–어휘	SI		–	VC		=			Y / N	
	토막짜기–퍼즐	BD		–	VP		=			Y / N	
	행렬추리–무게비교	MR		–	FW		=			Y / N	
	숫자–그림기억	DS		–	PS		=			Y / N	
	기호쓰기–동형찾기	CD		–	SS		=			Y / N	

비교기준

임계값 유의수준

□.01 □.05 □.10 □.15

누적비율 준거집단

□ 전체표본 □ 능력수준

비교기준

임계값 유의수준

□.01 □.05 □.10 □.15

▌그림 5–5 **기록용지의 기본분석 페이지**

1. 기본지표척도의 단일성

기본지표척도의 각 지표점수에 대해서 해석하려면 지표점수의 단일성을 확인해야 한다. 지표를 구성하는 소검사들의 점수 편차가 크다면 해당 지표점수가 단일한 능력을 나타낸다고 볼 수 없다. 따라서 각 지표를 구성하는 소검사들 중 가장 높은 소검사 점수와 가장 낮은 소검사 점수의 차이가 5점(1.5 표준편차) 미만일 경우에만 해당 지표점수로 추정한 능력을 단일한 능력으로 보며, 이때 지표점수를 해석하고 아동의 인지적 강점과 약점을 평가할 수 있다(Flanagan & Kaufman, 2009).

다음은 지표점수의 단일성을 확인하는 방법에 대한 예시이다. [그림 5-6]은 결과보고서1의 소검사 점수 분석 결과로, 지표별 소검사 원점수, 환산점수, 백분위, 추정연령, 측정표준오차를 제시한다. 여기에서 추정연령이란 아동의 추정된 지적 발달 연령으로, 해당 소검사의 원점수가 평균적으로 나타나는 연령을 의미한다(Wechsler, 2014c). 예를 들어, 공통성 소검사의 원점수(33)에 대한 추정연령이 16:6일 경우, 만 16세 6개월 아동들의 공통성 소검사 원점수 평균이 대략 33점이라는 뜻이다.

각 지표의 단일성은 소검사 점수 분석 결과에서 해당 기본지표를 구성하는 소검사들의 환산점수 차이를 통해 확인할 수 있다. [그림 5-6]의 예시에서, 언어이해지표를 구성하는 공통성(14)과 어휘(15)의 점수 차이가 5점 미만이기 때문에 언어이해지표는 단일하다고 볼 수 있다. 시공간지표와 처리속도지표도 각 지표를 구성하는 소검사의 점수 차이가 5점 미만이기 때문에 단일한 것으로 볼 수 있다. 그러나 작업기억지표를 구성하는 숫자(13)와 그림기억(7)의 점수 차이는 5점 이상이기 때문에 지표점수가 단일한 능력을 나타낸다고 볼 수 없다. 마찬가지로 유동추론지표를 구성하는 행렬추리(10)와 무게비교(17)의 점수 차이도 5점 이상이기 때문에 해당 지표가 단일하다고 볼 수 없다. 따라서 이 경우, 작업기억지표와 유동추론지표를 해석할 때 주의를 기울여야 한다.

지표	소검사		원점수	환산점수	백분위	추정연령	측정표준오차 (*SEM*)
언어이해	**공통성**	SI	33	14	91	16:6	1.12
	어휘	VC	38	15	95	13:2	0.64
	(상식)	IN	26	16	98	>16:10	0.83
	(이해)	CO	22	13	84	12:6	1.19
시공간	**토막짜기**	BD	41	11	63	11:6	1.28
	퍼즐	VP	24	15	95	>16:10	1.06
유동추론	**행렬추리**	MR	20	10	50	10:2	1.31
	무게비교	FW	30	17	99	>16:10	0.70
	(공통그림찾기)	PC	10	7	16	7:6	1.02
	(산수)	AR	27	16	98	15:10	1.14
작업기억	**숫자**	DS	35	13	84	13:10	0.83
	그림기억	PS	23	7	16	7:6	1.09
	(순차연결)	LN	19	14	91	16:2	1.16
처리속도	**기호쓰기**	CD	73	15	95	12:10	1.06
	동형찾기	SS	40	15	95	13:10	1.35
	(선택)	CA	49	6	9	6:10	1.44

FSIQ 점수 산출에 필요한 소검사는 **볼드체**로 표기되어 있습니다.
추가 소검사는 괄호로 표기되어 있습니다.

▌그림 5-6 **결과보고서1의 소검사 점수 분석**

2. 기본지표점수 해석

다음은 Wechsler(2014c)와 Weiss, Saklofske, Holdnack, 그리고 Prifitera(2015)의 연구들을 참고하여 다섯 가지 기본지표가 각각 측정하는 능력을 설명하고, 지표점수를 어떻게 해석할 수 있는지 설명하고자 한다.

2.1. 언어이해지표

언어이해지표(VCI)는 언어적 개념 형성 능력, 언어적 추론 능력, 어휘지식, 자신의 생각을 적절하게 표현하는 의사소통 능력을 측정한다. 특히 언어이해지표는 아동의 결정지능을 측정하는데, 결정지능은 후천적으로 학습하고 오랜 시간에 걸쳐 축적한 언어 기반 지식을 의미한다. 이는 지시 사항을 이해하는 능력, 언어 지식, 사회·과학·문화 전반에 대한 지식을 포함한다(Flanagan & Alfonso, 2017). 결정지능은 읽기, 수학, 쓰기의 학업 성취와 관련이 있으며, 특히 7세 이후부터 결정지능은 쓰기에 중요한 영향을 미친다(Weiss et al., 2015).

높은 언어이해지표 점수는 어휘지식과 결정지능이 우수하고, 정보 재인 능력, 장기기억 인출 능력, 언어적 추론 능력과 언어적 문제해결 능력이 높다는 것을 의미한다. 또한 언어적 의사소통 능력이 뛰어남을 의미한다. 일반적으로 언어이해지표 점수가 높은 아동들은 풍요로운 교육 환경이나 가정 환경에서 자랐거나, 지적 성취 동기가 높을 가능성이 있다. 낮은 언어이해지표 점수는 어휘지식과 언어적 의사소통 능력이 부족하고, 장기기억에 저장된 정보를 인출하는 데 어려움이 있다는 것을 의미한다. 낮은 점수를 낮은 언어 능력으로 해석할 때는 신중해야 한다. 아동이 충분한 어휘지식을 지녔음에도 장기기억 인출 능력이나 언어적 표현 능력이 부족한 경우 낮은 점수를 받을 수 있기 때문이다. 또한 언어이해지표 점수가 낮은 아동들은 사회경제적 지위가 낮거나 불우한 가정에서 성장해서, 읽기 등 언어이해에 필요한 기본적인 능력을 발달시킬 기회가 부족했을 수 있다(Buckingham, Beaman, & Wheldall, 2014).

언어이해 능력이 낮은 아동을 위한 개입 방안으로는 가능한 한 설명을 단순하게 하고, 새로운 용어의 개념을 잘 알려주는 방법이 있다. 새로운 용어를 가르칠 때는 아동이 이미 알고 있는 주제의 맥락에서 가르치거나, 이미 알고 있는 개념이나 정보와 연관지어 가르칠 수 있다. 또한, 언어이해 능력이 낮은 아동의 수학, 과학 능력을 평가할 때는 쉬운 언어를 사용하여 언어이해에 대한 부담을 줄이거나 차트, 모형, 그래프와 같은 시각적 자료를 활용하여 아동의 이해를 도울 수 있다(Weiss et al., 2015).

2.2. 시공간지표

시공간지표(VSI)는 시각 정보와 규칙을 분석하고 조작하는 시공간적 처리 능력을 측정한다. 이 지표는 비언어적 추론 능력, 시공간 추론 능력, 시각-운동 처리 속도, 시각-운동 협응 능력, 정신적 회전 능력, 시각작업기억, 부분-전체 관계에 대한 이해 등을 측정한다. 정신적 회전 능력이란 물체를 머리 속에서 회전시키거나 이동시키는 등 정신적으로 조작하는 능력을 의미한다(Cooper & Shepard, 1973: Zacks, 2008 재인용). 시각-운동 협응 능력이란 어떠한 사물을 눈으로 본 다음 손으로 조작하는, 시각과 신체운동의 상호 협응 활동을 의미한다(안태규 외, 2011). 시공간지표에서 측정하는 능력 중 시공간 추론 능력과 정신적 회전 능력은 수학에서의 학업 성취와도 관련이 있다(Lowrie, Logan, & Ramful, 2017).

높은 시공간지표 점수는 시공간 추론 능력, 부분-전체 관계에 대한 이해, 시각적 세부사항에 대한 주의, 시각-운동 협응 능력 등이 뛰어나다는 것을 의미한다. 시공간지표 점수가 높은 아동의 경우 수학에서 높은 학업 성취를 보일 수 있다. 낮은 시공간지표 점수는 낮은 시각처리 능력, 시각적 변별 능력의 부족, 시각적 부주의 등을 의미한다. 또한, 낮은 점수는 시각-운동 협응 능력의 부족이나 작업기억과 일반적인 추론 능력의 결함을 나타낼 수 있다. 시공간지표 점수가 낮은 아동은 방향 감각이 부족하거나 수학, 계산, 암산 능력이 부족할 수도 있다.

시공간적 처리 능력이 부족한 아동을 위한 개입 방안으로는 차트나 모형과 같은 시각적 자료를 가급적 사용하지 않고 언어적으로 지시를 하며, 초등학교 저학년의 경우 손으로 직접 만질 수 있는 교구를 제공하여 아동의 이해를 돕는 방법이 있다. 또한, 수업 중 필기를 해야 하는 경우에는 시간을 충분히 제공하고, 수학 문제를 풀 때는 여백이 많은 연습지를 제공하도록 한다(Weiss et al., 2015).

2.3. 유동추론지표

유동추론지표(FRI)는 유동지능(fluid intelligence)을 측정하는데, 유동지능이란 사전 지식이나 문화적 기대, 결정지능으로는 풀 수 없는 새로운 문제를 해결하는 능력을 의미한다. 즉, 언어이해지표에서 측정하는 후천적으로 학습된 지식이 아닌, 여러 가지 정보와 인지능력을 활용하여 새로운 문제를 해결하는 능력을 측정하는 것이다. 그래서 유동추론지표를 구성하는 소검사에는 주로 시공간적 자극이 사용되는데, 시공간적 자극이 문화적 · 언어적 기대나 결정지능의 영향을 상대적으로 덜 받기 때문이다. 그리고 유동추론지표는 귀납추론 능력, 양적추론 능력, 추상적 사고 능력 등을 반영한다. 유동추론 능력은 시공간적 처리 능력과 마찬가지로 수학 능력과 관련이 있으며, Green, Bunge, Chiongbian, Barrow, 그리고 Ferrer(2017)는 유동추론 능력이 수학적 추론 능력과 수학적 문제해결 능력 발달의 기초가 된다고 보고한다.

높은 유동추론지표 점수는 시각 정보로부터 추상적인 개념을 추론하는 능력이 뛰어나다는 것을 의미한다. 또한, 비언어적 정보에 대한 귀납추론 및 양적추론 능력, 동시처리 능력, 추상적 사고 능력, 인지적 유연성이 높음을 나타낸다. 낮은 유동추론지표 점수는 새로운 과제에 직면했을 때의 문제해결 능력과 전반적인 추론 능력이 부족하다는 것을 의미한다. 유동추론 능력이 낮은 아동은 시각 정보를 분석하고 추론하는 것과 양적 개념을 이해하고 적용하는 것에 어려움을 보일 수 있다.

유동추론 능력이 낮은 아동을 위한 개입 방안으로는 개념과 절차를 언어적으로 제시하여 아동이 이해했는지 확인하고, 과제의 문제해결 단계를 구조화하는 전략을 연습시키는 방법이 있다. 또한 모호한 질문보다는 명확하고 구체적인 질문을 하여, 아동 스스로 추론해야 하는 인지적 부담을 덜어줄 수 있다. 아동이 과제를 수행한 과정(예: 수학 문제의 풀이 과정)을 보며 올바르게 수행한 부분을 확인하는 것도 방법 중 하나이다(Weiss et al., 2015).

2.4. 작업기억지표

작업기억지표(WMI)는 시각 · 청각 정보를 일시적으로 유지, 조작 및 활용할 수 있는 능력을 측정한다. 이 지표는 주의집중력, 단기기억, 작업기억, 시연 능력, 통제 및 조절 능력, 암기력, 순서화 능력 등과 연관이 있다. 작업기억 능력이란 주어진 정보를 단기기억에 일시적으로 저장하여, 그 정보를 정확하게 기억해내거나 추론 과제에 활용하는 능력을 의미한다(Weiss et al., 2015). 단기기억과 작업기억이 명확하게 구분되지는 않지만, 단기기억은 자극을 일시적으로 저장하여 기억하는 능력과 연관이 있고, 작업기억은 일시적으로 기억한 정보를 조작하고 주의를 조절하는 능력과 연관이 있다(Weiss et al., 2015). 따라서 작업기억은 정신적 통제 능력 또는 주의집중력으로도 볼 수 있으며, 학습 및 학업 성취와 크게 관련이 있다.

높은 작업기억지표 점수는 작업기억, 주의집중력, 정신적 통제 능력, 순서화 능력이 뛰어나다는 것을 의미한다. 낮은 작업기억지표 점수는 부주의, 시각 및 청각적 변별 능력의 부족, 낮은 작업기억 용량 등을 반영한다. Gathercole, Alloway, Willis, 그리고 Adams(2006)의 연구에 따르면 작업기억 능력이 낮은 아동은 지시 사항을 잊어버리거나, 복잡한 과제를 수행하는 것을 어려워하였다. 또한 이들은 지시를 이행하는데 더 오래 걸리고, 긴 글을 읽는데 어려움을 보이기 때문에 일상생활 기능이나 학업 관련으로 종종 문제를 겪기도 한다. 작업기억의 결함은 주의력결핍 과잉행동장애 혹은 학습장애와도 밀접한 관련이 있다(Weiss et al., 2015). 그러나 작업기억지표 점수가 낮은 모든 아동을 주의력결핍 과잉행동장애나 학습장애로 진단할 수 있는 것은 아니므로 해석에 주의해야 한다. 이에 대한 자세한 설명은 제9장과 제10장에서 하겠다.

작업기억 능력이 부족한 아동을 위한 개입 방안으로는 짧고 간단하게 반복적으로 지시하며, 아동에게 자신이 기억하고 있는 지시 내용을 반복해서 말하게 하는 방법이 있다. 또한, 기억을 돕기 위한 시각 단서를 사용하고, 정보를 의미적으로 연결 지어 기억하는 등 다양한 기억 전략을 가르쳐 아동의 작업기억 능력을 발달시킬 수 있다. 주의집중력이 부족한 아동에게는 깨끗한 작업 공간을 제공하여 주변에 방해 자극이 없는 상태로 과제를 수행할 수 있도록 한다(Weiss et al., 2015).

2.5. 처리속도지표

처리속도지표(PSI)는 주의를 유지하면서, 간단한 과제를 빠르고 정확하게 수행하고 의사결정을 내릴 수 있는 능력을 측정한다. 이 지표는 시각적 변별 능력, 주의집중력, 정신운동속도, 시각-운동 협응 능력, 소근육 운동 능력, 글씨쓰기 능력 등과 관련이 있다. 빠른 처리속도는 일상적인 정보를 처리하는 데 시간이 더 적게 걸리게 하고, 복잡한 과제에 인지적 자원을 더 효율적으로 활용할 수 있도록 한다(Weiss et al., 2015). 따라서 처리속도지표 점수는 단순히 과제에 대한 반응시간뿐만 아니라 인지적 처리속도와 의사결정 속도를 반영한다고 볼 수 있다. 처리속도는 읽기와 수학에서의 학업 성취와도 관련이 있으며, 처리속도 능력이 낮은 아동은 정해진 시간 안에 수업 과제를 끝마치는 것이나 기계적인 암산에 어려움을 겪을 수 있다(Weiss et al., 2015).

높은 처리속도지표 점수는 시각-운동 협응 능력, 시각단기기억, 인지적 유연성, 집중력, 시각적 변별 능력, 시각적 탐색 능력, 과제 수행 속도가 뛰어나다는 것을 의미한다. 즉, 처리속도지표 점수가 높은 아동은 시각 정보를 빠르고 정확하게 파악하고, 결정을 신속하게 내리며, 이를 실행에 옮기는 속도가 빠르다. 낮은 처리속도지표 점수는 시각적 변별의 문제, 부주의, 시각-운동 협응 능력의 부족, 느린 의사결정 속도 또는 느린 인지 속도 등을 반영한다. 처리속도지표 점수가 낮은 아동은 일반 아동에 비해 같은 시간 동안 배우는 양이 적거나 같은 양을 배우는 데 더 오랜 시간이 걸리며, 정신적으로 더 쉽게 지칠 수 있다. 따라서 학업 스트레스가 높을 수 있고, 정신적으로 부담이 되는 복잡한 과제의 수행을 거부할 수 있다. 처리속도의 결함은 학습장애, 주의력결핍 과잉행동장애, 자폐 스펙트럼 장애와 같은 신경발달장애와도 관련이 있다(Wechsler, 2014c). 또한 처리속도지표의 소검사들은 제한시간이 있기 때문에, 낮은 처리속도지표 점수는 아동이 시간 압박하에 작업하는 능력이 다소 부족하다는 것을 나타낸다. 이외에도 완벽주의적이고 강박적인 성향이 있는 경우 과제 수행에 시간이 오래 걸리기 때문에 낮은 점수를 받을 수 있으며, 충동적인 성향이 있는 경우 오류를 많이 범하기 때문에 낮은 점수를 받을 수 있다.

처리속도 능력이 부족한 아동을 위한 개입 방안으로는 과제 수행 시간을 더 길게 제공하여 시간 압박을 줄이는 방법, 쉬운 문제를 짧은 시간 안에 가능한 한 빨리 해결하는 연습을 시키는 방법, 긴 시험을 치러야 할 경우 쉬는 시간을 제공하는 방법 등이 있다. 또한 아동의 능력을 평가할 때, 답안을 빠른 시간 내에 서술하는 형식보다는 객관식, O/X 퀴즈, 빈칸 채우기 등의 형식을 사용할 수 있다(Weiss et al., 2015).

3. 기본지표의 강점 및 약점 분석

기본지표점수를 지표점수평균(Mean of Index Scores, MIS)이나 전체 IQ와 비교하여 해당 지표가 아동의 능력 안에서 인지적 강점 혹은 약점인지 알아볼 수 있다. [그림 5-5] 기록용지 기본분석 페이지의 오른쪽 상단에서 볼 수 있듯이 지표점수평균이나 전체 IQ 중 하나를 비교점수로 사용할 수 있다. 지표점수평균이란 5개의 지표점수(언어이해지표, 시공간지표, 유동추론지표, 작업기억지표, 처리속도지표)의 합을

5로 나눈 값이다. 비교점수는 전체 IQ보다 지표점수평균을 주로 사용한다. 지표점수평균이 전체 IQ보다 더 많은 소검사로 구성되어 있어 아동의 인지능력을 더 폭넓게 반영하기 때문이다. 각 기본지표점수에서 비교점수를 뺀 차이의 절대값이 해당 임계값보다 크거나 같을 경우 유의미한 차이로 판단하는데, 임계값이란 통계적으로 유의미하다고 볼 수 있는 최소한의 차이 값을 말한다. 차이가 통계적으로 유의미할 때, 그 차이가 양수이면 해당 지표를 강점, 음수이면 약점으로 볼 수 있다.

다음으로 임계값 유의수준을 선택할 수 있다. 임계값 유의수준은 얼마나 엄격하게 통계적 유의미성을 평가할 것인지를 나타낸다(Matarazzo & Herman, 1985: Wechsler, 2014b 재인용). 임계값 유의수준으로는 .01, .05, .10, .15가 있으며 검사 목적(예: 전반적인 인지능력을 평가하기 위해서 혹은 학습장애를 판별하기 위해서)에 따라 검사자가 선택하면 된다. 예를 들어, 평균적인 지적 능력을 가진 아동의 전반적인 인지적 강점 및 약점을 평가할 때는 덜 엄격한 유의수준(예: .15)을 사용하는 것이 적합하다. 반면 학습장애를 판별하거나 1종 오류(점수 간 차이가 없는데 차이가 있다고 판단하는 오류)를 통제하고자 할 때는 더 엄격한 유의수준(예: .01 혹은 .05)을 사용하는 것이 적합하다. 다만 엄격한 유의수준을 사용할수록 통계적으로 유의미한 점수 차이를 얻기 힘들기 때문에 아동의 인지적 강점 및 약점을 충분히 파악하지 못할 수 있다(Wechsler, 2014b). 따라서 검사의 목적과 주요 관심사를 잘 고려해서 임계값 유의수준을 설정하는 것이 바람직하다.

누적비율은 해당 점수 차이가 축적된 비율을 의미하며, 누적비율을 통해 아동의 점수 차이가 얼마나 빈번하게 또는 희소하게 일어나는지 평가할 수 있다. 지표점수와 비교점수의 차이가 통계적으로 유의미하더라도, 해당 점수 차이가 표본 내에서 빈번하게 나타나는지 드물게 나타나는지에 따라 점수 차이가 가지는 의미가 달라질 수 있다. 따라서 점수 차이에 기반해 진단을 내리고 교육적 권고를 할 때는 항상 통계적 유의미성과 더불어 누적비율을 통해 희소성을 살펴보아야 한다(Wechsler, 2014b). Sattler(2008)는 점수 차이에 대한 누적비율이 15% 미만일 경우에 이를 드문 경우로 간주할 수 있다고 제안했고, Flanagan과 Alfonso(2017)는 누적비율이 10% 미만일 경우 해당 점수 차이가 드문 경우라고 보았다. 본문에서는 포괄적으로 누적비율이 15% 미만일 경우를 드문 경우라고 보겠다. 누적비율의 준거집단으로 '전체표본' 혹은 '능력수준'을 선택할 수 있는데, '전체표본'은 전체 표준화 표본

집단을 기준으로, '능력수준'은 동일한 능력수준을 가진 집단을 기준으로 점수 차이의 누적비율을 보는 것이다. 여기서 동일한 능력수준이란 앞의 〈표 5-3〉처럼 Wechsler(2014c)가 제시한 질적 분류에서 전체 IQ가 동일한 수준으로 분류된 경우(예: 우수)를 의미한다. 즉, '능력수준'을 선택하면 비슷한 전체 IQ를 가진 아동들과 비교했을 때 이 점수 차이가 얼마나 희소한지를 알아볼 수 있다. 일반적으로는 '전체표본'을 사용하지만, 아동의 전체 IQ가 매우 높거나 낮을 경우 '능력수준'을 사용할 수 있다. 이렇게 '능력수준'을 사용하는 것은 점수 차이의 누적비율이 준거집단의 지적 능력에 따라서 유의미하게 다를 수 있기 때문이다(Wechsler, 2014b).

다음의 [그림 5-7]은 기본지표의 강점 및 약점에 대한 예시로, 결과보고서1의 지표점수 강점 및 약점 분석 결과이다.

지표		지표점수	비교점수	차이	임계값	강점(S)/약점(W)	누적비율
언어이해	VCI	124	117.4	6.6	8.61	-	25%
시공간	VSI	116	117.4	-1.4	10.41	-	>25%
유동추론	FRI	120	117.4	2.6	10.03	-	>25%
작업기억	WMI	100	117.4	-17.4	9.25	W	2-5%
처리속도	PSI	127	117.4	9.6	10.92	-	15-25%

비교점수는 5가지 지표점수의 평균입니다(미산출된 지표점수가 있을 경우, FSIQ 사용)
임계값의 유의수준은 0.05입니다.
누적비율의 준거집단은 전체표본입니다.

그림 5-7 **결과보고서1의 지표점수 강점 및 약점 분석**

[그림 5-7]의 예시에서는 기본지표 중 작업기억지표가 아동의 인지적 약점(W)에 해당한다. 작업기억지표(100) 점수와 비교점수(117.4) 차이의 절대값(17.4)이 해당 임계값(9.25)보다 크고 점수의 차이가 음수이기 때문이다. 그리고 누적비율은 2~5%에 해당하여 15% 미만이므로 해당 점수 차이는 드문 경우라고 볼 수 있다. 다른 기본지표들은 각 지표점수와 비교점수의 차이의 절대값이 해당 임계값보다 크거나 같지 않기 때문에 아동의 강점 및 약점에 해당되지 않는다.

4. 기본지표의 차이비교

[그림 5-5] 기록용지 기본분석 페이지의 [지표수준 차이비교] 부분처럼 5개의 기본지표점수를 서로 비교하여 아동의 인지능력에 유의미한 차이가 있는지 볼 수 있다. 지표점수의 강점과 약점을 분석할 때와 마찬가지로, 차이비교를 할 때도 각 지표점수 간 차이의 절대값을 해당 임계값과 비교하여 분석한다. 각 지표점수 간 차이의 절대값이 해당 임계값보다 크거나 같다면 그 차이는 유의미한 것으로 볼 수 있다. 또한 차이가 통계적으로 유의미하다면 누적비율을 통해 그 차이가 얼마나 드물게 발생하는 경우인지도 판단할 수 있다.

다음의 [그림 5-8]은 기본지표의 차이비교에 대한 예시로, 결과보고서1의 기본지표점수 차이비교 결과이다.

[그림 5-8]의 예시에서는 [언어이해-작업기억], [시공간-작업기억], [유동추론-작업기억], 그리고 [작업기억-처리속도]에서 유의미한 차이가 나타났다. 우선, 언어이

지표 비교					점수 1	점수 2	차이	임계값	유의미한 차이(Y/N)	누적비율
언어이해	VCI	-	시공간	VSI	124	116	8	11.39	N	33.8%
언어이해	VCI	-	유동추론	FRI	124	120	4	11.06	N	40.1%
언어이해	VCI	-	작업기억	WMI	124	100	24	10.38	Y	5.7%
언어이해	VCI	-	처리속도	PSI	124	127	-3	11.84	N	45%
시공간	VSI	-	유동추론	FRI	116	120	-4	12.47	N	38.6%
시공간	VSI	-	작업기억	WMI	116	100	16	11.87	Y	17.2%
시공간	VSI	-	처리속도	PSI	116	127	-11	13.17	N	26.8%
유동추론	FRI	-	작업기억	WMI	120	100	20	11.55	Y	9.4%
유동추론	FRI	-	처리속도	PSI	120	127	-7	12.88	N	35.1%
작업기억	WMI	-	처리속도	PSI	100	127	-27	12.3	Y	5.8%

임계값의 유의수준은 0.05입니다.
누적비율의 준거집단은 전체표본입니다.

▌그림 5-8 **결과보고서1의 기본지표점수 차이비교**

해지표(124) 점수와 작업기억지표(100) 점수 차이의 절대값(24)이 해당 임계값(10.38)보다 크기 때문에 두 지표점수의 차이는 통계적으로 유의미하다. 누적비율은 5.7%로 15% 미만이기 때문에 두 지표의 점수 차이는 드문 경우라고 볼 수 있다. 또한, 시공간지표(116) 점수와 작업기억지표(100) 점수 차이의 절대값(16)이 임계값(11.87)보다 크기 때문에 두 지표점수의 차이는 통계적으로 유의미하다. 그러나 이 점수 차이에 대한 누적비율은 17.2%로 드문 경우에 해당하지 않는다. 유동추론지표(120) 점수와 작업기억지표(100) 점수 차이의 절대값(20)이 임계값(11.55)보다 크기 때문에 두 지표점수의 차이는 통계적으로 유의미하며, 누적비율은 9.4%로 해당 점수 차이는 드문 경우에 속한다. 마지막으로 작업기억지표(100) 점수와 처리속도지표(127) 점수 차이의 절대값(27)이 임계값(12.3)보다 크기 때문에 두 지표점수의 차이는 통계적으로 유의미하다. 누적비율은 5.8%로 해당 점수 차이는 드문 경우라고 할 수 있다.

각각의 기본지표점수의 차이비교에 대한 해석은 〈표 5-5〉를 참고하라. 차이비교를 통해 아동의 어떤 인지능력이 상대적으로 우수한지 혹은 부족한지에 대해 알 수 있다.

표 5-5 기본지표점수의 차이비교와 해석

기본지표점수의 차이비교	해석
언어이해-시공간	언어이해지표 점수가 시공간지표 점수보다 높을 경우, 아동이 문제를 해결할 때 시각·공간적 자극보다는 언어적 자극을 활용하는 것에 더 뛰어나며 시공간 추론 능력보다는 언어적 추론 능력이 더 뛰어나다는 것을 의미한다. 반면, 시공간지표 점수가 언어이해지표 점수보다 높을 경우, 문제를 해결할 때 언어적 자극보다는 시각·공간적 정보를 활용하는 것에 더 뛰어나며 언어적 추론 능력보다는 시공간 추론 능력이 더 뛰어나다는 것을 의미한다.
언어이해-유동추론	언어이해지표 점수가 유동추론지표 점수보다 높을 경우, 이미 학습된 지식을 언어로 표현하는 능력이 새로운 문제를 접했을 때 추론하는 인지능력보다 더 뛰어나다는 것을 의미한다. 반면, 유동추론지표 점수가 언어이해지표 점수보다 높을 경우, 아동이 새로운 문제를 접했을 때 추론하는 인지능력이 이미 학습된 지식을 언어로 표현하는 능력보다 더 뛰어나다는 것을 의미한다.
언어이해-작업기억	언어이해지표 점수가 작업기억지표 점수보다 높을 경우, 언어적 자극을 이해하고 의미를 조합하여 자신의 생각을 전달하는 능력이 일시적으로 정보를 저장하고 조작하는 능력보다 더 뛰어나다는 것을 의미한다. 반면, 작업기억지표 점수가 언어이해지표 점수보다 높을 경우, 일시적으로 정보를 저장하고 조작하는 능력이 언어적 자극을 이해하고 의미를 조합하여 자신의 생각을 전달하는 능력보다 더 뛰어나다는 것을 의미한다.

언어이해-처리속도	언어이해지표 점수가 처리속도지표 점수보다 높을 경우, 언어적 자극을 이해하고 자신의 생각을 전달하는 능력이 의사 결정을 위해 시각 정보를 빠르고 정확하게 파악하고 처리하는 능력과 시각-운동 협응 능력보다 더 뛰어나다는 것을 의미한다. 반면, 처리속도지표 점수가 언어이해지표 점수보다 높을 경우, 의사 결정을 위해 시각 정보를 빠르고 정확하게 파악하고 처리하는 능력과 시각-운동 협응 능력이 언어적 자극을 이해하고 자신의 생각을 전달하는 능력보다 더 뛰어나다는 것을 의미한다.
시공간-유동추론	시공간지표 점수가 유동추론지표 점수보다 높을 경우, 시공간 자극을 통하여 문제를 해결하는 시공간 추론 능력이 새로운 문제를 접했을 때 해결해 나가는 추론 능력과 창의적인 문제의 답을 찾아내는 능력보다 더 뛰어나다는 것을 의미한다. 반면, 유동추론지표 점수가 시공간지표 점수보다 높을 경우, 새로운 문제를 접했을 때 해결해 나가는 추론 능력과 창의적인 문제의 답을 찾아내는 능력이 시공간 자극을 통하여 문제를 해결하는 시공간 추론 능력보다 더 뛰어나다는 것을 의미한다. 유동추론지표 과제는 시공간지표 과제에 비해 더 높은 수준의 추론 능력을 요구하기 때문에 유동추론지표 점수가 더 높을 경우 고차원적인 인지적 추론 능력이 잘 발달했다는 것을 의미한다.
시공간-작업기억	시공간지표 점수가 작업기억지표 점수보다 높을 경우, 시공간 자극을 통하여 문제를 해결하는 시공간 추론 능력이 정보를 저장하고 유지하고 조작하는 능력보다 더 뛰어나다는 것을 의미한다. 반면, 작업기억지표 점수가 시공간지표 점수보다 높을 경우, 정보를 저장하고 유지하고 조작하는 능력이 시공간 자극을 통하여 문제를 해결하는 능력보다 더 뛰어나다는 것을 의미한다.
시공간-처리속도	시공간지표 점수가 처리속도지표 점수보다 높을 경우, 시공간 자극을 통하여 문제를 해결하는 시공간 추론 능력이 시각 정보를 빠르고 정확하게 파악하고 의사 결정을 내리는 능력보다 더 뛰어나다는 것을 의미한다. 반면, 처리속도지표 점수가 시공간지표 점수보다 높을 경우, 시각 정보를 빠르고 정확하게 파악하고 의사 결정을 내리는 능력이 시공간 자극을 통하여 문제를 해결하는 시공간 추론 능력보다 더 뛰어나다는 것을 의미한다.
유동추론-작업기억	유동추론지표 점수가 작업기억지표 점수보다 높을 경우, 새로운 문제를 접했을 때 연관성을 찾아내고 창의적인 문제의 답을 하는 능력이 정보들을 저장하고 유지하고 조작하는 능력보다 더 뛰어나다는 것을 의미한다. 반면, 작업기억지표 점수가 유동추론지표 점수보다 높을 경우, 정보들을 저장하고 유지하고 조작하는 능력이 새로운 문제를 접했을 때 연관성을 찾아내고 창의적인 문제의 답을 하는 능력보다 뛰어나다는 것을 의미한다.
유동추론-처리속도	유동추론지표 점수가 처리속도지표 점수보다 높을 경우, 새로운 문제를 접했을 때 여러 가지 정보를 활용하여 추론해 나가는 능력이 정보를 빠르고 정확하게 파악하여 처리하는 능력보다 더 뛰어나다는 것을 의미한다. 반면, 처리속도지표 점수가 유동추론지표 점수보다 높을 경우, 정보를 빠르고 정확하게 파악하여 처리하는 능력이 새로운 문제를 접했을 때 여러 가지 정보를 활용하여 추론해 나가는 능력보다 더 뛰어나다는 것을 의미한다.
작업기억-처리속도	작업기억지표 점수가 처리속도지표 점수보다 높을 경우, 시각 · 청각 정보를 저장하고 유지하고 조작하는 능력이 시각 정보를 빠르고 정확하게 파악하고 처리하는 능력보다 더 뛰어나다는 것을 의미한다. 이 경우 단기기억이 정신적 조작 속도, 시각-운동 협응 능력보다 잘 발달되어 있다고 볼 수 있다. 반면, 처리속도지표 점수가 작업기억지표 점수보다 높을 경우, 시각 정보를 빠르고 정확하게 파악하고 처리하는 능력이 시각 · 청각 정보를 저장하고 유지하고 조작하는 능력보다 더 뛰어나다는 것을 의미한다. 이 경우 정신적 조작 속도, 시각-운동 협응 능력이 단기기억보다 잘 발달해 있다고 볼 수 있다.

III. 단계 3. 기본지표척도 소검사 해석하기

단계 3은 각 기본지표척도의 소검사에 대해서 해석하는 단계로 기본지표척도 소검사의 강점과 약점을 분석하고 소검사들 간의 차이를 비교한다.

앞서 제시된 〈표 5-4〉와 같이 다섯 가지 기본지표는 각각 두 개의 소검사를 포함한다. 언어이해지표는 공통성과 어휘, 시공간지표는 토막짜기와 퍼즐, 유동추론지표는 행렬추리와 무게비교, 작업기억지표는 숫자와 그림기억, 처리속도지표는 기호쓰기와 동형찾기로 구성되어 있다.

〈표 5-6〉은 Sattler(2008)가 제시한 소검사 점수의 분류로, 이를 통해 아동의 인지능력과 수행이 또래와 비교해서 어느 수준인지 해석할 수 있다. 소검사 점수가 1~4점이면 매우 낮음, 5~7점이면 평균 하, 8~12점이면 평균, 13~15점이면 평균 상, 16~19점이면 매우 우수로 분류한다. 예를 들어, 한 소검사 점수가 11점이면 해당 소검사의 수행이 또래와 비교했을 때 평균 수준이라는 것을 의미한다.

표 5-6 소검사 점수의 분류

소검사 점수	분류
16~19	매우 우수/예외적 강점/매우 잘 발달
13~15	평균 상/강점/잘 발달
8~12	평균
5~7	평균 하/약점/빈약하게 발달
1~4	매우 낮음/예외적 약점/매우 빈약하게 발달

출처: Sattler(2008).

1. 기본지표척도 소검사 점수 해석

다음은 다섯 가지 기본지표를 구성하는 소검사 각각이 측정하는 능력을 설명하고, 소검사 점수를 어떻게 해석할 수 있는지 설명하고자 한다.

1.1. 언어이해지표: 공통성과 어휘

언어이해지표는 공통성과 어휘 소검사로 구성되며, 아동의 언어 지식, 언어이해 능력, 언어적 표현 능력을 측정한다.

● 공통성

공통성(Similarities, SI) 소검사에서 아동은 일상생활에서 흔히 접할 수 있는 두 개의 단어를 듣고, 두 단어의 공통적인 속성을 말해야 한다. 공통성 소검사는 두 단어의 관계를 추론하는 언어적 추론 능력과 두 단어의 공통된 속성을 찾아 하나의 개념으로 범주화하는 상위 개념 형성 능력을 측정한다. 또한 공통성 소검사는 어휘 지식, 결정지능, 장기기억, 인지적 유연성, 연상 능력, 추상적 사고 능력, 본질적 요소와 비본질적 요소의 변별 능력, 그리고 언어적 표현 능력과 관련이 있다(Weiss et al., 2015).

높은 공통성 소검사 점수는 어휘지식, 인지적 유연성, 언어적 개념 형성 능력, 두 개념의 관계를 파악하는 추론 능력이 우수하다는 것을 의미한다. 낮은 공통성 소검사 점수는 관계성 파악 능력과 언어적 개념 형성 능력의 부족, 빈약한 어휘지식, 지나치게 구체적인 사고방식 등을 반영한다. 아동이 적절한 어휘지식을 가지고 있어도 추론 능력, 추상적 사고 능력이 부족할 경우 낮은 점수를 받을 수 있다. 추상적 사고 능력은 소검사를 실시할 때 아동이 보이는 반응의 질을 통해 파악할 수 있다. 공통성 소검사의 각 문항에서는 반응의 유형에 따라, 지나치게 구체적인 반응을 했을 때는 0~1점, 적절하게 일반적인 범주화를 했을 때는 2점을 부여한다. 따라서 소검사에서 아동이 개별적인 속성이나 매우 사소한 공통점만을 언급하여 0~1점을 주로 받았다면, 어휘지식에 비해 추상적 사고 능력이 상대적으로 부족할 가능성이 있다.

● 어휘

어휘(Vocabulary, VC) 소검사에서 아동은 사물이 그려진 그림을 보고 그 사물의 이름을 말하거나 단어를 듣고 그 단어의 의미를 말해야 한다. 그러므로 이 소검사를 수행하기 위해서는 언어적 개념을 갖고, 그 개념을 정확하게 표현하는 능력이 있어야 한다. 어휘 소검사는 결정지능, 어휘지식, 장기기억, 언어 유창성, 학습 능력, 청지각, 추상적 사고 능력 등을 측정한다(Wechsler, 2014c). 또한, 어휘 소검사는 일반적인 지적 능력을 가장 잘 나타내는 소검사로 알려져 있다(Weiss et al., 2015). 어휘력은 일반 지능과 고차원적 사고 능력과 밀접한 관련이 있기 때문이다. 높은 수준의 지적 능력을 가진 아동은 고급 어휘를 충분히 이해하고 사용하기 적절한 문맥을 파악하여 풍부한 어휘력을 나타낼 수 있다. 한편, 어휘력이 풍부한 아동은 다양한 개념을 하나의 단어로 묶어 효율적으로 사고할 수 있고, 수업 내용을 잘 이해할 수 있으며, 이를 통해 결정지능과 고차원적 사고 능력을 발달시킬 수 있다.

높은 어휘 소검사 점수는 어휘지식이 풍부하고, 언어 발달, 결정지능, 개념화 능력, 언어적 표현 능력, 학습 능력이 우수하다는 것을 의미한다. 낮은 어휘 소검사 점수는 어휘지식, 결정지능, 언어적 개념 형성 능력이 부족하다는 것을 나타낸다. 어휘 소검사에서는 긴 문장으로 단어의 뜻을 말해야 하기 때문에, 아동이 단어의 의미를 알고 있지만 이를 언어로 표현하는 능력이 부족할 경우 낮은 점수를 받을 수 있다. 또한, 어휘력은 교육적 · 문화적 경험에 많은 영향을 받기 때문에, 제한된 교육 환경이나 가정 환경에서 자란 아동의 경우도 낮은 점수를 받을 수 있다.

1.2. 시공간지표: 토막짜기와 퍼즐

시공간지표는 토막짜기와 퍼즐 소검사로 구성되며, 시각 정보와 패턴을 분석하고 생성하는 시공간적 처리 능력을 측정한다.

● 토막짜기

토막짜기(Block Design, BD) 소검사에서 아동은 제한시간 내에 빨간색과 흰색으로 이루어진 토막을 사용하여 제시된 모형과 똑같은 모양을 만들어야 한다. 토막짜기 소검사는 추상적인 시각 자극을 분석하고 종합하는 능력을 측정한다. 또한, 비언어적 추론 능력, 시지각 조직화 능력, 동시처리 능력, 시각-운동 협응 능력, 시각 자극의 전경과 배경을 분리하는 능력 등을 측정한다(Wechsler, 2014c).

높은 토막짜기 소검사 점수는 시각-운동 협응 능력, 세부사항에 대한 주의력, 시지각 조직화 능력이 우수하고 정신적 처리속도가 빠르다는 것을 의미한다. 낮은 토막짜기 소검사 점수는 시각처리 능력, 비언어적 추론 능력, 시각-운동 협응 능력이 부족함을 나타낸다. 지나치게 완벽주의 성향이거나 과도하게 조심스러운 성향인 경우에도 토막짜기 소검사에서 낮은 점수를 받을 수 있다. 빠른 수행에 대해 시간 보너스 점수를 부여한 토막짜기 점수와 시간보너스가 없는 토막짜기 점수(BDn)를 비교해 보면, 아동이 토막을 어떻게 맞춰야 할지 알고 있지만 시각-운동 협응 능력이 부족하거나 지나치게 완벽을 추구해서 낮은 점수를 받은 것인지 여부를 파악할 수 있다.

● 퍼즐

퍼즐(Visual Puzzles, VP) 소검사에서 아동은 제한시간 내에 완성된 퍼즐을 보고 퍼즐을 구성할 수 있는 3개의 조각을 선택해야 한다. 퍼즐 소검사는 추상적인 시각 자극을 분석하고 통합하는 능력을 측정한다. 또한 시지각 정보처리 능력, 정신적 회전 능력, 공간적 시각화 능력, 작업기억, 동시처리 능력, 부분-전체 관계에 대한 이해, 비언어적 추론 능력 등과 관련이 있다(Wechsler, 2014c). 특히, 퍼즐 소검사는 시각화 능력을 가장 잘 반영하는 소검사이다(Flanagan & Alfonso, 2017). 시각화 능력이란 시각적 이미지를 정신적으로 생성해내는 능력인데, 토막짜기 소검사와 달리 퍼즐 소검사에서는 자극을 눈으로만 보고 조작해야 하기 때문에 이런 정신적 구성이나 비운동적인 조직화와 관련된 능력이 더 강조된다. 그리고 퍼즐 소검사에서는 시각적 이미지를 일시적으로 작업기억에 저장한 채로 정신적으로 조작해야 하기 때문에 시각작업기억과 주의집중력도 필요하다.

높은 퍼즐 소검사 점수는 시각처리 능력, 부분-전체의 관계를 분석하는 능력, 정신적 회전 능력, 시각작업기억 능력, 인지적 유연성 등이 우수하다는 것을 의미한다. 낮은 퍼즐 소검사 점수는 시지각적 추론 능력, 정신적 회전 능력, 인지적 유연성 등이 부족하다는 것을 의미한다. 퍼즐 소검사의 수행에는 아동이 퍼즐 같은 장난감에 노출된 경험이 있는지 여부가 영향을 미쳤을 수도 있다.

1.3. 유동추론지표: 행렬추리와 무게비교

유동추론지표는 행렬추리와 무게비교 소검사로 구성되며, 새로운 문제를 해결할 수 있는 능력인 유동추론 능력을 측정한다.

● 행렬추리

행렬추리(Matrix Reasoning, MR) 소검사에서 아동은 행렬이나 연속의 일부를 보고, 전체를 완성하는 보기를 찾아야 한다. 즉, 시각 정보를 사용하여 모든 자극을 연결하는 근본적인 규칙을 파악하고 적용할 수 있어야 한다. 행렬추리 소검사는 시지각 정보처리 능력과 추상적 추론 능력을 측정한다. 또한 유동지능, 작업기억, 동시처리 능력, 부분-전체의 관계에 대한 이해, 그리고 세부사항에 대한 주의력을 측정한다(Wechsler, 2014c).

높은 행렬추리 소검사 점수는 귀납추론 능력, 추상적 추론 능력, 부분-전체의 관계에 대한 이해가 우수하다는 것을 의미한다. 낮은 행렬추리 소검사 점수는 시지각 정보처리 능력, 귀납추론 능력, 부분-전체의 관계에 대한 이해가 부족하다는 것을 의미한다. 행렬추리 소검사 수행에는 아동의 충동적인 성향이 영향을 미쳐 지나치게 빠른 반응으로 나타날 수도 있다.

● 무게비교

무게비교(Figure Weights, FW) 소검사에서 아동은 양쪽 무게가 달라 균형이 맞지 않는 저울 그림을 보고 균형을 맞출 수 있는 보기를 골라야 한다. 무게비교 소검사는 비언어적 시각 정보에 대한 양적추론 능력, 수학적 추론 능력, 시각작업기억, 인지적 유연성 등을 측정한다.

높은 무게비교 소검사 점수는 비언어적 정보에 대한 추론 능력, 수학적 추론 능력, 시각작업기억, 인지적 유연성 등이 우수하다는 것을 의미한다. 특히 아동이 무게비교 소검사에서 정확하고 빠른 속도(5초에서 15초 이하)로 반응했다면 비언어적 추론의 사용이 발달한 것으로 볼 수 있다. 시각 자극에 수량을 언어적으로 할당하여 추론하는 경우는 보통 시간이 더 오래 걸리기 때문이다. 낮은 무게비교 소검사 점수는 수학적 추론 능력, 시각작업기억, 시각처리 능력, 주의집중력, 인지적 유연성 등이 부족함을 나타낸다. 무게비교 소검사 수행에는 수학 관련 교육을 받았는지 여부가 영향을 미쳤을 수도 있다.

1.4. 작업기억지표: 숫자와 그림기억

작업기억지표는 숫자와 그림기억 소검사로 구성되며, 정보를 일시적으로 유지, 조작 및 활용하는 능력을 측정한다.

● 숫자

숫자(Digit Span, DS) 소검사에서 아동은 일련의 숫자를 듣고 기억하여 따라해야 한다. 숫자 소검사는 단기기억, 작업기억, 기계적인 암기력, 주의집중력, 청각적 변별 능력을 측정한다. 또한 숫자 소검사는 세 개의 과제인 숫자 바로 따라하기, 숫자 거꾸로 따라하기, 숫자 순서대로 따라하기로 구성되므로, 한 과제에서 다른 과제로 옮겨 이행하려면 인지적 유연성과 정신적 각성이 필요하다. 숫자 바로 따라하기는 주로 청각적 시연, 단기기억, 작업기억을 측정하며, 숫자 거꾸로 따라하기는 작업기억, 순차처리 능력, 정신적 조작 능력을 측정한다. 5판에서 새롭게 추가된 숫자 순서대로 따라하기는 일련의 숫자를 듣고 작은 숫자부터 순서대로 말하는 것으로, 숫자 거꾸로 따라하기와 비슷한 능력을 측정하지만 더 복잡한 정신적 조작 능력과 주의집중력을 필요로 하며, 숫자에 대한 양적 지식까지 측정한다.

높은 숫자 소검사 점수는 단기기억, 작업기억, 청각단기기억, 주의집중력, 인지적 유연성 등이 우수하다는 것을 의미한다. 낮은 숫자 소검사 점수는 작업기억, 단기기억, 인지적 유연성이 부족하거나 주의가 산만한 경향이 있을 수 있음을 나타낸다. 숫자 소검사에서 아동이 숫자를 정확하게 기억했으나 순서를 틀린 경우, 청각단기기억은 잘 발달했으나 순차처리 능력이나 순서화 능력이 부족한 것일 수 있다. 동일한 문항에 대해 첫 번째 시행에서는 실패하나 두 번째 시행에서는 정확하게 반응한다면, 아동에게 연습을 통해 학습하는 능력이 있다고 볼 수 있다. 이외에도 숫자 소검사를 수행할 때 아동이 눈을 감고 숫자들을 회상하는지 아니면 소리를 내어 숫자를 시연하는지 등을 관찰하여 아동이 사용하는 인지적 전략에 대해 파악할 수 있다.

● 그림기억

그림기억(Picture Span, PS) 소검사에서 아동은 제한시간 내에 1개 이상의 그림을 기억하고, 해당 그림을 다양한 그림 속에서 가능한 한 순서대로 찾아내야 한다. 그림기억 소검사는 작업기억, 주의집중력, 시각처리 능력, 순서화 능력, 시각단기기억과 반응 억제 능력을 측정한다(Weiss et al., 2015). 그림기억 소검사는 추상적 자극이 아니라 의미 있는 그림 자극을 사용하기 때문에 시각작업기억뿐만 아니라 언어적 작업기억도 필요로 한다. 또한, 그림기억 소검사에서는 동일한 그림 자극이 반복적으로 제시되어 순행 간섭(이전의 과제가 현재 수행하는 과제를 방해하는 현상)이 일어나므로 작업기억이 많이 요구된다.

높은 그림기억 소검사 점수는 시각단기기억, 작업기억, 시각 자극에 대한 주의집중력, 시각적 순차처리 능력 등이 우수하다는 것을 의미한다. 반면, 그림기억 소검사 점수가 낮을 경우, 시각단기기억, 작업기억, 시각적 순차처리 능력 등이 부족하다는 것을 의미한다. 그림기억 소검사는 후반부로 갈수록 문항의 그림 자극이 점점 많아지기 때문에, 시각적 처리속도가 느린 아동의 경우 제한시간 내에 자극을 전부 기억하지 못해 낮은 점수를 받을 수 있다.

1.5. 처리속도지표: 기호쓰기와 동형찾기

처리속도지표는 기호쓰기와 동형찾기 소검사로 구성되며, 주의집중을 유지하면서 단순한 과제를 빠르게 수행하는 능력을 측정한다.

● 기호쓰기

기호쓰기(Coding, CD)에서 아동은 제한시간 내에 기호표를 보고 간단한 기하학적 모양이나 숫자에 상응하는 기호를 그려야 한다. 기호쓰기 소검사는 시각단기기억, 주의집중력, 시각-운동 협응 능력, 정신운동속도, 시각적 변별 능력, 연합 학습 능력 등을 측정한다. 또한 손을 사용하여 기호를 직접 써야 하기 때문에 아동의 글씨쓰기 능력과 소근육 운동 능력을 측정한다.

높은 기호쓰기 점수는 주의집중력, 시각처리 능력, 시각-운동 협응 능력, 연합 학습 능력이 우수하고 정신운동속도가 빠르다는 것을 의미한다. 낮은 기호쓰기 점수는 처리속도의 결함과 글씨를 쓰는 소근육의 문제를 나타낼 수 있다. 또한, 강박적이고 완벽주의적이거나 충동적인 성향을 가진 아동들도 기호쓰기에서 낮은 점수를 받을 수 있다. 필기도구에 친숙하지 않거나 시간 압박하에 과제를 수행하는 능력이 부족한 경우에도 마찬가지로 낮은 점수를 받을 수 있다. 기호쓰기 소검사는 아동의 주의력을 평가할 때 사용되는 소검사 중 하나이기 때문에, 낮은 기호쓰기 점수는 주의력결핍 과잉행동장애와 같은 주의력 문제를 반영하는 것일 수도 있다(Mayes & Calhoun, 2006).

● 동형찾기

동형찾기(Symbol Search, SS)에서 아동은 제한시간 내에 반응 부분을 훑어보고 표적 모양과 동일한 것을 찾아야 한다. 동형찾기 소검사는 시각적 변별 능력, 시각-운동 협응 능력, 주의집중력, 의사결정 속도, 통제 및 조절 능력, 시각단기기억 등을 측정한다. 또한, 시지각 조직화 능력, 유동지능, 계획 및 학습 능력과 연관이 있다(Wechsler, 2014c). 그리고 동형찾기 소검사에서는 기호를 직접 그리지 않기 때문에 운동 속도보다 정보처리속도를 더 많이 반영한다.

높은 동형찾기 점수는 시각적 변별 능력, 시각단기기억, 처리속도, 주의집중력 등이 우수하다는 것을 의미한다. 낮은 동형찾기 점수는 의사결정 속도, 정보처리속도가 느리며, 시각적 변별 능력, 주의집중력 등이 저조하다는 것을 의미한다. 또한, 처리속도 능력이 낮지 않아도 아동이 지나치게 강박적이거나 충동적인 성향일 경우, 동형찾기에서 낮은 점수를 받을 수 있다.

2. 기본지표척도 소검사의 강점 및 약점 분석

기본지표척도의 10개 소검사 점수를 MSS-P(Mean Scaled Scores for Primary Indexes)나 MSS-F(Mean Scaled Scores for the Full Scale)와 비교하여 해당 소검사 점수가 아동의 능력 안에서 인지적 강점 혹은 약점을 나타내는지 알아볼 수 있다. [그림 5-5] 기록용지 기본분석 페이지에 제시되어 있듯이, MSS-P나 MSS-F 중 하나를 비교점수로 사용할 수 있다. MSS-P는 10개의 기본지표척도 소검사 점수의 평균이고, MSS-F는 전체 IQ를 구성하는 7개의 소검사 점수의 평균이다. MSS-P를 유효한 비교점수로 사용하려면, 10개 소검사 중 원점수 총점이 0점인 소검사가 5개 이하여야 한다. MSS-F를 유효한 비교점수로 사용하려면, 7개 소검사 중 원점수 총점이 0점인 소검사가 4개 이하여야 한다(Wechsler, 2014b). Wechsler(2014b)는 가능한 한 MSS-F보다 MSS-P를 비교점수로 사용할 것을 권장한다. MSS-P가 MSS-F보다 더 많은 소검사 점수들을 포함하여 아동의 수행 능력을 더 광범위하게 반영하기 때문이다.

지표점수의 강점 및 약점 분석과 마찬가지로, 소검사 환산점수에서 비교점수를 뺀 차이의 절대값이 해당 임계값보다 크거나 같을 경우 유의미한 차이로 판단한다. 차이가 통계적으로 유의미할 때, 그 차이가 양수이면 해당 소검사는 강점, 음수이면 약점으로 볼 수 있다. 또한 누적비율을 통해 해당 점수 차이가 얼마나 빈번하게 또는 드물게 일어나는 경우인지 평가한다.

다음의 [그림 5-9]는 기본지표척도 소검사의 강점 및 약점 분석의 예시로, 결과보고서1의 소검사 강점 및 약점 분석 결과이다.

소검사	환산점수	비교점수	차이	임계값	강점(S)/약점(W)	누적비율
공통성	14	13.2	0.8	2.97	-	>25%
어휘	15	13.2	1.8	1.87	-	15-25%
토막짜기	11	13.2	-2.2	3.33	-	15-25%
퍼즐	15	13.2	1.8	2.82	-	15-25%
행렬추리	10	13.2	-3.2	3.42	-	5-10%
무게비교	17	13.2	3.8	1.99	S	5%
숫자	13	13.2	-0.2	2.28	-	>25%
그림기억	7	13.2	-6.2	2.88	W	<2%
기호쓰기	15	13.2	1.8	2.81	-	15-25%
동형찾기	15	13.2	1.8	3.51	-	25%

비교점수의 평균은 10가지 소검사 환산점수의 평균입니다.
임계값의 유의수준은 0.05입니다.

그림 5-9 결과보고서1의 소검사 강점 및 약점 분석

[그림 5-9]의 예시에서는 무게비교 소검사가 인지적 강점(S)으로 나타났고, 그림기억 소검사가 약점(W)으로 나타났다. 우선, 무게비교(17) 점수와 비교점수(13.2) 차이의 절대값(3.8)이 임계값(1.99)보다 크고 점수의 차이가 양수이기 때문에 무게

비교 소검사는 개인 내 강점에 해당한다. 누적비율은 5%에 해당하여 15% 미만이므로 해당 점수 차이는 드문 경우라고 볼 수 있다. 그리고, 그림기억(7) 점수와 비교 점수(13.2) 차이의 절대값(6.2)이 임계값(2.88)보다 크고 점수의 차이가 음수이기 때문에 그림기억 소검사는 개인 내 약점에 해당한다. 누적비율은 2% 미만으로, 해당 점수 차이는 매우 드문 경우라고 볼 수 있다.

3. 기본지표척도 소검사 차이비교

기본지표척도 소검사 차이비교를 통해 아동의 인지적 특성에 대해 추가적인 정보를 얻을 수 있다. [그림 5-5] 기록용지 기본분석 페이지의 [소검사 수준 차이비교] 부분에서 볼 수 있듯이, [공통성-어휘], [토막짜기-퍼즐], [행렬추리-무게비교], [숫자-그림기억], [기호쓰기-동형찾기]로 총 5쌍의 소검사 차이비교를 할 수 있다.

기본지표척도 소검사 차이비교를 할 때도 두 소검사 점수 차이의 절대값이 해당 임계값보다 크거나 같으면 그 차이는 통계적으로 유의미하다고 본다. 또한 차이가 통계적으로 유의미하다면 누적비율을 통해 두 소검사의 점수 차이가 얼마나 빈번하게 혹은 드물게 발생하는 경우인지도 판단할 수 있다.

다음의 [그림 5-10]은 기본지표척도 소검사의 차이비교에 대한 예시로, 결과보고서1의 기본지표척도 소검사 차이비교 결과이다.

소검사 비교			점수 1	점수 2	차이	임계값	유의미한 차이(Y/N)	누적비율
공통성	-	어휘	14	15	-1	3.04	N	43.1%
토막짜기	-	퍼즐	11	15	-4	3.52	Y	10.7%
행렬추리	-	무게비교	10	17	-7	2.82	Y	2.7%
숫자	-	그림기억	13	7	6	2.93	Y	3.4%
기호쓰기	-	동형찾기	15	15	0	3.36	N	-

임계값 유의수준은 0.05입니다.

▌그림 5-10 **결과보고서1의 기본지표척도 소검사 차이비교**

[그림 5-10]의 예시에서는 [토막짜기-퍼즐], [행렬추리-무게비교], 그리고 [숫자-그림기억]에서 유의미한 차이가 나타났다. 우선, 토막짜기(11) 점수와 퍼즐(15) 점수 차이의 절대값(4)이 임계값(3.52) 보다 크기 때문에 두 소검사의 점수 차이는 통계적으로 유의미하다. 누적비율은 10.7%로 15% 미만이기 때문에 해당 점수 차이는 드문 경우로 볼 수 있다. 그리고, 행렬추리(10) 점수와 무게비교(17) 점수 차이의 절대값(7)이 임계값(2.82)보다 크기 때문에 두 소검사의 점수 차이는 통계적으로 유의미하다. 누적비율은 2.7%이며 15% 미만이므로 드문 점수 차이라고 볼 수 있다. 마지막으로, 숫자(13) 점수와 그림기억(7) 점수 차이의 절대값(6)이 임계값(2.93)보다 크기 때문에 해당 점수 차이는 통계적으로 유의미하며, 누적비율은 3.4%로 드문 점수 차이이다.

다음은 Wechsler(2014c)와 Weiss 등(2015)의 연구를 참고하여, 다섯 가지 기본지표척도 소검사 쌍에서 각 소검사가 상대적으로 어떤 능력에 더 관련이 있는지와 소검사 차이비교 결과를 어떤 의미로 해석할 수 있는지 설명하고자 한다.

3.1. 공통성과 어휘

공통성과 어휘 소검사 모두 언어적 개념 형성 능력과 의사소통 능력을 측정한다. 공통성 소검사는 상대적으로 아동의 논리적인 추론 능력, 상위 개념 형성 능력, 관계 파악 능력, 인지적 유연성과 더 연관이 있다. 공통성 소검사에서는 두 단어의 공통적인 속성을 의미있는 개념으로 통합하고 범주화하는 능력을 측정하고자 하기 때문이다. 한편, 어휘 소검사는 이미 학습된 어휘지식과 단어의 의미를 정확하게 표현하는 능력과 더 관련이 있다.

따라서 공통성 점수가 어휘 점수보다 유의미하게 높을 경우, 어휘지식, 언어 유창성보다는 개념적 추론, 범주화 능력이 더 발달했다는 것을 의미한다. 또한 빠르게 두 단어 간 공통점과 차이점을 파악하도록 하는 인지적 유연성이 상대적으로 더 발달한 것으로 볼 수 있다. 특히 공통성 점수는 높고 어휘 점수는 낮은 경우, 아동이 짧은 언어적 반응은 잘할 수 있지만, 긴 문장으로 대답하는 것을 어려워하는 것일 수 있다. 반대로 어휘 점수가 공통성 점수보다 유의미하게 높을 경우, 개념적 추론, 범주화 능력보다는 교육적 · 문화적으로 축적된 어휘지식과 개별 단어의 의미를 이해하고 정확하게 표현하는 능력이 더 발달했다는 것을 의미한다.

3.2. 토막짜기와 퍼즐

토막짜기와 퍼즐 소검사 모두 시공간적 처리 및 추론 능력을 측정하며, 두 소검사 모두 전체와 부분의 관계를 파악하여 자극을 재구성해야 한다는 점에서 유사하다. 토막짜기 소검사는 시각 자극을 분석하고 구성하는 능력, 시각-운동 협응 능력과 상대적으로 더 관련이 있다. 토막짜기 소검사에서 아동은 직접 토막을 움직이면서 자신이 만든 모양에 대해 시각적 피드백을 받을 수 있고, 눈으로 보는 것뿐만 아니라 손을 사용해 토막을 조작해야 하기 때문이다. 한편, 퍼즐 소검사는 이와 다르게 자극을 눈으로만 보고 정신적으로 조작하여 정답을 찾아야 한다. 그러므로 퍼즐 소검사는 상대적으로 유동추론 능력, 시각화 능력, 정신적 조작 능력, 인지적 유연성 등과 더 관련이 있다.

따라서 토막짜기 점수가 퍼즐 점수에 비해 유의미하게 높을 경우, 구체적인 시각적 피드백을 통해 문제를 해결하는 방식과 시각-운동 협응 능력이 더 발달했다는 것을 의미한다. 반대로 퍼즐 점수가 토막짜기 점수에 비해 유의미하게 높을 경우, 전반적인 시공간 추론 능력에 비해서 아동의 소근육 운동 능력이 저조하다는 것을 의미한다.

3.3. 행렬추리와 무게비교

행렬추리와 무게비교 소검사 모두 비언어적 유동추론 능력을 측정한다. 행렬추리 소검사는 주로 자극을 보고 규칙성을 발견하여 적용하는 귀납추론 능력과 관련이 있다. 한편, 무게비교 소검사는 양적추론 능력, 양적 균등 개념, 수학적 추론 능력과 더 관련이 있다. 양적 개념을 적용하지 않는 행렬추리 소검사와 달리 무게비교 소검사에서는 물체 사이의 양적 관계를 이해하고, 덧셈과 곱셈 개념을 적용하여 정답을 찾아야 하기 때문이다. 또한 무게비교 소검사에서는 자극에 대한 양적인 정보를 일시적으로 유지하며 자극을 비교해야 하기 때문에 시각작업기억, 주의집중력이 더 많이 필요하고, 각 문항마다 제시되는 모양의 무게가 달라지므로 인지적 유연성이 필요하다.

따라서 행렬추리 점수가 무게비교 점수보다 유의미하게 높을 경우, 시공간 추론 능력, 귀납추론 능력, 추상적 사고 능력이 양적추론 능력, 시각적 주의집중력보다 우수하게 발달했다는 것을 의미한다. 반대로 무게비교 점수가 행렬추리 점수보다 유의미하게 높을 경우, 시각 자극에 대한 수학적 추론 능력, 양적추론 능력, 시각적 주의집중력, 인지적 유연성이 귀납추론 능력, 추상적 사고 능력에 비해 뛰어나다는 것을 의미한다.

3.4. 숫자와 그림기억

숫자와 그림기억 소검사 모두 작업기억을 측정한다. 숫자 소검사는 청각단기기억, 단순 암기력, 기계적 학습 능력과 더 관련이 있다. 숫자 소검사에서는 자극이 언어적으로 제시되므로, 단서 없이 자극을 떠올리는 자유회상을 통해 기억해야 한다. 그림기억 소검사에서 자극은 시각적으로 제시되므로 시각작업기억과 더 관련이 있다. 또한 그림기억 소검사에서는 아동이 기억한 그림 자극을 보기에서 선택하도록 하므로, 이미 접했던 자극을 재인을 통해 기억해야 한다.

따라서 숫자 점수가 그림기억 점수보다 유의미하게 높을 경우, 시각단기기억보다 청각단기기억, 기계적 학습 능력, 단순 암기력이 더 뛰어나며, 아동이 기억 전략으로 재인에 비해 자유 회상을 더 잘 사용한다고 볼 수 있다. 반대로 그림기억 점수가 숫자 점수보다 유의미하게 높을 경우, 청각단기기억보다 시각단기기억, 시각 자극에 대한 주의집중력, 시각적 순차처리 능력이 더 발달했으며, 아동이 기억 전략으로 자유회상보다는 재인을 더 잘 사용한다고 볼 수 있다.

3.5. 기호쓰기와 동형찾기

기호쓰기와 동형찾기 소검사 모두 시각처리 능력과 주의집중력을 측정한다. 기호쓰기는 기호를 빠르게 학습하는 능력, 글씨쓰기 능력, 시각-운동 협응 능력과 더 관련이 있다. 두 소검사 모두 필기도구를 사용하므로 손의 운동 기능을 필요로 하지만, 동형찾기보다는 기호쓰기에서 더 정교한 글씨쓰기 능력이 필요하다. 동형찾기는 시각적 변별 능력, 시각적 주사(visual scanning) 능력과 더 관련이 있다. 비슷한 시각 자극들을 빠르게 훑어보고 표적과 동일한 자극을 찾아내야 하기 때문이다.

따라서 기호쓰기 점수가 동형찾기 점수보다 유의미하게 높을 경우, 시각적 주사나 시각적 변별 능력에 비해서 글씨쓰기 능력, 연합 학습 능력, 시각-운동 협응 능력 등이 더 잘 발달되었다는 것을 의미한다. 반대로 동형찾기 점수가 기호쓰기 점수보다 유의미하게 높을 경우, 글씨쓰기 능력, 연합 학습 능력에 비해 시각적 주사, 시각적 변별 능력이 더 뛰어나다는 것을 의미한다.

제6장

K-WISC-V 해석 7단계: 단계 4~단계 6

I. 단계 4: 추가지표척도 해석하기

II. 단계 5: 추가지표척도 소검사 해석하기

III. 단계 6: 처리분석 해석하기

제6장 K-WISC-V 해석 7단계: 단계 4~단계 6

이 장에서는 K-WISC-V 해석 7단계 중 단계 4에서 단계 6까지를 설명한다. [그림 6-1]과 같이 단계 4는 '추가지표척도 해석하기' 단계로 5개의 추가지표인 양적추론지표(QRI), 청각작업기억지표(AWMI), 비언어지표(NVI), 일반능력지표(GAI), 인지효율지표(CPI) 점수를 알아보고 차이를 비교하여 해석한다. 추가지표를 통해 전

• 단계 1: 전체 IQ 해석하기	FSIQ (GAI, CPI, NVI)
• 단계 2: 기본지표척도 해석하기	VCI, VSI, FRI, WMI, PSI
• 단계 3: 기본지표척도 소검사 해석하기	SI VC, BD VP, MR FW, DS PS, CD SS
• 단계 4: 추가지표척도 해석하기	QRI, AWMI, NVI, GAI, CPI
• 단계 5: 추가지표척도 소검사 해석하기	FW AR, DS LN, BD VP MR FW PS CD, SI VC BD MR FW, DS PS CD SS
• 단계 6: 처리분석 해석하기	
• 단계 7: CHC 분석 해석하기	

▌그림 6-1 K-WISC-V 해석의 7단계

체 IQ와 기본지표척도로는 설명할 수 없는 특정한 인지능력을 평가할 수 있다. 단계 5는 '추가지표척도 소검사 해석하기' 단계로 추가지표척도에 해당하는 소검사 점수에 대해서 알아보고 차이를 비교하여 해석한다. 단계 6은 '처리분석 해석하기' 단계로 처리점수를 환산점수로 변환하여 차이를 비교하고 처리점수의 원점수의 누적비율을 확인하여 해석한다. 처리점수를 통해서 검사 수행 시 아동이 사용하는 문제해결 전략이나 오류의 특성 등 아동의 인지 과정을 평가하고 분석할 수 있다.

I. 단계 4. 추가지표척도 해석하기

단계 4는 추가지표척도를 해석하는 단계로 각각의 추가지표점수에 대해 알아보고 점수들 간 차이를 비교하여 해석한다.

추가지표척도는 〈표 6-1〉과 같이 양적추론지표, 청각작업기억지표, 비언어지표, 일반능력지표, 인지효율지표로 구성된다. Weiss, Saklofske, Holdnack, 그리고 Prifitera(2016)는 추가지표를 통해 학교 환경과 일상생활에서의 특정한 인지적 수행을 평가할 수 있다고 제안했다. 또한 추가지표 중 비언어지표, 일반능력지표, 인지효율지표는 지적장애, 학습장애, 청각장애와 같은 신경발달장애를 가진 아동이나 영재 아동의 지적 능력을 평가하는데 활용하기도 한다. 이에 대해서는 제9장과 제10장에서 자세히 다루겠다.

표 6-1 K-WISC-V의 추가지표척도 구성

추가지표척도				
양적추론지표	청각작업기억지표	비언어지표	일반능력지표	인지효율지표
무게비교 산수	숫자 순차연결	토막짜기 퍼즐 행렬추리 무게비교 그림기억 기호쓰기	공통성 어휘 토막짜기 행렬추리 무게비교	숫자 그림기억 기호쓰기 동형찾기

추가지표척도의 해석과 관련이 있는 부분은 [그림 6-2] 기록용지 추가분석 페이지에서 각 지표를 구성하는 소검사들의 [환산점수]와 [추가지표점수 프로파일], 그리고 [추가지표점수 분석]과 [지표수준 차이비교] 부분이다.

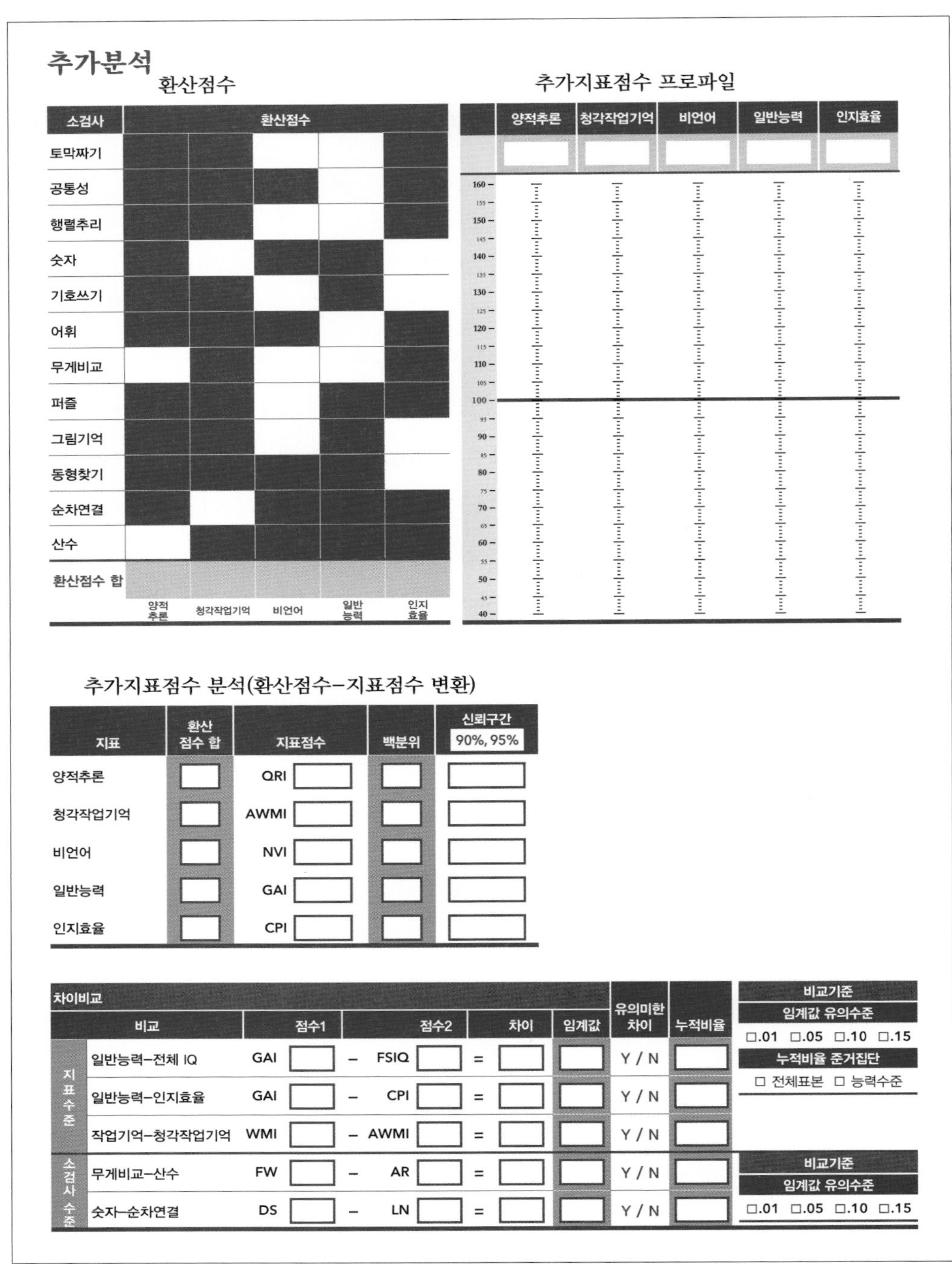

추가분석

환산점수

소검사	환산점수				
토막짜기					
공통성					
행렬추리					
숫자					
기호쓰기					
어휘					
무게비교					
퍼즐					
그림기억					
동형찾기					
순차연결					
산수					
환산점수 합					
	양적추론	청각작업기억	비언어	일반능력	인지효율

추가지표점수 프로파일

	양적추론	청각작업기억	비언어	일반능력	인지효율

추가지표점수 분석(환산점수-지표점수 변환)

지표	환산 점수 합	지표점수	백분위	신뢰구간 90%, 95%
양적추론		QRI		
청각작업기억		AWMI		
비언어		NVI		
일반능력		GAI		
인지효율		CPI		

차이비교

	비교	점수1		점수2		차이	임계값	유의미한 차이	누적비율
지표수준	일반능력-전체 IQ	GAI	–	FSIQ	=			Y / N	
지표수준	일반능력-인지효율	GAI	–	CPI	=			Y / N	
지표수준	작업기억-청각작업기억	WMI	–	AWMI	=			Y / N	
소검사수준	무게비교-산수	FW	–	AR	=			Y / N	
소검사수준	숫자-순차연결	DS	–	LN	=			Y / N	

비교기준
임계값 유의수준
□.01 □.05 □.10 □.15
누적비율 준거집단
□ 전체표본 □ 능력수준

비교기준
임계값 유의수준
□.01 □.05 □.10 □.15

[그림 6-2] 기록용지의 추가분석 페이지

추가지표점수의 분석 결과는 K-WISC-V 결과보고서1의 추가분석에서 확인할 수 있다. 다음의 [그림 6-3]은 결과보고서1의 추가분석을 보여 주는 예시로, 추가지표점수에 대한 분석 결과와 추가지표점수 프로파일이 나와 있다.

추가지표점수 분석

추가지표		환산점수 합	지표점수	백분위	신뢰구간 (95%)	진단분류 (수준)	측정표준 오차(SEM)
양적추론	QRI	24	111	77	104-117	평균 상	4.29
청각작업기억	AWMI	20	100	50	93-107	평균	4.07
비언어	NVI	66	107	68	100-113	평균	3.40
일반능력	GAI	54	105	64	99-111	평균	3.50
인지효율	CPI	41	102	54	94-109	평균	3.96

추가지표점수 프로파일

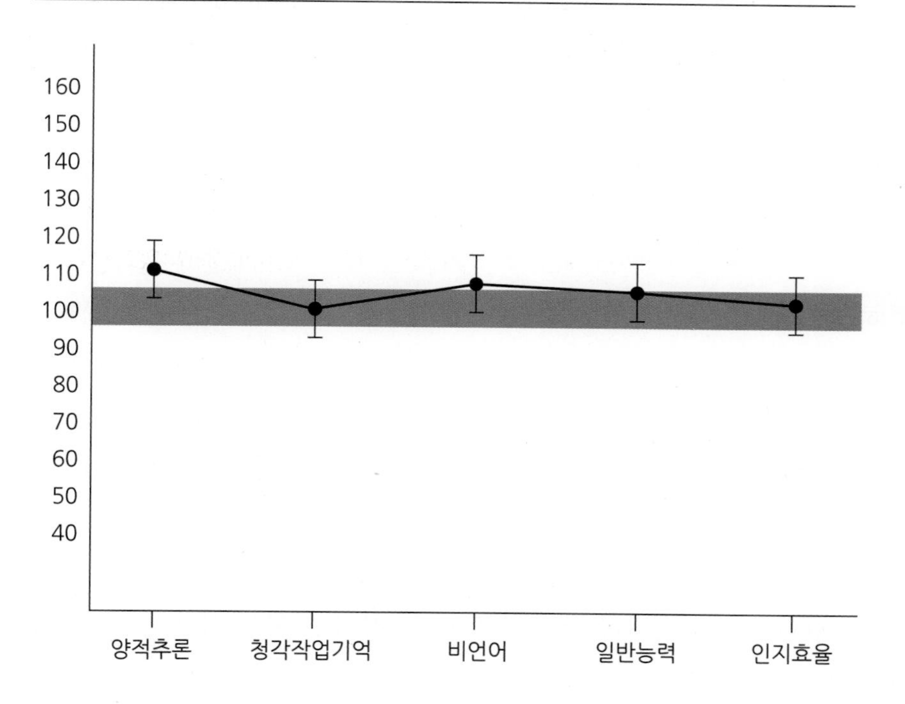

▌그림 6-3 **결과보고서1의 추가분석**

추가지표점수를 해석할 때는 제5장에서 전체 IQ와 기본지표점수를 해석했던 것과 마찬가지로, 추가지표점수와 함께 제시된 백분위, 신뢰구간, 진단분류를 보고하며 해석한다. [그림 6-3] 결과보고서1의 추가분석 사례를 예로 들면, 해당 아동의 양적추론지표 점수는 111으로 [평균 상] 수준이며, 백분위 77이고, 95% 신뢰구간에서 104-117 사이에 속한다고 해석할 수 있다.

1. 추가지표척도의 단일성

추가지표척도의 각 지표점수에 대해서 해석하려면 지표점수의 단일성을 확인해야 한다. 이는 단계 2에서 기본지표척도를 해석할 때 기본지표점수의 단일성을 확인했던 방법과 동일하다. 각 추가지표를 구성하는 소검사들 중 가장 높은 소검사 점수와 가장 낮은 소검사 점수의 차이가 5점 미만일 경우에만 해당 추가지표가 단일한 능력을 측정한다고 볼 수 있다. 추가지표를 구성하는 소검사들의 점수 차이가 5점 이상일 경우에는 추가지표점수가 해당 추가지표에서 측정하고자 하는 능력을 충분히 반영하지 못할 수 있으므로 해석 시 주의를 기울여야 한다.

2. 추가지표점수 해석

다음은 Wechsler(2014c)의 연구를 참고하여 다섯 가지 추가지표가 각각 측정하는 능력을 설명하고, 지표점수를 어떻게 해석할 수 있는지 설명하고자 한다.

2.1. 양적추론지표

양적추론지표(QRI)는 무게비교와 산수 소검사로 구성되며 양적추론 능력, 암산 능력, 양적 관계를 이해하고 적용하는 능력, 수리 계산 능력, 언어적 문제해결 능력, 추상적 추론 능력, 그리고 작업기억을 측정한다. 양적추론 능력은 일반 지능과 밀접한 관련이 있으며 읽기 능력, 수학 능력, 창의성, 학업 성취 등을 예측하므로 (Wechsler, 2014c), 양적추론 능력의 평가는 적절한 교육적 개입을 위해 필요하다. 특히, 양적추론지표는 학습장애 중 수학장애를 판별하는데 유용하게 활용할 수 있으며, 이는 제9장과 제10장에서 자세히 설명하겠다.

높은 양적추론지표 점수는 암산 능력, 양적 관계를 추론할 수 있는 능력, 수리 계산 능력 등이 뛰어나다는 것을 의미한다. 낮은 양적추론지표 점수는 작업기억, 양적 균등 개념, 추상적 추론 능력이 부족하다는 것을 의미한다. 그리고, 양적추론지표 점수가 낮은 아동은 단순한 기계적 암기나 반복적인 과제보다 새로운 문제를 해결하는데 어려움을 보일 수 있다.

2.2. 청각작업기억지표

청각작업기억지표(AWMI)는 숫자와 순차연결 소검사로 구성되며 주의집중력, 청각단기기억, 작업기억, 청각적 순차처리 능력, 계획 능력, 암기력, 정신적 조작 능력 등을 측정한다. 시각 및 청각작업기억을 모두 측정하는 작업기억지표와는 달리 청각작업기억지표는 청각작업기억을 측정하는 것에 중점을 둔다. 그래서 시력이 손상된 아동의 경우, 작업기억지표보다는 청각작업기억지표가 아동의 작업기억 능력을 더 잘 평가할 수 있다(Weiss et al., 2019). 또한 5판에서는 청각작업기억지표에 숫자 순서대로 따라하기가 추가되어 정신적 조작 능력과 자극을 순서대로 배열하는 능력이 더욱 강조되었다. 청각작업기억지표는 Baddeley(2000, 2002, 2012)의 작업기억모델 중 청각 정보를 일시적으로 저장하고 조작하는 음운고리와도 관련이 있다(Wechsler, 2014c 재인용).

높은 청각작업기억지표 점수는 언어적으로 표현된 정보를 입력, 유지 및 저장하는 능력, 주의집중력, 청각적 변별 능력이 잘 발달하였다는 것을 의미한다. 낮은 청각작업기억지표 점수는 청각작업기억과 청각처리 능력의 결함, 부주의, 산만함 등을 의미한다.

2.3. 비언어지표

비언어지표(NVI)는 토막짜기, 퍼즐, 행렬추리, 무게비교, 그림기억, 기호쓰기 소검사로 구성되며 주로 언어 능력이나 언어적 표현에 영향을 덜 받는 전반적인 인지 능력을 측정한다. 비언어지표는 언어이해를 제외한 시공간, 유동추론, 작업기억, 처리속도 영역의 소검사를 포함하고 있다. 따라서, 비언어지표는 전체 IQ와 신뢰도가 비슷하며 높은 상관이 있기 때문에 전체 IQ를 보고할 수 없을 때 대안으로 사용할 수 있다(Kaufman, Raiford, & Coalson, 2015). 특히, 지적장애, 자폐 스펙트럼 장애, 청각장애 아동과 같이 언어 표현에 어려움이 있는 경우, 전체 IQ 대신 비언어지표 점수를 통해 전반적인 지적 능력을 평가하는 것이 적절하다(Flanagan & Alfonso, 2017). 그러나 소검사의 지시사항은 여전히 언어로 전달되기 때문에, 언어적 요소가 완전히 배제되었다고 보기 보다는 언어적 요구가 감소한 지표로 보는 것이 바람직하다(Ortiz et al., 2012: Wechsler 2014c 재인용).

높은 비언어지표 점수는 언어 능력을 제외한 전반적인 지적 능력이 잘 발달했다는 것을 의미하며, 아동이 청각 자극보다는 시각 자극에 대해서 더 잘 분석하고 추론할 수 있다는 것을 의미한다. 낮은 비언어지표 점수는 느린 처리속도, 작업기억의 결함, 추상적 추론 능력과 시공간 추론 능력의 부족을 나타내며 전반적인 지적 능력이 낮음을 의미할 수 있다.

2.4. 일반능력지표

일반능력지표(GAI)는 공통성, 어휘, 토막짜기, 행렬추리, 무게비교 소검사로 구성되며 작업기억과 처리속도의 영향을 최소화한 전반적인 인지능력을 측정한다. 일반능력지표를 구성하는 다섯 가지 소검사들은 전체 IQ를 구성하는 일곱 가지 소검사 중 작업기억을 측정하는 숫자 소검사와 처리속도를 측정하는 기호쓰기 소검사가 제외된 것이다. 따라서, 5개의 기본지표점수 편차가 클 경우(예: 작업기억지표와 처리속도지표 점수가 다른 지표에 비해 통계적으로 유의미하게 낮을 경우), 일반능력지표와 전체 IQ 간의 점수 차이가 크게 나타날 수도 있다. 일반능력지표는 WISC-III에서 학습장애 아동의 지적 능력을 평가하기 위해 처음 개발되었고(Weiss at al., 2019), 학습장애나 주의력결핍 과잉행동장애와 같은 신경발달장애 아동의 지적 능력을 평가할 때 유용하게 사용되고 있다. 신경발달장애 아동은 일반적으로 작업기억과 처리속도에서 결함을 보이기 때문에 전체 IQ보다 일반능력지표가 전반적인 지적 능력을 더 잘 반영한다. 따라서 이들의 지적 능력을 평가할 때는 일반능력지표가 전체 IQ의 대안으로 주로 사용된다(Flanagan & Alfonso, 2017). 그러나 Weiss 등(2019)은 작업기억과 처리속도 능력도 지능의 중요한 요소이기 때문에 제외하는 것은 바람직하지 않다고 주장하였다. 그러므로 신경발달장애 아동의 경우에도 일반능력지표가 전체 IQ보다 전반적인 지적 능력을 더 잘 반영하는 지표라고 단정지어서는 안 되며, 항상 전체 IQ나 인지효율지표 점수와 함께 해석해야 한다.

높은 일반능력지표 점수는 추상적 · 개념적 추론 능력이 우수하고 시공간 추론 능력이 뛰어나며 언어적 문제해결 능력이 높다는 것을 의미한다. 낮은 일반능력지표 점수는 추론 능력이 부족하고, 시공간 처리에 어려움이 있으며, 언어적 결함이 있거나 전반적인 지적 능력이 낮다는 것을 의미한다.

2.5. 인지효율지표

인지효율지표(CPI)는 숫자, 그림기억, 기호쓰기, 동형찾기 소검사로 구성되며 주로 학습, 문제해결, 정보처리 등에서의 인지적 효율성을 측정한다. 인지적 효율성이란 특정 유형의 정보를 처리하는 인지 과정에서 능숙한 정도를 나타낸다. 인지적 효율성은 새로운 것을 학습하는 능력과 유동추론 능력을 촉진한다. 인지적 효율성이 높을수록 새로운 과제나 고차원적인 과제를 수행하는데 필요한 인지적 부담이 감소하기 때문이다(Weiss et al., 2019). 인지효율지표는 작업기억과 처리속도 영역의 소검사로 구성되어 일반능력지표와는 반대로 언어이해, 시공간적 처리, 유동추론 능력의 영향을 최소화한 지표이다. Dumont와 Willis(2001)가 WISC-III에서 작업기억지표와 처리속도지표를 합하여 새로운 지표를 만드는 것을 처음 제안하였고, 이후 Weiss, Saklofske, Prifitera, 그리고 Holdnack(2006)이 WISC-IV에서 이 제안을 이어 나갔다. 그리고 WISC-V에서 검사 체계로 추가지표척도에 인지효율지표가 포함된 것이다(Weiss et al., 2019 재인용).

높은 인지효율지표 점수는 아동이 빠르고 정확하게 정보를 처리할 수 있다는 것을 의미한다. 낮은 인지효율지표 점수는 부주의, 작업기억의 결함, 시각 · 청각처리 능력의 결함, 시각-운동 협응 능력의 부족, 정신적 조작 능력의 부족, 또는 전반적인 지적 능력이 낮음을 의미할 수 있다. 인지효율지표도 일반능력지표와 함께 신경발달장애 아동의 지적 능력을 평가할 때 주로 사용된다.

3. 추가지표의 차이비교

[그림 6-2] 기록용지 추가분석 페이지의 [지표수준 차이비교] 부분처럼 [일반능력-전체 IQ], [일반능력-인지효율], [작업기억-청각작업기억]의 차이를 비교하여 아동의 인지능력에 유의미한 차이가 있는지 알 수 있다. 추가지표의 차이비교도 기

본지표의 차이비교와 마찬가지로, 각 지표점수 간 차이의 절대값이 해당 임계값보다 크거나 같다면 그 차이는 통계적으로 유의미하다고 해석한다. 만약 차이가 유의미하다면 누적비율을 통해 그 차이가 얼마나 드물게 일어나는 경우인지도 판단할 수 있다.

다음의 [그림 6-4]는 추가지표의 차이비교에 대한 예시로, 결과보고서1의 추가지표점수 차이비교 결과이다.

추가지표 비교					점수 1	점수 2	차이	임계값	유의미한 차이(Y/N)	누적 비율
일반능력	GAI	-	전체 IQ	FSIQ	123	126	-3	3.06	N	28%
일반능력	GAI	-	인지효율	CPI	123	116	7	9.49	N	32.1%
작업기억	WMI	-	청각작업기억	AWMI	100	119	-19	8.72	Y	2.5%

임계값 유의수준은 0.05입니다.
누적비율의 준거집단은 전체표본입니다.

▌그림 6-4 **결과보고서1의 추가지표점수 차이비교**

[그림 6-4]의 예시에서는 [작업기억-청각작업기억]에서 유의미한 차이가 나타났다. 작업기억지표(100) 점수와 청각작업기억지표(119) 점수 차이의 절대값(19)이 임계값(8.72)보다 크기 때문에 두 지표점수의 차이는 통계적으로 유의미하다. 누적비율은 2.5%로 15% 미만이기 때문에 두 지표점수의 차이는 드문 경우라고 볼 수 있다.

다음은 추가지표의 차이비교 결과를 어떤 의미로 해석할 수 있는지 설명하고자 한다. 차이비교를 통해 아동의 어떤 인지능력이 상대적으로 우수한지 혹은 부족한지에 대해 알 수 있다.

3.1. 일반능력지표와 전체 IQ의 비교

일반능력지표와 전체 IQ의 비교를 통하여 작업기억과 처리속도가 전반적인 지적 능력에 미치는 영향을 평가할 수 있다. 전체 IQ를 산출할 때는 작업기억과 처리속도 영역의 소검사가 포함되지만, 일반능력지표에는 포함되지 않기 때문이다.

일반능력지표 점수가 전체 IQ 점수보다 유의미하게 높을 경우, 작업기억과 처리속도가 아동의 능력 안에서 상대적 약점이라는 것을 의미한다. 특히 학습장애, 주의력결핍 과잉행동장애, 자폐 스펙트럼 장애 등 신경발달장애가 있는 아동의 경우 주로 작업기억과 처리속도에 결함이 있기 때문에 일반능력지표 점수가 전체 IQ 점수보다 높게 나타나는 경향이 있다(Wechsler, 2014c). 반대로 전체 IQ 점수가 일반능력지표 점수에 비해 유의미하게 높을 경우, 작업기억과 처리속도가 아동의 전반적인 지적 능력을 강화하고 있다는 것을 의미한다. 한편, 일반능력지표 점수와 전체 IQ 점수가 유의미하게 차이 나지 않을 경우에는 작업기억과 처리속도가 전반적인 지적 능력에 많은 영향을 미치지 않는다고 볼 수 있다.

3.2. 일반능력지표와 인지효율지표의 비교

일반능력지표와 인지효율지표의 비교는 주로 신경발달장애 아동의 지적 능력을 평가할 때 사용한다. 학습장애, 주의력결핍 과잉행동장애, 지적장애 등 신경발달장애 아동의 경우 작업기억과 처리속도의 결함으로 인해 일반능력지표와 인지효율지표의 점수 차이가 크게 나타나는 경향이 있기 때문이다(Wechsler, 2014c). 이에 대한 자세한 설명은 제9장과 제10장에서 다루겠다.

일반능력지표 점수가 인지효율지표 점수에 비해 유의미하게 높을 경우, 언어 능력, 전반적인 추론 능력, 시공간적 처리 능력 등과 같은 상위 인지능력이 정보를 빠르고 효율적으로 처리하는 인지적 효율성에 비해 우수하다는 것을 의미한다. 반대로 인지효율지표가 일반능력지표에 비해 유의미하게 높을 경우, 정보를 빠르고 효율적으로 처리하는 인지적 효율성이 상위 인지능력보다 더 우수하다는 것을 의미한다.

3.3. 작업기억지표와 청각작업기억지표의 비교

작업기억지표는 시각 자극을 기억하는 그림기억 소검사와 청각 자극을 기억하는 숫자 소검사로 구성되어 있어 시각 및 청각작업기억을 모두 측정한다. 반면, 청각작업기억지표는 청각 자극만을 기억하는 숫자와 순차연결 소검사로 구성된다. 따라서, 작업기억지표와 청각작업기억지표 간의 비교를 통해 아동의 작업기억 중에서도 청각작업기억이 우수한지 혹은 부족한지 여부를 평가할 수 있다.

작업기억지표 점수가 청각작업기억지표 점수보다 유의미하게 높을 경우, 시각과 청각작업기억 모두 우수하며 특히 정보가 청각적으로 제시되었을 때보다 시각적으로 제시되었을 때 작업기억 수행이 향상된다는 것을 의미한다. 반대로 청각작업기억지표 점수가 작업기억지표 점수보다 유의미하게 높을 경우, 청각단기기억, 청각적 변별 능력 등이 우수하며, 정보가 시각적으로 제시되었을 때보다 청각적으로 제시되었을 때 작업기억 수행이 향상된다는 것을 의미한다.

II. 단계 5. 추가지표척도 소검사 해석하기

단계 5는 추가지표척도의 소검사에 대해서 해석하는 단계로 추가지표척도 소검사들 간의 차이를 비교한다. 앞서 제시된 〈표 6-1〉와 같이 양적추론지표는 무게비교와 산수 소검사, 청각작업기억지표는 숫자와 순차연결 소검사, 비언어지표는 토막짜기, 퍼즐, 행렬추리, 무게비교, 그림기억, 기호쓰기 소검사, 일반능력지표는 공통성, 어휘, 토막짜기, 행렬추리, 무게비교 소검사, 인지효율지표는 숫자, 그림기억, 기호쓰기, 동형찾기 소검사로 구성되어 있다.

추가지표척도 소검사도 제5장에서 제시한 〈표 5-6〉 소검사 점수의 분류에 따라 소검사 점수를 분류한다.

1. 추가지표척도 소검사 점수 해석

대부분의 소검사는 단계 3에서 다루었기 때문에, 여기서는 앞에서 다루지 않았던 산수와 순차연결 소검사가 측정하는 능력을 설명하고, 소검사 점수를 어떻게 해석할 수 있는지에 대해 설명하겠다.

1.1. 산수

산수(Arithmetic, AR)는 양적추론지표의 소검사로 아동은 제한시간 내에 그림문항과 언어 문항으로 구성된 산수 문제를 암산으로 풀어야 한다. 산수 소검사는 주의집중력, 작업기억, 단기기억, 장기기억, 수학적 추론 능력, 청각적 순차처리 능력, 유동추론 능력, 정신적 조작 능력, 계산 능력, 양적 지식 등을 측정한다(Wechsler, 2014c). 또한, 산수 소검사에서는 주로 산수 문제를 청각적으로 제시하기 때문에, 청각적 변별 능력과 이해 능력이 중요하다. 산수 소검사는 직접적으로 연산 능력을 측정하기 때문에 수학에서의 학업 능력과 밀접한 관련이 있다(Wechsler, 2014c). 소검사 수행에는 청력, 수학 능력, 교육적 기회 및 경험, 주의집중력, 시각적 표상 능력 등이 영향을 미칠 수 있다.

높은 산수 소검사 점수는 암산 능력, 수학적 추론 능력, 수학적 문제해결 능력, 주의집중력 등이 우수하다는 것을 의미한다. 낮은 산수 소검사 점수는 암산 능력, 수학적 문제해결 능력, 주의집중력 등이 부족하다는 것을 의미하며, 산수 소검사 점수가 낮은 아동은 수학에서의 학업 성취가 낮을 수 있다.

1.2. 순차연결

순차연결(Letter-Number Sequencing, LN)은 청각작업기억지표의 소검사로 아동은 연속되는 숫자와 글자를 듣고 숫자는 오름차순으로, 글자는 가나다순으로 암기하여야 한다. 이 소검사는 청각적 변별 능력, 주의집중력, 청각적 시연 능력, 단기기억, 기계적 암기력, 청각적 순차처리 능력 등을 측정한다(Wechsler, 2014c). 또한, 정보처리 능력, 인지적 유연성, 유동지능을 측정하기도 한다.

높은 순차연결 소검사 점수는 청각단기기억, 청각적 변별 능력, 주의집중력, 청각적 순차처리 능력 등이 우수하다는 것을 의미한다. 낮은 순차연결 소검사 점수는 청각적 순차처리 능력, 청각단기기억, 주의집중력 등이 부족하다는 것을 의미한다. 글자를 순서대로 배열하는 방법을 익히지 못한 아동의 경우도 낮은 점수를 받을 수 있다.

2. 추가지표척도 소검사 차이비교

추가지표척도 소검사 차이비교를 통해 아동의 인지적 특성에 대해 추가적인 정보를 얻을 수 있다. [그림 6-2] 기록용지 추가분석 페이지의 [소검사 수준 차이비교] 부분에서 볼 수 있듯이 [무게비교-산수], [숫자-순차연결]로 2쌍의 소검사 차이비교를 할 수 있다. 단계 3의 기본지표척도 소검사 차이비교처럼, 추가지표척도 소검사 차이비교를 할 때도 두 소검사 점수 차이의 절대값이 해당 임계값보다 크면 그 차이는 통계적으로 유의미하다고 본다. 또한 차이가 통계적으로 유의미하다면 누적비율을 통해 두 소검사의 점수 차이가 얼마나 드물게 발생하는 경우인지도 판단할 수 있다.

다음의 [그림 6-5]는 추가지표척도 소검사의 차이비교에 대한 예시로, 결과보고서1의 추가지표척도 소검사 차이비교 결과이다.

소검사 비교			점수 1	점수 2	차이	임계값	유의미한 차이(Y/N)	누적비율
무게비교	-	산수	14	4	10	1.9	Y	0.1%
숫자	-	순차연결	14	10	4	2.04	Y	7.7%

임계값의 유의수준은 0.05입니다.

그림 6-5 **결과보고서1의 추가지표척도 소검사 차이비교**

[그림 6-5]의 예시에서는 [무게비교-산수], [숫자-순차연결] 모두 통계적으로 유의미한 차이가 나타났다. 무게비교(14) 점수와 산수(4) 점수 차이의 절대값(10)이 임계값(1.9)보다 크기 때문에 두 소검사의 점수 차이는 통계적으로 유의미하다. 누적비율은 0.1%로 해당 점수 차이는 매우 드문 경우이다. 그리고, 숫자(14) 점수와 순차연결(10) 점수 차이의 절대값(4)이 임계값(2.04)보다 크기 때문에 두 소검사의 점수 차이는 통계적으로 유의미하다. 누적비율은 7.7%로 15%미만이기 때문에 해당 점수 차이는 드문 경우로 볼 수 있다.

다음은 Wechsler(2014c)와 Weiss 등(2015)의 연구를 참고하여 추가지표척도 소검사 차이비교 쌍에서 각 소검사가 상대적으로 어떤 능력에 더 관련이 있는지와 소검사 차이비교 결과를 어떤 의미로 해석할 수 있는지 설명하고자 한다.

2.1. 무게비교와 산수

무게비교와 산수는 양적추론지표를 구성하는 소검사로 모두 아동의 수학 능력과 양적추론 능력을 측정한다. 무게비교 소검사는 문제가 추상적인 시각 자극으로 제시되기 때문에 작업기억이 적게 요구되며, 아동이 정답을 손으로 가리킬 수 있기 때문에 언어적 표현 능력의 영향을 덜 받는다. 한편, 산수 소검사는 그림 문항을 제외한 대부분의 문항들을 듣고 암산으로 계산해서 대답해야 하기 때문에 작업기억과 언어적 표현 능력을 필요로 한다.

따라서 무게비교 점수가 산수 점수에 비해 유의미하게 높을 경우, 자극이 시각적으로 제시되고 청각작업기억의 요구가 적을 때 양적추론 능력을 가장 잘 발휘할 수 있다는 것을 의미한다. 반대로 산수 점수가 무게비교 점수에 비해 유의미하게 높을 경우, 자극이 시각보다는 청각적으로 제시될 때 양적추론 능력을 더 잘 발휘할 수 있다는 것을 의미한다. 그리고, 아동이 어려운 과제에 흥미를 가지는 경향이 있어 더 잘 수행했을 가능성도 있다.

2.2. 숫자와 순차연결

숫자와 순차연결은 청각작업기억지표를 구성하는 소검사로 모두 청각단기기억, 기계적인 암기력 등을 측정한다. 숫자 소검사에서는 단일한 숫자 자극이 사용되고 순차연결 소검사에서는 숫자와 글자 자극이 사용된다. 그래서 상대적으로 순차연결 소검사에서 더 높은 수준의 정보처리 능력, 청각적 변별 능력, 정신적 조작 능력이 필요하다.

따라서 숫자 점수가 순차연결 점수보다 유의미하게 높을 경우, 청각단기기억은 잘 발달했으나 더 복잡한 정신적 조작 능력은 부족하다는 것을 의미할 수 있다. 반대로 순차연결 점수가 숫자 점수보다 유의미하게 높은 경우, 단순한 청각적 암기력보다 고차원적인 정보처리 능력과 정신적 조작 능력이 더 잘 발달했다고 볼 수 있다. 아동이 숫자와 글자의 처리에서 주의집중을 잘 하고, 긴 수열을 순서대로 배열하는 것에는 어려움을 보이는 것이라고도 볼 수 있다. 또한, 순차연결 소검사를 숫자 소검사 다음에 시행하기 때문에 연습효과로 인해 수행이 향상되었을 가능성도 있다.

III. 단계 6. 처리분석 해석하기

단계 6은 처리분석 단계로 처리점수에 대해서 해석한다. 즉, 처리점수의 원점수를 환산점수로 변환하고, 그 환산점수 간 차이를 비교하며, 처리점수의 원점수의 누적비율을 확인하여 해석한다. 처리점수는 검사 수행 시 아동이 사용하는 문제해결 전략이나 오류의 특성 등 아동의 인지 과정에 대한 정보를 제공한다. 처리분석을 통해 검사자는 아동의 검사 수행에 대한 질적 분석과 구체적인 오류 분석을 할 수 있고 수행에 영향을 주는 다양하고 복합적인 원인을 파악할 수 있다.

처리분석의 해석과 관련된 부분은 [그림 6-6] 기록용지의 처리분석 페이지에 해당한다.

처리점수는 〈표 6-2〉와 같이 토막짜기, 숫자, 그림기억, 순차연결, 동형찾기, 기호쓰기, 선택 소검사에 대한 총 18개의 처리점수가 있다.

처리분석

총 원점수를 처리점수의 환산점수로 변환

처리점수	원점수	환산점수	처리점수	원점수	환산점수
시간보너스가 없는 토막짜기(BDn)			선택(무선 배열) (CAr)		
토막짜기 부분점수(BDp)			선택(일렬 배열) (CAs)		
숫자 바로 따라하기(DSf)					
숫자 거꾸로 따라하기(DSb)					
숫자 순서대로 따라하기(DSs)					

처리점수의 차이비교									
비교	점수1		점수2		차이	임계값	유의미한 차이	누적 비율
BD - BDn	BD		– BDn		=		Y / N	
BD - BDp	BD		– BDp		=		Y / N	
DSf - DSb	DSf		– DSb		=		Y / N	
DSf - DSs	DSf		– DSs		=		Y / N	
DSb - DSs	DSb		– DSs		=		Y / N	
LN - DSs	LN		– DSs		=		Y / N	
CAr - CAs	CAr		– CAs		=		Y / N	

비교기준

임계값 유의수준

□.01 □.05 □.10 □.15

누적비율 준거집단

□ 전체표본 □ 능력수준

원점수를 누적비율로 변환

처리점수	원점수	누적비율
가장 긴 숫자 바로 따라하기(LDSf)		
가장 긴 숫자 거꾸로 따라하기(LDSb)		
가장 긴 숫자 순서대로 따라하기(LDSs)		
가장 긴 그림기억 자극(LPSs)		
가장 긴 그림기억 반응(LPSr)		
가장 긴 순차연결(LLNs)		
토막짜기 공간크기 오류(BDde)		
토막짜기 회전 오류(BDre)		
기호쓰기 회전 오류(CDre)		
동형찾기 세트 오류(SSse)		
동형찾기 회전 오류(SSre)		

누적비율 기준 집단

□ 전체표본 □ 연령 집단

차이 비교					
비교	원점수 1		원점수 2	차이	누적비율
LDSf-LDSb		–		=	
LDSf-LDSs		–		=	
LDSb-LDSs		–		=	

▌그림 6-6 기록용지의 처리분석 페이지

▌표 6-2 소검사별 처리점수 종류

소검사	처리점수
토막짜기	시간보너스가 없는 토막짜기(Block Design No Time Bonus, BDn), 토막짜기 부분점수(Block Design Partial Score, BDp), 토막짜기 공간크기 오류(Block Design Dimension Errors, BDde), 토막짜기 회전 오류(Block Design Rotation Errors, BDre)
숫자	숫자 바로 따라하기(Digit Span Forward, DSf), 숫자 거꾸로 따라하기(Digit Span Backward, DSb), 숫자 순서대로 따라하기(Digit Span Sequencing, DSs), 가장 긴 숫자 바로 따라하기(Longest Digit Span Forward, LDSf), 가장 긴 숫자 거꾸로 따라하기(Longest Digit Span Backward, LDSb), 가장 긴 숫자 순서대로 따라하기(Longest Digit Span Sequence, LDSs)
그림기억	가장 긴 그림기억 자극(Longest Picture Span Stimulus, LPSs), 가장 긴 그림기억 반응(Longest Picture Span Response, LPSr)
순차연결	가장 긴 순차연결(Longest Letter-Number Sequence, LLNs)
동형찾기	동형찾기 세트 오류(Symbol Search Set Errors, SSse), 동형찾기 회전 오류(Symbol Search-Rotation Errors, SSre)
기호쓰기	기호쓰기 회전 오류(Coding Rotation Errors, CDre)
선택	선택(무선 배열) (Cancellation Random, CAr), 선택(일렬 배열) (Cancellation Structured, CAs)

1. 처리점수의 환산점수 변환 및 해석

다음은 처리점수를 환산점수로 변환하여 해석하는 방법에 대한 설명으로, 처리점수를 서로 비교하기 쉽도록 환산점수로 변환하여 각각의 처리점수를 알아보는 것이다. [그림 6-6] 기록용지 처리분석 페이지에서 [총 원점수를 처리점수의 환산점수로 변환] 부분에 해당하며 토막짜기, 숫자, 선택 소검사의 처리점수를 변환해 제시해준다. 이 때 처리점수의 환산점수도 제5장에서 제시한 〈표 5-6〉 소검사 점수의 분류처럼 분류하여, 같은 연령의 다른 아동들과 비교했을 때 아동의 수행 정도를 확인할 수 있다.

[그림 6-7]은 처리점수의 환산점수 변환의 예시로, 결과보고서1의 처리점수의 환산점수 변환 결과이다.

처리점수		원점수	환산점수
시간보너스가 없는 토막짜기	BDn	32	9
토막짜기 부분점수	BDp	40	8
숫자 바로 따라하기	DSf	10	11
숫자 거꾸로 따라하기	DSb	9	9
숫자 순서대로 따라하기	DSs	8	10
선택(무선 배열)	CAr	34	11
선택(일렬 배열)	CAs	32	9

▌그림 6-7 **결과보고서1의 처리점수의 환산점수 변환**

다음은 Wechsler(2014c)의 연구를 참고하여 각 처리점수가 측정하는 능력과 환산점수로 변환한 처리점수를 어떻게 해석할 수 있는지에 대해 설명하고자 한다.

1.1. 토막짜기 처리점수

토막짜기 처리점수에는 시간보너스가 없는 토막짜기 점수 그리고 토막짜기 부분점수가 있다.

시간보너스가 없는 토막짜기(BDn) 점수는 시간보너스 점수를 부여하지 않았을 때의 토막짜기 소검사 점수이다. BDn 점수는 과제 수행에서 속도의 영향을 줄인 점수이기 때문에, 신체적 어려움이 있어 토막을 빠르게 움직이지 못하는 아동, 완벽주의적이고 강벅적인 성향이 있어 제한시간 내에 과제를 수행하지 못하는 아동의 수행을 파악할 때 활용할 수 있다.

토막짜기 부분점수(BDp)는 제한시간 안에 정확하게 배열된 토막에 대한 점수이다. 즉, 제한시간 안에 토막을 다 완성하지 못했어도 맞게 완성한 부분에 대해서만 점수를 부여하는 것이다. 제한시간 안에 전체를 완성해야 점수를 받을 수 있는 토막짜기(BD) 총점과 달리 토막짜기 부분점수(BDp)는 완성된 만큼 점수를 받을 수 있기 때문에 충동적이거나, 부주의하거나, 완성해야 하는 토막의 모양을 잘 인식하지 못하는 아동의 시공간 구성 능력을 평가하는 데 유용하다.

1.2. 숫자 처리점수

숫자 소검사에는 세 가지 과제인 숫자 바로 따라하기, 숫자 거꾸로 따라하기, 숫자 순서대로 따라하기에 대한 처리점수가 있다.

숫자 바로 따라하기(DSf) 점수는 숫자 바로 따라하기 과제에 대한 처리점수이다. DSf 점수는 청각단기기억, 기계적 암기력, 작업기억을 나타낸다.

숫자 거꾸로 따라하기(DSb) 점수는 숫자 거꾸로 따라하기 과제에 대한 처리점수이다. 숫자 거꾸로 따라하기 과제에서는 제시된 자극을 역으로 재배열해야 하기 때문에, DSb 점수는 자극의 변환이 필요한 청각단기기억과 더 복잡한 주의 처리 능력, 정신적 조작 능력, 작업기억을 나타낸다.

숫자 순서대로 따라하기(DSs) 점수는 숫자 순서대로 따라하기 과제에 대한 점수이다. 숫자 순서대로 따라하기 과제에서는 제시된 숫자 자극을 기억했다가 크기 순서대로 배열해야 하기 때문에, DSs 점수는 청각단기기억, 작업기억, 주의집중력 뿐만 아니라 숫자에 대한 양적 지식까지 나타낸다. DSs 점수는 DSb점수와 마찬가지로 정신적 조작 능력을 나타내며, DSf 점수보다 주의집중력과 작업기억을 훨씬 더 많이 반영한다.

1.3. 선택 처리점수

선택에는 선택(무선 배열)과 선택(일렬 배열) 처리점수가 있고, 이 처리점수를 통해 시각 자극의 배열이 아동의 소검사 수행에 어떤 영향을 미쳤는지를 평가할 수 있다.

선택(무선 배열)(CAr) 점수는 시각 자극이 비조직적으로 제시되었을 때 아동의 처리속도와 선택적으로 주의를 기울이는 능력을 측정한다.

선택(일렬 배열)(CAs) 점수는 시각 자극이 일렬로, 즉 조직적으로 제시되었을 때 아동의 처리속도와 선택적으로 주의를 기울이는 능력을 측정한다.

2. 처리점수의 환산점수 차이비교

처리점수의 환산점수 차이비교를 통해 아동의 인지 과정에 대한 추가적인 정보를 얻을 수 있다. [그림 6-6] 기록용지 처리분석 페이지의 [처리점수의 차이비교] 부분에서 볼 수 있듯이, [토막짜기(BD)-시간보너스가 없는 토막짜기(BDn)], [토막짜기(BD)-토막짜기 부분점수(BDp)], [숫자 바로 따라하기(DSf)-숫자 거꾸로 따라하기(DSb)], [숫자 바로 따라하기(DSf)-숫자 순서대로 따라하기(DSs)], [숫자 거꾸로 따라하기(DSb)-숫자 순서대로 따라하기(DSs)], [순차연결(LN)-숫자 순서대로 따라하기(DSs)], [선택(무선 배열)(CAr)-선택(일렬 배열)(CAs)]로 총 7쌍의 차이비교를 할 수 있다. 다른 차이비교와 마찬가지로, 두 점수 차이의 절대값이 해당 임계값보다 크거나 같으면 그 차이가 유의미한 차이라고 판단하며, 누적비율을 통해 그 점수 차이가 얼마나 드물게 혹은 빈번하게 일어나는 경우인지도 판단할 수 있다.

다음의 [그림 6-8]은 처리점수의 환산점수 차이비교에 대한 예시로, 결과보고서 1의 처리점수의 환산점수 차이비교 결과이다.

[그림 6-8]의 예시에서는 [숫자 바로 따라하기-숫자 순서대로 따라하기]에서 유의미한 차이가 나타났다. 숫자 바로 따라하기(11) 점수와 숫자 순서대로 따라하기(15) 점수 차이의 절대값(4)이 임계값(3.45)보다 크기 때문에 두 점수의 차이는 통계적으로 유의미하다. 누적비율은 12.8%로 15% 미만이기 때문에 드문 경우에 해당

처리점수 비교			점수 1	점수 2	차이	임계값	유의미한 차이(Y/N)	누적 비율
토막짜기 총점	-	시간보너스가 없는 토막짜기 점수	11	11	0	3.95	N	-
토막짜기 총점	-	토막짜기 부분점수	11	11	0	3.67	N	-
숫자 바로 따라하기	-	숫자 거꾸로 따라하기	11	12	-1	3.35	N	45.1%
숫자 바로 따라하기	-	숫자 순서대로 따라하기	11	15	-4	3.45	Y	12.8%
숫자 거꾸로 따라하기	-	숫자 순서대로 따라하기	12	15	-3	3.55	N	19.1%
순차연결 총점	-	숫자 순서대로 따라하기	14	15	-1	3.38	N	46.5%
선택 (무선 배열)	-	선택 (일렬 배열)	7	7	0	4.17	N	-

임계값 유의수준은 0.05입니다.

▌그림 6-8 **결과보고서1의 처리점수 환산점수 차이비교**

한다고 볼 수 있다.

다음은 Wechsler(2014c)의 연구를 참고하여 각각의 처리점수의 환산점수 차이비교 결과를 어떤 의미로 해석할 수 있는지 설명하고자 한다.

2.1. 토막짜기 총점과 시간보너스가 없는 토막짜기 점수의 차이비교

토막짜기 총점은 빠르고 정확한 수행에 대한 가산점으로 시간보너스 점수를 부여한 토막짜기 소검사 점수이고, 시간보너스가 없는 토막짜기 점수는 시간보너스 점수를 부여하지 않았을 때의 토막짜기 소검사 점수이다. 따라서 토막짜기(BD) 총점과 시간보너스가 없는 토막짜기(BDn) 점수의 비교를 통해, 토막짜기 소검사 수행 시 아동의 정확성과 속도가 시간제한에 얼마나 영향 받는지를 평가할 수 있다. 일반적으로 토막짜기 총점과 시간보너스가 없는 토막짜기 점수는 거의 비슷하며, Wechsler(2014c)에 따르면 두 점수가 1점 이상 차이나는 것은 드문 경우라고 한다.

토막짜기 총점이 시간보너스가 없는 토막짜기 점수보다 높을 경우(BD > BDn), 시간 압박하에 과제를 빠르고 정확하게 수행할 수 있으며, 처리속도와 소근육 운동 능력에 어려움이 없다는 것을 의미한다. 반대로 시간보너스가 없는 토막짜기 점수가 토막짜기 총점에 비해 유의미하게 높을 경우(BD < BDn), 아동은 제한시간 안에 시공간 자극을 조직화하고 구성하는 능력은 양호하지만, 빠른 시각처리 능력이나 소근육 운동 능력이 부족할 수 있다. 또한, 아동이 지나치게 신중한 문제해결 전략을 사용하거나, 강박적인 성향을 가지고 있음을 나타낼 수 있다.

2.2. 토막짜기 총점과 토막짜기 부분점수의 차이비교

토막짜기(BD) 총점과 토막짜기 부분점수(BDp)의 비교를 통해 아동이 세부사항에 주의를 더 기울이는지 아니면 속도와 시간제한에 더 초점을 맞추는지를 평가할 수 있다. 일반적으로 토막짜기 총점과 토막짜기 부분점수는 거의 비슷하며, Wechsler(2014c)에 따르면 두 점수가 2점 이상 차이나는 것은 드문 경우라고 한다.

토막짜기 총점이 토막짜기 부분점수보다 높을 경우(BD > BDp), 아동이 빠르고 정확하게 시공간 자극을 조직화하고 구성할 수 있으며 처리속도와 소근육 운동 능력에 문제가 없다는 것을 의미한다. 반대로 토막짜기 부분점수가 토막짜기 총점에 비해 유의미하게 높을 경우(BD < BDp), 아동이 시간제한에 압박감을 느끼며 빠르

게 시지각 정보를 처리하는 것을 어려워하거나 운동 실행기능이 저조할 수 있음을 의미한다. 또한, 아동이 세부사항에 지나치게 주의를 기울여 제한시간 안에 과제를 완료하지 못했을 가능성이 있다.

2.3. 숫자 바로 따라하기와 숫자 거꾸로 따라하기의 차이비교

숫자 바로 따라하기(DSf) 점수와 숫자 거꾸로 따라하기(DSb) 점수의 비교를 통해 아동의 작업기억 용량과 정신적 조작 능력에 대해 평가할 수 있다. 숫자 바로 따라하기는 청각단기기억을 측정하는 반면, 숫자 거꾸로 따라하기는 청각단기기억뿐만 아니라 숫자를 역으로 재배열해야 하는 정신적 조작 능력도 필요로 한다.

따라서, 숫자 바로 따라하기 점수가 숫자 거꾸로 따라하기 점수에 비해 유의미하게 높을 경우(DSf>DSb), 인지적 변환을 필요로 하는 정신적 조작 능력보다 청각단기기억, 기계적 암기력이 더 우수하다는 것을 의미한다. 또는 아동이 숫자 거꾸로 따라하기 과제의 지시사항을 제대로 이해하지 못했거나, 숫자 바로 따라하기 과제가 끝난 후 주의집중력을 유지하지 못했음을 나타낼 수 있다. 반대로, 숫자 거꾸로 따라하기 점수가 숫자 바로 따라하기 점수에 비해 유의미하게 높은 경우(DSf<DSb)는 드문 현상으로, 아동이 숫자 바로 따라하기 과제의 지시사항을 제대로 이해하지 못했거나, 비일관적인 주의집중력이나 불안 등 다른 여러 요인이 수행에 영향을 주었음을 의미할 수 있다. 또는 단순한 과제에는 흥미를 느끼지 못하고 어려운 과제에 흥미를 보이는 아동의 도전적인 성향을 나타내는 결과일 수 있다.

2.4. 숫자 바로 따라하기와 숫자 순서대로 따라하기의 차이비교

숫자 바로 따라하기(DSf)와 숫자 순서대로 따라하기(DSs) 점수의 비교는 숫자 바로 따라하기와 숫자 거꾸로 따라하기의 차이비교와 유사하다. 숫자 바로 따라하기는 청각단기기억을 측정하는 반면, 숫자 순서대로 따라하기는 더 복잡한 과제로 청각단기기억뿐만 아니라 정신적 조작 능력과 수의 순서에 대한 양적 지식까지 측정한다.

따라서, 숫자 바로 따라하기 점수가 숫자 순서대로 따라하기 점수보다 유의미하게 높을 경우(DSf>DSs), 청각단기기억은 양호하지만 작업기억과 정신적 조작 능력이 상대적으로 저조하다는 것을 의미한다. 또는 아동이 숫자를 순서대로 배열하는 방법을 배우지 못했거나, 숫자를 순서대로 말하라는 추가적인 지시사항을 이해하지 못한 것일 수 있다. 반대로, 숫자 순서대로 따라하기 점수가 숫자 바로 따라하기 점수보다 유의미하게 높은 경우(DSf<DSs)는 드문 현상으로, 단순한 기계적 암기보다 복잡한 과제에 더 흥미를 느끼고 집중하는 성향이 반영된 결과일 수 있다. 또는 아동의 비일관적인 주의집중력, 거부적인 태도, 불안 등을 나타낼 수 있다.

2.5. 숫자 거꾸로 따라하기와 숫자 순서대로 따라하기의 차이비교

숫자 거꾸로 따라하기(DSb)와 숫자 순서대로 따라하기(DSs) 점수의 비교를 통해 인지적으로 복잡하고 어려운 과제를 수행할 때의 작업기억에 대해 평가할 수 있다. 숫자 거꾸로 따라하기와 숫자 순서대로 따라하기 모두 청각단기기억 뿐만 아니라 정신적 조작 능력, 숫자를 재배열하는 능력이 필요하기 때문이다.

숫자 거꾸로 따라하기 점수가 숫자 순서대로 따라하기 점수보다 유의미하게 높을 경우(DSb>DSs), 청각단기기억 및 정신적 조작 능력은 양호하게 발달하였지만, 아동이 숫자를 순서대로 배열하는 것을 어려워하거나 숫자 순서대로 따라하기의 일부 문항 중 동일한 숫자가 반복되는 것에 혼란을 느꼈을 가능성이 있다. 숫자 순서대로 따라하기가 숫자 거꾸로 따라하기보다 더 높은 수준의 정신적 조작 능력과 작업기억을 필요로 하기 때문에, 대부분의 아동은 숫자 거꾸로 따라하기에서 더 높은 점수를 받는다. 반대로, 숫자 순서대로 따라하기 점수가 숫자 거꾸로 따라하기 점수보다 높을 경우(DSb<DSs)는 순서화를 잘 하거나, 숫자를 거꾸로 따라하는데 어려움이 있다는 것을 시사한다.

2.6. 순차연결 총점과 숫자 순서대로 따라하기 점수의 차이비교

순차연결(LN) 총점과 숫자 순서대로 따라하기(DSs) 점수의 비교를 통해 이중으로 제시된 자극이 작업기억 수행에 어떤 영향을 미치는지 평가할 수 있다. 순차연결과 숫자 순서대로 따라하기는 모두 청각단기기억, 정신적 조작 능력을 필요로 하지만 순차연결에서는 숫자 순서대로 따라하기와 달리 숫자와 글자, 두 종류의 자극을 기억하여 재배열해야 한다.

따라서, 순차연결 총점이 숫자 순서대로 따라하기 점수보다 유의미하게 높을 경우(LN>DSs), 청각단기기억, 정신적 조작 능력 등이 잘 발달했으며 아동이 숫자보다 글자를 순서대로 배열하는 것에 더 능숙하거나, 복잡한 이중 과제를 더 잘 처리한다는 것을 의미한다. 반대로 숫자 순서대로 따라하기 점수가 순차연결 총점보다 유의미하게 높을 경우(LN<DSs), 두 종류의 자극을 처리하는 이중 과제에서 작업기억 수행 능력을 잘 발휘하지 못한다는 것을 의미한다. 또는, 아동이 글자를 순서대로 배열하는 방법을 익히지 못한 경우일 수도 있다.

2.7. 선택(무선 배열)과 선택(일렬 배열)의 차이비교

선택 소검사의 선택(무선 배열) 과제와 선택(일렬 배열) 과제는 선택적으로 주의를 기울이는 능력, 시각적 변별 능력, 처리속도를 측정하고, 선택(무선배열)과 선택(일렬배열) 점수의 비교를 통해 시각 자극의 배열이 아동의 소검사 수행에 어떤 영향을 미쳤는지 평가할 수 있다.

선택(무선 배열) 점수가 선택(일렬 배열) 점수보다 높을 경우(CAr>CAs), 시각 자극이 비조직적으로 제시되었을 때 아동이 시각적 주사 능력, 처리속도를 더 효율적으로 발휘할 수 있다는 것을 나타낸다. 반대로, 선택(일렬 배열) 점수가 선택(무선 배열) 점수에 비해 높을 경우(CAr<CAs), 시각 자극이 일렬로 조직적으로 제시되었을 때 아동이 시각적 주사 능력, 처리속도를 더 효율적으로 발휘할 수 있다는 것을 의미한다. 또한, 선택(일렬 배열) 과제를 선택(무선 배열) 과제 다음에 시행하기 때문에 연습효과로 인해 수행이 향상되었을 가능성도 있다.

3. 처리점수의 누적비율 해석

처리점수 중 가장 긴 폭과 배열 점수, 오류 점수는 환산점수로 해석하지 않고 원점수와 누적비율로 해석한다. [그림 6-6] 기록용지 처리분석 페이지의 [원점수를 누적비율로 변환] 부분에서 볼 수 있듯이 가장 긴 숫자 바로 따라하기, 가장 긴 숫자 거꾸로 따라하기, 가장 긴 숫자 순서대로 따라하기, 가장 긴 그림기억 자극, 가장 긴 그림기억 반응, 가장 긴 순차연결, 토막짜기 공간크기 오류, 토막짜기 회전 오류, 기호쓰기 회전 오류, 동형찾기 세트 오류, 동형찾기 회전 오류의 원점수를 누적비율로 변환하여 제시한다. 누적비율의 기준 집단으로 '전체표본' 혹은 '연령집단'을 선택할 수 있는데, 기준 집단에 따라 누적비율이 달라진다.

처리점수		원점수	누적비율
가장 긴 숫자 바로 따라하기	LDSf	7	58.44%
가장 긴 숫자 거꾸로 따라하기	LDSb	5	57.95%
가장 긴 숫자 순서대로 따라하기	LDSs	6	38.24%
가장 긴 그림기억 자극	LPSs	4	86.84%
가장 긴 그림기억 반응	LPSr	6	97.92%
가장 긴 순차연결	LLNs	5	36.46%
토막짜기 공간크기 오류	BDde	0	15%
토막짜기 회전 오류	BDre	0	10%
기호쓰기 회전 오류	CDre	0	5%
동형찾기 세트 오류	SSse	0	10%
동형찾기 회전 오류	SSre	0	10%

그림 6-9 결과보고서1의 처리점수의 누적비율

[그림 6-9]는 처리점수의 누적비율 예시로, 결과보고서1의 처리점수의 누적비율 결과이다.

[그림 6-9]의 예시에서 가장 긴 숫자 바로 따라하기(LDSf)를 보면 원점수는 7점이고 누적비율이 58.44%이므로, 원점수 7점을 받은 아동의 비율이 전체표본에서 58.44% 라는 의미이다. 또한 예시에서는 어떤 오류 점수도 받지 않았는데, 이는 과제 수행 중에 오류를 보이지 않았다는 의미이다. 오류 점수를 받지 않았다면 누적비율은 고려하지 않는다.

다음은 가장 긴 폭과 배열 점수, 오류 점수에 대해 설명하고, 각 처리점수 결과를 어떤 의미로 해석할 수 있을지 설명하고자 한다.

3.1. 가장 긴 폭과 배열 점수

가장 긴 폭과 배열 점수는 숫자, 그림기억, 순차연결 소검사에 대한 처리점수로, 가장 긴 숫자 바로 따라하기, 가장 긴 숫자 거꾸로 따라하기, 가장 긴 숫자 순서대로 따라하기, 가장 긴 그림기억 자극, 가장 긴 그림기억 반응, 가장 긴 순차연결 점수가 있다.

우선, 가장 긴 숫자 바로 따라하기(LDSf), 가장 긴 숫자 거꾸로 따라하기(LDSb), 가장 긴 숫자 순서대로 따라하기(LDSs)는 숫자 소검사에서 아동의 최대 주의폭을 반영하는 점수이다. LDSf는 숫자 바로 따라하기에서 정확하게 수행한 가장 긴 자리의 숫자 개수를 말한다. LDSb는 숫자 거꾸로 따라하기에서 정확하게 수행한 가장 긴 자리의 숫자 개수, 그리고 LDSs는 숫자 순서대로 따라하기에서 정확하게 수행한 가장 긴 자리의 숫자 개수를 말한다. 이 처리점수들을 통해 아동의 숫자 소검사 수행에 대해 평가할 수 있다. 과제 수행 시 아동은 일반적으로 앞부분의 쉬운 문항들을 잘 맞히다가 뒷부분의 어려운 문항들을 틀려서 중지 규칙에 도달한다. 아동의 비일관적인 수행으로 인해 숫자 소검사 총점이 낮아지기도 하는데, 소검사 점수가 낮으므로 아동의 작업기억이 또래에 비해 저조하다고 자칫 잘못된 해석을 할 수도 있다. 그래서 이러한 오해석을 방지하기 위해 LDSf, LDSb, LDSs를 확인하여, 낮은 숫자 소검사 점수가 작업기억의 결함 때문인지 혹은 작업기억은 양호하지만 주의력 부족 등으로 인한 비일관적인 수행 때문인지에 대해 평가할 수 있다.

다음으로, 가장 긴 그림기억 자극(LPSs)과 가장 긴 그림기억 반응(LPSr)은 그림기억 소검사의 처리점수들이다. LPSs는 아동이 마지막으로 올바르게 수행한 검사 문항의 자극페이지에 있는 그림의 개수이다. LPSr는 아동이 마지막으로 올바르게 수행한 검사 문항의 반응페이지에 있는 그림의 개수이다. 예를 들어, 아동이 그림기억 문항 19에서 마지막으로 만점을 받았을 경우, 문항 19의 자극페이지에는 그림이 4개 제시되므로 LPSs는 4가 되고, 반응페이지에는 그림이 10개 제시되므로 LPSr는 10이 된다. 일반적으로 그림기억 점수는 아동의 시각작업기억을 나타내지만, 검사 과정에서 어떤 아동들은 작업기억이 양호하게 발달했음에도 불구하고 비일관적인 태도로 검사를 수행하여 낮은 그림기억 점수를 받기도 한다. 이런 경우에는 그림기억 소검사 점수는 낮지만, LPSs와 LPSr은 높을 수 있다.

마지막으로, 가장 긴 순차연결(LLNs)은 순차연결 소검사에서 아동이 마지막으로 올바르게 수행한 시행에서의 숫자와 글자의 개수이다. LLNs를 통해 아동이 정확하게 맞춘 최대의 숫자폭과 글자폭을 알 수 있다. 순차연결 소검사 점수가 낮지만 LLNs 점수는 낮지 않다면, 낮은 순차연결 소검사 점수는 청각단기기억, 작업기억의 부족 때문이 아니라 성공과 실패를 반복하는 비일관적인 수행 때문일 수 있다.

3.2. 오류 점수

오류 점수는 아동이 토막짜기, 기호쓰기, 동형찾기 소검사에서 범하는 특정한 오류에 대한 처리점수로, 토막짜기 공간크기 오류, 토막짜기 회전 오류, 기호쓰기 회전 오류, 동형찾기 세트 오류, 그리고 동형찾기 회전 오류 점수가 있다.

우선, 토막짜기 공간크기 오류(BDde) 점수는 아동이 토막으로 만든 모형이 2×2나 3×3의 모양 크기를 초과하는 문항의 총 개수를 의미한다. 토막짜기 회전 오류(BDre) 점수는 아동이 토막으로 만든 모형이 30° 이상 회전된 문항의 총 개수를 의미한다. 두 오류 점수를 통해 아동의 정신적 회전 능력에 대해 평가할 수 있다(Wechsler, 2014b). 아동의 높은 BDde 또는 BDre 점수는 아동의 정신적 회전 능력이 부족하다는 것을 의미할 수 있다.

다음으로, 기호쓰기 회전 오류(CDre) 점수는 아동이 그린 기호 중 90° 이상 회전된 기호의 개수를 의미한다. 높은 CDre 점수는 시지각 문제, 충동성, 부주의를 나타낼 수 있다.

마지막으로, 동형찾기 세트 오류(SSse) 점수는 아동이 표시한 세트 오류 모양의 총 개수를 의미하며, 동형찾기 회전 오류(SSre) 점수는 아동이 표시한 회전 오류 모양의 총 개수를 의미한다. 동형찾기 채점판에서 세트 오류 모양과 회전 오류 모양을 확인할 수 있다. SSse, SSre 점수는 시지각 문제와 관련이 있고, 충동적인 성향이나 부주의와도 관련될 수 있다. 예를 들어, 아동이 신중하지 못하거나 충동적인 성향일 경우, 동형찾기에서 비슷한 모양을 발견했을 때 다른 모양들을 검토하지 않고 바로 선택하는 세트 오류를 범하여 SSse 점수를 받을 수 있다.

4. 처리점수의 원점수 차이비교

[그림 6-6] 기록용지 처리분석 페이지의 [차이 비교] 부분에서 볼 수 있듯이 [가장 긴 숫자 바로 따라하기(LDSf)-가장 긴 숫자 거꾸로 따라하기(LDSb)], [가장 긴 숫자 바로 따라하기(LDSf)-가장 긴 숫자 순서대로 따라하기(LDSs)], [가장 긴 숫자 거꾸로 따라하기(LDSb)-가장 긴 숫자 순서대로 따라하기(LDSs)]의 차이비교를 할 수 있다. 점수 차이에 대한 누적비율을 통해 해당 점수 차이가 얼마나 빈번하게 혹은 드물게 나타나는 경우인지 판단할 수 있다.

다음의 [그림 6-10]은 처리점수의 원점수 차이비교의 예시로, 결과보고서1의 처리점수 원점수 차이비교 결과이다.

처리점수 비교			점수 1	점수 2	차이	누적 비율
가장 긴 숫자 바로 따라하기	-	가장 긴 숫자 거꾸로 따라하기	8	7	1	85.8%
가장 긴 숫자 바로 따라하기	-	가장 긴 숫자 순서대로 따라하기	8	5	3	26.2%
가장 긴 숫자 거꾸로 따라하기	-	가장 긴 숫자 순서대로 따라하기	7	5	2	8.3%

그림 6-10 결과보고서1의 처리점수 원점수 차이비교

[그림 6-10]의 예시에서 [가장 긴 숫자 거꾸로 따라하기-가장 긴 숫자 순서대로 따라하기] 점수 차이의 누적비율은 8.3%로 15% 미만에 해당하므로 전체 표본 내에서 드문 경우로 나타났다.

LDSf, LDSb, LDSs에 대한 차이비교의 해석은 앞에서 설명한 DSf, DSb, DSs 차이비교의 해석과 유사하다. LDSf와 LDSb, 그리고 LDSf와 LDSs의 비교를 통해서 청각단기기억에 비하여 정신적 조작 능력과 작업기억이 얼마나 잘 발달하였는지 평가할 수 있다. 또한, LDSb와 LDSs의 비교를 통해 작업기억, 그리고 정신적 조작 능력 중에서도 숫자를 순서대로 배열하거나 거꾸로 배열하는 능력이 얼마나 잘 발달하였는지 평가할 수 있다.

5. 기타 소검사 점수 해석

앞에서 설명한 소검사들 외에도 기본지표척도의 구성이나, 추가지표척도의 구성에 포함되지 않은 상식, 이해, 공통그림찾기, 선택 소검사가 있다. 이 소검사들은 전체 IQ를 구성하는 일곱 가지 소검사 중 한 소검사 측정이 불가할 경우 대체하여 사용한다. 다음은 상식, 이해, 공통그림찾기, 선택 소검사가 측정하는 능력에 대한 설명이다.

5.1. 상식

상식(Information, IN) 소검사에서 아동은 일반적인 지식을 다루는 질문에 답변해야 한다. 이 소검사는 언어이해지표 소검사 중 공통성 혹은 어휘 소검사를 실시하지 못했을 때 대체할 수 있다. 상식 소검사는 결정지능, 장기기억, 이해력, 언어적 표현 능력 등을 측정한다(Wechsler, 2014c). 아동의 지적 호기심, 교육적 · 문화적 기회 및 경험, 환경에 대한 민감성 등이 상식 소검사 수행에 영향을 미칠 수 있다. 만약, 아동이 초반에 비교적 쉬운 문항에서는 오답 반응을 보였으나, 어려운 문항에서 정답 반응을 보이는 경우는 불안, 동기 부족, 정보 인출의 어려움 등을 의미할 수 있다. 그리고, 아동이 불필요하게 길게 대답할 경우는 강박적인 성향이나 검사자에게 깊은 인상을 주고 싶은 욕심, 또는 정답을 잘 알지 못하고 이를 숨기려는 의도와 관련이 있을 수 있다. 그리고 아동이 특정한 문항에 오답 반응을 할 경우, 그 문항이 담고 있는 특정 주제나 영역에 대한 지식 부족을 나타낼 수 있다.

높은 상식 소검사 점수는 일반적인 지식, 지적 호기심, 언어 유창성, 장기기억 등이 우수하고, 교육적 · 문화적 경험이 풍부하며 학습을 통해 축적한 지식이 많음을 나타낸다. 낮은 상식 소검사 점수는 일반적인 지식이 부족하고 지적 호기심이 제한되어 있으며, 장기기억으로부터 정보를 인출하는 능력이 저조하다는 것을 의미한다. 그리고, 교육적, 문화적 경험이 부족할 수도 있다.

5.2. 이해

이해(Comprehension, CO) 소검사에서 아동은 일반적인 원칙과 사회적 상황에 대한 이해를 바탕으로 질문에 답해야 한다. 이 소검사는 언어이해지표 소검사 중 공통성 혹은 어휘 소검사를 실시하지 못했을 때 대체할 수 있다. 이해 소검사는 결정지능, 일반적인 지식, 언어적 추론 능력, 언어이해와 표현 능력, 사회적 판단 능력, 관습적인 규칙에 대한 이해 등을 측정한다(Wechsler, 2014c). 교육적 · 문화적 기회 및 경험, 환경에 대한 민감성, 양심이나 도덕성의 발달 등이 이해 소검사 수행에 영향을 미칠 수 있다. 또한, 이해 소검사에서 아동은 상당히 긴 문장으로 답해야 하기 때문에 아동의 언어적 유창성, 언어적 표현 능력 등도 소검사 수행에 영향을 줄 수 있다.

높은 이해 소검사 점수는 일반적인 지식, 사회적 판단 능력, 관습적인 규칙에 대한 이해, 언어적 표현 능력 등이 우수하다는 것을 의미한다. 낮은 이해 소검사 점수는 사회적 상황에 대한 이해 및 판단 능력, 관습적인 규칙에 대한 이해가 부족하다는 것을 나타내며, 빈약한 언어적 표현 능력이나 부족한 교육적 경험을 반영할 수 있다.

5.3. 공통그림찾기

공통그림찾기(Picture Concepts, PC) 소검사에서 아동은 두 줄이나 세 줄로 이루어진 그림들을 보고, 공통된 속성으로 묶을 수 있는 그림들을 각 줄에서 하나씩 골라야 한다. 이 소검사는 유동추론지표 소검사 중 행렬추리나 무게비교 소검사를 실시하지 못했을 때 대체할 수 있다. 공통그림찾기는 귀납추론 능력, 유동추론 능력, 상위 개념 형성 능력, 범주화 능력, 관계 파악 능력, 시각적 주사 능력, 결정지능 등을 측정한다(Wechsler, 2014c). 아동의 시각적 민감성, 교육적·문화적 기회 및 경험, 지적 호기심 등이 공통그림찾기 소검사 수행에 영향을 미칠 수 있다.

높은 공통그림찾기 소검사 점수는 개념화 및 범주화 능력, 귀납추론 능력, 관계 파악 능력 등이 우수하다는 것을 나타낸다. 그리고, 시각적 변별 능력, 결정지능, 인지적 유연성, 비언어적 추론 능력 등이 뛰어나다는 것을 의미할 수 있다. 낮은 공통그림찾기 소검사 점수는 개념화 및 범주화 능력, 관계 파악 능력, 귀납추론 능력, 추상적 추론 능력 등이 부족하고, 사고방식이 인지적으로 유연하지 못하다는 것을 의미할 수 있다. 또한, 교육적·문화적 기회 및 경험이 제한된 경우에도 아동은 해당 그림이 무엇을 의미하는지 몰라 낮은 점수를 받을 수 있다.

5.4. 선택

선택(Cancellation, CA) 소검사에서 아동은 제한시간 내에 무선 배열과 일렬 배열로 제시된 시각 자극들을 빠르게 훑어보고 표적 자극에 표시해야 한다. 이 소검사는 처리속도지표의 소검사 중 기호쓰기 소검사를 실시하지 못했을 때 대체할 수 있다. 선택 소검사는 검사 수행 속도, 시각적 주사 능력, 시지각 처리 능력, 시각적 변별 능력, 의사결정 능력 등을 측정한다(Wechsler, 2014c). 그리고 시각단기기억, 주의집중력, 시각-운동 협응 능력, 정신운동속도, 시간 압박하에 과제를 수행하는 능력과도 관련이 있다.

높은 선택 소검사 점수는 시각적 주사 능력, 시지각 처리 능력, 시각적 변별 능력, 처리속도, 정신운동속도, 의사결정 속도, 주의집중력 등이 우수하다는 것을 의미한다. 낮은 선택 소검사 점수는 처리속도, 정신운동속도, 의사결정 속도가 느리며, 시각적 변별 능력, 주의집중력이 부족하다는 것을 나타낼 수 있다. 그리고 아동이 시간 압박하에 과제를 빠르고 정확하게 수행하는 능력이 부족하거나 충동적 성향을 가졌을 수 있고, 지루함이나 피로감을 느끼고 있을 수도 있으므로 행동관찰 등을 통해 면밀하게 해석해야 한다.

6. 기타 소검사 차이비교

[공통성-공통그림찾기], [선택-동형찾기], [어휘-이해]의 소검사 차이비교를 통해 아동의 인지적 특성에 대한 추가적인 정보를 얻을 수 있다. 이는 단계 3의 기본지표척도 소검사 차이비교나 단계 5의 추가지표척도 소검사 차이비교에서 설명되지 않았던 소검사 차이비교이다. 해당 소검사 차이비교 결과는 인싸이트 홈페이지의 온라인 채점프로그램으로 산출한 결과보고서2: CHC 분석을 통해 확인할 수 있다. 다음의 [그림 6-11]은 결과보고서2: CHC 분석에서 해당 소검사 차이비교 결과를 보여 주는 예시이다. 단계 3이나 단계 5에서의 소검사 차이비교와 마찬가지로, 두 소검사 점수 차이의 절대값이 해당 임계값보다 크거나 같으면 그 차이는 통계적으로 유의미하다고 본다. 또한 차이가 통계적으로 유의미하다면 누적비율을 통해 두 소검사의 점수 차이가 얼마나 빈번하게 혹은 드물게 발생하는 경우인지도 판단할 수 있다.

소검사 비교			점수 1	점수 2	차이	임계값	유의미한 차이(Y/N)	누적비율
공통성	-	공통그림찾기	15	8	7	3.34	Y	3.6%
선택	-	동형찾기	7	16	-9	3.87	Y	1.3%
어휘	-	이해	15	14	1	3.06	N	43.7%

임계값의 유의수준은 0.05입니다.

그림 6-11 결과보고서2: CHC 분석의 소검사 차이비교

[그림 6-11]의 예시에서는 [공통성-공통그림찾기], [선택-동형찾기]에서 유의미한 차이가 나타났다. 우선, 공통성(15) 점수와 공통그림찾기(8) 점수 차이의 절대값(7)이 임계값(3.34) 보다 크기 때문에 두 소검사 점수의 차이는 통계적으로 유의미하다. 누적비율은 3.6%로 15% 미만이기 때문에 해당 점수 차이는 드문 경우이다. 그리고, 선택(7) 점수와 동형찾기(16) 점수 차이의 절대값(9)이 임계값(3.87)보다 크기 때문에 두 소검사의 점수 차이는 통계적으로 유의미하다. 누적비율은 1.3%이므로 매우 드문 경우라고 볼 수 있다.

다음은 각 소검사가 상대적으로 어떤 능력에 더 관련이 있는지와 소검사 차이비교 결과를 어떤 의미로 해석할 수 있는지 설명하고자 한다.

6.1. 공통성과 공통그림찾기

공통성과 공통그림찾기 소검사에서 아동은 두 개 이상의 단어나 사물들 간 공통된 속성을 추론해야 한다. 따라서 두 소검사 모두 본질적 요소와 비본질적 요소의 변별 능력, 범주화 능력, 개념화 능력, 추상적 추론 능력 등을 측정한다. 공통성 소검사에서는 자극이 언어적으로 제시되기 때문에 언어적 추론 능력, 언어적 개념 형성 능력, 어휘지식과 좀 더 관련이 있고, 언어적 표현을 필요로 한다. 한편, 공통그림찾기 소검사에서는 자극이 시각적으로 제시되기 때문에 비언어적 추론 능력, 시지각 추론 능력, 시각처리 능력, 시각적 변별 능력과 좀 더 관련이 있고, 범주적 개념을 언어적으로 표현하지 않아도 된다.

따라서, 공통성 점수가 공통그림찾기 점수보다 유의미하게 높을 경우, 언어적 추론 능력, 언어적 개념 형성 능력이 비언어적 추론 능력, 시지각 추론 능력보다 우수함을 의미한다. 반대로 공통그림찾기 점수가 공통성 점수보다 유의미하게 높을 경우, 비언어적 추론 능력, 시지각 추론 능력이 언어적 추론 능력, 언어적 개념 형성 능력, 어휘지식보다 뛰어나다는 것을 의미한다.

6.2. 선택과 동형찾기

선택과 동형찾기 소검사 모두 처리속도를 측정한다. 선택 소검사는 시지각 재인 능력, 시각적 주사 능력과 더 연관되며 동형찾기 소검사는 시각적 변별 능력과 더 연관된다. 또한, 선택 소검사에서는 의미 있는 그림 자극이 제시되는 반면, 동형찾기 소검사에서는 기호 자극이 제시된다는 차이가 있다.

따라서, 선택 점수가 동형찾기 점수보다 유의미하게 높을 경우, 시각적 변별 능력보다 시지각 재인 능력 및 시각적 주사 능력이 우수하며 아동이 기호보다 의미 있는 그림 자극을 변별하는 능력이 뛰어나다는 것을 의미한다. 반대로 동형찾기 점수가 선택 점수보다 유의미하게 높을 경우, 시지각 재인 능력, 시각적 주사 능력보다 시각적 변별 능력이 우수하며, 아동이 특히 의미 있는 그림 자극보다 기호 자극을 변별하는 능력이 뛰어나다는 것을 의미한다.

6.3. 어휘와 이해

어휘와 이해 소검사 모두 결정지능, 장기기억 인출, 언어적 표현 능력, 추상적 사고 능력 등 언어이해 능력을 측정한다. 어휘 소검사는 어휘지식, 개념화 능력 등과 연관되며, 이해 소검사는 사회적 판단, 실생활에서 추론하는 능력, 관습적인 규칙에 대한 이해, 도덕적·윤리적 판단과 관련이 있다. 그리고 어휘 소검사에서 아동은 한두 단어를 사용하여 올바른 대답을 할 수 있지만, 이해 소검사에서는 주로 절이나 문장으로 대답해야 하기 때문에 더 높은 수준의 언어적 표현 능력이 필요하다.

따라서, 어휘 점수가 이해 점수보다 유의미하게 높을 경우, 사회적 판단 능력, 실생활에서 추론하는 능력보다는 어휘지식, 언어적 개념화 능력이 더 뛰어나다는 것을 의미한다. 반대로, 이해 점수가 어휘 점수보다 유의미하게 높을 경우 어휘지식보다 사회적 판단 능력과 문제해결 능력, 언어적 표현 능력 등이 더 뛰어나다는 것을 의미한다.

7. 한계검증 해석

아동의 능력을 파악하기 위해서 검사는 표준화된 절차에 따라 실시 및 채점하고 해석해야 한다. 다만 전체 검사가 다 끝난 후, 추가적으로 소검사를 재실시하거나 아동이 답을 고른 이유를 물어 아동이 가진 능력의 한계를 검증해 볼 수 있다. 이렇게 한계검증을 하는 이유는 아동의 문제해결 전략에 대해 세부적으로 평가하고, 아동이 오답반응을 보인 이유가 해당 소검사와 관련된 인지능력이 부족해서인지 또는 기타 환경적 요인으로 인한 것인지를 알아보기 위함이다(Flanagan & Alfonso,

2017). 한계검증은 아동의 소검사 점수가 너무 낮아 수행에 대한 질적 분석이 필요하다고 판단될 때 시행하며, 한계검증 단계에서 추가적으로 실시한 문항에 대한 점수는 소검사 점수에 반영하지 않는다. 다음은 각 소검사의 한계검증 방법과 그 결과를 어떻게 해석할 수 있는지에 대해 설명하고자 한다.

7.1. 토막짜기

토막짜기 소검사의 한계검증으로는 검사자가 아동이 오답반응을 보인 문항을 선택하여 자극 모양과 다르게 토막으로 모형을 만든 후, 아동이 자극 모양과 토막 모형이 다르다는 것을 알아차리는지 확인하는 방법이 있다(김도연, 옥정, 김현미, 2015). 만약 다르다는 것을 알아차리고 지적할 수 있다면, 아동이 오답 반응을 보인 이유가 시지각 문제보다는 시각-운동 협응 문제와 관련이 있는 것으로 추정할 수 있다.

또 다른 한계검증 방법으로는 아동이 실패했던 문항에 대해 검사자가 단서를 주었을 때 올바르게 수행할 수 있는지 확인하는 것이다. 아동이 실패했던 문항을 다시 보여 준 후 검사자가 1개의 토막을 놓거나 한 줄을 올바르게 만들어서, "자 다시 한번 해볼게요. 선생님이 첫 번째 토막을 놓을 테니까(혹은 첫 번째 줄을 만들테니까) 이걸 완성시켜보세요. 끝나면 끝났다고 말해주세요"라고 지시한다. 만약 아동이 첫 번째 시도에서 실패한다면, 검사자가 나머지 토막을 바르게 놓으면서 완성을 도와준다. 이후 아동이 토막을 바르게 완성하기까지 얼마나 많은 단서를 필요로 했는지 기록한다. 많은 단서를 필요로 하는 아동일수록 그렇지 않은 아동보다 시공간 추론 능력이 더 저조한 것으로 추정할 수 있다.

또한, 어떤 아동은 쉽게 포기하는 성향으로 인해 초반 문항부터 연속적인 실패를 보여, 토막짜기 소검사의 중지 규칙(2문항 연속으로 0점을 받으면 중지)에 금방 도달할 수도 있다. 이 경우 추가적으로 중지 규칙 이후의 문항을 실시하여 아동이 낮은 점수를 받은 것이 시공간적 처리 능력, 시각-운동 협응 능력 등이 부족해서인지 혹은 동기나 끈기가 부족해서인지를 확인할 수 있다. 이 때 중지 규칙 이후에 실시한 문항에 대해서는 점수를 부여하지 않는다.

이 외에도 아동에게 토막짜기 소검사를 선다형 문제로 제시하는 방법이 있다. 검사자는 토막으로 3개의 모형을 만들고 그중 한 개만 정확하게 만들어, 아동에게 어느 것이 자극 모양과 동일한 모형인지 물어본다(김도연 외, 2015). 이는 운동 기술을 덜 반영하고 시공간 추론 능력, 세부사항에 대한 주의, 통제 및 조절 능력 등을 더 강조한 방법이다(Weiss et al., 2019). 선다형 문제로 제시했을 때 아동이 올바른 답을 선택할 수 있다면, 낮은 토막짜기 점수가 저조한 시공간 구성 능력이나 시공간 추론 능력에 의한 것이기보다는 운동 기술, 소근육 운동 능력, 시각-운동 협응 능력 등의 부족 때문이라고 볼 수 있다.

7.2. 공통성

공통성 소검사의 한계검증으로는 아동의 답변 중 정확하지 않았던 반응에 대해 다시 물어보는 방법이 있다. 검사자는 아동의 답변을 언급하면서, 그 답변이 무슨 뜻이었는지와 더 자세히 알려줄 수 있는지를 물어본다.

또 다른 한계검증 방법으로는 아동이 어려워했던 문항을 선다형 문제로 다시 제시하는 방법이 있다(김도연 외, 2015). 예를 들어, "형제와 자매는 어떤 점이 비슷한가요?"라는 문항에 대해서 "다음 중에 하나를 골라보세요. 둘 다 가족 구성원입니다. 둘 다 같은 집에 삽니다"라고 선택지를 이어서 제시한다. 여러 문항에 대해서 선다형 질문을 할 경우 정답의 위치는 무선적으로 제시한다. 선다형 문제로 제시했을 때 아동이 올바른 답을 선택할 수 있다면, 아동은 단어의 의미를 모르는 것이 아니라 장기기억에서 정보를 인출하는데 어려움이 있거나 자신의 생각을 언어로 표현하는 능력이 부족한 것일 수 있다(Weiss et al., 2019).

7.3. 행렬추리

행렬추리 소검사의 한계검증으로는 아동에게 어떤 문제해결 전략을 사용했는지 물어보는 방법이 있다. 행렬추리 소검사 과제를 해결하는 전략으로는 크게 전체적 처리와 순차적 처리가 있다. 전체적 처리는 자극들 간의 관계와 규칙을 먼저 파악한 후 이에 해당되는 답을 보기에서 찾는 것이다. 반면, 순차적 처리는 각각의 보기를 하나씩 대입하여 규칙을 추론하고 답을 찾는 것이다(이우경, 이원혜, 2019).

또한 아동의 행동을 관찰하거나 보호자에게 추가적인 정보를 요청하여 아동의 시지각 능력이 소검사 수행에 영향을 미쳤는지 파악해볼 수 있다. 시지각적 문제가 있는 아동은 다양한 색깔이 포함된 시각 자극을 처리하는데 어려움을 겪을 수 있다. 특히, 아동이 색맹일 경우에는 형태가 단서가 되는 문항보다 색깔이 단서가 되는 문항을 더 어려워할 수 있다(Lichtenberger & Kaufman, 2009).

7.4. 숫자

숫자 소검사의 한계검증으로는 아동에게 어떤 방식으로 숫자를 기억했는지 물어보는 방법이 있다. 아동은 숫자를 기억할 때 다양한 인지적 전략을 사용하는데, 숫자를 말로 시연하거나, 머리 속으로 시각화하거나, 손가락을 사용하여 책상 위에 숫자를 써보거나, 손가락을 접어가며 숫자를 되짚어보기도 한다. 질문뿐만 아니라 아동의 행동을 통해서도 어떤 인지적 전략을 사용했는지 파악할 수 있다. 예를 들어, 시각화 전략을 사용하는 아동은 소검사를 수행하는 동안 눈을 감고 있을 수 있다. 아동이 숫자 소검사에서 낮은 점수를 받았을 경우, 이러한 한계검증을 통하여 낮은 점수가 부적절한 전략의 사용 때문인지 혹은 기억력 자체의 문제인지를 확인할 수 있다.

끈기의 부족이나 낮은 동기, 불안 등의 심리적 특성으로 인하여 소검사 점수가 낮게 나타난 것으로 추정될 경우, 중지 규칙 이후의 문항을 추가로 실시하여 저조한 수행의 원인을 구체적으로 파악해볼 수 있다.

7.5. 기호쓰기

기호쓰기의 한계검증으로는 아동이 과제를 수행하기 위해 어떤 전략을 사용했는지 알아보는 방법이 있다. 기호쓰기 소검사 과제를 해결하는 전략으로는 기호와 모양/숫자 자극 중 몇 가지를 외우는 방식이 있고, 매번 기호표에서 기호와 모양/숫자 자극을 확인해가며 수행하는 방식이 있다. 아동이 어떤 전략을 사용했는지 알아보려면, 전체 기호쓰기 소검사가 끝난 후 아동이 소검사의 기호와 모양/숫자 자극을 기억하는지를 확인해보면 된다. 예를 들어 기호쓰기 B형의 경우, 기호표에서 밑의 기호를 종이로 가리고 숫자만 보이게 한 뒤 종이 위에 각 숫자에 해당하는 기호를 기억나는대로 쓰게 할 수 있다. 만약 아동이 잘 기억하지 못한다면, 기호쓰기 소검사에서 낮은 점수를 받은 것이 처리속도의 문제가 아니라 시각단기기억의 결함 때문일 수 있다(Weiss et al., 2019). 반대로 아동이 정확히 기억한다면, 시각단기기억에는 문제가 없지만 정신운동속도, 시각-운동 협응 능력, 글씨쓰기 능력 등이 저조하여 낮은 점수를 받았을 수 있다.

또 다른 한계검증 방법으로는 아동이 잘못 그린 기호에 대해서 표적 기호와 유사한지 혹은 다른지 여부를 아동에게 질문하는 방법이 있다. 만약 아동이 잘못 그린 기호와 표적 기호가 다르다는 것을 알아차리고 오류를 지적한다면, 아동의 저조한 수행은 시지각 처리의 문제보다는 운동 기술과 시각-운동 협응 능력의 부족 때문일 수 있다.

7.6. 어휘

어휘 소검사의 한계검증으로는 아동이 어려워했던 어휘 문항을 선다형으로 다시 제시하는 방법이 있다. 예를 들어, "부엌의 뜻은 다음 중 무엇인가요? – 잠을 자는 곳, 무언가를 요리하는 곳, 청소해야 하는 곳"으로 물어볼 수 있다. 이 때 아동이 올바른 답을 선택할 수 있다면, 아동은 어휘지식이 부족한 것이 아니라 정보의 인출에서 어려움을 겪고 있거나 언어적 표현 능력이 부족한 것일 수 있다(김도연 외, 2015).

또 다른 한계검증으로는 아동이 정확하게 답변하지 못한 문항들에 대해서 해당 문항의 단어를 종이에 써서 아동에게 제시하는 방법이 있다. 어휘 소검사는 앞의 그림 문항을 제외하고는 문항들이 청각적으로 제시되기 때문에 아동의 청각적 변별 능력, 청각적 정확성이 소검사 수행에 영향을 미칠 수 있다. 따라서, 아동이 어휘 소검사에서 낮은 점수를 받았을 경우, 이러한 한계검증을 통하여 낮은 점수가 어휘지식의 부족이나 장기기억 인출의 어려움 때문인지 혹은 청각적 결함 때문인지를 확인할 수 있다.

또한 아동이 부정확하게 대답했거나 지나치게 추상적으로 대답했을 경우, 검사가 끝난 후 그 답변에 대해 더 자세히 말해보라고 요청해서 어휘지식, 사고 등을 확인할 수 있다.

7.7. 무게비교

무게비교 소검사의 한계검증으로는 검사가 끝난 후 시간제한을 두지 않고 아동에게 문제를 다시 풀게 하는 방법이 있다. 무게비교 소검사는 각 문항마다 20~30초의 제한시간이 있기 때문에 유동추론 능력, 양적추론 능력이 양호하더라도 시간 압박하에 수행하는 능력이 부족할 경우, 소검사에서 낮은 점수를 받을 수 있다. 추가 시간을 주었을 때 정답을 찾을 수 있다면, 아동에게 시간제한에 대한 압박감이 있다는 것을 의미할 수 있다. 이 때 검사자는 아동이 완료한 시간을 기록해야 한다. 아동이 정답을 맞히는데 얼마나 많은 시간이 필요한지 알면 시간제한이 아동의 수행에 영향을 미치는 정도에 대해 파악할 수 있기 때문이다.

또 다른 한계검증으로는 아동에게 어떤 문제해결 전략을 사용하였는지 물어보는 방법이 있다. 어떤 아동은 보기를 하나하나 대입하여 정답을 선택할 수 있고, 다른 아동은 저울을 먼저 검토하고 모양과 무게의 관계를 파악한 다음, 이에 해당되는 정답을 보기에서 찾을 수 있다.

7.8. 퍼즐

퍼즐 소검사의 한계검증으로는 무게비교와 마찬가지로 검사가 끝난 후 시간제한을 두지 않고 아동에게 문제를 다시 풀게 하는 방법이 있다. 충분한 시간이 주어졌을 때 아동이 정답을 찾을 수 있다면, 낮은 퍼즐 점수는 시공간 구성 능력, 시지각 조직화 능력 등이 부족함을 나타내는 것이 아니라 시간 압박하에 과제를 수행하는 능력이 저조하다는 것을 의미할 수 있다.

또 다른 한계검증 방법으로는 아동의 문제해결 전략을 확인하는 방법이 있다. 어떤 아동은 퍼즐 소검사의 보기를 하나씩 검토하여 시행착오를 겪으며 정답을 찾는 반면, 다른 아동은 퍼즐의 부분과 전체 관계를 먼저 파악한 후 정답을 선택한다. 아동이 퍼즐 소검사에서 사용한 인지적 전략을 확인하여, 다른 소검사에서 사용했던 전략과도 비교해 볼 수 있다.

7.9. 그림기억

그림기억 소검사의 한계검증으로는 아동이 어떤 문제해결 전략을 사용했는지 확인하는 방법이 있다. 이를 위해 검사자는 검사가 끝난 후, 아동에게 어떤 전략을 사용하여 그림을 기억했는지 물어볼 수 있다. 아동은 그림들을 시각 이미지로 저장하여 기억할 수도 있고, 그림들에 명칭을 붙여 언어적으로 시연하며 기억할 수도 있다(Flanagan & Alfonso, 2017). 아동이 후자의 전략을 사용했을 경우 해당 아동의 그림기억 소검사 점수는 시각작업기억보다 언어적 작업기억을 더 많이 반영한다고 볼 수 있다. 그림기억은 숫자와 함께 작업기억지표를 구성하는 소검사이기 때문에, 아동이 숫자 소검사에서 사용한 전략과 그림기억 소검사에서 사용한 전략을 비교해서 청각·시각 정보를 어떻게 처리하는지 종합적으로 알아볼 수도 있다.

7.10. 동형찾기

동형찾기 소검사의 한계검증으로는 아동이 오류를 범한 이유를 물어보는 방법이 있다. 검사자는 아동이 오답반응을 보인 문항을 가리키며 "이 모양에 표시한 이유에 대해 말해줄래요?" 또는 "왜 '아니요'에 표시했는지 말해줄래요?"라고 물어본다. 동형찾기 소검사에서 회전 오류나 세트 오류를 많이 보인다는 것은 아동이 방해 자극에 취약하며, 충동성이 높다는 것을 의미할 수 있다.

또 다른 한계검증 방법으로, 아동이 풀고 있는 문항을 제외한 다른 문항들은 모두 종이나 자로 가린 채 문항을 풀게 하는 방법이 있다(김도연 외, 2015). 이렇게 했을 때 아동의 수행이 향상되었다면, 아동의 동형찾기 점수가 낮은 이유가 처리속도나 정신운동속도의 결함보다는 주의집중력 부족 때문이라고 볼 수 있다.

7.11. 상식

상식 소검사의 한계검증으로는 아동이 어려워했던 문항을 선다형으로 제시하는 방법이 있다. 예를 들어, "공자는 누구인가요? 철학자일까요, 탐험가일까요, 작가일까요?"라고 물어볼 수 있다. 이 때 아동이 올바른 답을 선택할 수 있다면, 낮은 상식 점수는 어휘지식의 부족에 기인한 것이 아니라 장기기억 인출의 결함 혹은 언어적 표현 능력과 언어 유창성의 부족에 기인한 것일 수 있다.

또한, 아동이 지나치게 추상적이거나 비정상적으로 대답하여 사고장애가 의심될 경우, 그 답변에 대해 더 자세히 말해 보라고 요청하여 아동의 사고 능력, 일반적인 지식에 대한 이해 등을 확인할 수 있다.

7.12. 공통그림찾기

공통그림찾기 소검사의 한계검증으로는 검사가 끝난 후 아동이 답을 고른 이유에 대해서 물어보는 방법이 있다. 아동에게 "이 그림들에 어떤 공통점이 있다고 생각하나요?"라고 질문해서, 아동이 그림들을 어떤 공통된 속성을 바탕으로 범주화하였는지 여부를 확인한다. 인지능력이 낮은 아동은 “다 동그라미 모양이에요”, “셋 다 빨간 색이에요”와 같이 대답하며 단순히 색깔이나 모양 혹은 사물의 위치를 바탕으로 그림들을 범주화하는 경향이 있다. 또한 지나치게 창의적이고 독특한 방식으로 그림을 범주화하는 아동의 경우 공통그림찾기 소검사에서 낮은 점수를 받을 수 있다. 아동이 검사 제작자가 미처 생각하지 못한 방식으로 그림의 공통된 속성을 찾아 범주화한 경우에도 점수가 낮게 나올 수 있다. 이러한 경우, 한계검증을 통하여 아동의 개념화 및 범주화 능력, 추론 능력, 시지각 조직화 능력 등을 확인한다.

7.13. 순차연결

순차연결 소검사의 한계검증으로는 문제해결을 위해 사용한 전략을 확인하는 방법이 있다. 아동은 숫자와 글자를 시각화하거나, 집단화하거나, 손가락을 사용하여 기억하는 등의 기억 전략을 사용할 수 있다. 아동이 순차연결 소검사에서 낮은 점수를 받았을 경우, 한계검증을 통해서 낮은 점수가 부적절한 전략의 사용 때문인지, 기억력 자체의 문제 때문인지 확인해볼 수 있다. 순차연결 소검사는 숫자 소검사 중 숫자 거꾸로 따라하기, 숫자 순서대로 따라하기 과제와 유사하게 자극을 정신적으로 조작하여 재배열하는 능력을 요구한다. 다만, 숫자 소검사와 다르게 이중 자극(숫자와 글자)이 사용되므로 청각적 변별 능력, 주의집중력, 인지적 유연성 등이 더 많이 요구된다. 그러므로, 숫자 소검사 수행 시 아동이 사용했던 전략과 비교하여, 순차연결과 숫자 소검사 모두에서 유사한 전략을 사용했는지, 글자 자극과 숫자 자극을 기억할 때 동일한 전략을 사용했는지 등을 확인할 수 있다.

7.14. 선택

선택 소검사의 한계검증으로는 아동이 어떤 전략을 사용했는지 확인하는 방법이 있다. 선택 소검사에서 아동은 제한시간 내에 동물 그림 자극을 찾아야한다. 어떤 아동은 동물 그림을 찾기 위해 위에서부터 한 줄씩 내려가며 질서정연하게 그림에 표시하는 반면, 다른 아동은 우선 한 동물을 페이지에서 모두 표시하고, 그 다음 동물을 표시하는 등의 전략을 사용할 수 있다. 혹은 어떤 아동은 일정한 규칙 없이 충동적이고 무계획적으로 표시할 수도 있다. 아동에게 질문을 통해 어떠한 문제해결 전략을 사용했는지 확인하여 낮은 선택 소검사 점수가 비효율적인 전략 사용 때문인지 또는 처리속도, 정신운동속도의 결함 때문인지를 해석할 수 있다.

7.15. 이해

이해 소검사의 한계검증으로는 아동이 어려워했던 문항을 선다형으로 제시하는 방법이 있다. 예를 들어, "가게에서 누군가의 지갑을 발견하면 다음 중 어떻게 행동해야 할까요? 경찰에게 가져다주면 경찰이 주인을 찾아줄 것이다, 이름이나 전화번호를 확인한다, 그 자리에 되돌려 놓는다"라고 문항을 제시할 수 있다. 만약 아동이 올바른 답을 선택했다면 아동이 해당 문항에서 낮은 점수를 받은 이유가 사회적 판단이나 도덕적 · 윤리적 판단의 부족에 기인한 것이 아니라 장기기억 인출의 결함, 언어적 표현 능력의 부족 등에 기인한 것일 수 있다.

또 다른 한계검증 방법으로, 아동이 특이한 대답을 한 문항에 대해서 자세히 설명해달라고 요청하여 아동의 사회적 판단 능력, 사고 능력, 관습적인 규칙에 대한 이해 정도를 확인해 볼 수 있다.

7.16. 산수

산수 소검사의 한계검증으로는 아동에게 종이와 펜을 주고 문제를 다시 풀어보도록 하는 방법이 있다. 산수 소검사에서 문항은 청각적으로 제시되기 때문에 주의집중력이 부족하거나 청각단기기억이 저조한 아동의 경우 수학 능력이 적절히 발달하였더라도 산수 소검사에서 낮은 점수를 받을 수 있다. 따라서, 한계검증을 통하여 낮은 점수가 수학적 추론 능력, 수학 지식이 부족해서인지 혹은 주의집중력, 청각단기기억, 암산 능력이 부족해서인지 알아볼 수 있다. 만약, 종이와 펜을 사용했을 때 아동이 산수 문제를 잘 풀었다면, 낮은 산수 소검사 점수는 수학 지식이나 수학적 추론 능력의 결함보다는 주의집중력, 암산 능력, 정신적 조작 능력의 부족으로 인한 것일 수 있다. 종이와 펜을 사용했을 때도 여전히 문제를 제대로 풀지 못한다면, 부족한 수학 지식과 수학적 추론 능력이 낮은 점수의 주된 원인이라고 해석할 수 있다. 또한, 아동이 종이에 쓴 문제풀이 과정을 검토하여, 아동이 제한된 수학 지식으로 인해 문제해결에 실패하였는지, 계산에서 오류를 보였는지, 비효율적으로 수식을 사용했는지 등을 확인할 수 있다.

또 다른 한계검증 방법은 아동이 문제를 실패한 이유에 대해 검토해보는 것으로, 검사가 끝난 후 "이 문제를 어떻게 풀었는지 알려줄래요?"라고 추가적으로 질문하는 것이다(김도연 외, 2015). 이를 통해 아동이 실패한 이유가 수학 지식이 부족했기 때문인지, 문제를 이해하지 못했기 때문인지, 주의집중력이 부족하여 문제를 끝까지 듣지 못했기 때문인지 등을 확인할 수 있다.

제7장

단계 7: CHC 분석 해석하기

I. CHC 이론에 대하여

II. CHC 이론과 K-WISC-V

단계 7: CHC 분석 해석하기

K-WISC-V 해석의 마지막 단계는 [그림 7-1]에서 볼 수 있듯이 'CHC 분석 해석하기' 단계이다. CHC 분석이란 CHC 이론(Cattell-Horn-Carroll Theory)에서 제안하는 인지능력을 바탕으로 K-WISC-V의 CHC 지표를 해석하는 것이다. 이 장에서는 CHC 이론과 CHC 분석을 해석하는 방법에 대해 설명하겠다.

I. CHC 이론에 대하여

CHC 이론은 웩슬러 지능검사를 포함한 대부분의 지능검사의 이론적 토대가 되었으며, 지능검사의 개발과 해석에 큰 영향을 미쳤다(Flanagan, McDonough, & Kaufman, 2018). 다음은 CHC 이론의 배경과 특징에 대해 설명하겠다.

1. CHC 이론의 배경

CHC 이론은 제1장에서 다뤘던 Cattell과 Horn의 유동지능-결정지능 모델(이하 Gf-Gc 모델)과 Carroll의 3계층 모델을 통합한 지능 구조 모델이다(Kaufman, Raiford, & Coalson, 2015). Cattell(1963)은 Spearman의 일반 지능 g의 개념을 확장하여 일반 지능이 유동지능(Fluid Intelligence, Gf)과 결정지능(Crystallized Intelligence, Gc)으로 나뉜다고 주장하였다(Kaufman et al., 2015 재인용). 여기서 유동지능이란 추론을 통해 새로운 문제를 해결하는 능력을 의미한다. 결정지능은 교육이나 경험에 의해 축적된 지식을 의미한다. Cattell에 따르면, 유동지능은 선천적인 능력으로

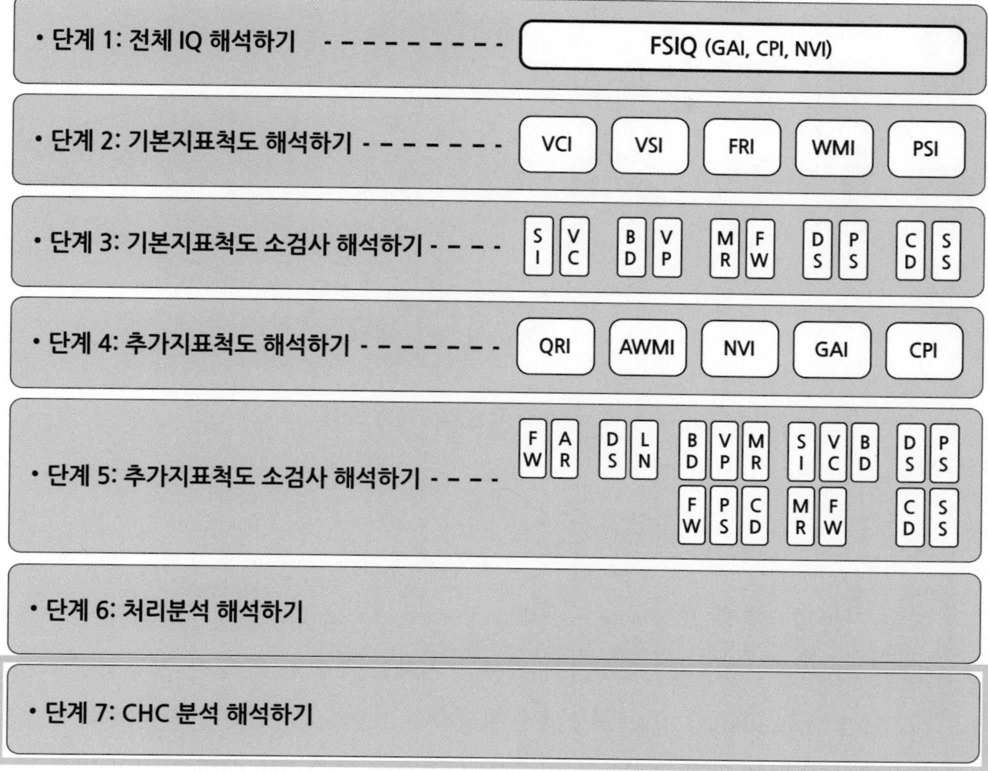

▮그림 7-1 **K-WISC-V 해석의 7단계**

학습과 무관한 반면, 결정지능은 학습을 통해 후천적으로 발달하며 유동지능보다 환경의 영향을 더 많이 받는다(Kaufman et al., 2015 재인용). 이러한 지능의 이분법적인 구분은 이후 Cattell의 제자 Horn에 의해 확장되었다. Horn은 결정지능과 유동지능 외에도 단기기억(Short-Term Apprehension and Retrieval, SAR), 장기 저장 및 인출(Tertiary Storage and Retrieval, TSR), 시각처리(Visual Processing, Gv), 그리고 처리속도(Processing Speed, Gs)를 추가하여 지능을 총 여섯 가지로 확장하였다. 그 후에도 Horn은 꾸준한 연구를 통해 1990년대 중반에는 청각처리(Auditory Processing, Ga), 양적 지식(Quantitative Knowledge, Gq) 등의 요인들을 추가하여 지능을 9~10가지 능력으로 확장하였다(Flanagan & Dixon, 2013; Kaufman et al., 2015). Gf-Gc 모델의 가장 큰 특징은 지능을 구성하는 요인들 간에 위계가 없고 서로 동등한 위치에 있는 것으로 간주한다는 것이다.

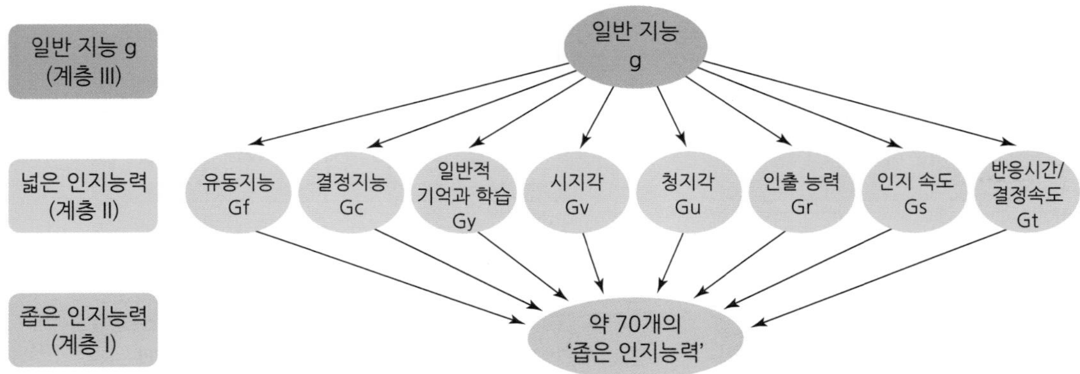

▌그림 7-2 **Carroll의 지능의 3계층 모델**

출처: 곽금주(2016).

이후 Carroll(1997)은 지능의 구조가 위계적이라고 주장하였고, [그림 7-2]와 같이 지능의 3계층 모델(three-stratum theory of cognitive abilities)을 제안하였다(Kaufman et al., 2015 재인용). 가장 위를 차지하는 계층 III은 일반 지능 g를 포함한다. 이는 Spearman의 일반 지능 g에 해당하는 요인으로, 모든 인지적 수행에 공통적으로 사용되는 지적 능력을 의미한다. 다음으로 계층 II는 여덟 가지의 넓은 인지능력(broad cognitive abilities)으로 구성된다. 여덟 가지의 넓은 인지능력은 유동지능(Gf), 결정지능(Gc), 일반적 기억과 학습(General Memory and Learning, Gy), 시지각(Broad Visual Perception, Gv), 청지각(Broad Auditory Perception, Gu), 인출 능력(Broad Retrieval Ability, Gr), 인지 속도(Broad Cognitive Speediness, Gs), 반응시간/결정속도(Reaction Time/Decision Speed, Gt)를 말한다. 마지막으로, 가장 하위 계층인 계층 I은 약 70가지의 좁은 인지능력(narrow cognitive abilities)으로 구성된다. 좁은 인지능력에는 주로 학습의 속도, 검사 수행 속도, 철자법, 학습이나 과제 수행에 숙련된 정도 등이 있다(Carroll, 1997: Kaufman et al., 2015 재인용).

2. CHC 이론의 탄생

McGrew와 Flanagan(1997)은 Cattell-Horn의 Gf-Gc 모델과 Carroll의 3계층 모델의 공통점과 차이점을 제시하였다(Flanagan & Dixon, 2013 재인용). 우선, 두 모델

모두 궁극적으로는 Spearman의 g요인에서 발전하였고 지능의 구조를 설명한다는 점에서 공통점을 지닌다(Kaufman et al., 2015). 또한 두 모델 모두 지능의 요인으로 유동지능과 결정지능을 포함하고 있으며 그 외에도 공통적으로 단기기억, 장기기억, 처리속도, 반응시간과 같은 다양한 인지능력을 지능의 요인으로 제안하고 있다(Flanagan & Dixon, 2013). 반면, Gf-Gc 모델과 3계층 모델은 다음과 같은 차이점이 있다. 우선, 3계층 모델에서는 일반 지능 g가 가장 상위의 지능 요인에 해당하는 반면, Gf-Gc 모델에서는 지능의 요인으로 일반 지능 g를 포함시키지 않는다. 왜냐하면 Gf-Gc 모델에서는 지능에 위계가 있다고 보지 않았기 때문이다(Kaufman et al., 2015). 또한 양적 지식을 의미하는 Gq가 Gf-Gc 모델에서는 넓은 인지능력에 해당하는 반면, 3계층 모델에서는 Gf의 하위 능력으로 좁은 인지능력에 해당한다. 그리고 읽기 및 쓰기 능력은 Gf-Gc 모델에서 넓은 인지능력인 Grw로 나타나지만, 3계층 모델에서는 Gc의 하위 능력에 해당한다.

이러한 차이점에도 불구하고 지능검사의 개발과 해석에 활용할 수 있는 단일한 지능 구조 모델의 필요성이 제기되었기에, McGrew와 Flanagan(1997)은 두 모델을 통합한 지능 구조 모델을 제안하였다(Flanagan & Dixon, 2013 재인용). Horn과 Carroll은 McGrew가 제안한 통합 모델에 동의하였으며, 각 이론가들이 지능이론을 주장한 순서를 반영하여 이 모델을 Cattell-Horn-Carroll(CHC) 이론이라고 명명하였다(Flanagan & Dixon, 2013). 초기 CHC 이론의 구조는 [그림 7-3]과 같다. 초기 CHC 이론 구조에서 3층은 일반 지능 g이며, 2층은 10가지의 넓은 인지능력, 1층은 약 70여 가지의 좁은 인지능력으로 구성된다(Flanagan & Dixon, 2013).

이후 CHC 이론은 현재까지 꾸준히 개편되거나 재구성되고 있다. 현대의 CHC 이론 구조는 [그림 7-4]와 같이 16개의 넓은 인지능력과 80개가 넘는 좁은 인지능력을 포함하며, 초기 CHC 이론 구조보다 더 다양하고 넓은 인지능력과 좁은 인지능력을 다룬다(Flanagan & Dixon, 2013). [그림 7-4]에서 볼 수 있듯이 현대 CHC 이론 구조는 기존의 10개의 넓은 인지능력에 6개의 넓은 인지능력을 추가하였으며, 이는 (영역 특수적) 일반지식(General (Domain-Specific) Knowledge, Gkn), 후각능력(Olfactory Abilities, Go), 촉각능력(Tactile Abilities, Gh), 정신운동능력(Psychomotor Abilities, Gp), 운동감각능력(Kinesthetic Abilities, Gk), 정신운동속도(Psychomotor Speed, Gps)를 말한다. 촉각능력(Gh)과 운동감각능력(Gk)을 제외한 모든 넓은 인지능력은 1~11개의 좁은 인지능력을 포함한다.

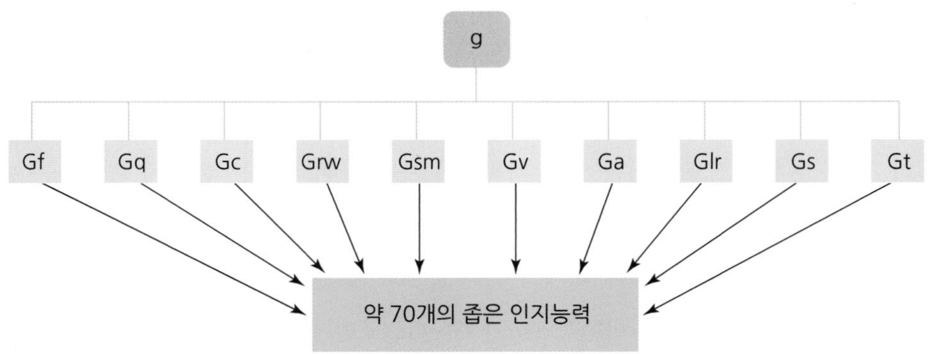

▌그림 7-3 **초기 CHC 이론의 구조**

g=General Intelligence(일반 지능), Gf=Fluid Reasoning(유동추론), Gq=Quantitative Knowledge(양적 지식), Gc=Crystalized Intelligence(결정지능), Grw=Reading and Writing(읽기와 쓰기), Gsm=Short-Term Memory(단기기억), Gv=Visual Processing(시각처리), Ga=Auditory Processing(청각처리), Glr=Long-Term Storage and Retrieval(장기기억과 인출), Gs=Processing Speed(처리속도), Gt=Decision/Reaction Time or Speed(결정/반응시간 또는 속도)

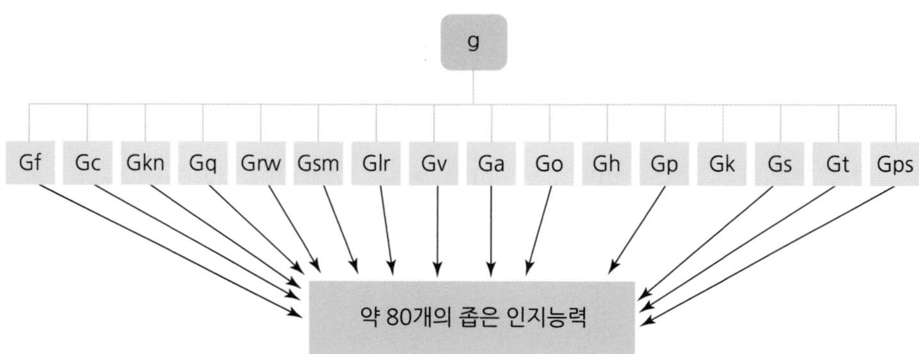

▌그림 7-4 **현대 CHC 이론의 구조**

3. CHC 이론의 지능 요인

앞서 언급하였듯이, CHC 이론은 지능의 요인으로 16개의 넓은 인지능력과 80여 개의 좁은 인지능력을 포함한다. 다음은 Flanagan과 Dixon(2013), McGrew, LaForte, 그리고 Schrank(2014) 등의 연구를 참고하여 16개의 넓은 인지능력과 하위의 좁은 인지능력에 대해 설명하고자 한다.

3.1. 유동추론

유동추론(Fluid Reasoning, Gf)은 교육이나 경험에 의해 학습된 것이 아니며, 새로운 과제를 해결하는 데 필요한 추론 능력 및 정신적 조작 능력이다. Gf는 개념을 형성하고 인지하는 능력, 패턴 간의 관계를 지각하는 능력, 추론 능력, 암시를 이해하는 능력, 문제해결 능력, 정보를 재조직화하거나 변형하는 능력을 포함한다(Flanagan & Dixon, 2013). McGrew 등(2014)은 Gf를 "이전에 학습된 습관, 도식 등으로 해결할 수 없는 새로운 문제를 '즉시' 해결하기 위해 주의를 유연하게 조절하는 능력"(p. 243)이라고 정의하였다. 또한 Gf는 귀납추론, 연역추론, 낯선 자극의 분류, 대상의 공통점 파악하기 등의 능력도 포함한다. 이처럼 Gf는 다양한 능력을 포함하지만 주로 낯선 상황에서 새로운 문제를 해결하는 능력이 핵심이다. Gf의 좁은 인지능력으로는 귀납추론(I), 양적추론(RQ), 일반 순차적 추론(RG)이 있으며 이에 대한 설명은 〈표 7-1〉과 같다.

표 7-1 유동추론(Gf)의 좁은 인지능력

유동추론(Gf)의 좁은 인지능력	설명
귀납추론 (Induction, I)	어떤 현상의 규칙이나 원리, 과정을 발견하고 이를 적용하는 능력을 의미한다.
양적추론 (Quantitative Reasoning, RQ)	귀납과 연역을 통해 수학적 관계나 속성을 추론하고 조작하는 능력을 의미한다.
일반 순차적 추론 (General Sequential Reasoning, RG)	이미 명시된 규칙, 조건, 가정을 이해하고, 하나 이상의 단계를 거쳐서 새로운 문제를 해결할 수 있는 능력, 연역적 추론 능력을 의미한다.

3.2. 결정지능

결정지능(Crystalized Intelligence, Gc)이란 문화적 환경이나 교육으로부터 습득한 기술 및 지식과 이를 적용하는 능력을 의미한다. 최근 CHC 이론에서는 결정지능을 이해-지식(Comprehension Knowledge, Gc)이라고 부르기도 한다(McGrew et al., 2014). Gc는 교육이나 문화적 경험에 영향을 많이 받으며, 연령이 높아질수록 Gc가 높아지는 경향이 있다. Gc는 서술적 지식과 절차적 지식을 포함한다(Flanagan & Dixon, 2013). 서술적 지식이란 장기기억에 저장되는 정보, 이해, 개념, 규칙 및 관계를 말하며, 필요시 장기기억에서 인출할 수 있다. 반면, 절차적 지식이란 이전에 학습된 지식을 활용하기 위해 추론하는 과정을 의미한다. 예를 들어, 한 아동이 자신의 집 주소를 아는 것은 서술적 지식에 해당하며, 그 정보를 이용하여 집에서 학교까지의 길을 찾는 것은 절차적 지식에 해당한다(Gagne, 1985: Flanagan & Dixon, 2013 재인용). 이처럼 Gc는 이미 획득된 지식과 그 지식을 잘 활용할 수 있는 능력을 모두 포함한다. Gc는 주로 말이나 언어적 지식을 통해 발달하며, 언어로 의사소통을 하는 능력, 듣기능력 등도 포함한다. Gc의 좁은 인지능력으로는 일반지식(K0), 언어 발달(LD), 어휘지식(VL), 듣기능력(LS), 의사소통 능력(CM), 문법적 민감성(MY)이 있으며 이에 대한 설명은 〈표 7-2〉와 같다.

표 7-2 결정지능(Gc)의 좁은 인지능력

결정지능(Gc)의 좁은 인지능력	설명
일반지식 (General Verbal Information, K0)	일반적인 지식의 범위를 의미한다.
언어 발달 (Language Development, LD)	일반적인 언어 발달이나 구두로 단어, 문장, 단락을 이해하는 능력을 의미한다.
어휘지식 (Lexical Knowledge, VL)	단어의 의미를 정확하게 알고 활용할 수 있는 능력을 의미한다.
듣기능력 (Listening Ability, LS)	말을 듣고 이해할 수 있는 구두 의사소통(verbal communication) 능력을 의미한다.
의사소통 능력 (Communication Ability, CM)	실제 상황(예: 강연, 그룹)에서 적절하게 말할 수 있는 능력을 의미한다. 듣기능력(LS)에 비해 말하는 능력이 강조된다.
문법적 민감성 (Grammatical Sensitivity, MY)	모국어의 문법적 특징에 대한 지식을 의미한다.

3.3. (영역 특수적) 일반지식

(영역 특수적) 일반지식(General (Domain-Specific) Knowledge, Gkn)이란 특수한 영역의 전문 지식으로 모든 사람에게 있다고 여겨지는 지식이 아니다. 이러한 전문 지식은 주로 개인의 업무 경험, 취미 혹은 열정적인 흥미를 통해 발달한다. 개인의 Gkn은 같은 연령의 또래와 비교하여 평가하기 보다는 동일한 전문 지식을 소유한 사람과 비교하여 평가해야 한다. 예를 들어, 한 지리학자의 지리학적 지식(즉, Gkn의 좁은 인지능력 중 지리학)은 일반 사람들이 아닌 다른 지리학자와 비교해야 한다. 전문 지식은 종류가 매우 다양하기 때문에 Gkn에는 무수히 많은 좁은 인지능력이 포함되지만, 여기서는 McGrew 등(2014)이 제시한 Gkn의 좁은 인지능력 몇 가지에 대해서만 설명하겠다. Gkn의 좁은 인지능력으로는 외국어 능력(KL), 수화 능력(KF), 독순 능력(LP), 지리학(A5), 일반 과학 상식(K1), 문화 지식(K2), 기계적 지식(MK), 행동 지식(BC)이 있으며 이에 대한 설명은 〈표 7-3〉과 같다.

표 7-3 (영역 특수적) 일반지식(Gkn)의 좁은 인지능력

(영역 특수적) 일반지식(Gkn)의 좁은 인지능력	설명
외국어 능력 (Foreign Language Proficiency, KL)	외국어에 대한 전문 지식 및 외국어로 단어, 문장, 단락을 이해하는 능력을 의미한다.
수화 능력 (Knowledge of Signing, KF)	지문자(finger spelling) 및 수화를 사용할 수 있는 능력을 의미한다.
독순 능력 (Skill in Lip-Reading, LP)	입술과 얼굴 표정의 움직임을 관찰하여 상대방의 말을 이해하는 능력을 의미한다.
지리학 (Geography Achievement, A5)	지리학적 지식(예: 나라의 수도)의 범위를 의미한다.
일반 과학 상식 (General Science Information, K1)	과학 지식(예: 생물학, 물리학, 공학, 기계학, 전자공학)의 범위를 의미한다.
문화 지식 (Knowledge of Culture, K2)	인류에 대한 지식(예: 철학, 종교, 역사, 문학, 음악 및 예술)의 범위를 의미한다.
기계적 지식 (Mechanical Knowledge, MK)	일반적인 도구 · 기계 · 장비의 기능, 용어 및 작동에 대한 지식을 의미한다.
행동 지식 (Knowledge of Behavioral Content, BC)	인간의 비언어적 의사소통/상호작용 체계(예: 얼굴 표정 및 몸짓)에 대한 지식 및 민감성을 의미한다.

3.4. 양적 지식

양적 지식(Quantitative Knowledge, Gq)이란 양적인 정보나 수학 지식을 활용할 수 있는 능력을 의미한다. Gq는 수학 기호(예: ∫, π, Σ, ∞, ≠, ≤, +, −, ×, ÷ 등)에 대한 지식이나 수학 연산(예: 덧셈/뺄셈, 곱셈/나눗셈, 지수/루트, 계승 등), 그리고 다른 수학과 관련된 기술(예: 계산기, 수학 소프트웨어 등을 사용하는 능력)을 포함한다. Gq는 주로 성취도 검사로 측정하는데, 대부분의 성취도 검사는 수학 연산, 응용 문제(수학 문제 해결), 일반적인 수학 지식을 측정하기 때문이다. Gq는 Gf의 좁은 인지능력인 양적추론(RQ)과 비슷하지만 구체적으로는 서로 다른 능력을 측정한다. Gq는 일반적인 수학 지식과 수학 계산 능력 등을 광범위하게 측정하는 반면, RQ는 수학 문제를 풀 때 귀납추론이나 연역추론을 통해 수학적 관계를 추론하는 능력을 측정한다. Gq의 좁은 인지능력으로는 수학 지식(KM), 수학 성취도(A3)가 있으며 이에 대한 설명은 〈표 7-4〉와 같다.

표 7-4 양적 지식(Gq)의 좁은 인지능력

양적 지식(Gq)의 좁은 인지능력	설명
수학 지식 (Mathematical Knowledge, KM)	수학에 대한 일반적인 지식의 범위를 의미한다. 이 능력은 수학 문제를 해결하는 능력이나 수학 연산의 수행이 아니라 수학 지식(예: π의 의미)과 연관이 있다.
수학 성취도 (Mathematical Achievement, A3)	수학 성취 정도를 의미한다. 이 능력은 계산 능력, 수학 문제 해결 능력 등을 포함한다.

3.5. 읽기/쓰기 능력

읽기/쓰기 능력(Reading/Writing Ability, Grw)은 기본적인 읽기와 쓰기 기술 및 지식을 의미한다. Grw는 기본적인 글을 이해하는 독해 능력, 읽고 쓰는 능력, 이야기를 쓰는 능력 등을 포함한다. Grw의 좁은 인지능력으로는 구두 (인쇄물) 언어이해(V), 읽기해독(RD), 읽기이해(RC), 읽기속도(RS), 철자능력(SG), 영어 사용 지식(EU), 쓰기능력(WA), 쓰기속도 (유창성)(WS)가 있으며 이에 대한 설명은 〈표 7-5〉와 같다.

표 7-5 읽기/쓰기 능력(Grw)의 좁은 인지능력

읽기/쓰기 능력(Grw)의 좁은 인지능력	설명
구두 (인쇄물) 언어이해 (Verbal (Print) Language Comprehension, V)	모국어의 단어, 문장, 단락을 이해할 수 있는 전반적인 언어 발달 능력으로 단어 시험이나 독해 시험을 통해 측정한다. 쓰기, 듣기, 구어 지시사항을 이해하는 능력은 포함하지 않는다.
읽기해독 (Reading Decoding, RD)	문서에서 단어를 파악하고 해독할 수 있는 능력을 의미한다. 해독이란 글자-소리 대응 규칙을 활용하여 단어를 빠르게 읽을 수 있는 능력을 의미한다(노경란, 박현정, 안지현, 전영미, 2018).
읽기이해 (Reading Comprehension, RC)	문서의 담화를 이해하는 능력을 의미한다. 주로 짧은 글을 제시하고 글의 내용과 관련된 질문을 하는 것으로 측정한다.
읽기속도 (Reading Speed, RS)	단락이나 문장을 빠르고 정확하게 이해할 수 있는 능력을 의미한다.
철자능력 (Spelling Ability, SG)	단어의 철자를 정확히 쓰는 능력을 의미한다.
영어 사용 지식 (English Usage Knowledge, EU)	대문자, 구두점, 철자 사용법 등 영어 쓰기에 대한 지식을 의미한다.
쓰기능력 (Writing Ability, WA)	명확하게 자신의 생각을 글로 써서 의사소통하는 능력을 의미한다.
쓰기속도 (유창성) (Writing Speed (Fluency), WS)	글씨를 빠르고 정확하게 쓰는 능력을 의미하며, 정신운동속도(Gps)와 처리속도(Gs)의 좁은 인지능력에 해당되기도 한다.

3.6. 단기기억

단기기억(Short-Term Memory, Gsm)은 정보를 즉시 기억에 저장한 후 몇 초 안에 사용할 수 있는 능력을 의미한다. 일반적으로 사람들은 한번에 7개의 '청크' 만을 기억에 유지할 수 있고, 그 대표적인 예는 7~8자리의 전화번호를 즉각적으로 기억하여 전화를 거는 것이다(Flanagan & Dixon, 2013). Gsm은 단기기억의 용량, 정보를 기억에 저장하기 위해 주의를 효율적으로 조절하는 능력을 포함한다. 최근 CHC 이론에서는 Gsm의 용어가 Gwm(Short-Term Working Memory)으로 변경되어 사용되기도 한다(McGrew et al., 2014). Gsm의 좁은 인지능력으로는 기억 폭(MS)과 작업기억(MW)이 있으며 이에 대한 설명은 〈표 7-6〉과 같다.

표 7-6 단기기억(Gsm)의 좁은 인지능력

단기기억(Gsm)의 좁은 인지능력	설명
기억 폭 (Memory Span, MS)	일차적으로 단기기억에 정보를 저장하고, 이를 순서에 맞게 바로 회상할 수 있는 능력을 의미한다.
작업기억 (Working Memory, MW)	간단한 정보를 조작하고 변형하기 위해 일시적으로 저장된 정보에 주의를 기울이는 동시에, 방해 자극을 억제하며 장기기억을 활용할 수 있는 능력을 의미한다.

3.7. 장기기억 저장 및 인출

장기기억 저장 및 인출(Long-Term Storage and Retrieval, Glr)이란 정보를 장기기억에 저장하고 필요한 경우 능숙하게 인출할 수 있는 능력을 의미한다. Glr은 주로 창의성 연구에서 아이디어 생성이나 유창성과 관련지어 설명되었다(Flanagan & Dixon, 2013). Glr을 결정지능(Gc), 양적 지식(Gq)과 혼동하지 않는 것이 중요하다. Gc, Gq는 장기기억에 저장되어 있는 정보를 의미하는 반면, Glr은 장기기억에 정보를 저장하고 얼마나 효율적으로 인출하는지와 연관이 있다. Glr의 좁은 인지능력으로는 연상 기억(MA), 의미 기억(MM), 자유회상 기억(M6), 명명 유창성(NA), 연상 유창성(FA), 표현 유창성(FE), 문제에 대한 민감성/대안적 해결 유창성(SP), 독창성/창의성(FO), 아이디어 유창성(FI), 단어 유창성(FW), 묘사 유창성(FF)이 있으며 이에 대한 설명은 〈표 7-7〉과 같다.

표 7-7 장기기억 저장 및 인출(Glr)의 좁은 인지능력

장기기억 저장 및 인출(Glr)의 좁은 인지능력	설명
연상 기억 (Associative Memory, MA)	쌍-연합학습을 통해 학습된 한 쪽을 제시하면 다른 쪽을 회상하는 능력을 의미한다.
의미 기억 (Meaningful Memory, MM)	의미적으로 관련 있는 항목들 또는 이야기로 의미 있게 연결된 항목들을 회상하는 능력을 의미한다.
자유회상 기억 (Free-Recall Memory, M6)	서로 관련 없는 여러 항목들이 제시되었을 때 순서에 상관없이 가능한 한 많은 항목들을 회상하는 능력을 의미한다.
명명 유창성 (Naming Facility, NA)	그림 또는 언어적 자극이 제시되었을 때 이름이나 개념을 빠르게 말할 수 있는 능력을 의미한다.

연상 유창성 (Associational Fluency, FA)	특정한 개념과 관련해 독창적이고 실용적인 아이디어를 빠르게 생성할 수 있는 능력을 의미한다. 아이디어의 양보다는 질이 더 강조된다.
표현 유창성 (Expressional Fluency, FE)	아이디어를 표현할 수 있는 다양한 방법을 빠르게 생각하는 능력을 의미한다.
문제에 대한 민감성/ 대안적 해결 유창성 (Sensitivity to Problems/ Alternative Solution Fluency, SP)	특정한 현실적 문제에 대한 여러 해결책을 빠르게 생각할 수 있는 능력을 의미한다.
독창성/창의성 (Originality/Creativity, FO)	제시된 주제, 상황, 과제에 대해 독창적이고 현명하고 직관적인 반응(표현, 해석)을 형성할 수 있는 능력을 의미한다.
아이디어 유창성 (Ideational Fluency, FI)	특정한 대상과 연관된 아이디어, 단어나 구절을 빠르게 생성할 수 있는 능력을 의미하며, 아이디어의 질보다는 양이 강조된다.
단어 유창성 (Word Fluency, FW)	음운론적 또는 의미적 특징을 공유하는 단어를 빠르게 생성할 수 있는 능력을 의미한다. 또한 의미와 관련 없는 특징(예: 알파벳 'T'로 시작하는 단어)을 공유하는 단어를 빠르게 생성하는 능력도 포함한다.
묘사 유창성 (Figural Fluency, FF)	의미 없는 시각 자극이 제시된 후에 그 자극을 가능한 한 많이 그리거나 스케치하는 능력을 의미한다. 질보다는 양이 강조된다.

3.8. 시각처리

시각처리(Visual Processing, Gv)란 시각적 패턴과 자극을 생성하고 조작할 수 있는 능력을 의미한다. 즉, Gv는 문제해결을 위해 물체나 대상을 정신적으로 뒤집거나 회전시킬 수 있는 능력을 말한다. Gv는 주로 수학 학업 성취와 연관이 있으며 특히 기하학과 같은 고등 수학에 중요한 역할을 한다(Flanagan & Alfonso, 2017). 뿐만 아니라, Gv는 읽기 능력과도 연관이 있는데 시각 자극인 '글자'를 자동적으로 처리하는 능력이 글을 이해할 때 중요하기 때문이다. Gv는 주로 기하학적인 자극이나 시각적 모양 및 이미지를 지각하고 변형하는 과제(예: 웩슬러 지능검사의 토막짜기)로 측정한다. Gv의 좁은 인지능력으로는 시각화(Vz), 빠른 회전/공간 관계(SR), 폐쇄 속도(CS), 폐쇄 유연성(CF), 시각기억(MV), 공간 주사(SS), 연속적 지각의 통합(PI),

길이의 추정(LE), 지각 착각(IL), 지각 교체(PN), 이미지(IM)가 있으며 이에 대한 설명은 〈표 7-8〉과 같다.

표 7-8 시각처리(Gv)의 좁은 인지능력

시각처리(Gv)의 좁은 인지능력	설명
시각화 (Visualization, Vz)	어떤 대상이나 패턴을 정신적으로 조작하여 변형된 상태에서(예: 회전되거나, 크기가 변화하거나, 부분적으로 가려졌을 때) 어떻게 보일지 파악하는 능력을 의미한다.
빠른 회전/공간 관계 (Speeded Rotation/ Spatial Relations, SR)	단순한 시각 자극에 대해 정신적 회전 능력을 사용하여 문제를 빠르게 해결하는 능력을 측정한다. 시각화(Vz) 능력과 유사하지만 속도에 더 중점을 둔다는 점에서 다르다.
폐쇄 속도 (Closure Speed, CS)	완성되지 않은 의미 있는 시각 자극을 빠르게 파악하고 완성시키는 능력을 의미한다. 이 능력은 보이지 않거나 빠진 부분을 '채우는' 능력을 필요로 하기 때문에 게슈탈트 지각이라 불리기도 한다.
폐쇄 유연성 (Flexibility of Closure, CF)	복잡한 시각 자극이나 패턴 속에 숨겨진 특정한 시각적 모양이나 패턴을 찾아내는 능력을 의미한다.
시각기억 (Visual Memory, MV)	짧은 시간 안에 시각적 이미지를 기억하는 능력을 의미한다.
공간 주사 (Spatial Scanning, SS)	공간적 장(spaital field)이나 패턴을 빠르고 정확하게 검토하거나, 시각적 장(visual field)이나 패턴을 통해 길을 찾는 능력을 의미한다.
연속적 지각의 통합 (Serial Perceptual Integration, PI)	대상의 일부분이 연속적으로 제시될 때 그 대상을 인식하는 능력을 의미한다.
길이의 추정 (Length Estimation, LE)	대상의 길이를 시각적으로 예측하는 능력을 의미한다.
지각 착각 (Perceptual Illusions, IL)	시각적 착각에 영향을 받지 않는 능력을 의미한다.
지각 교체 (Perceptual Alternations, PN)	서로 다른 시각 자극을 번갈아 가며 인식하는 능력을 의미한다.
이미지 (Imagery, IM)	생생한 이미지를 정신적으로 상상하고 조작할 수 있는 능력을 의미한다.

3.9. 청각처리

청각처리(Auditory Processing, Ga)란 청각 자극을 조작하며 청각적 패턴을 변별할 수 있는 능력을 의미한다. Ga는 청각 자극을 인식하고, 조직화하고, 종합하는 능력, 소리와 말의 미묘한 뉘앙스를 구분하는 능력 등을 포함한다. Ga는 Gc와 같은 언어이해 능력을 필요로 하진 않지만, 언어기술 발달에 매우 중요한 역할을 한다(Flanagan & Dixon, 2013). Ga는 '음운 인식/처리(phonological awareness/processing)'라고 불리는 능력을 포함하는데, 음운 인식/처리란 음소를 구별하여 인식하고 음소를 의미와 연관시키는 능력을 의미한다(Cassady, Smith, & Putnam, 2008). Ga의 좁은 인지능력으로는 음성 부호화(PC), 말소리 변별(US), 청각적 혼란 자극에 대한 저항력(UR), 소리 패턴에 대한 기억(UM), 리듬의 유지와 판단(U8), 절대 음감(UP), 음악적 변별과 판단(U1 U9), 소리 위치 측정(UL)이 있으며 이에 대한 설명은 〈표 7-9〉와 같다.

표 7-9 청각처리(Ga)의 좁은 인지능력

청각처리(Ga)의 좁은 인지능력	설명
음성 부호화 (Phonetic Coding, PC)	말소리를 듣고 음소를 정확하게 구분하는 능력을 의미한다. 이 능력에는 음운 처리, 음운 인식, 음소 인식이 포함된다.
말소리 변별 (Speech Sound Discrimination, US)	말소리가 왜곡되지 않은 조건에서 말소리(음소는 제외)를 변별하는 능력을 의미한다.
청각적 혼란 자극에 대한 저항력 (Resistance to Auditory Stimulus Distortion, UR)	말소리가 왜곡되고 잡음이 많은 상황에서 말이나 언어를 이해하는 능력을 의미한다.
소리 패턴에 대한 기억 (Memory for Sound Patterns, UM)	음색, 톤, 음성과 같은 청각적 특성을 단기간에 기억할 수 있는 능력을 의미한다.
리듬의 유지와 판단 (Maintaining and Judging Rhythm, U8)	음악적 박자를 인식하고 유지할 수 있는 능력을 의미한다.
절대 음감 (Absolute Pitch, UP)	어떤 음을 듣고 그 음의 고유한 높낮이를 판단할 수 있는 능력을 의미한다.

음악적 변별과 판단 (Musical Discrimination and Judgment, U1 U9)	노래에서 멜로디, 화음, 표현적 특징(예: 박자, 강도, 화음의 복잡성)과 관련된 음악적 패턴을 판단하고 변별할 수 있는 능력을 의미한다.
소리 위치 측정 (Sound Localization, UL)	소리를 듣고 그 소리가 들리는 위치를 파악할 수 있는 능력을 의미한다.

3.10. 후각능력

후각능력(Olfactory Abilities, Go)이란 후각 자극에서 의미 있는 정보를 감지하고 처리하는 능력을 의미한다. Go는 최근 CHC 이론에 새롭게 추가된 능력으로 후각 민감성(냄새를 얼마나 잘 맡을 수 있는지)을 의미하는 것이 아니라 후각 자극의 정보를 처리하고 해석하는 능력과 연관이 있다. 후각능력은 조현병, 우울증, 뇌전증 등과 연관이 있다고 보고하는 연구 결과가 있는데, 이는 후각능력이 신경적 손상이나 결함과도 관련이 있음을 시사한다(Flanagan, McDonough, & Kaufman, 2018). 현재 CHC 이론에서는 Go의 좁은 인지능력으로 후각기억(OM)만을 제시하지만 Go 관련 연구에서는 일화적 후각기억, 후각 민감성, 후각-명명 등을 언급하기도 한다(McGrew et al., 2014). 후각기억(OM)에 대한 설명은 〈표 7-10〉과 같다.

표 7-10 후각능력(Go)의 좁은 인지능력

후각능력(Go)의 좁은 인지능력	설명
후각기억 (Olfactory Memory, OM)	이전에 맡았던 독특한 냄새를 인식하는 능력을 의미한다.

3.11. 촉각능력

촉각능력(Tactile Abilities, Gh)이란 촉각 자극에서 의미 있는 정보를 감지하고 처리하는 능력을 의미한다. Gh는 촉각을 통해 대상을 파악할 수 있는 능력, 촉각적 감각을 미세하게 구별할 수 있는 능력 등을 포함한다(McGrew et al., 2014). 그러나 Gh의 정의가 명확하지 않아 Gh의 좁은 인지능력에 대한 연구는 적으며, 현재 CHC 이론에서 Gh의 좁은 인지능력으로 제안된 능력은 없다.

3.12. 정신운동능력

정신운동능력(Psychomotor Abilities, Gp)이란 힘, 협응 능력, 정확성을 가지고 신체적 운동(예: 손가락, 손, 다리의 움직임)을 수행하는 능력을 의미한다. Gp는 지능검사나 인지검사에서 측정하기보다는 주로 신경심리 평가로 측정한다. 왜냐하면 Gp는 신경심리적 기능을 이해하고 신경심리적 또는 신경학적 손상이나 장애를 판별하는 데 중요한 요인이기 때문이다. Gp의 좁은 인지능력으로는 조준(A1), 손-팔 정교성(P1), 손재주(P2), 근력(P3), 신체 평형(P4), 팔다리 협응(P6), 팔-손 안정성(P7), 통제 정확성(P8)이 있으며 이에 대한 설명은 〈표 7-11〉과 같다.

표 7-11 정신운동능력(Gp)의 좁은 인지능력

정신운동능력(Gp)의 좁은 인지능력	설명
조준 (Aiming, A1)	위치를 맞추기 위해 눈-손의 협응을 정확하고 능숙하게 실행할 수 있는 능력을 의미한다.
손-팔 정교성 (Manual Dexterity, P1)	손과 팔의 움직임, 협응을 정확하게 수행할 수 있는 능력을 의미한다.
손재주 (Finger Dexterity, P2)	손가락의 움직임을 정확하게 수행할 수 있는 능력을 의미한다.
근력 (Static Strength, P3)	상대적으로 무겁거나 움직이지 않는 물체를 움직이기 위해(예: 밀기, 들어올리기, 당기기) 근육을 사용하는 능력을 의미한다.
신체 평형 (Gross Body Equilibrium, P4)	몸을 꼿꼿한 자세로 유지하거나 균형을 잃고 난 후 균형을 되찾을 수 있는 능력을 의미한다.
팔다리 협응 (Multilimb Coordination, P6)	팔이나 다리를 빠르고 명확하게 움직이거나 분리하여 움직일 수 있는 능력을 의미한다.
팔-손 안정성 (Arm-Hand Steadiness, P7)	팔-손의 위치를 정확하고 능숙하게 조정하는 능력을 의미한다.
통제 정확성 (Control Precision, P8)	외부환경의 변화(예: 물체의 속도나 위치의 변화)를 반영하여 근육의 움직임을 정확하게 통제할 수 있는 능력을 의미한다.

3.13. 운동감각능력

운동감각능력(Kinesthetic Abilities, Gk)이란 자신의 신체 위치와 움직임을 정확하게 인지할 수 있는 능력을 의미한다. McGrew 등(2014)에 따르면, Gk는 고유수용감각기(근육과 인대에서 움직임을 감지하는 감각기관)를 통해 근육의 위치와 움직임을 감지하는 능력을 의미한다. 예를 들어, 요가를 할 때 자신의 신체 위치를 정확하게 감지하거나 수영 선수가 수영 실력을 향상시키기 위해 의식적으로 팔 위치를 조정하는 능력 등이 있다. Gk의 좁은 인지능력은 연구된 바가 적으며, 현재 CHC이론에서 Gk의 좁은 인지능력으로 제안된 능력은 없다.

3.14. 처리속도

처리속도(Processing Speed, Gs)는 단순하고 반복적인 과제를 지속적으로 빠르고 정확하게 수행할 수 있는 능력을 의미한다. Gs는 얼마나 빨리 과제에 집중하고 주의를 기울이며, 그 주의를 유지하는지와 관련이 있다. 사람들이 과제를 수행할 때 인지적 자원이 필요한데, 빠른 처리속도는 제한된 인지적 자원을 효율적으로 활용할 수 있게 하여 과제수행을 돕는다. Gs의 좁은 인지능력으로는 지각속도(P), 검사수행속도(R9), 수의 유창성(N), 읽기속도 (유창성)(RS), 쓰기속도 (유창성)(WS)가 있으며 이에 대한 설명은 〈표 7-12〉와 같다.

표 7-12 처리속도(Gs)의 좁은 인지능력

처리속도(Gs)의 좁은 인지능력	설명
지각속도 (Perceptual Speed, P)	나란히 제시되거나 각각 제시되는 시각적 기호나 패턴을 빠르게 찾아내고 비교하는 능력을 의미한다.
검사수행속도 (Rate-of-Test-Taking, R9)	비교적 쉽고 단순한 의사결정이 필요한 검사를 빠르게 수행할 수 있는 능력을 의미한다.
수의 유창성 (Number Facility, N)	숫자를 빠르고 정확하게 조작할 수 있는 능력(예: 숫자 세기, 덧셈, 뺄셈, 곱셈, 나눗셈)을 의미한다.
읽기속도 (유창성) (Reading Speed (Fluency), RS)	글이나 문장들을 소리 내지 않고 가능한 한 빨리 읽는 데 걸리는 시간을 의미한다.
쓰기속도 (유창성) (Writing Speed (Fluency), WS)	단어나 문장을 빨리 쓰거나 베껴 쓸 수 있는 능력을 의미한다. 읽기/쓰기 능력(Grw)와 정신운동속도(Gps)의 좁은 인지능력에 해당하기도 한다.

3.15. 결정속도/반응시간

결정속도/반응시간(Decision Speed/Reaction Time, Gt)은 어떤 자극에 대해서 즉각적으로 빠르게 판단하거나 결정할 수 있는 능력을 의미한다. Gt는 일반적으로 다양한 검사에서 문제의 정답을 맞히는 데 걸리는 시간으로 측정한다. Gt는 처리속도(Gs)와 유사하지만 다른 능력이다. Gt는 특정한 자극에 대해 즉각적으로 반응하는 속도를 초 단위로 측정하는 반면, Gs는 비교적 긴 시간(2~3분) 안에 빠르게 단순한 과제를 수행하는 능력을 측정한다. Gt의 좁은 인지능력으로는 단순 반응시간(R1), 선택 반응시간(R2), 의미처리속도(R4), 정신비교속도(R7), 점검속도(IT)가 있으며, 이에 대한 설명은 〈표 7-13〉과 같다.

표 7-13 결정속도/반응시간(Gt)의 좁은 인지능력

결정속도/반응시간(Gt)의 좁은 인지능력	설명
단순 반응시간 (Simple Reaction Time, R1)	단일한 시각 자극이나 청각 자극에 반응하는 데 걸리는 시간을 의미한다.
선택 반응시간 (Choice Reaction Time, R2)	하나 또는 두 개 이상의 자극 중에서 하나를 선택할 때 걸리는 반응시간을 의미한다.
의미처리속도 (Semantic Processing Speed, R4)	내용 자극을 부호화하고 정신적으로 조작하는 데 걸리는 반응시간을 의미한다.
정신비교속도 (Mental Comparison Speed, R7)	특징을 바탕으로 자극을 비교할 때 걸리는 반응시간을 의미한다.
점검속도 (Inspection Time, IT)	자극 간의 차이점을 빠르게 인식할 수 있는 능력을 의미한다.

3.16. 정신운동속도

정신운동속도(Psychomotor Speed, Gps)란 수월하게 신체적 운동을 할 수 있는 능력을 의미한다. Gps는 심리검사에서 주로 측정하는 영역은 아니지만, 몇몇 신경심리검사에서는 손가락 두드리기 과제(finger-tapping tasks) 등으로 측정하기도 한다(Flanagan & Dixon, 2013). Gps의 좁은 인지능력으로는 팔다리 운동속도(R3), 쓰기

속도 (유창성)(WS), 발화속도(PT), 운동 시간(MT)이 있으며 이에 대한 설명은 〈표 7-14〉와 같다.

표 7-14 정신운동속도(Gps)의 좁은 인지능력

정신운동속도(Gps)의 좁은 인지능력	설명
팔다리 운동속도 (Speed of Limb Movement, R3)	양팔과 다리를 빠르게 움직일 수 있는 능력을 의미한다. 여기서 정확성은 크게 중요하지 않다.
쓰기속도 (유창성) (Writing Speed (Fluency), WS)	단어나 문장을 빨리 쓰거나 베껴쓸 수 있는 능력을 의미한다. 읽기/쓰기 능력(Grw)과 처리속도(Gs)의 좁은 인지능력에 해당하기도 한다.
발화속도 (Speed of Articulation, PT)	연속적으로 말을 빨리 할 수 있는 능력을 의미한다.
운동 시간 (Movement Time, MT)	지시에 따라 신체의 일부분(예: 손가락)을 움직이는 데 걸리는 시간을 의미한다.

II. CHC 이론과 K-WISC-V

K-WISC-V의 검사체계는 CHC 이론에 기반을 두고 있으며, CHC 이론의 넓은 인지능력과 좁은 인지능력 중 일부를 K-WISC-V의 소검사들로 측정할 수 있다. 우선, CHC 이론에서 가장 상위에 위치한 일반 지능 g는 K-WISC-V의 전체 IQ와 상응한다. Kaufman 등(2015)에 따르면 전체 IQ는 전반적인 지적 능력을 나타내며 지표점수 중 일반 지능 g를 가장 잘 대표한다. 그리고 CHC 이론의 2층에 해당하는 16개의 넓은 인지능력 중에서 결정지능(Gc), 시각처리(Gv), 유동추론(Gf), 단기기억(Gsm), 처리속도(Gs)는 각각 언어이해지표, 시공간지표, 유동추론지표, 작업기억지표, 처리속도지표와 상응한다. 또한 CHC 이론의 1층에 해당하는 80여 개의 좁은 인지능력 중에서 총 11개의 좁은 인지능력은 K-WISC-V 소검사로 측정할 수 있다.

1. CHC 이론의 넓은 인지능력과 K-WISC-V

다음은 CHC 이론의 다섯 개의 넓은 인지능력인 결정지능(Gc), 시각처리(Gv), 유동추론(Gf), 단기기억(Gsm), 처리속도(Gs)에 상응하는 K-WISC-V 지표, 그리고 이 능력들을 측정할 수 있는 소검사들에 대해 설명하겠다. 넓은 인지능력 각각에 대해서는 앞서 자세히 설명하였으므로 여기서는 넓은 인지능력이 어떤 지표에 상응하는지, 그리고 어떤 소검사들로 측정 가능한지에 중점을 두어 설명하고자 한다.

우선, 결정지능(Gc)은 교육이나 경험을 통해 습득한 지식을 활용하는 능력을 의미하며, K-WISC-V의 언어이해지표와 상응한다. Gc를 측정하는 소검사로는 공통성, 어휘, 상식, 이해, 공통그림찾기가 있다(Kaufman et al., 2015). 공통그림찾기 소검사는 K-WISC-V에서 유동추론을 측정하는 소검사에 해당하지만, 공통그림찾기 소검사는 의미 있는 그림 자극을 보고 개념적 사고와 그림의 의미에 대한 지식을 활용해서 그림을 범주화해야 하기 때문에 Gc와 연관이 있다.

시각처리(Gv)는 시각 자극과 형태를 생성, 지각, 분석, 통합, 저장, 인출, 조작, 변형할 수 있는 능력을 의미하며(Flanagan & Dixon, 2013), K-WISC-V의 시공간지표와 상응한다. Gv를 측정하는 소검사로는 토막짜기, 퍼즐, 그림기억이 있다(Kaufman et al., 2015). 그림기억은 K-WISC-V에서 작업기억을 측정하는 소검사에 해당하지만, 시각적 주사 능력, 시각적 변별 능력, 시각단기기억과 연관이 있기 때문에 Gv를 측정하기도 한다.

유동추론(Gf)은 새로운 문제를 해결하는 능력을 의미하며, K-WISC-V의 유동추론지표와 상응한다. Gf를 측정하는 소검사로는 행렬추리, 무게비교, 공통그림찾기, 산수, 공통성이 있다(Kaufman et al., 2015). 공통성은 K-WISC-V에서 언어이해를 측정하는 소검사에 해당하지만, 두 단어의 관계를 파악하고 추론하는 능력을 필요로 하기 때문에 Gf와도 연관이 있다.

단기기억(Gsm)은 즉각적으로 정보를 파악하고 저장한 후, 짧은 시간 내에 이를 사용하는 능력을 말하며, K-WISC-V의 작업기억지표와 상응한다. Gsm을 측정하는 소검사로는 숫자, 그림기억, 순차연결, 산수가 있다(Kaufman et al., 2015).

처리속도(Gs)는 단순하고 반복적인 인지적 과제를 능숙하고 자동적으로 처리하는 능력으로 K-WISC-V의 처리속도지표와 상응한다. Gs를 측정하는 소검사로는 기호쓰기, 동형찾기, 선택이 있다(Kaufman et al., 2015).

〈표 7-15〉는 다양한 문헌에서 WISC-V 소검사들을 CHC 이론의 넓은 인지능력과 어떻게 연관시키고 있는지를 보여 준다(Flanagan & Alfonso, 2017). 대부분의 학자들은 소검사들이 어떤 넓은 인지능력을 측정하는지에 대해 비슷하게 분류하고 있지만 몇몇 소검사에 대해서는 학자들마다 다르게 분류하고 있다. 예를 들

표 7-15 WISC-V 소검사들과 CHC 이론의 넓은 인지능력 분류

소검사	문헌별 CHC 넓은 인지능력 분류					
	Wechsler (2014b)	Flanagan & Alfonso (2017)	Sattler, Dumont, & Coalson (2016)	Kaufman, Raiford, & Coalson (2015)	Reynolds & Keith (2017)	Oritz, Flanagan, & Alfonso (2017)
공통성	Gc	Gc	Gc	Gc	Gc	Gc
어휘	Gc	Gc	Gc	Gc	Gc	Gc
상식	Gc	Gc	Gc	Gc	Gc	Gc
이해	Gc	Gc	Gc	Gc	Gc	Gc
토막짜기	Gv	Gv	Gv, Gf	Gv, Gf	Gv	Gv
퍼즐	Gv	Gv	Gv, Gf	Gv, Gf	Gv	Gv
행렬추리	Gf	Gf, Gv	Gv, Gf	Gv, Gf	Gf	Gf
공통그림찾기	Gf	Gc, Gv	Gc, Gv, Gf	Gv, Gf	Gf	Gf
무게비교	Gf	Gf	Gv, Gf	Gv, Gf	Gf	Gf
산수	Gf, Gsm, Gc	Gsm, Gf, Gc, Gq	Gsm, Gc	Gsm	Gsm	Gsm, Gq
숫자	Gsm	Gsm	Gsm	Gsm	Gsm	Gsm
그림기억	Gsm	Gsm	Gsm	Gsm	Gsm	Gsm
순차연결	Gsm	Gsm	Gsm	Gsm	Gsm	Gsm
기호쓰기	Gs	Gs	Gs	Gs	Gs	Gs
동형찾기	Gs	Gs	Gs	Gs	Gs	Gs
선택	Gs	Gs	Gs	Gs	Gs	Gs

Gf = Fluid Reasoning(유동추론), Gq = Quantitative Knowledge(양적 지식), Gc = Crystalized Intelligence(결정지능), Gsm = Short-Term Memory(단기기억), Gv = Visual Processing(시각처리), Gs = Processing Speed(처리속도)

출처: Flanagan & Alfonso (2017).

어, Kaufman 등(2015)은 산수 소검사가 단기기억(Gsm)을 측정한다고 분류하지만 Wechsler(2014b), 그리고 Flanagan과 Alfonso(2017)는 산수 소검사가 단기기억(Gsm)뿐만 아니라 유동추론(Gf)과 결정지능(Gc)을 측정한다고 설명한다. 왜냐하면 산수 소검사를 수행하기 위해서는 문제해결 능력, 논리적 추론 능력, 정신적 조작 능력이 필요하고, 교육적 배경이나 습득된 지식이 소검사 수행에 영향을 미칠 수 있기 때문이다. 또한 Flanagan과 Alfonso(2017)는 산수 소검사를 양적 지식(Gq)을 측정하는 소검사로 분류하기도 한다.

2. CHC 이론의 좁은 인지능력과 K-WISC-V

K-WISC-V의 소검사로 넓은 인지능력뿐만 아니라 좁은 인지능력도 측정할 수 있다. 앞서 말했듯이, CHC 이론의 약 80여 개의 좁은 인지능력 중 K-WISC-V의 소검사로는 총 11개의 좁은 인지능력을 측정할 수 있다. 좁은 인지능력은 2개 이상의 소검사로 측정 가능한 경우도 있고, 1개의 소검사나 한 소검사에 포함되는 특정한 과제로만 측정 가능한 경우도 있다.

다음은 결정지능(Gc), 시각처리(Gv), 유동추론(Gf), 단기기억(Gsm), 그리고 처리속도(Gs) 하위의 좁은 인지능력 중 어떤 능력이 K-WISC-V의 소검사들로 측정 가능한지 알아보겠다.

우선, 결정지능(Gc)의 좁은 인지능력과 이를 측정할 수 있는 K-WISC-V 소검사에 대한 설명이다. 〈표 7-16〉과 같이 K-WISC-V의 소검사로는 Gc의 좁은 인지능력 중에서 K0과 VL을 측정할 수 있다. K0(General Verbal Information)은 일반지식으로 일반적인 지식의 범위를 의미한다. Flanagan, Oritz, 그리고 Alfonso(2013)에 따르면 K0은 "자신의 문화권에서 필수적이고, 실용적이며, 모두가 알 만한 가치가 있는 지식들에 대한 폭과 깊이"이다(Kaufman et al., 2015 재인용). K0을 측정할 수 있는 소검사로는 상식, 이해, 공통그림찾기가 있다. VL(Lexical Knowledge)은 어휘지식으로 단어의 의미를 정확하게 알고 활용할 수 있는 능력을 의미한다. VL을 측정할 수 있는 소검사로는 어휘와 공통성이 있다.

▌표 7-16 Gc와 K-WISC-V

CHC 이론의 넓은 인지능력	CHC 이론의 좁은 인지능력	측정 가능한 소검사
결정지능(Gc)	일반지식 K0(General Verbal Information)	상식, 이해, 공통그림찾기
	어휘지식 VL(Lexical Knowledge)	어휘, 공통성

다음은 시각처리(Gv)의 좁은 인지능력과 이를 측정할 수 있는 K-WISC-V 소검사에 대한 설명이다. 〈표 7-17〉과 같이 K-WISC-V의 소검사로 Gv의 좁은 인지능력 중 Vz와 MV를 측정할 수 있다. Vz(Visualization)는 시각화로 복잡한 형태를 지각하거나 대상을 정신적으로 변형(회전, 축소, 확대 등)시키는 능력을 의미한다. Vz를 측정할 수 있는 소검사로는 토막짜기와 퍼즐이 있다. MV(Visual Memory)는 시각기억으로 복잡한 시각적 이미지를 짧은 시간(30초) 내에 기억하는 능력을 의미한다. MV를 측정할 수 있는 소검사로 그림기억이 있다.

▌표 7-17 Gv와 K-WISC-V

CHC 이론의 넓은 인지능력	CHC 이론의 좁은 인지능력	측정 가능한 소검사
시각처리(Gv)	시각화 Vz(Visualization)	토막짜기, 퍼즐
	시각기억 MV(Visual Memory)	그림기억

다음은 유동추론(Gf)의 좁은 인지능력과 이를 측정할 수 있는 K-WISC-V 소검사에 대한 설명이다. 〈표 7-18〉과 같이 K-WISC-V의 소검사로 유동추론(Gf)의 좁은 인지능력 중 I, RQ 그리고 RG를 측정할 수 있다. I(Induction)는 귀납추론으로 어떤 현상의 규칙이나 원리를 발견하고 이를 적용하는 능력을 의미한다. I를 측정할 수 있는 소검사는 행렬추리, 공통그림찾기, 공통성이 있다. RQ(Quantitative Reasoning)는 양적추론으로 귀납과 연역을 통해 수학 관계를 추론하고 조작하는 능력을 의미한다. RQ를 측정할 수 있는 소검사로는 무게비교와 산수가 있다. 또한 Flanagan과

Alfonso(2017)는 무게비교 소검사가 Gf의 또 다른 좁은 인지능력인 RG도 측정할 수 있다고 설명했다. RG(General Sequential Reasoning)는 일반 순차적 추론으로 기본 전제를 이해하고, 단계적으로 새로운 문제를 해결할 수 있는 능력을 의미한다.

표 7-18 Gf와 K-WISC-V

CHC 이론의 넓은 인지능력	CHC 이론의 좁은 인지능력	측정 가능한 소검사
유동추론(Gf)	귀납추론 I(Induction)	행렬추리, 공통그림찾기, 공통성
	양적추론 RQ(Quantitative Reasoning)	무게비교, 산수
	일반 순차적 추론 RG(General Sequential Reasoning)	무게비교

다음은 단기기억(Gsm)의 좁은 인지능력과 이를 측정할 수 있는 K-WISC-V 소검사에 대한 설명이다. 〈표 7-19〉와 같이 K-WISC-V의 소검사로 Gsm의 좁은 인지능력 중 MS와 MW를 측정할 수 있다. MS(Memory Span)는 기억 폭으로 일차적으로 단기기억에 정보를 저장하고, 이를 순서에 맞게 바로 인출할 수 있는 능력을 의미한다. 숫자 소검사 중 숫자 바로 따라하기는 MS를 측정할 수 있다. MW(Working Memory Capacity)는 작업기억 용량으로 간단한 정보를 조작하고 변형하기 위해 일시적으로 저장된 정보에 주의를 기울이는 동시에, 방해 자극을 억제하며 장기기억을 활용할 수 있는 능력을 말한다. 숫자 거꾸로 따라하기와 숫자 순서대로 따라하기, 순차연결, 그림기억, 산수 소검사는 MW를 측정할 수 있다.

표 7-19 Gsm과 K-WISC-V

CHC 이론의 넓은 인지능력	CHC 이론의 좁은 인지능력	측정 가능한 소검사
단기기억(Gsm)	기억 폭 MS(Memory Span)	숫자 바로 따라하기
	작업기억 용량 MW(Working Memory Capacity)	숫자 거꾸로 따라하기, 숫자 순서대로 따라하기, 순차연결, 그림기억, 산수

다음은 처리속도(Gs)의 좁은 인지능력과 이를 측정할 수 있는 K-WISC-V 소검사에 대한 설명이다. <표 7-20>과 같이 K-WISC-V의 소검사로 Gs의 좁은 인지능력 중 R9과 P를 측정할 수 있다. R9(Rate of Test-taking)는 검사수행속도로 간단한 과제를 빠르고 능숙하게 수행하는 능력을 의미한다. R9를 측정할 수 있는 소검사로는 기호쓰기가 있다. P(Perceptual Speed)는 지각속도로 서로 비슷한 자극을 빠르고 정확하게 구분하는 능력을 의미한다. P를 측정할 수 있는 소검사로는 동형찾기와 선택이 있다.

표 7-20 Gs와 K-WISC-V

CHC 이론의 넓은 인지능력	CHC 이론의 좁은 인지능력	측정 가능한 소검사
처리속도(Gs)	검사수행속도 R9(Rate of Test-taking)	기호쓰기
	지각속도 P(Perceptual Speed)	동형찾기, 선택

3. CHC 지표 해석

앞에서 K-WISC-V의 소검사들로 측정할 수 있는 CHC 이론의 넓은 인지능력과 좁은 인지능력에 대해 살펴보았다. 넓은 인지능력은 기본지표에 상응하지만, 좁은 인지능력은 상응하는 지표가 없으므로, 이 능력들을 지표수준으로 분석하려면 새로운 지표점수가 필요하다. Kaufman 등(2015)은 지표점수를 산출하려면 두 개 이상의 소검사를 조합해야 한다고 했다. 그리고 Flanagan과 Alfonso(2017)는 임상적 해석을 고려하여, 소검사를 다양하게 조합해서 기본지표척도나 추가지표척도에 포함되지 않는 새로운 임상지표들을 제안하였다. 이러한 연구들을 바탕으로, K-WISC-V 소검사 2개 이상으로 구성된 7개의 CHC 이론의 좁은 인지능력과 Flanagan과 Alfonso(2017)의 임상지표 8개를 포함한 15개의 CHC 지표를 만들었다. K-WISC-V에서는 총 15개의 CHC 지표를 만들어 지표점수를 산출하고, 이를 결과보고서2: CHC 분석으로 제시한다. <표 7-21>은 CHC 지표와 이를 구성하는 K-WISC-V 소검사 조합을 나타낸다.

▌표 7-21 CHC 지표와 K-WISC-V의 소검사

CHC 지표	K-WISC-V 소검사	관련된 CHC 이론의 넓은 인지능력
일반지식(General Verbal Information, Gc-K0)	상식+이해+공통그림찾기	결정지능(Gc)
어휘지식(Lexical Knowledge, Gc-VL)	어휘+공통성	
언어표현-낮은 수준(Verbal Expression-Low, Gc-VE/L)	어휘+상식	
언어표현-높은 수준(Verbal Expression-High, Gc-VE/H)	공통성+이해	
확장된 결정지능(Verbal Expanded Crystallized Index, VECI)	공통성+어휘+상식+이해	
시각화(Visualization, Gv-Vz)	토막짜기+퍼즐	시각처리(Gv)
귀납추론(Induction, Gf-I)	행렬추리+공통그림찾기+공통성	유동추론(Gf)
양적추론(Quantitative Reasoning, Gf-RQ)	무게비교+산수	
확장된 유동추론(Expanded Fluid Index, EFI)	행렬추리+무게비교+공통그림찾기+산수	
작업기억 용량(Working Memory Capacity, Gsm-MW)	숫자 거꾸로 따라하기+숫자 순서대로 따라하기+순차연결+그림기억+산수	단기기억(Gsm)
작업기억 대안(Working Memory (Alternative), Gsm-MW(Alt))	숫자 거꾸로 따라하기+숫자 순서대로 따라하기+순차연결	
작업기억-기억 폭(Memory Span-Working Memory, Gsm-MS, MW)	숫자 바로 따라하기+숫자 거꾸로 따라하기	
작업기억-인지적 복잡(Cognitive Complexity-High, WM-CC/H)	산수+그림기억	
지각속도(Perceptual Speed, Gs-P)	동형찾기+선택	처리속도(Gs)
확장된 처리속도(Expanded Processing Speed Index, EPS)	기호쓰기+동형찾기+선택	

CHC 지표도 전체 IQ, 기본지표점수 및 추가지표점수와 마찬가지로 〈표 5-3〉과 같이 분류하여 해석할 수 있다. 예를 들어, 아동의 일반지식(Gc-K0) 점수가 100점이라면 해당 지표점수는 [평균] 수준으로 또래와 비슷하다는 것을 의미한다.

다음 [그림 7-5]는 만 9세 5개월 아동의 K-WISC-V 결과보고서2: CHC 분석 중 CHC 지표점수 분석 결과와 프로파일이다. 결과보고서2: CHC 분석은 인싸이트 홈

CHC 지표점수 분석

CHC지표		환산점수 합	지표 점수	백분위	(%) 신뢰구간
일반지식	Gc-K0	39	120	90.4	110-126
어휘지식	Gc-VL	30	127	96.5	117-133
언어표현-낮은 수준	Gc-VE/L	32	133	98.7	124-138
언어표현-높은 수준	Gc-VE/H	29	125	95.1	114-131
확장된 결정지능	VECI	61	131	98.2	124-136
시각화	Gv-Vz	27	119	89.9	108-126
귀납추론	Gf-I	34	109	71.9	100-116
양적추론	Gf-RQ	33	136	99.2	127-141
확장된 유동추론	EFI	52	120	90.8	112-126
작업기억 용량	Gsm-MW	58	110	75	103-116
작업기억 대안	Gsm-MW(Alt)	34	108	69.7	100-115
작업기억-기억 폭	Gsm-MS, MW	20	100	50	91-109
작업기억-인지적 복잡	WM-CC/H	24	111	77.8	102-119
지각속도	Gs-P	23	109	72.1	97-117
확장된 처리속도	EPS	39	119	89.3	108-125

CHC 지표점수 프로파일

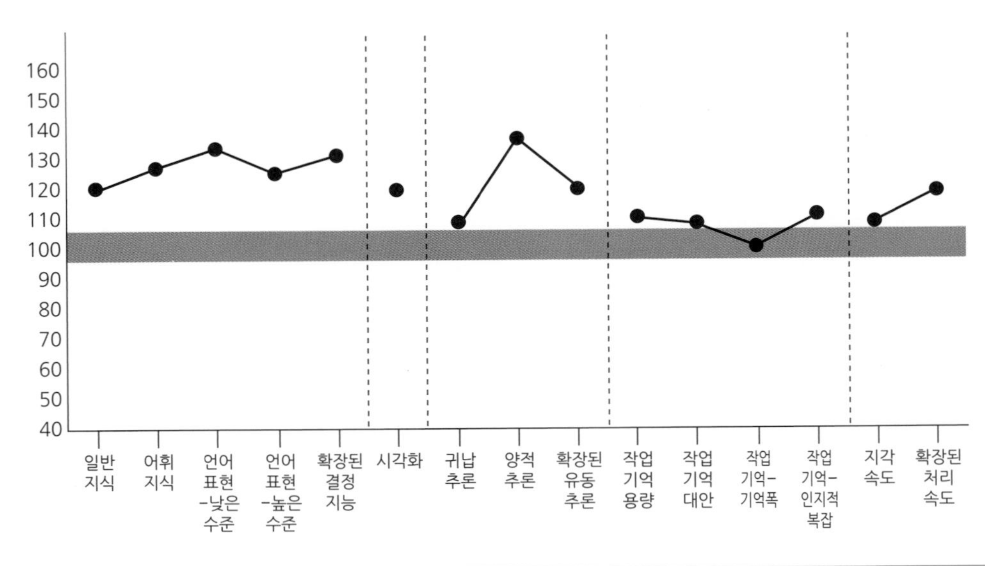

▌그림 7-5 **결과보고서2: CHC 분석의 CHC 지표점수 분석**

페이지(http://inpsyt.co.kr)의 온라인 채점프로그램에서 CHC 결과보고서를 선택하여 산출할 수 있다. [그림 7-5]와 같이 결과보고서2: CHC 분석은 각 CHC 지표점수에 대한 환산점수의 합, 지표점수, 백분위와 신뢰구간을 제공한다. 그리고 CHC 지표점수 프로파일을 통해 CHC 지표점수의 전반적인 분포를 확인할 수 있다. 아동은 [매우 우수]~[평균] 수준의 수행을 보였으며, 특히 양적추론(136) CHC 지표에서 [매우 우수] 수준으로 CHC 지표점수 중 가장 높은 점수를 받았다. 그리고 언어표현-낮은 수준(133) CHC 지표와 확장된 결정지능(131) CHC 지표에서도 [매우 우수] 수준의 점수를 받았다. 반면, 작업기억-기억 폭(100) CHC 지표점수는 [평균] 수준으로 아동의 CHC 지표점수 중 가장 낮은 점수에 해당한다. 그리고 아동은 작업기억 대안(108) CHC 지표, 귀납추론(109) CHC 지표, 지각속도(109) CHC 지표에서도 [평균] 수준의 수행을 보였다.

3.1. CHC 지표의 단일성

각각의 CHC 지표점수를 해석하기 위해서는 지표점수의 단일성을 확인해야 한다. 이는 단계 2와 단계 4에서 기본지표점수, 추가지표점수의 단일성을 확인했던 방법과 동일하다. 각 지표를 구성하는 소검사들 중 가장 높은 소검사 점수와 가장 낮은 소검사 점수의 차이가 5점 이상일 경우, 그 지표는 단일하다고 볼 수 없으며 지표점수가 원래 측정하고자 했던 능력을 측정하지 못한다고 해석한다. 만약 각 지표를 구성하는 소검사들 중 가장 높은 소검사 점수와 가장 낮은 소검사 점수의 차이가 5점 미만일 경우, 해당 지표는 단일한 능력을 측정하는 것으로 간주하며 지표별 해석을 할 수 있다. CHC 지표의 단일성은 [그림 7-6]과 같이 결과보고서2: CHC 분석의 CHC 지표 소검사 점수 분석결과에서 확인할 수 있다. 단일성을 확인하는 방법에 대해서는 단계 2와 단계 4에서 충분히 설명하였으므로, 여기서는 [그림 7-6]의 CHC 지표 소검사 점수 분석결과 중 단일한 지표와 단일하지 않은 지표를 각각 하나씩 간단히 살펴보겠다.

우선 양적추론(Gf-RQ)를 구성하는 무게비교(17)와 산수(16) 중 무게비교와 산수 점수 차이가 5미만이기 때문에 양적추론 CHC 지표는 단일하다고 볼 수 있다. 한편, 일반지식(Gc-K0)을 구성하는 상식(17), 이해(14), 공통그림찾기(8) 소검사 중 상식과 공통그림찾기 점수 차이가 5이상이기 때문에 일반지식 CHC 지표는 단일하다

CHC 지표	소검사		원점수	환산점수	백분위
일반지식 Gc-K0	상식	IN	26	17	99
	이해	CO	22	14	91
	공통그림찾기	PC	10	8	25
어휘지식 Gc-VL	공통성	SI	33	15	95
	어휘	VC	38	15	95
언어표현-낮은 수준 Gc-VE/L	어휘	VC	38	15	95
	상식	IN	26	17	99
언어표현-높은 수준 Gc-VE/H	공통성	SI	33	15	95
	이해	CO	22	14	91
확장된 결정지능 VECI	공통성	SI	33	15	95
	어휘	VC	38	15	95
	상식	IN	26	17	99
	이해	CO	22	14	91
시각화 Gv-Vz	토막짜기	BD	41	11	63
	퍼즐	VP	24	16	98
귀납추론 Gf-I	행렬추리	MR	20	11	63
	공통그림찾기	PC	10	8	25
	공통성	SI	33	15	95
양적추론 Gf-RQ	무게비교	FW	30	17	99
	산수	AR	27	16	98
확장된 유동추론 EFI	행렬추리	MR	20	11	63
	무게비교	FW	30	17	99
	공통그림찾기	PC	10	8	25
	산수	AR	27	16	98
작업기억 용량 Gsm-MW	숫자 거꾸로 따라하기	DSb	9	9	37
	숫자 순서대로 따라하기	DSs	8	10	50
	순차연결	LN	19	15	95
	그림기억	PS	23	8	25
	산수	AR	27	16	98
작업기억 대안 Gsm-MW(Alt)	숫자 거꾸로 따라하기	DSb	9	9	37
	숫자 순서대로 따라하기	DSs	8	10	50
	순차연결	LN	19	15	95
작업기억-기억 폭 Gsm-MS, MW	숫자 바로 따라하기	DSf	10	11	63
	숫자 거꾸로 따라하기	DSb	9	9	37
작업기억-인지적 복잡 WM-CC/H	산수	AR	27	16	98
	그림기억	PS	23	8	25
지각속도 Gs-P	동형찾기	SS	40	16	98
	선택	CA	49	7	16
확장된 처리속도 EPS	기호쓰기	CD	73	16	98
	동형찾기	SS	40	16	98
	선택	CA	49	7	16

▌그림 7-6 **결과보고서2: CHC 분석의 CHC 지표 소검사 점수 분석**

고 볼 수 없다. 따라서, 일반지식 CHC 지표점수를 해석할 때는 주의를 기울여야 한다. 마찬가지로 [그림 7-6]의 시각화, 귀납추론, 확장된 유동추론, 작업기억 용량, 작업기억 대안, 작업기억-인지적 복잡, 지각속도, 확장된 처리속도 CHC 지표는 단일하지 않으므로 지표점수를 해석할 때 주의가 필요하다.

3.2. CHC 지표점수 해석

다음은 〈표 7-21〉에 제시된 CHC 이론의 넓은 인지능력인 결정지능(Gc), 시각처리(Gv), 유동추론(Gf), 단기기억(Gsm), 처리속도(Gs)와 관련된 CHC 지표에 대한 설명과 해석이다.

● 결정지능(Gc) 관련 CHC 지표

결정지능(Gc) 관련 CHC 지표는 일반지식(Gc-K0), 어휘지식(Gc-VL), 언어표현-낮은 수준(Gc-VE/L), 언어표현-높은 수준(Gc-VE/H), 확장된 결정지능(VECI)이 있다. 일반지식(Gc-K0)은 문화적 경험에 의해 습득한 일반적인 지식을 의미하며, 상식, 이해, 공통그림찾기 소검사로 구성된다. Gc-K0 점수가 높을 경우 일반적인 상식, 사회적 · 문화적 관습에 대한 지식, 교육 및 문화적 경험이 풍부하다는 것을 의미한다. 어휘지식(Gc-VL)은 단어를 정확하게 이해하고 활용하는 능력을 의미하며, 어휘와 공통성 소검사로 구성된다. 이는 기본지표척도의 언어이해지표와 동일한 소검사 구성이다. Gc-VL 점수가 높을 경우, 어휘량이 풍부하고 단어의 정확한 의미를 이해하고 말할 수 있으며 장기기억에 저장된 정보를 인출하는 능력이 우수하다는 것을 의미한다. 언어표현-낮은 수준(Gc-VE/L)은 언어표현을 최소화한 언어 능력, 일반지식, 어휘지식 등을 측정하며, 어휘와 상식 소검사로 구성된다. 공통성이나 이해 소검사에 비해 어휘와 상식 소검사는 풍부한 언어적 표현 능력을 필요로 하지 않는다. 왜냐하면 긴 문장으로 자신의 생각을 말해야 하는 공통성과 이해와 달리, 어휘와 상식에서는 짧은 문장이나 한두 단어만으로 대답할 수 있기 때문이다. Gc-VE/L 점수가 높을 경우 언어적 개념 형성 능력, 장기기억에 저장된 정보를 인출하는 능력 등이 우수하다는 것을 의미한다. 언어표현-높은 수준(Gc-VE/H)은 언어표현과 유창성을 포함한 언어 능력, 일반지식, 어휘지식 등을 측정하며, 공통성과 이해 소검사로 구성된다. Gc-VE/H 점수가 높을 경우 언어적 표현 능력, 언어 유창성이 우수하며 일반지식, 어휘지식, 언어적 추론 능력 등이 우수하다는 것을 의미한다. 확장된 결정지능(VECI)은 어휘지식과 상식을 활용하는 광범위한 언어 능력을 측정하며(Raiford, Drozdick, Zhang, & Zhou, 2015), 공통성, 어휘, 상식, 그리고 이해 소검사로 구성된다. VECI는 기존의 언어이해지표에 상식과 이해 소검사가 추가된 것으로 언어적 개념 형성 능력, 추상적인 언어 추론 능력, 장기기억 인출 능력 등과 연관이 있다. VECI 점수가 높을 경우, 어휘지식과 상식이 풍부하며 언어적 문제해결 능력과 추론 능력이 우수하고 장기기억에 저장된 정보를 효율적으로 인출할 수 있다는 것을 의미한다.

● 시각처리(Gv) 관련 CHC 지표

시각처리(Gv) 관련 CHC 지표는 시각화(Gv-Vz)가 있다. 시각화(Gv-Vz)는 복잡한 형태를 지각하는 능력, 대상이나 패턴을 정신적으로 조작하는 능력을 측정하며 토막짜기와 퍼즐 소검사로 구성된다. 이는 기본지표척도의 시공간지표와 동일한 소검사 구성이다. Gv-Vz 점수가 높을 경우 시공간 추론 능력, 시공간 구성 능력, 시각적 조직화 능력, 부분-전체 관계의 이해, 시각적 세부사항에 대한 주의, 시각-운동 협응 능력 등이 우수하다는 것을 의미한다.

● 유동추론(Gf) 관련 CHC 지표

유동추론(Gf) 관련 CHC 지표는 귀납추론(Gf-I), 양적추론(Gf-RQ), 확장된 유동추론(EFI)이 있다. 귀납추론(Gf-I)은 현상의 규칙이나 원리를 발견하고 이를 적용하는 능력, 대상의 관계를 파악하고 추론하는 능력 등을 측정하며, 행렬추리, 공통그림찾기, 공통성 소검사로 구성된다. Gf-I 점수가 높을 경우 귀납적 사고 능력, 시각적 추론 능력, 언어적 추론 능력, 추상적 추론 능력, 본질적/비본질적 세부사항에 대한 변별 능력 등이 우수하다는 것을 의미한다. 양적추론(Gf-RQ)은 귀납과 연역을 통해 수학적 관계나 속성을 추론하고 조작하는 능력을 측정하며, 무게비교와 산수 소검사로 구성된다. 이는 추가지표척도의 양적추론지표와 소검사 구성이 동일하다. Gf-RQ 점수가 높을 경우 암산 능력, 수학 능력, 양적 균등 개념, 양적 관계를 추론하는 능력, 주의집중력 등이 뛰어나다는 것을 의미한다. 확장된 유동추론(EFI)은 규칙을 파악하고 적용하는 광범위한 추론 능력을 측정하며, 행렬추리, 무게비교, 공통그림찾기, 산수 소검사로 구성된다. EFI는 기존의 유동추론지표에 공통그림찾기와 산수 소검사가 추가된 것으로 추상적 추론 능력, 동시처리 능력, 순차처리 능력, 귀납적 사고 능력 등과 연관이 있다(Raiford et al., 2015). EFI 점수가 높을 경우 유동지능, 추상적 개념 형성 능력, 시각적 · 청각적 세부사항에 대한 주의, 양적 관계를 파악하는 능력 등이 우수하며 전반적인 추론 능력이 뛰어나다는 것을 의미한다.

● 단기기억(Gsm) 관련 CHC 지표

단기기억(Gsm) 관련 CHC 지표는 작업기억 용량(Gsm-MW), 작업기억 대안(Gsm-MW(Alt)), 작업기억-기억 폭(Gsm-MS, MW), 작업기억-인지적 복잡(WM-CC/H)이 있다. 작업기억 용량(Gsm-MW)은 시각 · 청각 정보를 일시적으로 저장하고 인지적으로 조작하는 능력을 광범위하게 측정하며, 숫자 소검사 중 숫자 거꾸로 따라하기와 숫자 순서대로 따라하기, 순차연결, 그림기억, 산수 소검사로 구성된다. Gsm-MW 점수가 높을 경우 시각작업기억, 청각작업기억, 주의집중력, 정신적 조작 능력 등이 우수하다는 것을 의미한다. 작업기억 대안(Gsm-MW(Alt))은 청각 정보를 인지적으로 조작하는 능력을 측정하며, 숫자 소검사 중 숫자 거꾸로 따라하기와 숫자 순서대로 따라하기, 순차연결 소검사로 구성된다. Gsm-MW(Alt)에는 기계적 암기, 기억 폭과 연관되는 숫자 바로 따라하기 과제가 포함되지 않기 때문에 작업기억, 정신적 조작 능력이 더 강조되며 청각작업기억지표의 대안이 될 수 있다(Flanagan & Alfonso, 2017). Gsm-MW(Alt) 점수가 높을 경우 청각작업기억, 청각적 순차처리 능력, 주의집중력, 청각적 변별 능력, 정신적 조작 능력이 우수하다는 것을 의미한다. 작업기억-기억 폭(Gsm-MS, MW)은 기억 폭(짧은 시간 내에 바로 정보를 회상하는 능력)과 작업기억을 균형 있게 측정하며 숫자 소검사 중 숫자 바로 따라하기와 숫자 거꾸로 따라하기로 구성된다. Gsm-MS, MW 점수가 높을 경우 기계적 암기력과 청각작업기억, 정신적 조작 능력이 균형 있게 발달하였다는 것을 의미한다. 작업기억-인지적 복잡(WM-CC/H)은 양적추론 능력, 추상적 사고 능력, 시각처리 능력 등 복잡한 인지적 과정을 포함한 작업기억을 측정하며 산수와 그림기억 소검사로 구성된다. 산수 소검사는 작업기억 능력뿐만 아니라 양적추론 능력, 암산 능력, 수학 능력과도 연관이 있으며, 그림기억 소검사는 시각처리, 결정지능과도 관련이 있기 때문에 인지적으로 더 복잡한 작업기억 능력을 측정하는 것이라고 본다. WM-CC/H 점수가 높을 경우 작업기억, 정신적 조작 능력뿐만 아니라 양적추론 능력, 암산 능력, 수학 능력, 시각처리 능력, 결정지능 등이 뛰어나다는 것을 의미한다.

● 처리속도(Gs) 관련 CHC 지표

처리속도(Gs) 관련 CHC 지표는 지각속도(Gs-P), 확장된 처리속도(EPS)가 있다. 지각속도(Gs-P)는 서로 비슷한 자극을 빠르고 정확하게 변별하는 능력을 측정하며 동형찾기와 선택 소검사로 구성된다. Gs-P는 처리속도지표에서 기호쓰기가 제외되고 선택이 포함된 것으로 단기기억, 운동 기술이 덜 요구된다. Gs-P 점수가 높을 경우 정신적 처리속도, 정신운동속도, 시각적 변별 능력, 시각적 주사 능력 등이 우수하다는 것을 의미한다. 확장된 처리속도(EPS)는 지각속도, 정신운동속도, 소근육 처리속도 등을 광범위하게 측정하며 기호쓰기, 동형찾기, 선택 소검사로 구성된다. EPS는 기존의 처리속도지표에 선택 소검사가 추가된 것으로 처리속도를 더 폭넓게 측정한다. EPS 점수가 높을 경우 시지각 변별 능력, 정신운동속도, 시각처리 능력, 시각적 주사 능력, 시각-운동 협응 능력, 주의집중력 등이 우수하다는 것을 의미한다.

3.3. CHC 지표점수 차이비교

[결정지능-유동추론], [확장된 결정지능-확장된 유동추론], [일반지식-어휘지식], [귀납추론-양적추론]에 대한 차이비교가 가능하다. CHC 지표의 차이비교도 기본지표의 차이비교와 마찬가지로 두 지표점수의 차이의 절대값이 해당 임계값보다 크거나 같다면 그 차이는 통계적으로 유의미하다고 평가한다. 해당 차이가 유의미하다면 누적비율을 통해 그 차이가 얼마나 드물게 일어나는지 또는 얼마나 빈번하게 일어나는지를 판단할 수 있다. [그림 7-7]은 CHC 지표점수의 차이 비교에 대한 예시로, 결과보고서2: CHC 분석의 CHC 지표점수 차이비교 결과이다.

[확장된 결정지능-확장된 유동추론], [귀납추론-양적추론]에서 유의미한 차이가 나타났다. 우선, 확장된 결정지능(131) 점수와 확장된 유동추론(120) 점수 차이의 절대값(11)이 임계값(9.26)보다 크기 때문에 두 CHC 지표점수의 차이는 통계적으

지표비교	점수 1	점수 2	차이	임계값	유의미한 차이(Y/N)	누적 비율
결정지능 Gc-유동추론 Gf	127	123	4.0	11.06	N	40.1%
확장된 결정지능 VECI-확장된 유동추론 EFI	131	120	11.0	9.26	Y	20.6%
일반지식 Gc-K0-어휘지식 Gc-VL	120	127	-7.0	10.43	N	29.4%
귀납추론 Gf-I-양적추론 Gf-RQ	109	136	-27.0	11.66	Y	3.1%

임계값의 유의수준은 0.05입니다.
누적비율의 준거집단은 전체표본입니다.

▌그림 7-7 **결과보고서2: CHC 분석의 CHC 지표점수 차이비교**

로 유의미하다. 누적비율은 20.6%로 15% 미만에 해당하지 않기 때문에 드문 경우에 속하지 않는다. 귀납추론(109) 점수와 양적추론(136) 점수 차이의 절대값(27)이 임계값(11.66)보다 크기 때문에 두 지표점수의 차이는 통계적으로 유의미하며, 누적비율은 3.1%로 해당 점수 차이는 드문 경우에 해당한다. 다음은 CHC 지표의 차이비교에 대한 해석이다.

● 결정지능과 유동추론의 비교

결정지능(Gc)과 유동추론(Gf)의 비교는 언어이해지표와 유동추론지표의 비교와 동일하다. 결정지능은 경험적으로 획득한 지식을 활용하는 능력을 말하며, 유동추론은 귀납 · 연역과 같은 추론적 사고를 통해 새로운 문제를 해결하는 능력을 의미한다. 유동추론 점수가 결정지능 점수보다 유의미하게 높을 경우(Gf>Gc) 추론 능력, 귀납 및 연역적 사고, 새로운 문제해결 능력 등이 이미 학습된 지식과 정보를 활용하는 능력과 언어적 표현 능력보다 더 뛰어나다는 것을 의미한다.

● 확장된 결정지능과 확장된 유동추론의 비교

확장된 결정지능(VECI)은 공통성, 어휘, 상식, 이해 소검사로 구성되며, 어휘지식과 일반 상식을 활용하는 능력을 포괄적으로 측정한다. 확장된 유동추론(EFI)은 행렬추리, 무게비교, 공통그림찾기, 산수 소검사로 구성되며, 새로운 문제를 해결하기 위한 전반적인 추론 능력을 측정한다. 확장된 유동추론 점수가 확장된 결정지능점수보다 유의미하게 높을 경우(VECI<EFI) 비언어적 추론 능력, 대상의 관계를 파악하는 능력, 귀납적 사고 능력, 순차처리 능력, 동시처리 능력, 수학 능력이 언어적 개념 형성 능력, 언어적 추론 능력, 교육이나 문화적 경험을 통해 획득한 전반적인 지식보다 뛰어나다는 것을 의미한다.

● 일반지식과 어휘지식의 비교

일반지식(Gc-K0)은 상식, 이해, 공통그림찾기 소검사로 구성되며, 교육이나 경험에 의해 학습된 일반적인 지식을 측정한다. 어휘지식(Gc-VL)은 어휘와 공통성 소검사로 구성되며, 단어의 정확한 의미를 알고 활용하는 능력을 측정한다. 어휘지식 점수가 일반지식 점수보다 유의미하게 높을 경우(Gc-K0<Gc-VL) 아동은 단어를 잘 활용하며 언어적 추론 능력도 양호하지만, 배경지식, 사회적 관습에 대한 이해 및 판단이 부족할 수 있다. 즉, 단어를 활용하는 능력이나 지식은 적절하지만 배경지식이 풍부하지 않아 글을 깊이 있게 이해하거나 내용을 의미 있게 연결하는 것을 어려워할 수 있다. 반대로 일반지식 점수가 어휘지식 점수보다 유의미하게 높을 경우(Gc-K0>Gc-VL) 일반적인 배경지식 및 사회적 관습에 대한 이해는 풍부하지만 단어를 활용하는 능력 및 언어적 추론 능력이 부족할 수 있다. 또한 익숙한 내용에 대해서는 잘 이해할 수 있지만 새로운 내용과 생소한 단어들을 이해하는 데 어려움을 나타내거나 비일관적인 이해 능력을 보일 수 있다.

● 귀납추론과 양적추론의 비교

귀납추론(Gf-I)은 행렬추리, 공통그림찾기, 그리고 공통성 소검사로 구성되며, 규칙이나 원리를 발견하고 이를 적용하는 능력과 대상의 관계를 파악하고 추론하는 능력을 측정한다. 양적추론(Gf-RQ)은 무게비교와 산수 소검사로 구성되며, 귀납과 연역을 통해 수학적 관계나 속성을 추론하고 조작하는 능력을 측정한다. 양적추론이 귀납추론보다 유의미하게 높을 경우(Gf-I<Gf-RQ) 수학 능력, 암산 능력, 양적 관계를 파악하는 능력 등이 인지적 유연성, 규칙을 찾아내는 능력보다 우수하다는 것을 의미한다. 또한 풍부한 수학 개념 및 수학 기술에 대한 경험을 반영할 수 있다.

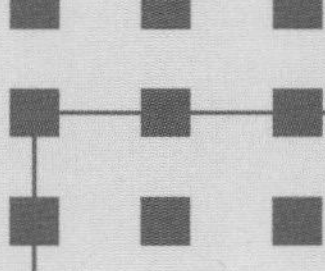

제8장

해석 사례와 보고서 작성

Ⅰ. 결과보고서 산출하기

Ⅱ. 결과보고서 사례 해석하기

Ⅲ. 평가보고서 작성하기

제8장 해석 사례와 보고서 작성

검사 실시 후 검사 결과를 해석하기 위해서는 기록용지에 채점한 원점수를 환산점수로 바꿔야 한다. 이를 위해 인싸이트 홈페이지(http://inpsyt.co.kr)의 온라인 채점프로그램을 이용할 수 있다. 이 장에서는 온라인 채점프로그램을 이용하여 결과보고서를 산출하는 방법에 대해 살펴보겠다. 그리고 실제 사례를 통해 K-WISC-V의 결과를 해석하고 평가보고서를 작성하는 방법에 대해서 알아보겠다.

I. 결과보고서 산출하기

결과보고서는 두 가지로 구성된다. K-WISC-V의 가록용지에 대한 결과보고서1과 CHC 분석과 그 외 분석이 포함된 결과보고서2가 있다.

1. 결과보고서1 산출하기

다음은 인싸이트 홈페이지의 온라인 채점프로그램을 사용하여 K-WISC-V의 결과보고서1을 산출할 때 입력해야 하는 사항들이다.

1.1. 기본 인적 사항 입력

인싸이트 홈페이지에 접속하여 'K-WISC-V 검사'에 대한 '답안입력 실시' 버튼을 누르면 제일 먼저 [그림 8-1]과 같이 기본 인적 사항을 입력하는 창이 나온다. 기본 인적 사항은 검사자, 검사일, 검사기관, 피검사자, 생년월일, 성별, 지역을 포함한

기본 인적 사항

검사자		검사일*	
검사기관			
피검사자*		생년월일*	(0세 0개월)
성별*	○ 남 ○ 여	지역	선택해 주세요. ▼

*주의사항

1. 지필형 검사인 경우 검사실시 중 "중간저장"을 누르시면 중간부터 계속할 수 있습니다.

다음

▌그림 8-1 **결과보고서1의 기본 인적 사항 입력 창**

다. 이 중 검사일, 피검사자, 생년월일, 성별, 지역은 필수 입력 사항이며, 특히 생년월일을 정확하게 입력해야 한다. 왜냐하면 규준집단이 연령을 기준으로 나누어져 있어 아동의 연령이 바뀌면 검사 결과가 달라질 수 있기 때문이다.

1.2. 추가지표, 비교기준, 대체 소검사 입력

기본 인적 사항을 입력하고 '다음' 버튼을 누르면 [그림 8-2]와 같이 추가지표 실시 여부, 비교기준, 그리고 대체검사를 선택하는 창이 나온다. 우선, 추가지표 실시 여부를 물어보는 입력란에는 추가지표척도 소검사를 하나 이상 실시했을 경우 '실시', 그렇지 않았을 경우 '미실시'를 누른다.

다음으로, 비교기준에는 누적비율 준거집단, 신뢰구간, 임계값 유의수준, 비교점수를 선택하는 난이 있다. 먼저, 누적비율 준거집단으로 '전체표본'과 '능력수준'이 있다. '전체표본'은 전체 표준화 표본 집단을 기준으로, '능력수준'은 동일한 전체 IQ 수준을 가진 집단을 기준으로 점수 차이의 누적비율을 보는 것이다. 제5장에서 설명하였듯이 지적 능력이 매우 높거나 낮은 경우 누적비율의 준거집단으로 '전체표본'보다 '능력수준'을 사용하는 것이 아동의 지적 능력을 구체적으로 해석하는데 적합할 수 있다. 인싸이트 온라인 채점프로그램에서 결과보고서를 산출할 때 누적비율 준거집단은 한 번만 선택할 수 있으므로 검사자는 아동의 지적 능력을 고려하여 적절한 누적비율 준거집단을 신중하게 선택해야 한다. 다음으로 신뢰구간은 점수가 확률적으로 포함될 수 있는 범위로 95%와 90% 중 검사자가 선택할 수 있다. 예를 들어, 아동의 전체 IQ가 110이고 95% 신뢰구간이 101~115라면, 검사

추가지표

추가지표 실시여부	◉ 실시 ○ 미실시

비교기준

누적비율 준거집단	○ 전체표본 ○ 능력수준
신뢰구간	○95% ○90%
임계값 유의수준	○ .01 ○ .05 ○ .10 ○ .15
비교점수	○ MSS-P ○ MSS-F

대체검사 선택 재입력

- 대체검사 선택 시,
  FSIQ 비례산출(기본소검사 7개 중 6개 점수에서 유도된 FSIQ)은 불가능합니다.
  ▶ FSIQ 산출시
- 아래 기본 소검사 7개를 모두 실시하였을 경우, 대체검사는 선택하지 않습니다.

지표	기본소검사	대체검사
언어이해	○ 공통성 ○ 어휘	▢ 선택해 주세요. ▼
시공간	토막짜기	퍼즐
유동추론	○ 행렬추리 ○ 무게비교	▢ 선택해 주세요. ▼
작업기억	숫자	▢ 선택해 주세요. ▼
처리속도	기호쓰기	▢ 선택해 주세요. ▼

그림 8-2 결과보고서1의 추가지표, 비교기준, 대체검사 선택 창

를 100번 실시했을 때 95번은 101～115 사이의 점수를 받게 된다는 의미이다. 임계값 유의수준은 제5장에서 설명한 것처럼 .01, .05, .10, .15 중에서 선택할 수 있다. 검사자는 검사의 주요 목적 및 관심사에 따라 적절한 임계값 유의수준을 선택해야 한다. 기본지표척도 소검사의 강점 및 약점 분석에 필요한 비교점수는 MSS-P와 MSS-F 중 검사자가 선택할 수 있다. MSS-P(Mean Scaled Scores for Primary Indexes)는 10개 기본지표척도 소검사 환산점수의 평균이며, MSS-F(Mean Scaled Scores for the Full Scale)는 전체 IQ를 산출하는 7개 소검사 환산점수의 평균이다. 검사자 임의로 비교점수를 선택할 수 있지만 MSS-P가 아동의 인지능력을 더 광범위하게 포함하고 있기 때문에 MSS-P를 권장한다.

마지막으로, 전체 IQ 산출에 필요한 소검사를 대체한 경우, 해당 소검사와 이를 대체한 소검사를 선택한다. 단, 대체는 전체 IQ 산출 시에만 가능하며, 하나의 소검사에 대해서만 대체가 가능하다.

1.3. 소검사 점수 입력

추가지표, 비교기준, 대체검사에 대한 입력을 완료한 후 '검사 실시' 버튼을 누르면 [그림 8-3]과 같이 소검사 점수를 입력하는 창이 나온다. 여기에 기록용지에 기록한 각 소검사별 원점수 총점과 처리점수의 원점수 총점을 입력하면 자동으로 환산점수로 변환된다. 숫자 소검사의 경우 숫자 바로 따라하기, 숫자 거꾸로 따라하기, 숫자 순서대로 따라하기 원점수를 입력하면 자동으로 숫자 소검사의 총점으로 합산되고, 환산점수로 변환된다. 마찬가지로, 선택 소검사도 선택(무선 배열) 원점수와 선택(일렬 배열) 원점수를 입력하면 자동으로 선택 소검사의 총점으로 합산되

소검사명	총점	환산점수	점수범위	점수입력 옵션
기본 ǀ 토막짜기			0～58	필수 입력
기본 ǀ 시간보너스가 없는 토막짜기			0～46	필수 입력
추가 ǀ 상식			0～31	선택 입력
추가 ǀ 공통그림찾기			0～27	선택 입력

▌그림 8-3 **결과보고서1의 소검사 점수 입력 창**

고, 환산점수로 변환된다. 기본지표척도 소검사의 총점은 필수적으로 입력해야 하며, 그 외의 소검사를 실시한 경우에는 해당 소검사란에 총점을 입력하고 그렇지 않은 경우에는 공란으로 비워 둔다.

모든 소검사 점수를 입력한 후 '제출' 버튼을 누르면, 입력한 값에 대한 결과보고서가 산출된다. 결과보고서에는 지표점수 및 소검사 점수 분석 결과, 지표점수 및 소검사 점수 차이비교, 처리점수 결과 등이 제시된다. 검사자는 결과보고서를 바탕으로 아동의 전반적인 지적 능력, 인지적 강점/약점 등을 해석할 수 있다.

2. 결과보고서2: CHC 분석 산출하기

다음은 인싸이트 홈페이지의 온라인 채점프로그램을 사용하여 K-WISC-V의 결과보고서2: CHC 분석을 산출할 때 입력해야 하는 사항들이다.

2.1. 기본 인적 사항 입력

앞서 결과보고서1을 산출하기 위해 입력했던 방식과 동일하다. 인싸이트 홈페이지에 접속하여 'K-WISC-V[CHC]'에 대한 '답안입력 실시' 버튼을 누르면 [그림 8-4]와 같이 기본 인적 사항을 입력하는 창이 나온다. 앞에서 언급한 바와 같이, 검사일, 피검사자, 생년월일, 성별, 지역은 필수 입력 사항이다.

기본 인적 사항

검사자		검사일★	
검사기관			
피검사자★		생년월일★	(0세 0개월)
성별★	○ 남 ○ 여	거주 지역★	선택해 주세요. ▼

* 주의사항 - ★표기 되어 있는 사항은 필수로 입력하셔야 검사 참여가 가능합니다.
1. 지필형 검사인 경우 검사실시 중 "중간저장"을 누르시면 중간부터 계속할 수 있습니다.

다음

▌그림 8-4 **결과보고서2: CHC 분석의 기본 인적 사항 입력 창**

2.2. 비교기준 입력

기본 인적 사항을 입력하고 '다음' 버튼을 누르면 [그림 8-5]와 같이 비교기준을 선택하는 창이 나온다. CHC 지표점수를 산출하려면 모든 소검사 점수를 입력해야 하기 때문에 앞에서처럼 추가지표 실시와 대체검사 선택 여부를 묻지 않는다. 비교기준에는 누적비율 준거집단, 신뢰구간, 임계값 유의수준을 선택하는 난이 있으며, 자세한 설명은 앞 장을 참고하라.

비교기준

누적비율 준거집단	○ 전체표본 ○ 능력수준	[전체표본] 전체 표준화 표본에 따른 지표 간 차이의 누적 백분율 [능력수준] FSIQ의 능력 수준에 따른 지표 간 차이의 누적 백분율
신뢰구간	○ 95% ○ 90%	[신뢰구간] 검사점수의 정확성을 표현하는 방법이므로 100번 실행 중 95번 속하는 범위와 90번 속하는 범위
임계값 유의수준	○ .01 ○ .05 ○ .10 ○ .15	[임계값 유의수준] 통계적 유의미성을 의미

그림 8-5 **결과보고서2: CHC 분석의 비교기준 선택 창**

2.3. 소검사 점수 입력

비교기준을 입력한 후 '검사 실시' 버튼을 누르면 [그림 8-6]과 같이 소검사 점수를 입력하는 창이 나온다. 여기에 기록용지에 기록한 각 소검사별 원점수 총점을 입력하면 자동으로 환산점수로 변환된다. 'K-WISC-V [CHC]'에서는 실시한 모든 소검사의 원점수를 입력해야 한다.

소검사명	총점	환산점수	점수범위	점수입력 옵션
토막짜기 (BD)			0~58	필수 입력
공통성 (SI)			0~46	필수 입력
행렬추리 (MR)			0~32	필수 입력
숫자 바로 따라하기 (DSf)			0~18	필수 입력
숫자 거꾸로 따라하기 (DSb)			0~18	필수 입력
숫자 순서대로 따라하기 (DSs)			0~18	필수 입력
숫자 (DS)			0~54	필수 입력
기호쓰기 (CD)			0~75	필수 입력
어휘 (VC)			0~54	필수 입력
무게비교 (FW)			0~34	필수 입력
퍼즐 (VP)			0~29	필수 입력
그림기억 (PS)			0~49	필수 입력
동형찾기 (SS)			0~42	필수 입력
상식 (IN)			0~31	필수 입력
공통그림찾기 (PC)			0~27	필수 입력
순차연결 (LN)			0~30	필수 입력
선택(무선 배열) (CAr)			0~64	필수 입력
선택(일렬 배열) (CAs)			0~64	필수 입력
선택 (CA)			0~128	필수 입력
이해 (CO)			0~38	필수 입력
산수 (AR)			0~34	필수 입력

제출

▌그림 8-6 **결과보고서2: CHC 분석의 소검사 점수 입력 창**

II. 결과보고서 사례 해석하기

이 절에서는 실제 사례를 바탕으로 K-WISC-V의 결과를 해석하는 방법에 대해 설명하겠다. 해석의 7단계는 [그림 8-7]과 같으며 제5장, 제6장 그리고 제7장에서 자세히 다루었다. 다음은 인싸이트 홈페이지의 온라인 채점프로그램으로 산출한 만 6세 9개월 아동 A의 K-WISC-V 결과보고서를 가지고 해석의 7단계에 따라 결과를 해석할 것이다. 단계 1부터 단계 6까지는 A의 결과보고서1을 바탕으로, 단계 7은 결과보고서2: CHC 분석을 바탕으로 해석하고자 한다.

예외적으로, 단계 6의 기타 소검사 해석만 결과보고서2: CHC 분석을 가지고 설명하고자 한다.

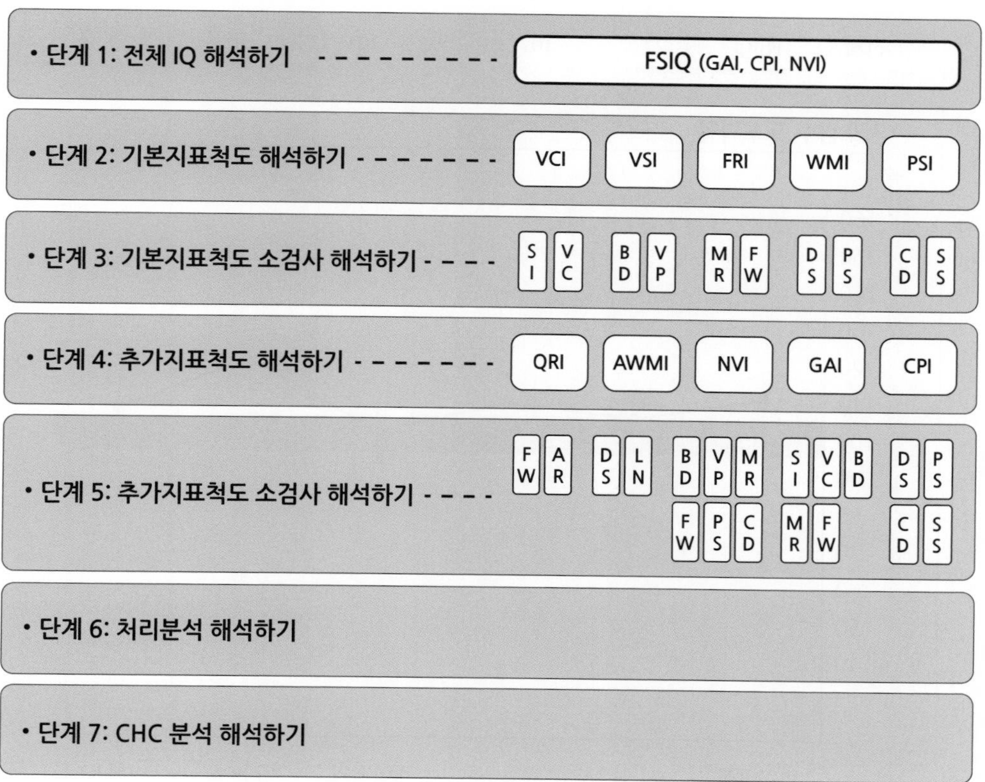

▌그림 8-7 K-WISC-V 해석의 7단계

1. 단계 1: 전체 IQ 해석하기

단계 1에서는 아동의 전반적인 인지능력을 나타내는 전체 IQ를 해석한다. 제5장에서 설명했듯이 전체 IQ 점수를 해석하려면 단일성을 확인해야 한다. 전체 IQ가

지표점수 분석

지표		환산점수 합	지표 점수	백분위	신뢰구간 (95%)	진단분류 (수준)	측정표준오차 (*SEM*)
언어이해	VCI	24	111	77	102–118	평균 상	5.89
시공간	VSI	21	103	57	94–111	평균	5.17
유동추론	FRI	23	109	71	100–115	평균	3.65
작업기억	WMI	20	100	50	92–108	평균	3.97
처리속도	PSI	28	121	92	111–128	우수	5.02
전체 IQ	FSIQ	77	107	69	101–113	평균	3.43

지표점수 프로파일

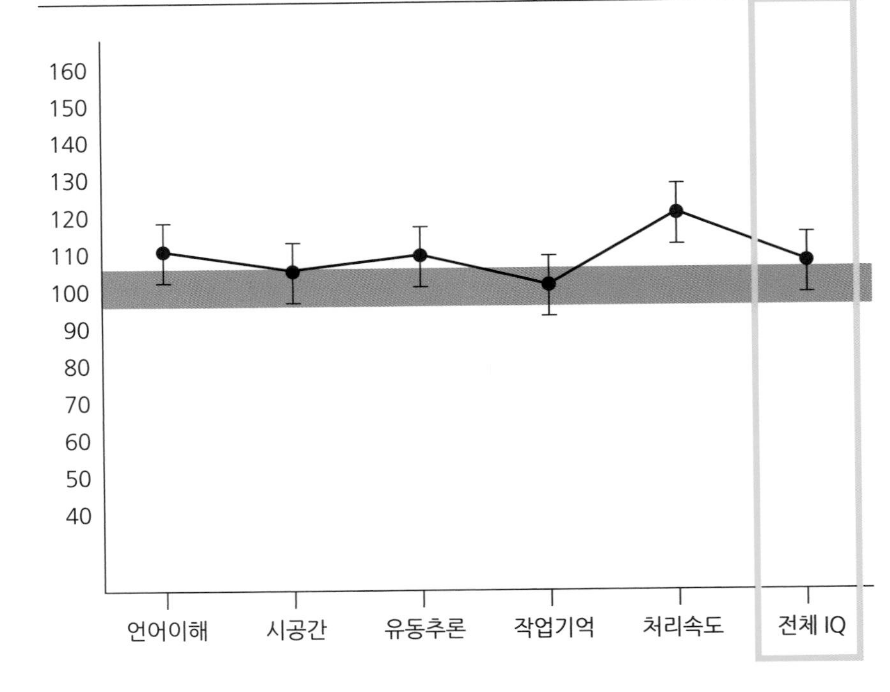

❙ 그림 8-8 **A의 기본분석**

단일하려면 가장 높은 기본지표점수와 가장 낮은 기본지표점수의 차이가 23점보다 작아야 한다. [그림 8-8]은 A의 지표점수와 프로파일을 나타내는데, 여기에서 가장 높은 기본지표점수인 처리속도지표(121) 점수와 가장 낮은 기본지표점수인 작업기억지표(100) 점수의 차이(21)가 23점보다 작다. 따라서 전체 IQ는 단일하며 A의 전반적인 인지능력을 잘 반영한다고 해석할 수 있다. A의 전체 IQ(107)는 [평균] 수준으로 백분위 69이며, 95%의 신뢰구간에서 101~113 사이에 해당한다. 그러므로 A의 전반적인 인지능력은 또래와 비슷하다고 해석할 수 있다.

2. 단계 2: 기본지표척도 해석하기

단계 2에서는 기본지표척도에 대해서 해석한다. 기본지표척도는 5개의 지표인 언어이해지표, 시공간지표, 유동추론지표, 작업기억지표, 처리속도지표로 구성되며, 이 단계에서는 아동의 지표별 점수를 해석하고 지표점수 간 차이비교를 해석한다.

2.1. 기본지표척도의 단일성

우선 각 기본지표점수를 해석하기 위해, 지표점수의 단일성을 확인해야 한다. 지표를 구성하는 소검사들의 점수 편차가 크다면 해당 지표가 단일한 인지능력을 측정한다고 볼 수 없기 때문이다. 지표점수가 단일한지 확인하려면 각 지표를 구성하는 소검사들 중 가장 높은 소검사 환산점수와 가장 낮은 소검사 환산점수의 차이값을 계산하고, 그 점수차이가 5점(표준편차 1.5) 미만인지 확인해야 한다. [그림 8-9]는 A의 소검사 점수를 나타낸다. 여기에서 언어이해지표, 시공간지표, 유동추론지표, 처리속도지표의 소검사 점수 편차는 5점보다 크지 않기 때문에 단일한 것으로 나타났다. 그러나 작업기억지표의 경우, 지표를 구성하는 소검사 중 가장 점수가 낮은 숫자(7)와 가장 점수가 높은 그림기억(13)의 차이(6)가 5점 이상이기 때문에 지표가 단일한 능력을 측정한 것으로 볼 수 없다. 따라서 작업기억지표 점수 해석 시 주의해야 한다.

지표	소검사		원점수	환산점수	백분위	추정연령	측정표준오차 (*SEM*)
언어이해	**공통성**	**SI**	15	10	50	6:10	1.05
	어휘	**VC**	14	14	91	8:6	1.76
	(상식)	IN	14	15	95	10:2	1.69
	(이해)	CO	13	12	75	8:2	1.46
시공간	**토막짜기**	**BD**	30	11	63	7:10	1.43
	퍼즐	VP	15	10	50	7:2	1.04
유동추론	**행렬추리**	**MR**	17	11	63	7:10	0.99
	무게비교	**FW**	20	12	75	8:2	0.75
	(공통그림찾기)	PC	14	14	91	10:6	1.26
	(산수)	AR	11	9	37	6:6	1.13
작업기억	**숫자**	**DS**	15	7	16	<6:2	0.87
	그림기억	PS	27	13	84	8:10	1.05
	(순차연결)	LN	13	12	75	8:2	0.99
처리속도	**기호쓰기**	**CD**	41	12	75	7:6	1.06
	동형찾기	SS	40	16	98	>7:10	1.35
	(선택)	CA	27	4	2	<6:2	1.44

FSIQ 점수 산출에 필요한 소검사는 **볼드체**로 표기되어 있습니다.
추가 소검사는 괄호로 표기되어 있습니다.

소검사 환산점수 프로파일

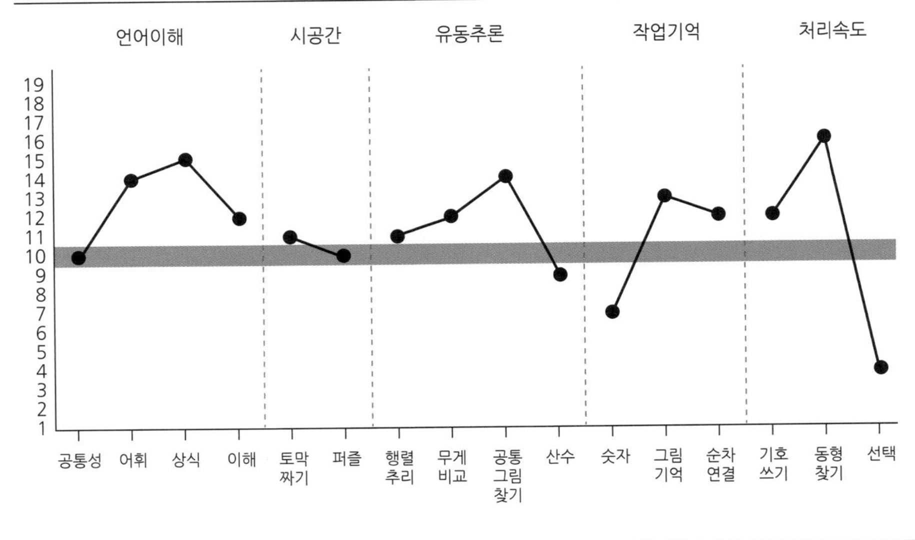

▌그림 8-9 A의 소검사 점수 분석

2.2. 기본지표점수 해석

지표점수의 단일성을 확인한 다음, 각 지표점수를 해석한다.

[그림 8-8]의 지표점수들을 참고하면, A의 언어이해지표(111) 점수는 [평균 상] 수준으로 백분위 77이며, 95% 신뢰구간에서 102~118 사이에 해당한다. 이에 따라 A의 언어적 개념 형성 능력, 언어적 추론 능력, 교육과 경험을 통해 습득한 지식은 잘 발달한 것으로 볼 수 있다. 시공간지표(103) 점수는 [평균] 수준으로 백분위 57이며, 95% 신뢰구간에서 94~111 사이에 해당한다. 따라서 A의 시공간 추론 능력, 시각-운동 협응 능력, 정신적 회전 능력은 또래와 비슷한 수준으로 발달한 것으로 볼 수 있다. 유동추론지표(109) 점수는 [평균] 수준으로 백분위 71이며, 95% 신뢰구간에서 100~115 사이에 해당한다. 이에 따라 추론을 사용하여 새로운 문제를 해결하는 능력도 또래와 비슷한 수준으로 발달한 것으로 보인다. 작업기억지표(100) 점수는 [평균] 수준으로 백분위 50이며, 95% 신뢰구간에서 92~108 사이에 해당한다. 따라서 A의 정신적 조작 능력, 작업기억 능력은 또래와 비슷한 수준으로 나타났지만, 지표점수가 단일하지 않기 때문에 해석 시 주의를 기울여야 하며, 이후 작업기억지표를 구성하는 소검사 점수 및 처리점수 등 다양한 자료를 검토하여 해석해야 한다. 처리속도지표(121) 점수는 [우수] 수준으로 백분위 92이며, 95% 신뢰구간에서 111~128 사이에 해당한다. 그러므로 A는 간단한 과제를 빠르고 정확하게 수행하는 능력, 시각-운동 협응 능력과 속도가 또래에 비해 뛰어나고 정신운동속도, 의사결정 속도가 빠른 것으로 해석할 수 있다.

2.3. 기본지표의 강점 및 약점 분석

다음은 기본지표점수를 비교점수와 비교하여 지표별 강점과 약점을 분석한다. A의 지표점수 강점 및 약점 결과는 [그림 8-10]과 같다.

기본지표 중 처리속도지표가 A의 인지적 강점(S)으로 나타났다. 처리속도지표(121) 점수와 비교점수(108.8) 차이의 절대값(12.2)이 해당 임계값(11.42)보다 크기 때문에 통계적으로 유의미하며, 누적비율은 10~15%로 15% 미만에 해당하기 때문에 드문 경우이다. 따라서 A의 시각적 변별 능력, 주의집중력, 시각단기기억, 인지적 유연성, 정신운동속도, 과제 수행 속도, 시각-운동 협응 능력은 다른 인지능력에 비해 우수한 것으로 볼 수 있으며, 자신의 능력 안에서 강점으로 나타났다고 해석할 수 있다.

지표		지표점수	비교점수	차이	임계값	강점(S)/약점(W)	누적비율
언어이해	VCI	111	108.8	2.2	12.96	-	>25%
시공간	VSI	103	108.8	-5.8	11.68	-	>25%
유동추론	FRI	109	108.8	0.2	9.12	-	>25%
작업기억	WMI	100	108.8	-8.8	9.65	-	15-25%
처리속도	PSI	121	108.8	12.2	11.42	S	10-15%

비교점수는 5개 지표점수의 평균입니다(미산출된 지표점수가 있을 경우, FSIQ 사용)
임계값의 유의수준은 0.05입니다.
누적비율의 준거집단은 전체표본입니다.

그림 8-10 A의 지표점수 강점 및 약점 분석

2.4. 기본지표의 차이비교

다음은 기본지표의 차이비교를 해석한다. A의 기본지표점수 차이비교 결과는 [그림 8-11]과 같다.

지표 비교				점수 1	점수 2	차이	임계값	유의미한 차이(Y/N)	누적 비율
언어이해	VCI	- 시공간	VSI	111	103	8	15.36	N	33.8%
언어이해	VCI	- 유동추론	FRI	111	109	2	13.58	N	47%
언어이해	VCI	- 작업기억	WMI	111	100	11	13.93	N	25.3%
언어이해	VCI	- 처리속도	PSI	111	121	-10	15.17	N	30.6%
시공간	VSI	- 유동추론	FRI	103	109	-6	12.4	N	34.9%
시공간	VSI	- 작업기억	WMI	103	100	3	12.78	N	45%
시공간	VSI	- 처리속도	PSI	103	121	-18	14.13	Y	14.9%
유동추론	FRI	- 작업기억	WMI	109	100	9	10.57	N	27.4%
유동추론	FRI	- 처리속도	PSI	109	121	-12	12.16	N	25.9%
작업기억	WMI	- 처리속도	PSI	100	121	-21	12.55	Y	10.7%

임계값의 유의수준은 0.05입니다.
누적비율의 준거집단은 전체표본입니다.

그림 8-11 A의 기본지표점수 차이비교

A는 [시공간 – 처리속도] 그리고 [작업기억 – 처리속도]에서 유의미한 차이를 보였다. 우선, 시공간지표(103) 점수와 처리속도지표(121) 점수의 차이의 절대값(18)이 해당 임계값(14.13)보다 크기 때문에 두 지표점수의 차이는 통계적으로 유의미하며, 누적비율이 14.9%로 15% 미만에 해당하기 때문에 두 지표점수 차이는 드문 경우에 속한다. 따라서 A는 시각 정보를 빠르고 정확하게 파악하여 의사결정을 내리는 처리속도 능력이 시공간 구성 능력, 정신적 회전 능력, 시공간 추론 능력보다 더 뛰어나다고 해석할 수 있다. 다음으로, 작업기억지표(100) 점수와 처리속도지표(121) 점수 차이의 절대값(21)이 해당 임계값(12.55)보다 크기 때문에 두 지표점수의 차이는 통계적으로 유의미하며, 누적비율은 10.7%로 두 지표의 점수 차이는 드문 경우에 속한다. A는 시각 정보를 빠르고 정확하게 파악하고 처리하는 처리속도 능력이 시각 · 청각 정보를 유지하고 조작하는 작업기억 능력보다 더 뛰어나다고 해석할 수 있다.

3. 단계 3: 기본지표척도 소검사 해석하기

단계 3은 기본지표척도의 소검사 점수를 해석하는 단계로, 이 단계에서는 기본지표점수를 구성하는 소검사의 강점 및 약점을 파악하고, 소검사 점수 간 차이비교를 해석한다.

3.1. 기본지표척도 소검사의 강점 및 약점 분석

다음은 기본지표점수를 구성하는 10개 소검사들의 강점과 약점을 분석한다. [그림 8-12]는 A의 소검사 강점과 약점을 나타낸다.

우선, A는 동형찾기 소검사가 인지적 강점(S)으로 나타났다. 동형찾기(16) 점수와 비교점수(11.6) 차이의 절대값(4.4)이 임계값(3.53)보다 크기 때문에 두 점수의 차이는 통계적으로 유의미하며 자신의 능력 안에서 강점에 해당한다. 누적비율은 2~5%이므로 15% 미만에 해당하기 때문에 드문 경우이다. 동형찾기는 처리속도지표를 구성하는 소검사 중 하나로 시각적 변별 능력, 시각-운동 협응 능력, 시각단기기억, 의사결정 속도 등을 측정한다. 따라서 A는 처리속도, 시각적 변별 능력, 시각단기기억, 빠른 의사결정 속도 등이 강점이다. 이는 앞서 단계 2에서 처리속도지

소검사	환산점수	비교점수	차이	임계값	강점(S)/약점(W)	누적비율
공통성	10	11.6	-1.6	2.83	-	25%
어휘	14	11.6	2.4	4.52	-	15-25%
토막짜기	11	11.6	-0.6	3.74	-	>25%
퍼즐	10	11.6	-1.6	2.8	-	15-25%
행렬추리	11	11.6	-0.6	2.69	-	>25%
무게비교	12	11.6	0.4	2.15	-	>25%
숫자	7	11.6	-4.6	2.41	W	<2%
그림기억	13	11.6	1.4	2.82	-	>25%
기호쓰기	12	11.6	0.4	2.84	-	>25%
동형찾기	16	11.6	4.4	3.53	S	2-5%

비교점수의 평균은 10가지 소검사 환산점수의 평균입니다.
임계값의 유의수준은 0.05입니다.

▌그림 8-12 **A의 소검사 강점 및 약점 분석**

표(121) 점수가 [우수] 수준이며 인지적 강점으로 나타난 것과 연관된다.

반면, 숫자 소검사는 인지적 약점(W)으로 나타났다. 숫자(7) 점수와 비교점수(11.6) 차이의 절대값(4.6)이 임계값(2.41)보다 크기 때문에 두 점수의 차이는 통계적으로 유의미하며 자신의 능력 안에서 약점에 해당한다. 누적비율은 2% 미만이므로 드문 경우에 해당한다. 따라서 A는 숫자 소검사가 측정하는 청각단기기억 및 작업기억, 인지적 유연성, 청각처리 능력 등이 자신의 능력 안에서 약점으로 나타났고, 숫자 소검사 점수가 7점이므로 또래와 비교했을 때도 빈약하게 발달했다고 해석할 수 있다.

3.2. 기본지표척도 소검사 차이비교

다음은 기본지표척도 소검사 차이비교를 해석한다. [그림 8-13]은 A의 기본지표척도 소검사 차이비교를 나타낸다.

소검사 비교			점수 1	점수 2	차이	임계값	유의미한 차이(Y/N)	누적비율
공통성	-	어휘	10	14	-4	3.04	Y	10.9%
토막짜기	-	퍼즐	11	10	1	3.52	N	40.4%
행렬추리	-	무게비교	11	12	-1	2.82	N	44.3%
숫자	-	그림기억	7	13	-6	2.93	Y	3.6%
기호쓰기	-	동형찾기	12	16	-4	3.36	Y	12.1%

임계값의 유의수준은 0.05입니다.

그림 8-13 A의 기본지표척도 소검사 차이비교

A는 [공통성-어휘], [숫자-그림기억], [기호쓰기-동형찾기]에서 유의미한 차이를 보였다. 공통성(10) 점수와 어휘(14) 점수 차이의 절대값(4)이 임계값(3.04)보다 크기 때문에 두 소검사 점수의 차이는 통계적으로 유의미하다. 또한 누적비율은 10.9%에 해당하므로 드문 경우이다. 따라서 A는 개념적 추론 능력과 상위 개념 형성 능력보다 어휘지식과 개별 단어의 의미를 이해하고 이를 정확하게 표현하는 능력이 더 잘 발달한 것으로 해석할 수 있다. 또한 숫자(7) 점수와 그림기억(13) 점수 차이의 절대값(6)이 임계값(2.93)보다 크므로 두 점수 차이는 통계적으로 유의미하며, 누적비율은 3.6%로 해당 점수 차이는 드문 경우에 해당한다. 따라서 A는 청각단기기억보다 시각단기기억, 시각 자극에 대한 주의집중력, 시각적 순차처리 능력이 더 뛰어나며, 기억 전략으로 자유회상보다 재인을 더 잘 사용한다고 해석할 수 있다. 마지막으로, 기호쓰기(12) 점수와 동형찾기(16) 점수 차이의 절대값(4)이 임계값(3.36)보다 크므로 점수 차이는 통계적으로 유의미하며, 누적비율은 12.1%로 드문 경우이다. 따라서 A는 글씨쓰기 능력, 연합 학습 능력에 비해 시각적 주사 능력, 시각적 변별 능력이 더 우수한 것으로 해석할 수 있다.

4. 단계 4: 추가지표척도 해석하기

단계 4에서는 추가지표척도에 대해서 해석한다. 추가지표척도는 5개의 추가지표인 양적추론지표, 청각작업기억지표, 비언어지표, 일반능력지표, 인지효율지표로 구성된다. 이 단계에서는 추가지표점수와 지표 간 차이비교를 해석한다.

4.1. 추가지표척도의 단일성

각 추가지표점수를 해석하기 위해서 지표의 단일성을 확인해야 한다. 이는 단계 2에서 단일성을 확인했던 방법과 동일하다. 각 지표를 구성하는 소검사들 중에서 가장 높은 소검사 점수와 가장 낮은 소검사 점수의 차이가 5점 이상일 경우, 그 지표는 원래 측정하고자 했던 능력을 측정하지 못한다고 판단하며 해석 시 주의를 기울여야 한다(Flanagan & Kaufman, 2009). 앞에서 [그림 8-9]의 소검사 점수들을 참고하면, 양적추론지표, 비언어지표, 일반능력지표는 각 지표를 구성하는 소검사 중 가장 높은 점수와 가장 낮은 점수 간 편차가 5점보다 작기 때문에 단일한 능력을 측정한다고 해석한다. 그러나 청각작업기억지표의 경우, 가장 점수가 높은 순차연결(12)과 가장 점수가 낮은 숫자(7)의 차이(5)가 5점 이상이기 때문에 지표점수가 단일한 능력을 측정한다고 보기 어렵다. 또한 인지효율지표도 가장 점수가 높은 동형찾기(16)와 가장 점수가 낮은 숫자(7)의 차이(9)가 5점 이상이므로 지표점수의 단일성 기준을 충족시키지 않는다. 따라서 청각작업기억지표와 인지효율지표 점수 해석 시 주의해야 한다.

4.2. 추가지표점수 해석

추가지표점수의 단일성을 확인하여 각 추가지표점수를 해석한다. [그림 8-14]는 A의 추가지표점수에 대한 분석 결과와 프로파일을 나타낸다.

A의 양적추론지표(103) 점수는 [평균] 수준으로 백분위 57이며 95% 신뢰구간에서 96~110 사이에 해당한다. 따라서 A의 암산 능력, 양적 관계를 이해하고 적용하는 능력 등은 적절하게 발달하였다. 청각작업기억지표(97) 점수도 [평균] 수준으로 백분위 43이며 95% 신뢰구간에서 90~105 사이에 해당한다. 그러므로 A의 청각단기기억, 작업기억, 청각적 순차처리 능력, 정신적 조작 능력 등은 또래와 비슷하다고 볼 수 있다. 그러나 추가지표의 단일성 확인 결과, 청각작업기억지표 점수는 단일하지 않아 지표점수가 원래 측정하고자 했던 능력을 충분히 반영하지 못하는 것으로 볼 수 있다. 그래서 지표점수 해석 시 주의를 기울여야 하고 이후 청각작

업기억지표를 구성하는 소검사 점수 및 처리점수 등 다양한 자료를 검토하여 해석해야 한다. 비언어지표(111) 점수는 [평균 상] 수준으로 백분위 76이며 95% 신뢰구간에서 104~116 사이에 해당한다. 그래서 A는 언어 능력을 제외한 전반적인 지적 능력이 또래에 비해 다소 높은 것으로 볼 수 있다. 일반능력지표(111) 점수도 [평균

추가지표점수 분석

추가지표		환산점수 합	지표점수	백분위	신뢰구간 (95%)	진단분류 (수준)	측정표준오차 (*SEM*)
양적추론	QRI	21	103	57	96-110	평균	3.96
청각작업기억	AWMI	19	97	43	90-105	평균	3.68
비언어	NVI	69	111	76	104-116	평균 상	3.27
일반능력	GAI	58	111	76	104-117	평균 상	4.11
인지효율	CPI	48	113	81	105-119	평균 상	3.77

추가지표점수 프로파일

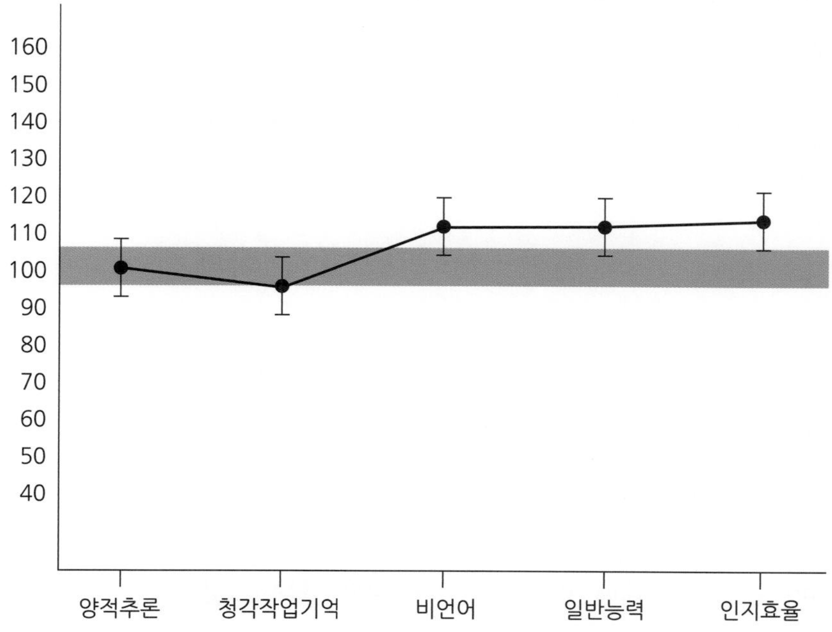

그림 8-14 **A의 추가분석**

상] 수준으로 백분위 76이며 95% 신뢰구간에서 104~117 사이에 해당한다. 따라서 A의 언어적 문제해결 능력, 시각적 추론 능력, 시공간 조직화 능력 등은 또래에 비해 잘 발달한 것으로 볼 수 있다. 마지막으로, 인지효율지표(113) 점수도 [평균 상] 수준으로 백분위 81이며 95% 신뢰구간에서 105~119 사이에 해당한다. A의 작업기억 능력, 문제해결 능력, 정보 처리 능력, 학습 능력 등은 양호한 것으로 나타났지만, 인지효율지표 점수는 앞서 단일하지 않다고 판단되었기 때문에 점수 해석 시 주의해야 한다.

4.3. 추가지표의 차이비교

다음은 추가지표의 차이비교를 해석한다. [그림 8-15]는 A의 추가지표점수 차이비교 결과를 나타낸다.

추가지표 비교					점수 1	점수 2	차이	임계값	유의미한 차이(Y/N)	누적 비율
일반능력	GAI	-	전체 IQ	FSIQ	111	107	4	3.58	Y	22.8%
일반능력	GAI	-	인지효율	CPI	111	113	-2	10.94	N	45.9%
작업기억	WMI	-	청각작업기억	AWMI	100	97	3	6.58	N	39.7%

임계값의 유의수준은 0.05입니다.
누적비율의 준거집단은 전체표본입니다.

그림 8-15 A의 추가지표점수 차이비교

A는 [일반능력-전체 IQ]에서 유의미한 차이를 보였다. 일반능력지표(111) 점수와 전체 IQ(107) 점수의 차이(4)가 임계값(3.58)보다 크기 때문에 두 점수의 차이는 통계적으로 유의미하지만, 누적비율은 22.8%로 드문 경우에 해당하지 않는다. 일반능력지표와 전체 IQ의 비교를 통해서 작업기억과 처리속도가 전반적인 지적 능력에 미치는 영향에 대해 평가할 수 있다. 일반능력지표 점수가 전체 IQ 점수보다 유의미하게 높을 경우, 작업기억 능력과 처리속도 능력이 아동의 상대적 약점이라는 것을 의미할 수 있다. 그러나 앞에서 [그림 8-8]을 보면 A의 경우는 처리속도지

표(121) 점수가 [우수] 수준으로 나타났기 때문에 처리속도 능력보다는 작업기억 능력이 상대적 약점이라고 볼 수 있다. 특히 숫자 소검사가 약점으로 나타났기 때문에 작업기억 능력 중에서도 청각단기기억, 청각처리 능력, 기억 폭 등이 A의 능력 안에서 약점이라고 볼 수 있고, 이 부분이 전체 IQ에 영향을 주어 일반능력지표와 유의미한 차이가 나타난 것으로 보인다.

5. 단계 5: 추가지표척도 소검사 해석하기

단계 5에서는 추가지표척도의 소검사 차이비교를 한다.

5.1. 추가지표척도 소검사 차이비교

[그림 8-16]은 A의 추가지표척도 소검사 차이비교를 나타낸다.

소검사 비교	점수 1	점수 2	차이	임계값	유의미한 차이 (Y/N)	누적비율
무게비교-산수	12	9	3	2.59	Y	20.6%
숫자-순차연결	7	12	-5	2.78	Y	3.6%

임계값 유의수준은 0.05입니다.

▌그림 8-16 **A의 추가지표척도 소검사 차이비교**

A는 [무게비교-산수], [숫자-순차연결] 차이비교에서 유의미한 차이를 보였다. 우선, 무게비교(12) 점수와 산수(9) 점수 차이의 절대값(3)이 임계값(2.59)보다 크기 때문에 두 소검사 점수의 차이는 통계적으로 유의미하며, 누적비율은 20.6%이므로 해당 점수 차이는 드문 경우가 아니다. 따라서 A의 무게비교 점수가 산수 점수에 비해 유의미하게 높기 때문에 A는 청각 자극보다는 시각적으로 자극이 제시되고 작업기억의 요구가 적을 때 양적추론 능력을 잘 활용하는 것으로 나타났다. 또한 숫자(7) 점수와 순차연결(12) 점수의 차이의 절대값(5)이 임계값(2.78)보다 크기 때문에 두 점수 차이는 통계적으로 유의미하며, 누적비율은 3.6%로 두 점수 차이

는 드문 경우에 해당한다. 따라서 A의 순차연결 점수가 숫자 점수보다 유의미하게 높기 때문에 A는 정보처리 능력, 청각적 변별 능력, 정신적 조작 능력이 청각단기 기억, 기계적인 암기력보다 뛰어난 것으로 볼 수 있다. 숫자 소검사가 순차연결 소검사보다 먼저 시행되기 때문에 A가 과제를 수행하는 동안 학습과 연습을 통해 청각적 순차처리 능력, 기계적 암기력, 정신적 조작 능력 등이 향상되었을 수도 있다. 또는 A가 숫자 소검사에서만 있는 숫자 거꾸로 따라하기를 어려워하거나 주의 폭이 짧아 긴 수열을 순서대로 배열하는 것을 어려워했을 수도 있다.

6. 단계 6: 처리분석 해석하기

단계 6은 처리분석 해석하기 단계이다. 처리분석이란 아동의 검사 수행 과정과 아동이 보인 오류에 대해 분석하는 것으로 이 단계에서는 처리점수를 해석하고 처리점수의 차이비교를 해석한다.

6.1. 처리점수의 환산점수 해석

우선, 처리점수의 환산점수를 해석한다. [그림 8-17]은 A의 처리점수의 환산점수를 나타낸다. A의 토막짜기 부분점수(13)는 [평균 상] 수준으로 나타났다. 토막짜기 부분점수는 속도의 영향과 세부사항에 대한 주의를 덜 강조하는 점수로 A는 시간 압박이 감소했을 때 시각처리 능력, 시공간 구성 능력 등을 더 잘 발휘할 것으로 예상된다.

숫자 거꾸로 따라하기(6) 점수는 [평균 하] 수준으로 정신적 조작 능력, 작업기억 능력 등이 다소 저조한 것으로 나타났다. 그러나 숫자 바로 따라하기(10) 점수와 숫자 순서대로 따라하기(9) 점수는 모두 [평균] 수준이기 때문에 청각단기기억, 주의 집중력 등은 적절한 것으로 해석할 수 있다. 따라서 A가 숫자 소검사 중 숫자 거꾸로 따라하기(6)에서만 [평균 하] 수준의 점수를 받은 이유를 다양하게 검토해야 하며, 숫자(7) 소검사 점수가 [평균 하] 수준인 것은 숫자 거꾸로 따라하기의 낮은 점수 때문인 것으로 추정할 수 있다.

선택(무선 배열)(4)과 선택(일렬 배열)(5) 점수는 모두 [매우 낮음] 수준으로 정신운동속도, 의사결정 속도, 시각적 변별 능력, 시각적 주사 능력 등이 매우 저조한 것으로 나타났다. 한계검증으로 A에게 질문해 본 결과, A는 동물에 대한 애정으로 인해 선택 소검사를 제대로 수행하지 못한 것으로 보인다. 따라서 이러한 처리점수 자체만으로 아동의 인지능력에 대해 평가하는 것은 적절하지 않으며 소검사 점수, 처리점수 간의 비교를 통해서 더 자세히 해석해야 한다.

처리점수		원점수	환산점수
시간보너스가 없는 토막짜기	BDn	30	11
토막짜기 부분점수	BDp	51	13
숫자 바로 따라하기	DSf	7	10
숫자 거꾸로 따라하기	DSb	4	6
숫자 순서대로 따라하기	DSs	4	9
선택(무선 배열)	CAr	11	4
선택(일렬 배열)	CAs	16	5

▮그림 8-17 **A의 처리점수의 환산점수 변환**

6.2. 처리점수 환산점수의 차이비교

다음은 처리점수 환산점수의 차이비교를 해석한다. [그림 8-18]은 A의 처리점수의 환산점수 차이비교를 나타낸다. A는 [숫자 바로 따라하기 – 숫자 거꾸로 따라하기]에서 유의미한 차이를 보였다. 숫자 바로 따라하기(10) 점수와 숫자 거꾸로 따라하기(6) 점수 차이의 절대값(4)이 임계값(3.35)보다 크기 때문에 통계적으로 유의미하며 누적비율은 13.5%로 해당 점수 차이는 드문 경우이다. 숫자 바로 따라하기는 청각단기기억과 연관이 있고, 숫자 거꾸로 따라하기는 청각단기기억뿐만 아니라 숫자를 거꾸로 재배열할 수 있는 정신적 조작 능력이 필요하다. 따라서 A는 청각단기기억, 기계적 암기력이 인지적 변환을 필요로 하는 청각단기기억, 정신적 조작 능력보다 더 우수한 것으로 해석할 수 있다.

처리점수 비교			점수 1	점수 2	차이	임계값	유의미한 차이(Y/N)	누적비율
토막짜기 총점	-	시간보너스가 없는 토막짜기	11	11	0	3.95	N	-
토막짜기 총점	-	토막짜기 부분점수	11	13	-2	3.67	N	6.6%
숫자 바로 따라하기	-	숫자 거꾸로 따라하기	10	6	4	3.35	Y	13.5%
숫자 바로 따라하기	-	숫자 순서대로 따라하기	10	9	1	3.45	N	43.1%
숫자 거꾸로 따라하기	-	숫자 순서대로 따라하기	6	9	-3	3.55	N	19.1%
순차연결 총점	-	숫자 순서대로 따라하기	12	9	3	3.38	N	16.7%
선택 (무선 배열)	-	선택 (일렬 배열)	4	5	-1	4.17	N	40.3%

임계값 유의수준은 0.05입니다.

그림 8-18 A의 처리점수의 환산점수 차이비교

6.3. 처리점수의 누적비율 해석

처리점수 중에서 가장 긴 폭과 배열 점수와 오류 점수는 원점수와 누적비율로 해석한다. [그림 8-19]는 A의 처리점수의 누적비율을 나타낸다. A의 가장 긴 그림기억 자극(4) 점수의 누적비율은 56.9%에 해당하며, 이는 평균적인 수행을 나타낸다. 반면, 가장 긴 숫자 거꾸로 따라하기(2) 점수에서의 누적비율은 97.84%에 속하며, 이는 저조한 수행을 나타낸다. A는 오류 점수를 받지 않았으며, 이 경우 누적비율을 해석하지 않는다.

처리점수		원점수	누적비율
가장 긴 숫자 바로 따라하기	LDSf	5	68.1%
가장 긴 숫자 거꾸로 따라하기	LDSb	2	97.84%
가장 긴 숫자 순서대로 따라하기	LDSs	3	90.09%
가장 긴 그림기억 자극	LPSs	4	56.9%
가장 긴 그림기억 반응	LPSr	8	36.64%
가장 긴 순차연결	LLNs	3	83.19%
토막짜기 공간크기 오류	BDde	0	25%
토막짜기 회전 오류	BDre	0	15%
기호쓰기 회전 오류	CDre	0	15%
동형찾기 세트 오류	SSse	0	10%
동형찾기 회전 오류	SSre	0	25%

▌그림 8-19 **A의 처리점수의 누적비율**

6.4. 처리점수의 원점수 차이비교

다음은 누적비율을 통해 처리점수의 원점수 차이비교를 해석한다. 이 차이비교에서는 누적비율을 통해 두 점수의 차이가 얼마나 드문 경우인지를 파악한다. [그림 8-20]은 A의 처리점수의 원점수 차이비교를 나타낸다. A의 경우 모든 차이에 대한 누적비율이 30% 이상으로, 드문 경우에 해당하는 점수 차이는 없다.

처리점수 비교			점수 1	점수 2	차이	누적 비율
가장 긴 숫자 바로 따라하기	-	가장 긴 숫자 거꾸로 따라하기	5	2	3	31.9%
가장 긴 숫자 바로 따라하기	-	가장 긴 숫자 순서대로 따라하기	5	3	2	51.6%
가장 긴 숫자 거꾸로 따라하기	-	가장 긴 숫자 순서대로 따라하기	2	3	−1	81.9%

▌그림 8-20 **A의 처리점수의 원점수 차이비교**

6.5. 기타 소검사 점수 해석

다음은 기본지표나 추가지표에 포함되지 않는 소검사인 상식, 이해, 공통그림찾기, 선택 소검사 점수에 대해 해석한다. 이 소검사들은 주로 전체 IQ를 구성하는 일곱 가지의 소검사 중 한 소검사가 측정이 불가할 경우 대체 소검사로 사용된다. 상식, 이해, 공통그림찾기, 선택 소검사 점수도 앞의 [그림 8-9]에서 확인할 수 있다.

소검사 점수를 해석하고, 기타 소검사를 포함한 몇 가지 소검사의 차이비교를 통해 아동의 인지적 특성에 대한 추가적인 정보를 얻을 수 있다. [그림 8-21]은 A의 결과보고서2: CHC 분석에서 제시하는 기타 소검사 차이비교이다. A의 경우, [공통성-공통그림찾기]와 [선택-동형찾기]에서 유의미한 차이를 보였다. 우선, 공통성(10) 점수와 공통그림찾기(14) 점수의 차이의 절대값(4)이 임계값(3.34)보다 크기 때문에 두 소검사 점수의 차이는 통계적으로 유의미하다. 누적비율은 16.8%로 드문 경우에 속하지는 않는다. 이에 따르면 A는 비언어적 추론 능력, 시지각 추론 능력이 언어적 추론 능력, 언어적 개념 형성 능력, 어휘지식보다 더 뛰어난 것으로 볼 수 있다. 다음으로 선택(4) 점수와 동형찾기(16) 점수 차이의 절대값(12)이 임계값(3.87)보다 크기 때문에 두 소검사 점수 차이는 통계적으로 유의미하다. 누적비율은 0.1%로 해당 점수 차이는 매우 드문 경우이다. 따라서 A는 시지각 재인 능력 및 시각적 주사 능력과 시지각 변별 능력 사이에 큰 차이를 보이며, 의미 있는 그림 자극보다는 기호 자극을 변별하는 능력이 더 잘 발달한 것으로 해석할 수 있다.

소검사 비교	점수 1	점수 2	차이	임계값	유의미한 차이 (Y/N)	누적비율
공통성-공통그림찾기	10	14	-4	3.34	Y	16.8%
선택-동형찾기	4	16	-12	3.87	Y	0.1%
어휘-이해	14	12	2	3.06	N	30.4%

임계값의 유의수준은 0.05입니다.

[그림 8-21] A의 기타 소검사 차이비교

7. 단계 7: CHC 분석 해석하기

단계 7은 CHC 분석 단계이다. CHC 분석에서는 산출된 CHC 지표점수를 해석하고 CHC 지표 차이비교를 해석한다. 인싸이트 홈페이지(http://inpsyt.co.kr)의 온라인 채점프로그램으로 [K-WISC-V 결과보고서2: CHC 분석]을 산출할 수 있으며, 단계 7에서는 A의 결과보고서2: CHC 분석을 바탕으로 해석하고자 한다. [그림 8-22]는 A의 CHC 지표점수를 나타낸다.

CHC 지표점수 분석

CHC 지표		환산점수 합	지표 점수	백분위	신뢰구간 (95%)
일반지식	Gc-K0	41	124	94.5	114-130
어휘지식	Gc-VL	24	111	76.6	102-118
언어표현-낮은 수준	Gc-VE/L	29	125	95.3	117-130
언어표현-높은 수준	Gc-VE/H	22	106	64.4	97-113
확장된 결정지능	VECI	51	116	86.4	110-122
시각화	Gv-Vz	21	103	57.2	94-111
귀납추론	Gf-I	35	111	76.6	102-118
양적추론	Gf-RQ	21	103	57.4	96-110
확장된 유동추론	EFI	46	110	74.7	102-116
작업기억 용량	Gsm-MW	49	99	46.6	92-105
작업기억 대안	Gsm-MW(Alt)	27	94	34.9	87-102
작업기억-기억 폭	Gsm-MS, MW	16	89	22.5	81-99
작업기억-인지적 복잡	WM-CC/H	22	106	64.9	97-114
지각속도	Gs-P	20	100	50	90-110
확장된 처리속도	EPS	32	104	60.9	95-112

CHC 지표점수 프로파일

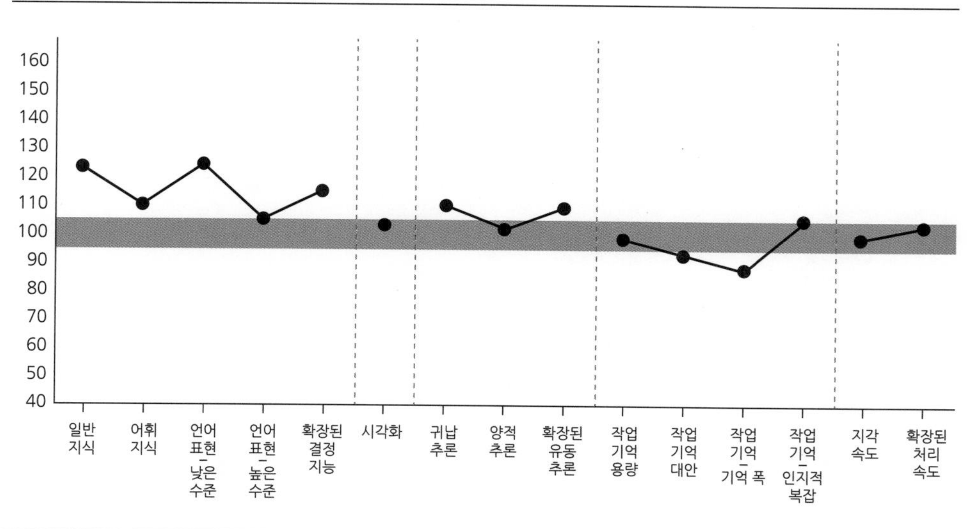

▌그림 8-22 A의 CHC 지표점수 분석

7.1. CHC 지표의 단일성

CHC 지표점수를 해석하려면 지표의 단일성을 확인해야 한다. 이는 단계 2와 단계 4에서 기본지표와 추가지표의 단일성을 확인했던 것과 동일하다. 각 지표를 구성하는 소검사들 중에서 가장 높은 소검사 점수와 가장 낮은 소검사 점수의 차이가 5점(1.5표준편차) 이상일 경우, 그 지표점수는 원래 측정하고자 했던 능력을 측정하지 못한다고 판단하며 해석 시 주의를 기울여야 한다(Flanagan & Kaufman, 2009). 각 CHC 지표의 단일성은 결과보고서2: CHC 분석의 CHC 지표 소검사 점수 분석 결과를 사용하여 확인할 수 있다. [그림 8-23]은 A의 CHC 지표 소검사를 나타내며, 여기서는 단일하지 않은 지표에 대해서만 설명하겠다.

우선, 확장된 결정지능(VECI)를 구성하는 공통성(10), 어휘(14), 상식(15), 이해(12) 소검사 중 상식과 공통성의 점수 차이가 5점 이상이기 때문에 확장된 결정지능 CHC 지표점수는 단일하다고 볼 수 없으며, 지표점수가 원래 측정하고자 했던 능력을 나타내지 못한다고 판단한다. 확장된 유동추론(EFI)을 구성하는 행렬추리(11), 무게비교(12), 공통그림찾기(14), 산수(9) 소검사 중 공통그림찾기와 산수의 점수 차이가 5점 이상이므로 단일한 능력을 측정한다고 볼 수 없다. 작업기억 용량(Gsm-MW)을 구성하는 숫자 거꾸로 따라하기(6), 숫자 순서대로 따라하기(9), 순차연결(12), 그림기억(13), 산수(9) 소검사 중 그림기억과 숫자 거꾸로 따라하기의 점수 차이가 5점 이상이므로 작업기억 용량 CHC 지표는 단일하다고 볼 수 없다. 작업기억 대안(Gsm-MW(Alt))을 구성하는 숫자 거꾸로 따라하기(6), 숫자 순서대로 따라하기(9), 순차연결(12) 소검사 중 순차연결과 숫자 거꾸로 따라하기의 점수 차이가 5점 이상이므로 단일하지 않다. 지각속도(Gs-P)를 구성하는 동형찾기(16)와 선택(4) 점수 차이가 5점 이상이며, 확장된 처리속도(EPS)를 구성하는 기호쓰기(12), 동형찾기(16), 선택(4) 소검사 중 동형찾기와 선택 소검사의 점수 차이가 5점 이상이기 때문에 단일하다고 해석할 수 없다. 따라서 확장된 결정지능, 확장된 유동추론, 작업기억 용량, 작업기억 대안, 지각속도, 확장된 처리속도 CHC 지표점수를 해석할 때 주의를 기울여야 한다.

CHC 지표	소검사		원점수	환산점수	백분위
일반지식 Gc-K0	상식	IN	14	15	95
	이해	CO	13	12	75
	공통그림찾기	PC	14	14	91
어휘지식 Gc-VL	공통성	SI	15	10	50
	어휘	VC	14	14	91
언어표현-낮은 수준 Gc-VE/L	어휘	VC	14	14	91
	상식	IN	14	15	95
언어표현-높은 수준 Gc-VE/H	공통성	SI	15	10	50
	이해	CO	13	12	75
확장된 결정지능 VECI	공통성	SI	15	10	50
	어휘	VC	14	14	91
	상식	IN	14	15	95
	이해	CO	13	12	75
시각화 Gv-Vz	토막짜기	BD	30	11	63
	퍼즐	VP	15	10	50
귀납추론 Gf-I	행렬추리	MR	17	11	63
	공통그림찾기	PC	14	14	91
	공통성	SI	15	10	50
양적추론 Gf-RQ	무게비교	FW	20	12	75
	산수	AR	11	9	37
확장된 유동추론 EFI	행렬추리	MR	17	11	63
	무게비교	FW	20	12	75
	공통그림찾기	PC	14	14	91
	산수	AR	11	9	37
작업기억 용량 Gsm-MW	숫자 거꾸로 따라하기	DSb	4	6	9
	숫자 순서대로 따라하기	DSs	4	9	37
	순차연결	LN	13	12	75
	그림기억	PS	27	13	84
	산수	AR	11	9	37
작업기억 대안 Gsm-MW(Alt)	숫자 거꾸로 따라하기	DSb	4	6	9
	숫자 순서대로 따라하기	DSs	4	9	37
	순차연결	LN	13	12	75
작업기억-기억 폭 Gsm-MS, MW	숫자 바로 따라하기	DSf	7	10	50
	숫자 거꾸로 따라하기	DSb	4	6	9

작업기억-인지적 복잡 WM-CC/H	산수	AR	11	9	37
	그림기억	PS	27	13	84
지각속도 Gs-P	동형찾기	SS	40	16	98
	선택	CA	27	4	2
확장된 처리속도 EPS	기호쓰기	CD	41	12	75
	동형찾기	SS	40	16	98
	선택	CA	27	4	2

소검사 환산점수 프로파일

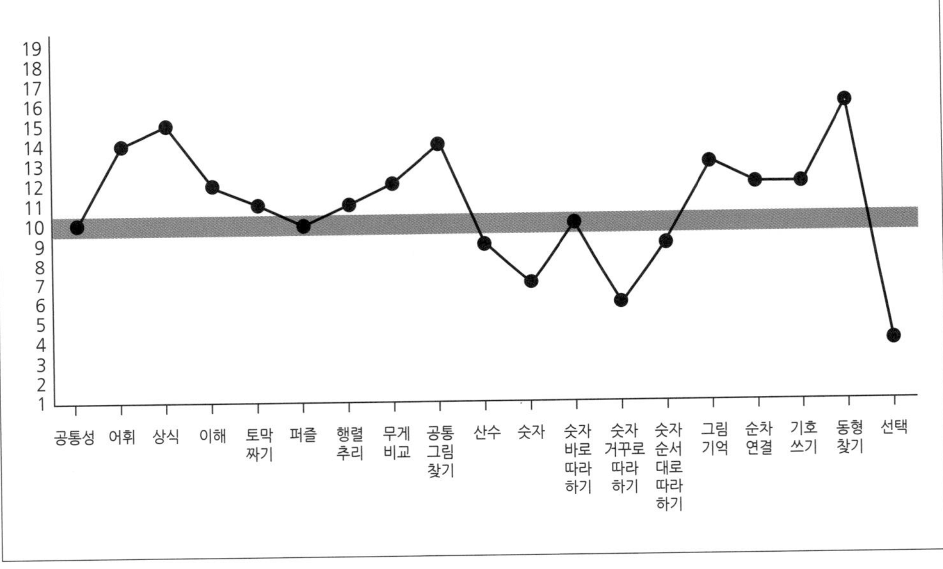

▌그림 8-23 **A의 CHC 지표 소검사 점수 분석**

7.2. CHC 지표점수 해석

다음은 각 CHC 지표점수에 대해서 해석한다. 앞의 [그림 8-22]는 A의 CHC 지표점수 분석과 프로파일을 나타낸다. 우선, 결정지능과 관련된 CHC 지표(일반지식, 어휘지식, 언어표현-낮은 수준, 언어표현-높은 수준, 확장된 결정지능)를 설명하겠다. A의 일반지식(124) 점수는 [우수] 수준으로 백분위 94.5이며, 95% 신뢰구간에서 114~130 사이에 해당한다. 따라서 A는 일반적 상식, 사회적 · 문화적 관습에 대한 지식이 뛰어나며, 교육 및 문화적 경험이 풍부한 것으로 나타났다. 어휘지식(111) 점수는 [평균 상] 수준으로 백분위 76.6이며, 95% 신뢰구간에서 102~118에 해당한다.

그러므로 A는 어휘량이 풍부하며 단어의 정확한 의미를 잘 이해하고, 장기기억에 저장된 정보를 인출하는 능력이 잘 발달되어 있다고 볼 수 있다. 언어표현-낮은 수준(125) 점수는 [우수] 수준으로 백분위는 95.3이고, 95% 신뢰구간에서 117~130 사이에 해당한다. 따라서 A는 언어적 개념 형성 능력과 장기기억에 저장된 정보를 인출하는 능력이 우수하다. 언어표현-높은 수준(106) 점수는 [평균] 수준으로 백분위 64.4이며, 95% 신뢰구간에서 97~113 사이에 해당한다. 그러므로 A의 언어적 표현 능력과 언어 유창성, 언어적 추론 능력, 어휘지식은 적절하다. 마지막으로, 확장된 결정지능(116) 점수는 [평균 상] 수준으로 백분위 86.4이며, 95% 신뢰구간에서 110~122에 해당한다. 이에 따라 A는 단어와 일반 상식이 풍부하며, 언어적 문제해결 능력, 추론 능력, 장기기억 인출 능력이 다소 높은 것으로 나타났다. 그러나 확장된 결정지능 CHC 지표는 앞서 단일하지 않다고 판단되었기 때문에 점수 해석 시 주의해야 한다.

시각처리와 관련된 CHC 지표(시각화)에 대한 설명이다. A의 시각화(103) 점수는 [평균] 수준으로 백분위 57.2이며, 95% 신뢰구간에서 94~111 사이에 해당한다. 따라서 A의 시공간 추론 능력, 부분-전체 관계의 이해, 시공간 구성 능력, 시각적 조직화 능력은 적절한 수준으로 발달한 것으로 볼 수 있다.

유동추론과 관련된 CHC 지표(귀납추론, 양적추론, 확장된 유동추론)에 대한 설명이다. A의 귀납추론(111) 점수는 [평균 상] 수준으로 백분위 76.6이며, 95% 신뢰구간에서 102~118 사이에 해당한다. 그러므로 A는 귀납적 사고 능력, 시각적 추론 능력, 언어적 추론 능력, 추상적 추론 능력, 본질적/비본질적 사항에 대한 변별 능력 등이 또래에 비해 높은 편이다. 양적추론(103) 점수는 [평균] 수준으로 백분위 57.4이며, 95% 신뢰구간에서 96~110 사이에 해당한다. 따라서 A의 암산 능력, 수학 능력, 양적 관계를 추론할 수 있는 능력, 주의집중력은 적절하게 발달한 것으로 볼 수 있다. 마지막으로, 확장된 유동추론(110) 점수는 [평균 상] 수준으로 백분위 74.7이며, 95% 신뢰구간에서 102~116 사이에 해당한다. 따라서 A의 유동지능, 추상적 개념 형성 능력, 시각 및 청각적 세부사항에 주의를 기울이는 능력, 양적 관계를 파악하는 능력은 또래보다 높은 것으로 볼 수 있다. 그러나 확장된 유동추론 CHC 지표는 앞서 단일하지 않았기 때문에 A에 대한 다양한 자료를 검토하여 해석해야 한다.

단기기억과 관련된 CHC 지표(작업기억 용량, 작업기억 대안, 작업기억-기억 폭, 작업기억-인지적 복잡)에 대한 설명이다. A의 작업기억 용량(99) 점수는 [평균] 수준으로 백분위 46.6이며, 95% 신뢰구간에서 92~105 사이에 해당한다. 그러므로 A의 시각작업기억, 청각작업기억, 주의집중력, 정신적 조작 능력은 또래와 비슷한 평균 수준으로 볼 수 있지만, 지표점수가 단일하지 않기 때문에 해석 시 주의를 기울여야 한다. 작업기억 대안(94) 점수는 [평균] 수준으로 백분위 34.9이며, 95% 신뢰구간에서 87~102 사이에 해당한다. 그러므로 A의 청각작업기억, 청각적 순차처리 능력, 주의집중력, 청각적 변별 능력은 적절한 것으로 볼 수 있으나, 작업기억 대안 CHC 지표도 앞서 단일하지 않았기 때문에 A에 대한 다양한 자료를 검토하여 해석해야 한다. 작업기억-기억 폭(89) 점수는 [평균 하] 수준으로 백분위 22.5이며 95% 신뢰 구간에서 81~99 사이에 해당한다. 따라서 A는 기계적 암기력과 청각작업기억, 정신적 조작 능력이 다소 빈약하게 발달한 것으로 보인다. 작업기억-인지적 복잡(106) 점수는 [평균] 수준으로 백분위 64.9이며, 95% 신뢰구간에서 97~114 사이에 해당한다. 그러므로 A의 작업기억, 정신적 조작 능력, 양적추론 능력, 암산 능력, 결정지능은 또래와 비슷한 수준이라고 볼 수 있다.

처리속도와 관련된 CHC 지표(지각속도, 확장된 처리속도)에 대한 설명이다. A의 지각속도(100) 점수는 [평균] 수준으로 백분위 50이며, 95% 신뢰구간에서 90~110 사이에 해당한다. 따라서 A의 정신운동속도, 시각적 변별 능력, 시각적 주사 능력은 적절한 수준으로 발달했다고 볼 수 있다. 마지막으로, 확장된 처리속도(104) 점수는 [평균] 수준으로 백분위 60.9이며, 95% 신뢰구간에서 95~112 사이에 해당한다. 이에 따라 A의 시지각 변별 능력, 정신운동속도, 시각처리 능력, 시각적 주사 능력, 주의집중력은 또래와 비슷한 수준이라고 볼 수 있다. 그러나 지각속도와 확장된 처리속도 모두 점수가 단일하지 않으므로 A에 대한 다양한 자료를 검토하여 신중히 해석해야 한다.

7.3. CHC 지표점수 차이비교

다음은 CHC 지표점수 간 차이비교를 해석한다. [그림 8-24]는 A의 CHC 지표점수 간 차이비교를 나타낸다. A의 경우, 지표 간 유의미한 점수 차이는 없다.

지표 비교	점수 1	점수 2	차이	임계값	유의미한 차이(Y/N)	누적 비율
결정지능 Gc-유동추론 Gf	111	109	2.0	13.58	N	47%
확장된 결정지능 VECI-확장된 유동추론 EFI	116	110	6.0	11.9	N	32.8%
일반지식 Gc-K0-어휘지식 Gc-VL	124	111	13.0	16.19	N	13.8%
귀납추론 Gf-I-양적추론 Gf-RQ	111	103	8.0	11.4	N	28.5%

임계값의 유의수준은 0.05입니다.
누적비율의 준거집단은 전체표본입니다.

▌그림 8-24 A의 CHC 지표점수 차이비교

Ⅲ. 평가보고서 작성하기

검사 결과에 대한 해석을 바탕으로 평가보고서를 작성한다. 일반적으로 지능 평가보고서 작성의 목적은 아동의 인지능력에 대한 정확한 평가, 교육적 개입에 대한 제언 등의 정보를 아동이나 의뢰인에게 전달하기 위함이다. 이 절에서는 지능 평가보고서 중에서도 K-WISC-V 보고서를 작성하는 방법에 대해 설명하겠다. 그리고 앞의 해석 사례에서 살펴본 만 6세 9개월 아동 A의 K-WISC-V 결과 해석을 바탕으로 작성한 보고서 사례와 외국 보고서 사례를 다루겠다.

1. 평가보고서 작성 방법

일반적으로 평가보고서는 보고서 표지, 개인 정보, 의뢰 사유, 배경정보, 실시한 검사, 행동 관찰, 검사 결과와 해석, 요약 및 진단적 인상, 권고, 점수 요약을 포함한다(Schneider, Lichtenberger, Mather, & Kaufman, 2018). 그러나 평가 목적과 평가 상황에 따라 세부적인 구성이 달라질 수 있기 때문에 평가보고서 안에 포함되는 내용에 대해서는 획일적인 기준이 없다. 이 장에서는 K-WISC-V 평가보고서 작성 시 주로 포함되는 인적사항, 의뢰 사유, 행동과 태도에 대한 평가, 지능 및 인지기능에 대한 평가, 결론 및 요약을 작성하는 방법에 대해 설명하도록 하겠다.

1.1. 인적사항 작성

인적사항에는 검사의 이름(예: K-WISC-V)과 아동에 대한 정보(이름, 생년월일, 성별, 나이), 검사 날짜, 검사자를 명시한다.

1.2. 의뢰 사유 작성

의뢰 사유에는 아동이 의뢰된 이유, 즉 평가를 실시하게 된 목적을 기록한다. 일반적으로 K-WISC-V 및 다른 지능 검사의 의뢰 사유로는 전반적인 인지능력에 대한 평가, 주의집중 및 기억력 문제에 대한 평가, 발달 지연, 읽기 · 수학 · 쓰기와 관련된 학업 문제에 대한 평가 등이 있다. 또한 공격적이거나 충동적인 행동을 보이는 품행 문제 때문에 지능 검사를 의뢰하는 경우도 있으며, 영재 또는 지적장애 아동에게 특수 프로그램 개입이 필요한지 여부를 판단하기 위해 검사를 의뢰하기도 한다. 만약 아동의 문제 행동으로 인해 지능검사가 의뢰되었다면, 문제 행동이 언제부터 시작됐는지나 문제 행동의 빈도 및 강도 등의 정보는 면담이나 검사 신청서를 통해 수집할 수 있다. 의뢰 사유는 이미 검사를 의뢰한 사람이 잘 알고 있기 때문에 장황하게 나열하지 않도록 하며, 대신 핵심적인 내용만 간략하게 작성하도록 한다. 의뢰 사유에는 의뢰 출처, 평가목적, 평가방법 등의 내용을 포함한다. 의뢰 출처는 누가 아동의 검사를 의뢰했는지에 대한 정보로 전문가나 부모가 의뢰했는지 혹은 아동 본인이 직접 의뢰했는지를 기록한다. 평가방법으로는 실시한 검사의 명칭을 정확하게 작성한다. 다음은 의뢰 사유 작성의 예이다.

의뢰 사유 작성의 예

여자/초3/학습장애

아동은 읽기와 쓰기에서 어려움을 보이고 수업시간에 거의 참여하지 않는 등의 문제를 보여 학습장애가 의심되어 아동의 모가 의뢰했으며, 아동의 학습 능력을 파악하기 위해 한국 웩슬러 아동지능검사 5판(Korean Wechsler Intelligence Scale for Children-Fifth Edition, K-WISC-V)을 실시하였다.

1.3. 행동 관찰 작성

행동 관찰에는 아동의 외모, 복장, 위생상태, 표정, 눈맞춤, 말투, 검사태도 등에 대한 정보를 기록한다. 아동의 외모에 대한 정보를 기록할 때는 문화적 규범이나 검사자의 주관적 가치에 근거하여 판단하지 않고 객관적으로 외모상의 특징을 서술해야 한다. 예를 들어, "아동은 작은 키에 아주 마른 체격으로 안경을 쓰고 있었다."고 외모상의 특징을 서술할 수 있다. 외모상의 특징은 현재 아동의 심리적 특성과 상황을 반영하여, 검사 결과 해석 시 고려되어야 하는 부분이기 때문에 기록하는 것이 좋다. 다음으로 복장과 위생상태를 통해 검사자는 아동이 자기관리에 노력을 기울였는지, 의식주에 문제가 있는지 등을 추측해 볼 수 있다. 아동의 경우, 복장과 위생은 대부분 부모의 관리와 연관이 있기 때문에 방임의 흔적이 있는지도 살펴보도록 한다. 표정과 눈맞춤은 아동의 자신감과 연관될 수 있다. 이야기를 할 때 눈을 마주치지 않고 다른 곳을 응시하거나 다소 어색한 미소를 짓는 등 아동이 보이는 특징을 기록하도록 한다. 또한 아동의 말투가 너무 단조롭지는 않은지, 자신의 생각이나 감정에 대해 잘 표현하는지 등에 대한 정보를 기록한다. 이러한 행동관찰 부분은 해당 아동에게만 독특하게 나타나는 것에 대해서, 그리고 검사의 결과 해석에 관련 있는 내용을 중심으로 간략하게 기술해야 한다(김재환 외, 2014).

다음은 검사태도에 대해 작성한다. 검사태도는 검사하는 동안 아동이 적극적으로 참여했는지, 충분한 노력을 보였는지, 라포 형성과 유지가 비교적 쉬웠는지, 피드백에 대한 반응이 어땠는지 등에 대한 정보를 포함한다. 아동의 참여나 노력과 관련해서, 만약 아동이 적극적이고 열정적인 태도로 검사에 응했을 경우 매우 협조적인 태도를 보인 것으로 작성한다. 반면, 과제 지시에 응하지 않고 거부적인 태도를 보였을 경우 비협조적인 태도를 보인 것으로 기록한다. 단, 이렇게 검사태도를 기술할 때는 단순히 아동의 협조적 또는 비협조적 태도를 작성하는 것이 아니라 "아동이 검사가 언제 끝나는지 지속적으로 질문을 했다."와 같은 행동 예시를 함께 기재하여 읽는 사람의 이해를 돕도록 한다. 또한 검사자와 라포를 형성하는 데 얼마나 오래 걸렸는지 등을 명시하도록 한다. 라포는 검사 실시에 영향을 주는 주요한 요인 중 하나로, 라포의 형성과 유지는 검사를 실시하는 동안 아동이 최선을 다해 과제를 수행할 수 있도록 돕는다(곽금주, 2002). 너무 어린 아동인 경우 부모와 떨어지는 것을 어려워해 검사자와 쉽게 라포 형성을 하지 못할 수도 있다. 따라서 검사자는 라포를 형성하는 데 얼마나 걸렸는지와 어느 정도 수준으로 형성했는지 등을 간략하게 기재하도록 한다. 그리고 피드백의 경우, 어떤 아동은 검사자의 긍정적인 피드백을 빠르게 알아차려 그 피드백이 동기부여가 될 수 있는 반면, 다른 아동은 검사자의 피드백에 무관심할 수 있다. 검사자는 아동이 피드백을 수용하는 태도 및 행동 등을 기록하도록 한다.

아동이 검사를 수행할 동안 특이한 발언이나 행동을 할 경우 이에 대해서도 작성하도록 한다. 예를 들어, 몇몇 아동은 자신의 눈이나 귀를 가리거나, 연필을 돌리거나, 심한 경우 손을 물거나 머리를 때리는 등의 자해 행동을 할 수 있다. 특히 K-WISC-V에서 아동의 언어적 표현 능력은 검사 수행에 큰 영향을 미치며 검사 결과를 해석하는 데 중요한 정보가 되므로, 아동의 발음이 정확한지, 단어를 지나치게 더듬거나, 혼잣말을 하는 등의 행동 패턴을 보이는지를 주의깊게 보아야 한다. 그러나 추가적인 특이사항을 기록할 때는 심리적 문제에 근거한 특성만 면밀히 관찰하여 작성해야 하며 아동의 행동을 무분별하게 묘사하여 보고서의 요점을 흐리지 않도록 주의해야 한다. 다음은 행동 관찰에 대한 작성의 예이다.

행동 관찰 작성의 예

여자/초2/우울증

아동은 작은 키, 다소 마른 체구의 초등학생으로 아동의 모가 지능 검사를 의뢰하였다. 아동은 긴팔 티셔츠의 편한 옷차림을 하였으며 위생상태는 양호했다. 아동은 검사 질문에 대답을 잘하며 협조적인 태도를 보였다. 그러나 검사자와 눈을 전혀 맞추지 않았으며 "최선을 다하는 모습이 보기 좋아요."와 같은 칭찬을 했을 때에도 아무 반응을 보이지 않았다. 또한 아동의 표정은 변화가 거의 없었으며 검사가 끝날 때까지 무관심한 태도를 계속 보여 검사자는 아동과 낮은 수준의 라포를 형성하였다. 아동의 목소리는 작고 웅얼거리는 경향이 있어 언어적 반응이 애매하고 불명확하였다. 어려운 과제가 제시됐을 때는 종종 한숨을 내쉬며 낙심하거나 자신 없어 하는 모습을 보였다. 방문 사유에 대해서는 "엄마가 그냥 가자고 해서 왔다."고 대답하였으며 더 이상의 반응은 없었다.

1.4. 지능 및 인지기능 평가 작성

지능 및 인지기능에 대한 평가는 아동의 전반적인 인지능력과 강점 및 약점 등을 포함한다. K-WISC-V의 경우 전체 IQ 점수, 지표점수, 소검사 점수, 처리점수 및 행동 관찰 등에 대한 정보를 활용하여 지능 및 인지기능에 대한 평가를 작성할 수 있다. 먼저, 전체 IQ 점수를 바탕으로 아동의 전반적인 지적 능력에 대해 기술한다. 전체 IQ를 설명할 때는 단순히 점수에 대해서만 언급하는 것이 아니라 전체 IQ와 함께 백분위, 진단분류, 신뢰구간 등을 기술한다. 이때 검사 결과에 대한 표와 그래프를 함께 제시하면 읽는 사람의 이해를 높일 수 있다. 다음으로, 검사자는 지표점수를 바탕으로 각 지표별 점수, 진단분류, 백분위, 아동의 점수가 의미하는 세부적인 지적 능력에 대해 자세히 기술하도록 한다. 그리고 검사자는 지표 간 점수 차이를 파악하여 아동의 능력 내 '상대적인' 강점이나 약점을 제시할 수 있다. 소검사의 경우 각 소검사별 점수를 바탕으로 해당 소검사 점수가 반영하는 아동의 세부적인 인지능력과 강점 및 약점에 대한 해석을 기술한다. 만약 소검사 간 점수 차이가 유의미하게 크다면, 그 차이가 어느 정도이며 무엇을 의미하는지 기술하는 것이 중요하다. 다음으로, 처리점수 해석을 통해 아동의 인지적 과정, 문제해결 전략, 오류의 특성 등을 더 구체적으로 기술할 수 있다. 예를 들어, 숫자 바로 따라하기보다 숫자 거꾸로 따라하기에서 더 높은 점수를 받았다면 아동은 상대적으로 더 복잡한 과제에서 높은 수행을 보인 것이며, 어려운 과제가 주어졌을 때 더 높은 수행을 보일 가능성이 높다. 따라서 검사자는 "아동이 수행 시 보인 오류의 특성은 아동의 낮은 능력에 기인한 것이 아니라 동기 저하 및 성향과 관련된 것으로, 아동에게 단순한 자극보다는 복잡한 자극을 주어 높은 성취감을 주고 동기부여를 할 수 있다."와 같이 기술할 수 있다. 이처럼 검사자는 처리점수 및 다른 자료를 통해 아동이 구조화된 환경에서 더 성취하는 유형인지, 아니면 자율적인 환경에서 더 적극적으로 성취를 추구하는 유형인지 등 검사에 영향을 미칠 수 있는 아동의 성취 동기 및 잠재적 요소를 파악하여 평가 보고서를 작성하도록 한다. 주의해야 할 점으로 보고서를 읽는 사람은 주로 의뢰인, 혹은 아동의 가족으로 임상 전문가가 아닌 경우도 있기

지능 및 인지기능 평가 작성의 예

남자/만 7세

한국 웩슬러 아동지능검사 5판(K-WISC-V)을 실시한 결과, 또래와 같은 연령대의 전국 규준으로 볼 때 아동의 전체 IQ(118)는 [평균 상] 수준이고 백분위 88이며, 95% 신뢰구간에서 111~123 사이에 해당한다. 언어이해는 [우수] 수준, 유동추론과 시공간은 [평균 상] 수준, 작업기억과 처리속도는 [평균] 수준으로 나타났다.
아동의 언어이해 능력과 자신의 생각을 적절한 어휘로 표현하는 능력을 나타내는 언어이해지표(122)는 백분위 92의 [우수] 수준이며, 95% 신뢰구간에서 113~128 사이에 속하는 것으로 나타났다. 두 단어의 관계를 추론하는 능력과 학습된 단어에 대한 지식을 언어로 표현하는 능력 모두 [우수] 수준으로 나타나, 언어적 추론 능력, 언어적 개념 형성 능력, 어휘지식이 잘 발달한 것으로 볼 수 있다. …

때문에 읽기 쉽게 작성해야 한다. 지능 및 인지기능에 대한 평가작성의 예를 참고하라.

1.5. 결론 및 요약 작성

보고서의 마지막 부분에서는 지금까지 관찰한 행동 정보와 검사 결과에 대한 핵심을 요약하여 아동에 대한 종합적인 평가를 작성한다. 요약에는 의뢰 정보, 주요 인적사항, 가장 타당한 결과 등을 간결히 포함하고 중요한 시사점을 가진 결론만 작성하도록 한다. 또한 의뢰 사유를 고려하여 아동의 현재 인지기능이 미래의 학업적 · 사회적 기능에 어떤 영향을 미칠지 예측할 수 있어야 한다. 아동을 대상으로 검사자가 장기적인 예측을 할 때는 매우 신중해야 하며, 예측에 대한 확신의 정도를 함께 나타내야 한다. 또한 아동에 대한 임상적 진단이 필요하다고 생각될 경우, DSM-5(Diagnostic and Statistical Manual of Mental Disorder, 5th Revision) 진단 기준과 진단명을 활용하여 '진단적 소견'이라고 명시하고 검사자의 판단을 기술한다. 지능검사의 주요한 목적 중 하나는 아동이 더 적응적으로 생활할 수 있도록 돕는 것이다. 따라서 보고서의 결론 부분에 검사자는 '제언'을 작성한다. 제언은 주로 아동의 적응에 도움이 될 만한 개입이나 치료, 특수교육 필요 여부, 아동의 학업 성취를 높일 수 있는 과제 수행 전략, 적절한 부모의 지원 등을 포함한다. 예컨대, 아동에게 심리적 문제로 인해 주의력 및 학업 문제가 발생한 경우, "아동에게 치료적 개입이 필요하다."고 제언할 수 있다. 또한 주의력 문제를 치료하는 데 유용한 치료 방법 및 약물 필요 여부를 언급하고 아동의 인지적 강점 및 약점을 파악하여 동기와 흥미를 유발할 수 있는 학습법, 시간 관리 방법, 기억 전략 등을 제시할 수 있다. 관련해서 결론 및 요약 작성의 예를 참고하라.

마지막으로, 보고서는 평가를 완성한 사람이 서명해야 한다. 만일 보고서가 다른 전문가의 지도하에 완성되었다면, 그 지도자에 대한 서명 또한 작성하도록 한다. 서명 아래에는 이름, 학위, 직함에 대한 내용을 포함한다.

결론 및 요약 작성의 예

남자/만 6세

K-WISC-V의 검사 결과를 종합해 볼 때, 아동의 전반적인 지적 능력은 또래와 비슷한 수준으로 나타났다. 그러나 영역별 점수 편차가 커 인지적 불균형이 시사되며 전체 IQ가 아동의 전반적인 인지능력을 충분히 반영한다고 볼 수 없다. 아동은 언어이해, 시공간, 유동추론 영역에서 [평균] 수준의 점수를 받아 또래와 비슷한 수준이었지만, 작업기억과 처리속도 영역의 수행은 모두 [평균 하] 수준으로 낮게 나타났다. 특히 아동은 시각작업기억에 비해 청각작업기억 능력이 저조하게 나타났으며, 과제 내에서도 비일관적인 수행을 보이며 주의력이 낮은 것으로 나타났다. 예를 들어, 아동은 검사 내내 자리에 앉아 있기 힘든 듯 몸을 꼬거나 다른 곳을 응시하고 검사자에게 문제를 다시 물어보는 등 주의가 산만한 모습을 보였다. 이러한 행동은 아동의 의뢰 사유(주의력 결핍으로 인한 학업 성취 문제)와 일치하기 때문에 본 검사 결과는 아동의 현재 기능을 적절히 나타내는 것으로 보인다. 따라서 아동의 학업 성취를 높이기 위해서는 주의력 집중 프로그램 및 치료가 필요한 것으로 보이며 학습 동기를 부여하고 효율적으로 학습하는 전략을 제공하는 것이 효과적일 것으로 사료된다. 또한 아동이 과제에 집중을 잘할 수 있도록 깨끗한 물리적 환경을 조성하는 것이 바람직하다.

2. 평가보고서 작성 예시

다음은 이 장의 'II. 결과보고서 사례 해석하기'에서 분석한 만 6세 9개월 여자 아동 A의 결과 해석을 바탕으로 작성한 K-WISC-V 평가보고서이다.

아동 A의 K-WISC-V 평가보고서

- 이름: A(여)
- 출생일: 2013년 5월 20일
- 연령: 만 6세 9개월
- 검사자: ○○○
- 정보 제공자(informant): 모
- 검사일: 2020년 2월 25일

[의뢰 사유]

초등학교 입학을 앞둔 아동으로 현재 아동의 인지적인 수준을 객관적으로 평가해 보고 앞으로의 학업수행 정도를 알아보기 위해 모가 지능검사를 의뢰하였다.

[배경정보]

A는 회사원인 부와 중등교사인 모와 11세 언니와 살고 있다. A는 현재 공립초등학교 부설 유치원에 다니고 있고 주 2회 피아노와 주 1회 수영을 배우고 있다.

[행동 관찰]

아동은 또래와 비슷한 체구로 긴 생머리를 포니스타일로 묶고 흰색 뿔테 안경을 쓴 깔끔한 옷차림이었으며 모와 함께 내방하였다. 아동은 검사자와 eye-contact가 원활하였다. 검사 초기 인적사항과 관련된 검사자의 질문에 작은 목소리로 대답하였으나 검사가 진행될수록 목소리가 커지고 언어적 표현도 많아졌다. 토막짜기 소검사에서는 양손을 사용하고 토막으로 모양을 만들었다가 흐트려서 다시 만들기도 하는 등 시행착오적인 태도를 보였고 제한시간이 지난 후에 완성하는 경우가 3번 있었다. 기호쓰기 소검사에서는 연필을 올바른 방법으로 잡고 계속 제시된 도형을 확인하면서 빠르게 그리는 모습을 보였다.

[실시한 검사]

한국 웩슬러 아동지능검사 5판(Korean Wechsler Intelligence Scale for Children-Fifth Edition, K-WISC-V)

검사 결과

[인지적 기능]

한국 웩슬러 아동지능검사 5판(K-WISC-V)을 실시한 결과, 아동 A의 전체 IQ(107)는 [평균] 수준으로 또래와 같은 연령대의 전국 규준으로 볼 때 백분위 69이며, 95%의 신뢰구간에서 101~113 사이에 해당한다. 언어이해는 [평균 상] 수준, 유동추론, 시공간, 작업기억은 [평균] 수준, 처리속도는 [우수] 수준으로 나타났다.

언어이해 능력과 언어적 개념 형성 능력 및 언어표현력을 나타내는 언어이해지표(111)는 백분위 77의 [평균 상] 수준이며, 95% 신뢰구간에서 102~118 사이에 속하는 것으로 나타났다. 아동은 언어이해 능력과 언어표현력이 또래보다 잘 발달하였는데, 특히 단어의 의미를 이해하여 적절하게 표현하는 능력이 [평균 상] 수준으로 나타나 언어적 개념 형성 능력과 어휘지식, 교육과 경험을 통해 습득한 언어 지식이 풍부한 것으로 나타났다. 언어적 추론을 통해 상위 개념을 형성하는 능력은 [평균] 수준으로 나타나 언어적으로 추상적인 개념을 다루는 능력은 적절한 수준으로 발달하였다.

시공간 조직화 능력, 비언어적 추론 능력, 정신적 회전 능력을 나타내는 시공간지표(103)는 백분위 57의 [평균] 수준이며, 95% 신뢰구간에서 94~111 사이에 속하는 것으로 나타났다. 아동의 시공간 추론 능력, 시공간 조직화 능력 등은 또래와 비슷한 수준으로 발달하였다. 시공간 자극을 직접 조작하는 능력과 정신적으로 조작하는 능력 모두 [평균] 수준으로 나타나 정신적 회전 능력, 부분-전체의 관계를 이해하고 조절하는 능력은 적절한 수준으로 발달하였다.

추론을 통해 규칙을 파악하는 능력을 나타내는 유동추론지표(109)는 백분위 71의 [평균] 수준이며, 95% 신뢰구간에서 100~115 사이에 속하는 것으로 나타났다. 시각적 추론을 통해 근본적인 규칙을 파악하는 능력, 시지각 능력, 양적추론 능력은 모두 [평균] 수준으로 적절히 발달하였다.

정보를 일시적으로 기억하고 조작하는 능력을 나타내는 작업기억지표(100)는 백분위 50의 [평균] 수준이며, 95% 신뢰구간에서 92~108 사이에 속하는 것으로 나타났다. 그러나 소검사 간 편차가 커 작업기억 능력의 불균형이 시사되며, 시각작업기억과 청각작업기억에서 큰 차이를 보였다. 시각 자극을 기억하고 조작하는 능력은 [평균 상] 수준으로 나타나 대상을 시각적으로 구분하여 즉각적으로 기억하는 능력, 반응 억제 능력, 순서화 능력은 또래보다 잘 발달하였다. 반면, 청각 자극을 기억하고 조작하는 능력은 [평균 하] 수준으로, 청각적 주의집중력, 청각 작업기억은 또래보다 저조한 것으로 나타났다. 다만, 아동은 본 검사에서 숫자가 하나라도 기억이 나지 않으면 아예 시도조차 하지 않는 완벽주의 성향을 보였다. 이러한 점을 고려했을 때 아동이 청각작업기억을 측정하는 검사에서 낮은 점수를 받은 이유는 청각작업기억이 부족해서가 아니라 아동의 완벽주의 성향에 기인한 것으로 보인다.

주의집중을 유지하면서 단순한 과제를 빠르게 수행하는 능력을 나타내는 처리속도지표(121)는 백분위 92의 [우수] 수준이며, 95% 신뢰구간에서 111~128 사이에 속하며 자신의 능력 안에서 강점으로 나타났다. 특히 짧은 시간 내 시각적 변별을 통해 대상을 구분하는 능력이 [매우 우수] 수준으로 나타나 시각단기기억, 시각적 변별 능력, 인지적 유연성, 정신운동속도, 주의집중력이 매우 우수하며, 자신의 능력 안에서도, 또래와 비교했을 때도 인지적 강점으로 나타났다. 간단한 자극을 빠르고 정확하게 쓰는 능력은 [평균] 수준으로 나타나 아동의 시각-운동 협응 능력, 글씨쓰기 능력, 정신운동속도는 적절하게 발달하였다.

소검사가 측정하는 A의 능력을 또래와 비교했을 때, 교육과 경험을 통해 습득한 어휘지식은 잘 발달하였으며, 시공간 구성 능력, 지각적 조직화 능력과 비언어적 추론 능력 및 순차적 추론 능력, 새로운 과제를 논리적으로 분석하고 추론하는 능력도 평균 수준으로 발달하였다. 특히 간단한 과제를 빠르게 수행하는 처리속도 능력, 시각적 변별 능력, 시각-운동 협응 능력 등이 잘 발달하여 강점으로 나타났다. 또한 시각적으로 제시된 자극을 기억하는 능력도 강점으로 나타났다. 반면, 청각단기기억 및 청각 정보에 주의를 유지하는 능력은 자신의 능력 안에서도, 또래와 비교했을 때도 약점으로 나타났다. 그러나 이러한 약점은 A의 능력 부족보다는 A의 동기 및 성격 성향이 영향을 미친 것으로 추측된다.

A는 제시되는 과제에 따라 상대적으로 서로 다른 수행 능력을 보였는데, 언어이해 영역에서 언어적 사고 능력 및 상위 개념 형성 능력이 필요한 과제보다 단어의 의미를 정확히 알고 표현하는 과제를 더 잘 수행하였다. 또한 시각 자극을 기억하고 조작하는 시각작업기억이 필요한 과제를 청각 자극을 기억하고 조작하는 청각작업기억이 필요한 과제보다 더 잘 수행하였다. 처리속도 과제에서는 짧은 시간 내 시각적 변별을 통해 대상을 구분하는 능력을 간단한 자극을 빠르고 정확하게 쓰는 능력보다 더 잘 활용하였다.

암산 능력, 양적 관계를 이해하고 적용하는 능력, 언어적 문제해결 능력, 추상적 추론 능력, 작업기억을 나타내는 양적추론지표(103)는 백분위 57의 [평균] 수준이며, 95%의 신뢰구간에서 96~110 사이에 속하는 것으로 나타났다.

기억력, 암기력, 주의집중력, 청각단기기억, 청각작업기억, 수학 능력, 청각적 순차처리 능력, 계획 능력, 정신적 조작 능력을 나타내는 청각작업기억지표(97)는 백분위 43의 [평균] 수준이며 95%의 신뢰구간에서 90~105 사이에 속하는 것으로 나타났다.

언어 능력을 제외한 전반적인 지적 능력을 나타내는 비언어지표(111)는 백분위 76의 [평균 상] 수준이며, 95%의 신뢰구간에서 104~116 사이에 속하는 것으로 나타났다.

언어적 문제해결 능력, 시공간 추론 능력, 유동추론 능력을 포함한 전반적인 지적 능력을 나타내는 일반능력지표(111)는 백분위 76의 [평균 상] 수준으로 95%의 신뢰구간에서 104~117 사이에 속하는 것으로 나타났다.

작업기억, 처리속도 능력을 포함하는 인지적 효율성을 나타내는 인지효율지표(113)는 백분위 81이며, [평균 상] 수준으로 95%의 신뢰구간에서 105~119 사이에 속하는 것으로 나타났다.

추가지표척도 관련해서도 A는 과제에 따라 수행이 달랐는데, 특히 양적추론 과제에서 청각보다는 시각을 요하는 과제를 더 잘 수행하는 것으로 나타났고, 청각작업기억 과제에서 단일 자극(숫자)을 사용하는 단순한 과제보다 이중 자극(숫자와 글자)을 사용하는 복잡하고 정신적 조작 능력이 많이 필요한 과제를 더 잘 수행하였다.

아동 A의 인지능력을 구체적으로 살펴보기 위해 추가로 CHC 지표점수를 분석하였다. A는 문화적 환경이나 교육으로부터 습득한 기술 및 지식의 폭과 깊이, 그리고 이를 적용하는 결정지능이 전반적으로 높은 것으로 나타났다. 먼저, A의 일반지식지표(124)는 [우수] 수준으로 백분위 94.5이며, 95% 신뢰구간에서 114~130 사이에 해당한다. 따라서 A는 일반 상식과 사회적·문화적 관습에 대한 지식이 뛰어나며, 교육 및 문화적 경험이 풍부한 것으로 나타났다. 또한 A는 단어의 의미를 정확하게 알고 활용할 수 있는 능력을 측정하는 어휘지식지표(111)에서 [평균 상] 수준의 점수를 받았으며, 이는 백분위 76.6이고, 95% 신뢰구간에서 102~118에 해당한다. 언어표현-낮은 수준지표(125)는 [우수] 수준으로 백분위 95.3이며, 95% 신뢰구간에서 117~130 사이에 해당한다. 따라서 A는 언어적 개념 형성 능력과 장기기억에 저장된 정보를 인출하는 능력이 잘 발달되어 있다. 언어표현-높은 수준지표(106)는 [평균] 수준으로 백분위 64.4이며, 95% 신뢰구간에서 97~113 사이에 해당한다. 그러므로 A의 언어표현력과 언어 유창성, 언어적 추론 능력, 어휘지식은 적절하게 발달되어 있다. 마지막으로, 확장된 결정지능지표(116)는 [평균 상] 수준으로 백분위 86.4이며, 95% 신뢰구간에서 110~122에 해당한다. 따라서 A는 어휘와 일반 상식이 풍부하며 언어적 문제해결 능력, 추론 능력, 장기기억 인출 능력이 다소 높은 것으로 나타났지만, 해당 능력을 측정하는 소검사 점수 간 유의미한 편차가 나타나므로 추가적인 검토가 필요하다.

문제해결을 위해서 물체나 대상을 지각하여 분석하고 통합하는 능력 및 인출하고 조작할 수 있는 시각처리 능력은 또래와 비슷한 수준으로 보인다. A의 시각화지표(103)는 [평균] 수준으로 백분위 57.2이며, 95% 신뢰구간에서 94~111 사이에 해당한다. 그러므로 A는 시공간 추론 능력과 부분과 전체를 통합하는 능력, 공간을 구성하는 능력, 시각적 조직화 능력이 적절하게 발달하였다.

새로운 문제를 해결하는 유동추론 능력은 다소 높은 것으로 나타났다. 귀납추론지표(111)는 [평균 상] 수준으로 백분위 76.6이며, 95% 신뢰구간에서 102~118 사이에 해당한다. 이에 따라 A의 귀납적 사고 능력, 시각적 추론, 언어적 추론 능력, 추상적 추론 능력, 본질적/비본질적 사항에 대한 변별 능력 등이 또래에 비해 높은 편이다. 양적추론지표(103)는 [평균] 수준으로 백분위 57.4이며, 95% 신뢰구간에서 96~110 사이에 해당한다. 따라서 A는 암산 능력과 수학 능력, 양적 관계를 추론할 수 있는 능력이 적절하게 발달하였다. 확장된 유동추론지표(110)는 [평균 상] 수준으로 백분위 74.7이며, 95% 신뢰구간에서 102~116 사이에 해당한다. 이에 따라 A는 유동지능과 추상적인 개념을 형성하는 능력, 시각 및 청각적 세부사항에 주의를 기울이는 능력, 양적 관계를 파악하는 능력이 또래보다 높은 것으로 나타났지만 해당 능력을 측정하는 소검사 점수 간 유의미한 편차가 나타나므로 추가적인 검토가 필요하다.

즉각적으로 정보를 파악하고 저장한 후, 짧은 시간 내에 이를 사용하는 단기기억 능력은 또래와 비슷한 수준으로 나타났다. 작업기억 용량지표(99)는 [평균] 수준으로 백분위 46.6이며, 95% 신뢰구간에서 92~105 사이에 해당한다. 따라서 A는 시각작업기억과 청각작업기억, 주의집중력, 정신적 조작 능력이 또래와 비슷한 평균 수준으로 발달하였다. 작업기억 대안지표(94)는 [평균] 수준으로 백분위 34.9이며, 95% 신뢰구간에서 87~102 사이에 해당한다. 그러므로 A는 청각작업기억과 청각적 순차처리 능력, 주의집중력, 청각적 변별 능력이 적절하게 발달되어 있다. 그러나 작업기억 용량지표와 작업기억 대안지표를 측정하는 소검사 점수 간에 유의미한 차이가 나타나고 있으므로 추가적인 검토가 필요하다. 작업기억-기억 폭지표(89)는 [평균 하] 수준으로 백분위 22.5이며 95% 신뢰 구간에서 81~99 사이에 해당한다. 이를 보면 A는 기계적 암기력과 청각작업기억, 정신적 조작 능력이 다소 부진해 보인다. 작업기억-인지적 복잡지표(106)는 [평균] 수준으로 백분위 64.9이며, 95% 신뢰구간에서 97~114 사이에 해당한다. 따라서 A는 작업기억과 정신적 조작 능력, 양적추론 능력, 암산 능력이 또래와 비슷한 수준으로 발달하였다.

마지막으로, 단순하고 반복적인 인지적 과제를 능숙하고 자동적으로 처리하는 처리속도 능력은 적절하게 발달한 것으로 보인다. 지각속도지표(100)는 [평균] 수준으로 백분위 50이며, 95% 신뢰구간에서 90~110 사이에 해당한다. 따라서 A는 정신운동속도와 시각적 변별 능력, 시각적 주사 능력이 적절하게 발달하였다. 확장된 처리속도지표(104)는 [평균] 수준으로 백분위 60.9이며, 95% 신뢰구간에서 95~112 사이에 해당한다. 이에 따라 A의 시지각 변별 능력, 정신운동속도와 시각처리 능력, 시각적 주사 능력, 주의집중력이 또래와 비슷하게 발달하였다. 그러나 A는 지각속도지표와 확장된 처리속도지표에서 소검사 점수 간 유의미한 편차가 나타나므로 추가적인 검토가 필요하다.

[요약]

종합해 볼 때, A의 지적 능력은 전반적으로 또래와 비슷하게 발달하였으며, 특히 시공간 구성 능력, 추론 능력, 정보처리 능력이 높은 수준으로 나타났다. 반면, 청각적 변별 능력 및 작업기억은 상황에 따라 수행 능력의 차이를 보이거나 수행의 정도가 달라졌다. 따라서 A는 자신의 능력을 꾸준히 개발할 수 있는 환경 및 지지가 필요하다. A는 자신의 강점인 처리속도 능력을 활용하여 성취 경험을 늘릴 수 있어야 하고, 프로그램 혹은 적절한 개입을 통해 A의 완벽주의 성향 및 사고를 줄여 주는 것이 필요하다. 또한 다양한 과제에 대해 동기를 부여하는 학습 방법이 효과적일 것으로 사료된다.

다음은 Kaufman, Raiford, 그리고 Coalson(2015)이 설명한 Lizzie라는 아동의 WISC-V 결과 해석을 바탕으로 작성한 WISC-V 평가보고서 사례이다. Lizzie는 만 8세 여자 아동으로 학습장애가 있는지 알아보기 위해 모가 검사를 의뢰한 경우이다. 〈표 8-1〉은 Lizzie의 WISC-V 지표점수를, 〈표 8-2〉는 소검사 점수를, 〈표 8-3〉은 추가지표점수를 나타낸다. 지표점수와 소검사 점수의 진단분류는 제5장과 제6장에서 소개한 Wechsler(2014c)의 지표점수 진단분류와 Sattler(2008)의 소검사 점수 진단분류를 사용하였다.

표 8-1 Lizzie의 지표점수

지표		지표점수	백분위	진단분류(수준)
언어이해	VCI	76	5	낮음
시공간	VSI	89	23	평균 하
유동추론	FRI	74	4	낮음
작업기억	WMI	79	12	낮음
처리속도	PSI	83	13	평균 하
전체 IQ	FSIQ	72	3	낮음

출처: Kaufman et al. (2015).

표 8-2 Lizzie의 소검사 점수

소검사	환산점수	백분위	진단분류(수준)
토막짜기	7	16	평균 하
공통성	5	5	평균 하
행렬추리	6	9	평균 하
숫자	4	2	매우 낮음
기호쓰기	8	25	평균
어휘	6	6	평균 하
무게비교	5	5	평균 하
퍼즐	9	37	평균
그림기억	9	37	평균
동형찾기	6	9	평균 하
상식	5	5	평균 하

공통그림찾기	5	5	평균 하
순차연결	4	2	매우 낮음
선택	6	9	평균 하
이해	5	5	평균 하
산수	3	1	매우 낮음

출처: Kaufman et al. (2015).

표 8-3 Lizzie의 추가지표점수

추가지표		지표점수	백분위	진단분류(수준)
양적추론	VCI	66	1	매우 낮음
청각작업기억	VSI	67	1	매우 낮음
비언어	FRI	80	9	평균 하
일반능력	WMI	73	4	낮음
인지효율	PSI	78	7	낮음

출처: Kaufman et al. (2015).

아래는 Kaufman, Raiford, 그리고 Coalson(2015)이 제시한 Lizzie의 평가보고서를 WISC-V를 중심으로 요약한 것이다. 아동의 인적사항, 의뢰 사유, 배경정보, 발달력 및 병력, 학업적 기능, 사회적 기능, 행동 관찰, 실시한 검사, 검사 결과 해석, 요약, 그리고 권고 사항으로 구성된다. 제시된 아동의 이름을 비롯한 다른 개인적 정보들은 아동의 사생활 보호를 위하여 다소 수정하였다.

Lizzie의 WISC-V 평가보고서

- 이름: Elizabeth (Lizzie) Reid
- 학년: 2학년
- 출생일: 2006년 8월 5일
- 연령: 8세 3개월
- 검사자: Carlea Dries, M.A. M. Ed., N.C.C.
- 정보 제공자(informant): 모
- 검사일: 2014년 11월 15일 & 2014년 11월 22일

[의뢰 사유]

Lizzie는 8세 백인 여자 아이로 현재 2학년이며, 모가 지적 능력 평가를 의뢰하였다. 모는 아

동이 학업적으로 뒤처져 학업 수준이 1학년밖에 되지 않는다고 보고하며, Lizzie가 학습장애 또는 기억력 문제가 있는지 알아보기 위하여 검사를 의뢰하였다. Lizzie의 학교 선생님도 Lizzie가 수업에서 다룬 주제를 금방 잊어버리는 등 기억력에 문제가 있는 것 같다고 보고하였다. 특히 Lizzie의 선생님은 Lizzie가 다른 학생들에 비해서 수업 자료에 대한 "지나친 반복과 설명"이 필요하다고 보고하였다. 본 평가를 통해 Lizzie의 인지적 · 학업적 능력을 알아보고 어떤 요인들이 아동의 학업 수행에 부정적인 영향을 미치는지, 그 영향을 완화하기 위하여 어떤 권고를 제시할 수 있을지 알아보고자 한다.

[배경정보]

Lizzie는 모와 어린 남동생(6세)과 함께 살고 있다. 부의 직업은 컴퓨터 프로그래머이고 모의 직업은 변호사이다. 모에 따르면 Lizzie는 가족들과 잘 어울리고 학교 친구들이나 이웃들과 잘 어울린다.

[발달력 및 병력]

Lizzie의 모는 임신 37주에 응급 제왕절개를 통해 Lizzie를 출산하였으며 Lizzie의 몸무게는 출생 당시 약 3.6kg이었다. 출생 당시 아프가 점수*는 매우 낮았으며, 출산에 어려움이 있었다. 모에 따르면 출생 후 집으로 돌아온 지 4일이 지났을 때, 아동의 몸이 파랗게 변했고, 숨을 쉬지 않았으며 맥박도 잡히지 않아 심폐소생술을 실시했다고 한다. 그로부터 약 1년 후, 아동은 무호흡증(obstructive apnea)으로 인해 병원에 다니기 시작했다. 이 기간 동안 아동은 발작을 일으켰고 이는 무호흡증으로 인한 이차 증상으로 진단되었다. 아동의 무호흡증은 24개월이 될 때까지 지속됐으며 이로 인해 아동은 2세가 될 때까지 필요시 산소 호흡기를 사용하였다.

모는 Lizzie가 수면에 어려움을 겪는다고 보고하였다. 새벽 1시에서 4시 사이 적어도 한 번 이상 일어나고 이후 다시 잠든다고 한다. 또한 Lizzie는 코를 매우 심하게 고는데, 모는 아마 Lizzie의 무호흡증 때문일 것이라고 추측하였다. 아동은 매일 자기 전에 멜라토닌(melatonin) 1mg을 섭취하며, 낭포성 섬유증(cystic fibrosis) 여부를 확인하기 위해 유전자 검사를 받았지만 아직 검사결과가 나오지 않았다.

모에 의하면, Lizzie는 1~3개월 정도 발달이 늦다. Lizzie는 생후 4개월 때 발달 지연으로 인한 초기 개입대상에 포함되어 만 3세 이전까지 언어 치료, 물리 치료, 작업 치료(occupational therapy)를 받았다. 만 3세에는 지역 학군에서 진행하는 유치원 장애 프로그램 대상에 포함되었고, 현재 다니고 있는 초등학교에서는 특수교육을 받고 있다.

2013년에 Lizzie는 중추 청각 정보처리장애(Central Auditory Processing Disorder, CAPD)로 진단을 받았으며, 2014년에는 신경과 전문의 Dr. Rey로부터 난독증 판정을 받았다. 그러나 학교 측에서는 비록 Lizzie의 인지능력이 낮은 것으로 사료되지만 인지능력과 학업 수행이 유의미한 차이를 보이지 않는다고 판단하여 Lizzie를 학습장애로 진단하지 않았다. 학교에 따르면, 아동은 "인지능력이 낮은 수준임에도 불구하고 학교에서 수행은 좋은 편"이었다.

* 아프가(apgar) 점수: 아프가 점수는 출산 시 신생아의 상태를 평가하는 점수로, A, P, G, A, R의 다섯 가지 항목으로 평가한다. A(appearance, color)는 외모와 피부색깔, P(pulse)는 맥박 수, G(grimace)는 반사흥분도, A(activity)는 활동성, R(respiration)는 호흡을 나타낸다.

[학업적 기능]

Lizzie는 3세 이전에는 유치원을 다니지 않다가 4세에는 유치원을 다녔고, 초등학교 입학 후에는 정상 아동과 함께 수업을 들었으면 좋겠다는 모의 요청에 따라, 현재까지 또래 정상 아동과 같은 수업을 듣고 있다. Lizzie는 국어와 수학 시간에 보충 설명을 받고 있으며, 하루에 한 번 30분씩 독서 시간을 갖는다. 또한 일주일에 두 번 25분 동안 발화 · 언어 치료와 작업 치료를 받고 있다. 모에 따르면, Lizzie는 현재 2학년이지만 1학년 수준의 학업 능력을 보이고, 거의 모든 과목에서 어려움을 겪는다고 하였다.

[사회적 기능]

모에 따르면 Lizzie는 친구 관계를 형성하거나 유지하는 데 어려움을 겪지 않는다고 한다. 학급 친구들과 잘 지내고, 특히 매우 가깝게 지내는 두 명의 친구가 있다고 한다. 모의 요청으로 현재 Lizzie는 그 두 명의 친구와 같은 반에서 함께 수업을 듣고 있다. 또한 Lizzie는 그녀의 수영 팀에도 한두 명의 친구가 있다.

[행동 관찰]

Lizzie는 3일에 걸쳐서 매일 약 2시간 정도 검사를 받았다. 각 회기마다 5~10분 정도의 짧은 휴식 시간을 여러 번 가졌다. 첫째 날에는 WISC-V 검사를 끝까지 실시했다. 둘째 날과 셋째 날에는 WRAML2와 WJ IV ACH의 핵심 검사, 그리고 WJ IV Cog와 WJ IV OL의 검사 일부를 실시했다.

대부분의 검사를 실시하는 동안 Lizzie는 노력하는 모습을 보였고 의욕적이었다. 그러나 쉽게 주의가 산만해졌으며, 검사자는 지속적으로 Lizzie에게 답변을 촉구하고 집중할 것을 요구해야 했다. 검사자는 Lizzie의 이해를 돕기 위해서 과제 지시문을 천천히 읽어 주거나 계속 반복했다. Lizzie는 종종 검사자의 지시를 기억하지 못했으며, 검사자를 멀뚱히 쳐다보기도 했다. Lizzie의 낮은 주의집중 지속력으로 인해 검사 결과가 전반적으로 다소 낮게 나왔을 가능성이 있으며, 집중하지 못하는 행동은 모가 보고한 아동의 행동과 일치한다. 따라서 검사 결과는 타당하며 아동의 현재 능력을 적절하게 나타내는 것으로 판단된다.

[실시한 검사]

✓ 웩슬러 아동지능검사 5판(Wechsler Intelligence Scale for Children-Fifth Edition, WISC-V)
✓ 광범위 기억 및 학습 평가 제2판(Wide Range Assessment of Memory and Learning Second Edition, WRAML2)
✓ 우드콕 존슨 IV 성취도 검사(Woodcock Johnson IV Tests of Achievement Form A, WJ IV OL)
✓ 우드콕 존슨 IV 인지능력검사(Selected Test of the Woodcock Johnson IV Tests of Cognitive Abilities, WJ IV COG)
✓ 우드콕 존슨 IV 구어능력검사(Selected Test of the Woodcock Johnson IV Tests of Oral Language, WJ IV OL)

검사 결과

[인지적 기능]

Lizzie의 인지능력은 웩슬러 아동지능검사 5판(WISC-V)을 통해 측정하였다. 검사 결과, 작업기억과 청각작업기억 능력에서 유의미한 차이가 나타났으며, 단기기억과 정보의 저장 및 인출 능력에도 유의미한 차이가 있었다. 뿐만 아니라, 청각작업기억과 시각작업기억에서도 큰 차이가 있었는데 영역별 자세한 설명은 다음과 같다.

전체 IQ는 전반적인 지적 능력을 나타내며 7개의 소검사(토막짜기, 공통성, 행렬추리, 숫자, 기호쓰기, 어휘, 무게비교)를 통해 산출한다. Lizzie의 전체 IQ는 [낮음] 수준에 속하였다.

언어이해지표 점수는 공통성과 어휘 소검사를 통해 산출하며 아동의 어휘지식, 추론 능력, 의미 지식(semantic knowledge) 인출 능력, 추상적 개념에 대한 이해, 언어 유창성을 측정한다. 모든 문항은 언어로 제시되며, 아동도 언어적으로 대답해야 한다. 이러한 언어 지식과 이해력에 대한 평가에서 Lizzie는 모두 [평균 하] 수준의 수행을 보였다. 이는 아동의 부족한 어휘지식, 언어 표현의 문제, 추론과 문제해결의 어려움을 반영한다. Lizzie는 대부분 구체적이지 않은 대답을 하였고 검사자가 더 자세하게 대답해 달라고 요구했을 때도 답이 나아지지 않았다.

시공간지표 점수는 토막짜기와 퍼즐 소검사를 통해 산출하며 아동의 시공간 처리 능력, 부분과 전체의 통합 능력, 세부사항에 대한 주의력, 비언어적 개념 구성 능력을 측정한다. 시공간지표는 비언어 자극으로 구성되며 아동에게 시각적으로 제시된다. Lizzie는 시공간 영역에서 [평균 하] 수준의 점수를 받았으나, 이는 자신의 능력 안에서 상대적으로 높은 점수에 해당한다. 즉, 공간적 처리 능력, 시각적 변별 능력, 시각적 주의, 전반적인 시각추론 능력이 Lizzie의 상대적인 강점인 것으로 나타났다.

유동추론지표 점수는 행렬추리와 무게비교 소검사를 통해 산출하며 아동의 유동추론 능력, 전체를 파악하는 능력, 개념적 사고 능력, 분류 능력을 측정한다. Lizzie는 유동추론 영역에서 모두 [평균 하] 수준의 점수를 받았다. 이는 시각 정보를 추상적 또는 양적 개념과 연결시켜서 파악하는 것에 어려움을 겪는다는 것을 의미한다.

작업기억지표 점수는 숫자와 그림기억 소검사를 통해 산출하며 시각 · 청각 정보를 의식적으로 기억에 유지하고 조작할 수 있는 능력을 측정한다. Lizzie는 작업기억 영역에서 각각 [매우 낮음]과 [평균] 수준의 수행을 보였다. 이는 정보를 작업기억에 저장하고 조작하는 데 어려움이 있다는 것을 나타낸다. 그러나 제시되는 작업기억 과제에 따라 Lizzie는 수행 능력에 차이를 보였으므로, 작업기억 능력을 더 자세히 분석하는 것이 필요하다.

Lizzie의 단기기억을 평가하기 위해 숫자 소검사를 실시하였는데, 숫자 소검사는 세 가지의 개별적인 기억 과제로 구성된다. 우선, Lizzie는 검사자가 불러 주는 숫자를 똑같이 따라 해야 했고(숫자 바로 따라하기 과제), 검사자가 불러 주는 숫자를 거꾸로 따라 해야 했으며(숫자 거꾸로 따라하기 과제), 마지막으로 검사자가 불러 주는 숫자를 순서대로 정렬하여 말해야 했다(숫자 순서대로 따라하기 과제). Lizzie는 숫자를 볼 수 없었으며, 검사자는 숫자를 반복해서 말해 줄 수 없었다. 숫자 소검사는 단기기억을 측정하며, 모든 과제에서 정보의 저장과 인출, 주의집중력, 청각적 변별 능력, 청각적 반복을 요구한다. Lizzie는 모든 과제에서 전반적으로 낮은 수준의 점수를 받았다. 특히 Lizzie는 숫자를 제대로 듣는 데 어려움을 보였는데 이는 세 과제를 수행하는 데 영향을 미친 것으로 사료된다. 숫자를 다시 한 번 말해 달라고 요청한 것 이외에

Lizzie는 관찰 가능한 특별한 인지적 전략을 사용하지 않았으며, 자신이 잘못 대답했다는 것을 알고 있음에도 자신의 답을 수정하려고 하지 않았다.

그림기억 소검사는 제한시간 내 하나 이상의 그림이 제시된 자극페이지를 본 뒤 반응페이지에서 동일한 그림을 찾는 것으로 시각작업기억과 작업기억 용량을 측정한다. Lizzie는 그림기억 과제에서 [평균] 수준의 점수를 받았다. 그림기억 소검사는 의미 있거나 구체적인 그림 자극을 사용하는데 이것이 Lizzie의 소검사 수행에 도움을 준 것으로 보인다. 숫자 소검사와 달리 그림기억 소검사에서 Lizzie는 대상을 정확하게 기억하고 순서를 파악할 수 있었다.

청각작업기억과 시각작업기억에서 차이가 있는지 더 알아보기 위하여 순차연결 소검사를 실시하였다. 순차연결 소검사는 일련의 숫자와 글자를 불러 주면 숫자는 오름차순으로, 글자는 알파벳 순으로 말해야 한다. 숫자 소검사와 비슷하게 순차연결 소검사는 주의력, 청각단기기억, 정보처리 능력을 반영한다. Lizzie는 순차연결 소검사에서 [매우 낮음] 수준의 점수를 받았다. Lizzie는 순차연결 소검사의 지시사항을 들은 후 '메모지'를 사용해도 되는지 검사자에게 묻기도 했다. 숫자 소검사와 마찬가지로 Lizzie는 순차연결 소검사의 대부분의 문항에서 점수를 받지 못했으며, 짧은 자극들만 정확하게 기억할 수 있었다.

제시되는 작업기억 과제에 따른 수행 능력 차이를 파악하기 위해 숫자, 그림기억, 순차연결 소검사 수행을 비교하였다. 우선, Lizzie는 숫자와 순차연결 소검사보다 그림기억 소검사에서 상대적으로 우수한 수행을 보였다. 이는 Lizzie가 자극이 청각적으로(언어적으로) 제시될 때보다 시각적으로 제시될 때 작업기억 능력을 잘 발휘하며, 자유회상법보다 재인 기억법을 더 잘 사용한다는 것을 의미한다. 이에 따라 Lizzie는 시각작업기억에 비해 청각작업기억에 큰 어려움이 있는 것으로 보인다.

청각작업기억지표 점수는 숫자와 순차연결 소검사를 통해 산출하며, 아동의 청각작업기억을 측정한다. 시각과 청각작업기억을 모두 측정하는 작업기억지표와 달리 청각작업기억지표에서는 청각작업기억만을 측정한다. Lizzie는 청각작업기억 영역에서 [매우 낮음] 수준의 수행을 보였다. 이는 부주의, 산만함, 낮은 청각작업기억 및 조작 능력을 반영한다. 따라서 이러한 작업기억 능력의 차이를 고려하였을 때, 정보를 청각적으로(언어적으로) 제시할 때보다 시각적으로 제시할 때 Lizzie의 작업기억 수행 결과를 더 향상시킬 수 있음을 시사한다.

처리속도지표 점수는 기호쓰기와 동형찾기 소검사를 통해 산출하며 아동의 시각적 변별 능력, 의사결정 능력, 실행에 대한 정확성과 속도를 측정한다. Lizzie는 처리속도 영역에서 [평균 하] 수준의 점수를 받았다. 처리속도 영역은 단순히 반응시간과 시각적 변별 능력만을 측정하는 것이 아니라 인지적 의사결정 및 학습 능력을 함께 측정한다.

이 외에도 WJ JV Ach를 통해 Lizzie의 읽기, 수학, 쓰기 성취 능력을 평가하였으며, WRAML2를 통해 기억 능력을 평가하였다. 그러나 여기에서는 WISC-V의 검사 결과에 중점을 둘 것이므로 다른 검사 결과에 대해서는 다루지 않겠다.

[요약]

WISC-V 검사 결과, Lizzie의 전반적인 인지능력은 [매우 낮음]에서 [평균 하] 수준으로 또래에 비해 낮은 수준이다. Lizzie는 환경이나 학습을 통해 습득한 지식 수준이 낮고, 새로운 정보를 추론하거나 문제를 해결하는 능력이 부족하며, 정보를 즉각적으로 인지하고 조작하는 능력이 낮은 것으로 나타났다. 작업기억 중에서도 특히 청각작업기억에 결함이 있는 것으로 나타났는데, 이러한 청각작업기억의 결함은 부모와 선생님이 보고한 Lizzie의 낮은 학업 성취에 영향을 미친 것으로 보인다. 반면, 시각적 모양을 분석하고 사고하는 능력은 자신의 능력 안에서 상대적으로 높은 것으로 나타났다. 결과적으로, Lizzie는 청각처리 능력에 비해 시각적으로 정보를 처리할 수 있는 능력이 상대적으로 높은 것으로 보인다.

또한 학업 성취에 대한 평가 결과, Lizzie의 학업 성취 능력은 또래에 비해 유의미하게 낮았으며, WISC-V를 통해 측정된 인지기능에 비해서도 학업 성취 능력이 유의미하게 낮게 나타났다. WISC-V의 전체 IQ는 [낮음] 수준이었으며, 이를 바탕으로 Lizzie의 학업 성취 평가 점수가 평균보다 낮게 나타날 것을 예측할 수 있었다. (비록 낮은 IQ 점수가 항상 낮은 학업 성취를 야기하지는 않지만, IQ 점수를 통해 전반적인 학업 성취를 예측할 수 있다.) 그러나 WJ JV Ach 결과, Lizzie는 특히 읽기와 쓰기 능력에서 매우 낮은 점수를 받았고, 이는 예측보다도 낮은 점수였다. WJ JV Ach를 통해 나타나는 Lizzie의 학업 성취 능력은 유치원 수준이었다. 또한 2013년에 Lizzie가 시행한 WJ IV Ach 점수 결과와 비교한 결과, 그간 특수교육을 받았음에도 1년 동안 적절한 발달이 이루어지지 않은 것으로 나타났다. 이는 Lizzie의 청각작업기억과 장기기억의 저장 및 인출 결함에 기인한 것으로 보인다. 결과적으로, Lizzie의 지능 검사 결과를 통해서 Lizzie가 기억력 결함으로 인한 학습장애임을 진단할 수 있다. 학습 능력을 향상시키기 위해서는 반복학습, 시각 자극의 활용, 그리고 정보처리를 위한 시간을 충분히 주는 것이 도움이 될 수 있다.

[권고]

검사 결과, Lizzie는 기억과 청각처리 결함으로 인한 학습장애인 것으로 사료되며, 이는 아동의 전반적인 학업 능력에 심각한 문제를 초래하고 있다. Lizzie가 2013년과 2014년에 실시한 WJ IV의 검사 결과 비교를 통해 알 수 있듯이, Lizzie의 학업 수행 능력은 또래와 같은 수준으로 발달하고 있지 않다. 따라서 다음과 같은 부모와 학교의 적절한 개입이 요구된다.

✓ 아동에게 특수교육을 제공하라.
✓ 아동의 학업 수행 과정을 정기적으로 관찰하라.
✓ 아동의 능력수준에 맞는 철자 및 읽기 교육을 제공하며, 아동이 배운 단어를 읽으며 습득할 수 있는 충분한 기회를 제공하라.
✓ 아동이 배워야 할 규칙이나 패턴이 강조되어 있는 교재를 사용하라. 아동에게 규칙을 반복적으로 적용할 수 있는 충분한 기회를 제공하라.
✓ 아동에게 읽기 및 철자 사용법에 대해 명확하게 가르치고 예시를 사용하여 그 규칙이나 전략을 반복적으로 제공하라.
✓ 아동에게 배울 전반적인 내용에 대해 설명해 주고 듣기 및 읽기를 학습할 수 있는 과제를 제시하라.
✓ 소리 내어 생각하기(think-loud) 전략을 가르치고 아동이 이 전략을 연습할 수 있는 기회를 충분히 제공하라.
✓ 아동에게 새로운 것을 가르칠 때 적어도 5초 이상의 일정한 간격을 두어 아동이 배운 정보를 충분히 습득할 수 있도록 하라.
✓ 아동에게 간단하고, 정확하며, 알기 쉬운 단어를 사용하여 교육을 제공하면 가장 높은 학습 효과를 얻을 수 있으므로 언어적 설명을 단순화하라.

✓ 아동이 시각처리 능력에 상대적으로 강점을 보이므로 시각 자극을 교육에 활용하라.

- 그래픽이나 이야기 지도를 사용하여 정보를 나열하거나 그림 및 이미지를 학습에 사용하라.
- 내용을 설명할 때 아동이 참고할 수 있는 시각적 예시를 제공하라.
- 철자와 읽기를 돕는 시각 단서를 제공하라. 만화를 사용하거나 주요 개념을 나타내는 사진을 사용하여 아동이 주요한 줄거리나 개념을 파악할 수 있게 하라. 그다음, 아동에게 본문에서 주요한 세부사항의 이미지를 만들게 하라.
- 심상을 활용하라. 예를 들어, 철자 교육을 실시할 때 먼저 아동에게 철자를 큰 소리로 말하게 하라. 그다음, 눈을 감고 그 철자를 머릿속으로 떠올리며 말하게 하라. 그리고 눈을 뜨게 하여 그 철자를 써 보게 하고 마지막으로 아동에게 그 철자를 확인하게 하여 실수를 정정하는 단계를 반복하라.

제9장

임상사례를 통한 해석 1

제9장 임상사례를 통한 해석 1

웩슬러 지능검사는 아동의 전반적인 지적 능력을 종합적으로 평가하는 데 유용할 뿐만 아니라 장애를 효과적으로 진단하고 적합한 개입 방안을 세우는 데 도움을 줄 수 있다. 특히 임상 집단 연구에서 WISC-V 프로파일은 장애의 증상 및 손상과 관련해 특정한 패턴을 나타내기 때문에, WISC-V는 임상가들의 진단적 가설을 확인하는 데 활용될 수 있다(Weiss, Saklofske, Holdnack, & Prifitera, 2019). 이 장에서는 지적장애, 영재, 학습장애의 전반적인 특징과 WISC-V 프로파일 특징에 대해서 알아보고자 한다. 또한 각 장애의 K-WISC-V 사례를 살펴볼 것이다.

I. 지적장애

지적장애(Intellectual Disability)는 지적 능력의 결함과 적응 행동의 결함으로 인해 학업을 포함한 대부분의 활동에서 어려움을 겪는 장애를 의미한다. '지적장애'라는 명칭은 기존에 쓰이던 '정신지체(Mental Retardation)'라는 용어가 부정적인 의미를 내포하고 있다는 비판이 제기되어 2010년「장애인복지법」개정에서 변경되었다(서효정, 전병운, 임경원, 2018). 미국의 경우, 미국 지적 및 발달장애 협회(American Association on Intellectual and Developmental Disabilities, AAIDD, 2019)에서 지적장애는 "지적 기능과 사회적 · 실용적 기술을 포함하는 적응 행동에 유의한 결함을 보이며 이는 18세 이전에 시작된다."라고 설명한다. 국내의 경우,「장애인 등에 대한 특수교육법 시행령」제10조에서 지적장애 특수교육대상자를 "지적 기능과 적응 행동상의 어려움이 함께 존재하여 교육적 성취에 어려움이 있는 사람"이라고 정의한다(국가법령정보센터, 2016b).

지적장애의 정의에는 공통적으로 제한된 지적 능력과 적응 행동이 포함된다. 제한된 지적 능력이란 평균보다 심각하게 낮은 지적 능력을 의미하며 표준화된 지능검사에서 지능지수가 평균보다 2 표준편차 이하인 경우를 말한다. 적응 행동이란 일상생활을 하는 능력뿐만 아니라 환경적 요구 및 사회적 기대에 적절하게 반응하는 능력을 의미한다(김영란, 정은희, 2002). AAIDD(2019)에서는 적응 행동을 개념적 기술, 사회적 기술, 실용적 기술로 구분한다. 개념적 기술이란 언어 능력, 돈・시간・수에 대한 개념 등을 말하며, 사회적 기술이란 대인관계, 사회적 책임감, 사회적 문제해결 능력, 규칙 준수 등을 포함한다. 그리고 실용적 기술이란 일상생활 활동, 직업적 기술, 건강 관리, 안전 수칙 준수, 돈의 사용 등을 포함한다. 정상 아동은 이러한 적응 행동을 일상적인 경험을 통해 자연스럽게 습득하지만, 지적장애 아동은 적응 행동에 결함을 보이며 평범한 일상생활을 유지하는 데 어려움을 느낀다. 국내의 지적장애인 수는 2018년을 기준으로 전체 장애 비율 중 8%를 차지하며, 꾸준히 증가하고 있는 추세이다(한국장애인고용공단, 2019).

1. 지적장애의 판별

지적장애 판별의 목적은 지적장애 아동에게 적합한 교육을 제공하는 데 있다(송준만 외, 2016). 지적장애의 판별을 위해서 아동의 지적 능력의 결함과 적응 행동의 결함을 모두 평가한다. 지적 능력의 결함을 평가하기 위해서는 웩슬러 지능검사(예: K-WISC-V; 곽금주, 장승민, 2019a) 등 표준화된 개인용 지능검사를 사용하며, 해당 검사에서 지능지수(IQ)가 평균보다 2 표준편차 이하인 경우 지적 능력에 결함이 있다고 판단한다. 웩슬러 지능검사 기준으로는 전체 IQ가 69 이하일 때 지적장애로 판별한다. 적응 행동의 결함을 평가하기 위해서는 바인랜드 적응행동척도 검사(K-Vineland-II; 황순택, 김지혜, 홍상황, 2015)와 같은 표준화된 적응 행동 검사를 활용할 수 있다.

보건복지부에서 지적장애 판정 기준을 제시하고 있으며, 2019년 7월부터 장애등급제를 폐지하고 장애의 손상 정도만을 표기한다. 보건복지부의 지적장애 판정 기준은 〈표 9-1〉과 같다.

표 9-1 보건복지부의 지적장애 판정 기준

가. 장애진단기관 및 전문의

의료기관의 정신건강의학과 · 신경과 또는 재활의학과 전문의

나. 진료기록 등의 확인

장애진단을 하는 전문의는 원인 질환 등에 대하여 6개월 이상의 충분한 치료 후에도 장애가 고착되었음을 진단서, 소견서, 진료기록 등으로 확인하여야 한다(필요시 환자에게 타 병원 진료기록 등을 제출하게 한다).

다만, 장애 상태가 고착되었음이 전문적 진단에 의해 인정되는 경우 이전 진료기록 등을 확인하지 않을 수 있다. 이 경우 이에 대한 의견을 구체적으로 장애정도 심사용 진단서에 명시하여야 한다.

다. 장애진단 및 재판정 시기

A. 장애의 원인 질환 등에 관하여 충분히 치료하여 장애가 고착되었을 때에 진단하며, 그 기준 시기는 원인 질환 또는 부상 등의 발생 후 또는 수술 후 6개월 이상 지속적으로 치료한 후로 한다. 다만, 만 2세 이상에서 선천적 지적장애 등 장애의 고착이 명백한 경우는 예외로 한다.

B. 발달단계에 있는 소아 · 청소년은 만 6세 미만에서 장애판정을 받은 경우 만 6세 이상~만 12세 미만에서 재판정을 실시하여야 한다.

- 만 6세 이상~만 12세 미만 기간에 최초 장애판정 또는 재판정을 받은 경우 향후 장애상태의 변화가 예상되는 경우에는 만 12세 이상~만 18세 미만 사이에 재판정을 받아야 한다.

C. 수술 또는 치료 등 의료적 조치로 기능이 회복될 수 있다고 판단하는 경우에는 장애판정을 처치 후로 유보하여야 한다. 다만, 1년 이내에 국내 여건 또는 장애인의 건강상태 등으로 인하여 수술 등을 하지 못하는 경우는 예외로 하되, 필요한 시기를 지정하여 재판정을 받도록 하여야 한다.

D. 향후 장애정도의 변화가 예상되는 경우에는 반드시 재판정을 받도록 하여야 한다. 이 경우 재판정의 시기는 최초의 판정일로부터 2년 이상 경과한 후로 한다. 2년 이내에 장애상태의 변화가 예상될 때에는 장애의 진단을 유보하여야 한다.

E. 재판정이 필요한 경우에 장애진단을 하는 전문의는 장애정도 심사용 진단서에 그 시기와 필요성을 구체적으로 명시하여야 한다.

라. 판정 절차

I. 지적장애는 웩슬러 지능검사 등 개인용 지능검사를 실시하여 얻은 지능지수(IQ)에 따라 판정하며, 사회성숙도검사를 참조한다. 지능지수는 언어성 지능지수와 동작성 지능지수를 종합한 전체 검사 지능지수를 말하며, 전체 지능지수가 연령별 최저득점으로 정확한 지능지수 산출이 어려운 경우에는 GAS 및 비언어적 지능검사도구[시각-운동통합발달검사(VMI), 벤더게슈탈트검사(BGT)]를 추가 시행하고, 검사 내용, 검사 결과에 대한 상세한 소견을 제출한다.

II. 만 2세 이상부터 장애판정을 하며, 유아가 너무 어려서 상기의 표준화된 검사가 불가능할 경우 바인랜드(Vineland) 사회성숙도검사, 바인랜드 적응행동검사, 또는 발달검사를 시행하여 산출된 적응지수나 발달지수를 지능지수와 동일하게 취급하여 판정한다.
III. 뇌 손상, 뇌 질환 등 여러 가지 원인에 의하여 성인이 된 후 지능저하가 온 경우에도 상기 기준에 근거하여 지적장애에 준한 판정을 할 수 있다. 단, 노인성 치매는 제외한다.

〈장애정도 기준〉

장애정도	장애상태
장애의 정도가 심한 장애인	1) 지능지수가 35 미만인 사람으로 일상생활과 사회생활의 적응이 현저하게 곤란하여 일생 동안 타인의 보호가 필요한 사람 2) 지능지수가 35 이상 50 미만인 사람으로 일상생활의 단순한 행동을 훈련시킬 수 있고, 어느 정도의 감독과 도움을 받으면 복잡하지 아니하고 특수기술을 요하지 아니하는 직업을 가질 수 있는 사람 3) 지능지수가 50 이상 70 이하인 사람으로 교육을 통한 사회적 · 직업적 재활이 가능한 사람

출처: 보건복지부(2019).

지적장애의 진단은 개인의 인생에 큰 영향을 미칠 수 있다(Spruill, Oakland, & Harrison, 2005). 지적장애 진단 여부가 법적으로 받을 수 있는 치료 및 교육 서비스의 종류에 상당한 영향을 주기 때문이다. 또한 지적장애 진단을 받은 사람은 다른 사람에게 놀림을 받거나, 사회적 거부를 당할 수 있다(Werner, Corrigan, Ditchman, & Sokol, 2012). 따라서 지적장애의 진단을 내릴 때에는 표준화된 검사뿐만 아니라 교사 관찰, 학부모 면담 등 다양한 자료를 통해 아동의 지적 능력과 적응 행동을 종합적으로 면밀히 검토하여야 한다.

2. 지적장애의 특성

지적장애의 핵심 특징은 앞서 언급하였듯이 제한된 지적 능력과 제한된 적응 행동이다. 우선, 지적장애 아동은 제한된 지적 능력으로 인해 문제해결, 계획, 추상적 사고, 판단, 경험을 통한 학습 등에 어려움을 겪는다. 또한 이들은 기억력에 결함을 보이며, 주의력이 낮다(Hronis, Roberts, & Kneebone, 2017). 따라서 지적장애 아동은 정상 아동에 비해 주의집중 시간이 짧으며 과제를 수행하는 데 더 오랜 시간이 걸린다. 또한 이들은 작업기억에서 정보를 잊지 않기 위해 계속 되풀이하는 과정인 시연 활동을 어려워하며 문제를 해결할 때 비효율적인 전략을 사용하는 경향이 있다(송준만 외, 2016).

지적장애 아동은 의사소통 능력, 일상생활을 영위할 수 있는 능력을 일컫는 적응행동에서도 결함을 보여 생활 전반에서 어려움을 겪고, 독립성이나 사회적 책임감을 적절히 발휘하지 못하는 경향이 있다. 더불어 지적장애 아동은 정상 아동에 비해 잘 속는 경향이 있으며 위험 상황을 잘 인식하지 못하여 사기를 당할 가능성도 있다. 또한 제한된 의사소통 능력으로 인해 자신의 생각이나 기분을 적절하게 표현하지 못하고 정상 아동에 비해 단어의 의미를 한정적으로만 사용하는 경향이 있다(심현섭 외, 2010). 지적장애 아동은 정상 아동에 비해 유창하게 말을 하지 못하며, 말을 더듬는 경향을 보인다(배민영, 심현섭, 박희영, 2018).

지적장애 아동의 정서적·심리적 특성으로는 동기 부족, 의존적인 경향, 부정적인 자아개념 등이 있다. 지적장애 아동은 학업적 실패를 자주 겪기 때문에 학습된 무력감을 경험하기도 한다. 즉, 실패를 기대하게 되며, 과제를 빨리 포기하게 되고 자기성취 목표를 낮게 설정하는 경향이 있다. 이러한 학습된 무력감으로 인해 지적장애 아동은 자아존중감이 낮고, 불안이나 우울한 성향을 지니기도 한다. 또한 지적장애 아동은 정상 아동에 비해 공격적인 행동이나 비행 행동 등을 더 많이 보이기도 한다(Dekker, Koot, Ende, & Verhulst, 2002).

3. 지적장애와 WISC-V

지적장애 아동의 가장 큰 특징은 현저한 지적 능력의 결함이다. 특정 영역에서 유의미하게 낮은 수행을 보이는 다른 신경발달장애와 달리 지적장애 아동은 전반적으로 모든 인지 영역에서 낮은 수행을 보인다. 지적장애 아동은 주의력, 작업기억, 학습 능력, 실행 기능, 언어 능력 및 읽기 능력 등 대부분의 영역에서 정상 아동에 비해 수행이 많이 떨어지기 때문이다(Hronis et al., 2017). 따라서 WISC-V의 지표점수와 소검사 점수들 간의 점수 차이가 크지 않으며, 이러한 특징은 지적 손상의 정도가 클수록 더 두드러진다(Nunes et al., 2013: Weschler, 2014c 재인용). 지적장애 아동은 대부분의 영역에서 낮은 수행을 보이지만 특히 작업기억에 손상을 보이며, 지적 손상이 심할수록 작업기억에 결함은 증가한다(Schuchardt, Gebhardt, & Maehler, 2010). 작업기억 중에서도 특히 청각작업기억에서 결함을 보이는데, 지적장애 아동은 청각적 시연을 통해 정보를 일시적으로 저장하는 것을 어려워하기 때문이다(Van der Molen, Henry, & Van Luit, 2014). 또한 Schuchardt, Maehler, 그리고 Hasselhorn(2011)의 연구에 따르면 지적장애 아동은 청각단기기억의 용량이 부족한 것으로 나타났다. 그리고 지적장애 아동은 정상 아동에 비해 주의력이 떨어지는데(Rhodes, Riby, Matthews, & Coghill, 2011), 낮은 주의력으로 인해 지적장애 아동은 관련 없는 자극에 주의를 더 분산시켜서, 학습에도 지장을 받았다(Deutsch, Dube, & McIlvane, 2008).

또한 지적장애 아동은 언어 발달에 지연을 보이며, 특히 발화나 어휘지식, 명료성 등에서 약점을 보인다(Hronis et al., 2017). 배경진과 이란(2016)의 연구에 따르면, 지적장애 아동은 정상 아동에 비해 단어를 범주화하여 효율적으로 처리하지 못하는 경향이 있다.

한편, 지적장애 아동은 처리속도지표에서 상대적으로 높은 점수를 받는 경향이 있다(Bergeron, Floyd, 2013; Gordon, Duff, Davidson, & Whitaker, 2010). Gordon 등(2010)의 연구에서 만 16세 지적장애 아동 17명에게 WISC-IV를 실시하였는데, 기본지표 중 처리속도지표(M=64.82)에서 가장 높은 점수를 받았다. Bergeron과 Floyd(2013)의 연구에서도 지적장애 아동 56명을 대상으로 WISC-IV를 실시하였는데, 마찬가지로 처리속도지표(M=73.23)에서 가장 높은 점수를 받았다.

이러한 인지적 특성을 보이는 지적장애 아동은 WISC-V에서 다음과 같은 양상을 보였다. Wechsler(2014c)는 만 6~16세 경도 지적장애 아동 74명, 중등도 지적장애 아동 37명을 대상으로 WISC-V를 실시하여 통제집단과 비교하였다. 경도 지적장애란 지능지수가 50~69 정도로 최소한의 도움을 받아 복잡하지 않은 일을 스스로 수행할 수 있는 경우를 말하고, 중등도 지적장애란 지능지수가 35~49에 속하며 현저한 발달 지연을 보이지만 일부 활동은 스스로 할 수 있는 경우를 의미한다(American Psychiatric Association, 2013; Boat, Wu, Sciences, & National Academis of Sciences, Engineering, and Medicine, 2015). 우선, 경도 지적장애 집단의 경우 전체 IQ(M=60.9)는 [매우 낮음] 수준으로 통제집단에 비하여 유의미하게 낮았다. 경도 지적장애 집단은 언어이해지표(M=66.0), 시공간지표(M=66.0), 유동추론지표

(M=67.0), 작업기억지표(M=65.1), 처리속도지표(M=71.6)의 모든 기본지표에서 [매우 낮음] 또는 [낮음] 수준의 점수를 받았으며, 이는 정상 아동에 비해 2 표준편차 아래의 점수이다. 경도 지적장애 집단은 기본지표 중 작업기억지표(M=65.1)에서 가장 낮은 점수를 받았으며, 이는 통제집단(M=98.7)에 비해 2 표준편차 낮은 점수였다. 작업기억지표를 구성하는 소검사인 숫자(M=3.4)와 그림기억(M=4.3)에서도 [매우 낮음] 수준의 점수를 받았으며, 시각 · 청각 자극을 일시적으로 유지하는 작업기억 능력이 매우 부족한 것으로 나타났다. 지적장애 아동의 청각작업기억지표(M=62.2) 점수는 [매우 낮음] 수준으로 작업기억지표(M=65.1)에 비해 더 낮았다. 특히 청각작업기억지표를 구성하는 숫자(M=3.4)와 순차연결(M=3.5)에서 [매우 낮음] 수준의 점수를 받았는데, 이는 시각 자극을 사용하는 그림기억(M=4.3)보다 낮다. 따라서 지적장애 아동은 시각 자극보다 청각 자극을 일시적으로 저장하는 능력과 글자와 숫자를 구분하여 배열하는 능력이 부족하다고 볼 수 있다. 반면, 처리속도지표(M=71.6)에서 지표점수 중 가장 높은 점수를 받았다. 처리속도지표를 구성하는 기호쓰기(M=4.6)와 동형찾기(M=5.3)에서 다른 소검사들보다 상대적으로 높은 수준의 수행을 보였으며, 선택(M=6.1)에서는 소검사 중 가장 높은 점수를 받았다. 지적장애 아동은 시각 정보를 빠르고 정확하게 구분하는 능력이 정상 아동에 비해서는 부족하지만, 개인 내 다른 능력들에 비해서는 상대적으로 높다는 것을 의미한다.

중등도 지적장애 집단은 경도 집단보다 지적 능력의 손상이 더 심하기 때문에, 지표 및 소검사 점수대가 더 낮으며 점수 간의 차이도 더 적다. 우선, 중등도 지적장애 집단의 전체 IQ(M=49.7)는 [매우 낮음] 수준으로, 통제집단(M=98.5)에 비하여 유의미하게 낮았다. 뿐만 아니라, 중등도 지적장애 집단은 언어이해지표(M=55.2), 시공간지표(M=56.8), 유동추론지표(M=58.6), 작업기억지표(M=58.3), 처리속도지표(M=59.3)의 모든 기본지표에서 [매우 낮음] 수준의 점수를 받았으며 통제집단에 비하여 유의미하게 낮았다. 기본지표 중 언어이해지표(M=55.2)에서 가장 낮은 점수를 받았으며 이는 통제집단(M=99.4)에 비해서도 유의미하게 낮았다. 언어이해지표를 구성하는 공통성(M=2.2)과 어휘(M=2.4) 소검사에서도 [매우 낮음] 수준의 점수를 받았다. 반면, 처리속도지표(M=59.3)에서 지표점수 중 가장 높은 점수를 받았으며, 처리속도지표를 구성하는 기호쓰기(M=3.1)와 동형찾기(M=3.2)에서도 다른 소검사들에 비해 상대적으로 높은 점수를 받았다. 특히 선택(M=4.6)에서 가장 높은 점수를 받았다. 지적 능력의 손상이 심한 지적장애의 경우 지표점수와 소검사 점수만으로 지적 능력을 충분히 파악하기 어렵다(Whitaker, 2010). 예를 들어, K-WISC-V의 숫자 소검사에서 아동의 연령이 8세 0개월~3개월인 경우 원점수 0~8은 모두 환산점수 1에 해당된다. 즉, 한 문제도 맞히지 못하고 원점수 0을 받은 경우와 몇 문제를 맞혀서 원점수 8점을 받은 경우 모두 환산점수는 1이 된다. 따라서 지적 능력이 아주 낮은 아동의 경우 환산점수가 원점수를 충분히 반영하지 못할 수도 있기 때문에 점수에 대한 다양한 해석이 필요하다.

4. 지적장애 사례

다음은 지적장애 아동 B의 사례이다. B는 만 13세의 남자아이로 지적장애가 의심되어 모가 평가를 의뢰하였다. [그림 9-1]과 [그림 9-2]는 B의 K-WISC-V 지표점수와 소검사 환산점수 프로파일이다.

B의 전체 IQ(47)는 [매우 낮음] 수준으로 전반적인 지적 능력은 또래에 비해 부진한 것으로 나타났다. 처리속도지표(71)를 제외한 모든 지표점수들이 [매우 낮음] 수준에 해당하며, 소검사 점수 또한 선택(8)을 제외하고는 모두 5점 이하로 〈표 5-6〉에 의하면 [매우 낮음~평균 하] 수준을 보이고 점수들 간의 차이가 크지 않다.

언어이해지표(56) 점수는 [매우 낮음] 수준으로 기본지표점수 중 가장 낮게 나타났다. 이는 B의 언어적 추론 능력이나 개념 형성 능력이 매우 저조하다는 것을 의미한다. 공통성(1)과 어휘(3)에서 [매우 낮음] 수준의 점수를 받아, 사물의 유사성을 파악하는 능력이나 어휘지식이 또래에 비해 매우 부족한 것으로 나타났다. B는 어휘(3)보다 공통성(1)에서 더 낮은 점수를 받았으므로 단어의 뜻을 설명하는 능력보다 두 사물의 유사성을 파악해야 하는 추론 능력이 더 부족한 것으로 보인다. 이해(3)와 상식(2) 점수도 [매우 낮음] 수준으로 사회적 판단이나 규칙에 대한 이해가 부족한 것으로 나타났다. 지적장애 아동은 정상 아동에 비해 자신의 생각을 말로 유창하게 표현하지 못하는 경향이 있으므로(배민영, 심현섭, 박희영, 2018), 모든 문항에 언어로 대답해야 하는 언어이해지표 소검사에서 더 미흡한 수행을 보였을 수 있다.

시공간지표(67) 점수는 [매우 낮음] 수준으로 시공간 관계를 이해하고 구성하는 능력 및 정신적 회전 능력이 부족한 것으로 보인다. 토막짜기(3) 점수는 [매우 낮음]

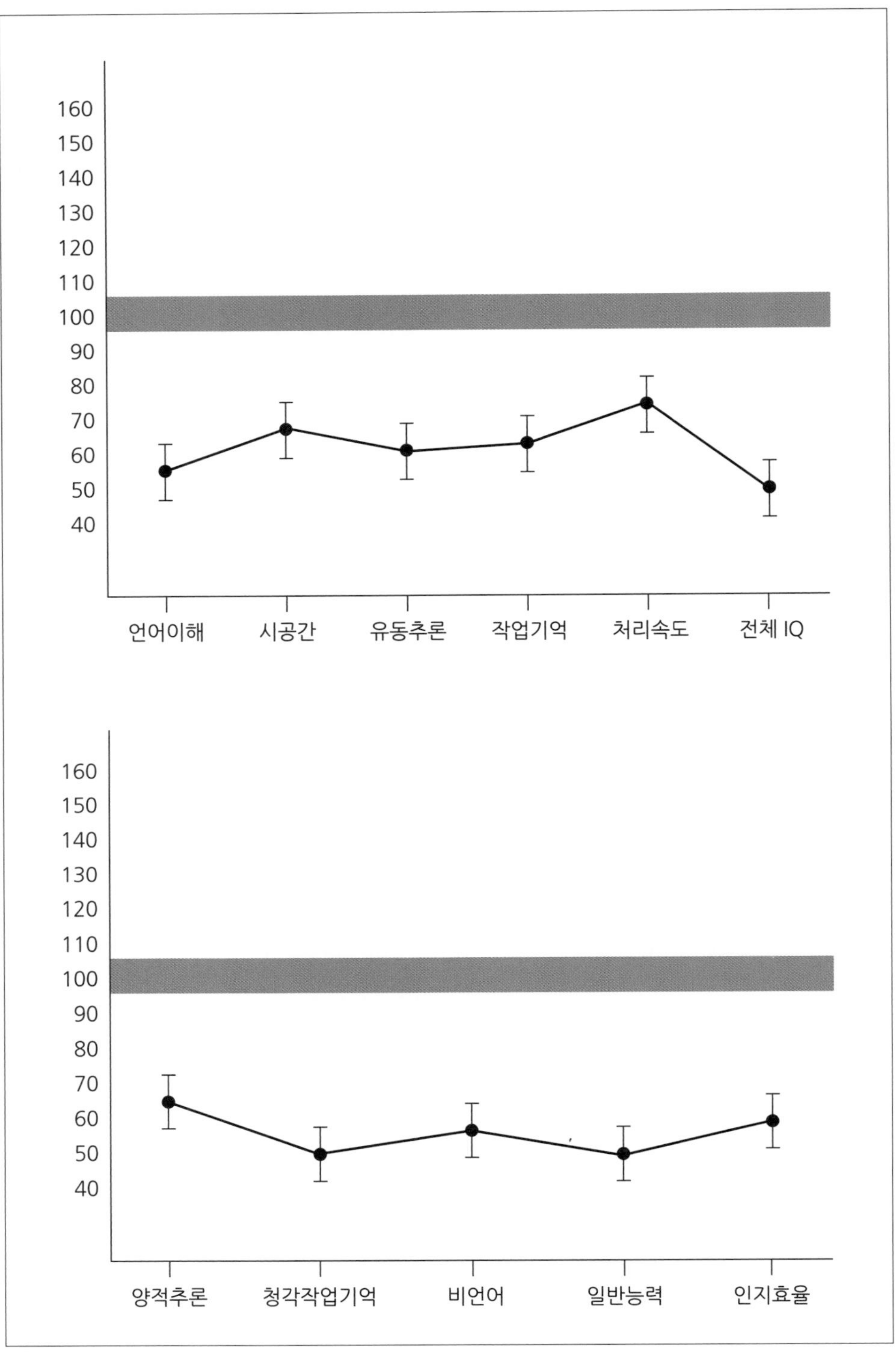

▌그림 9-1 B의 지표점수 프로파일

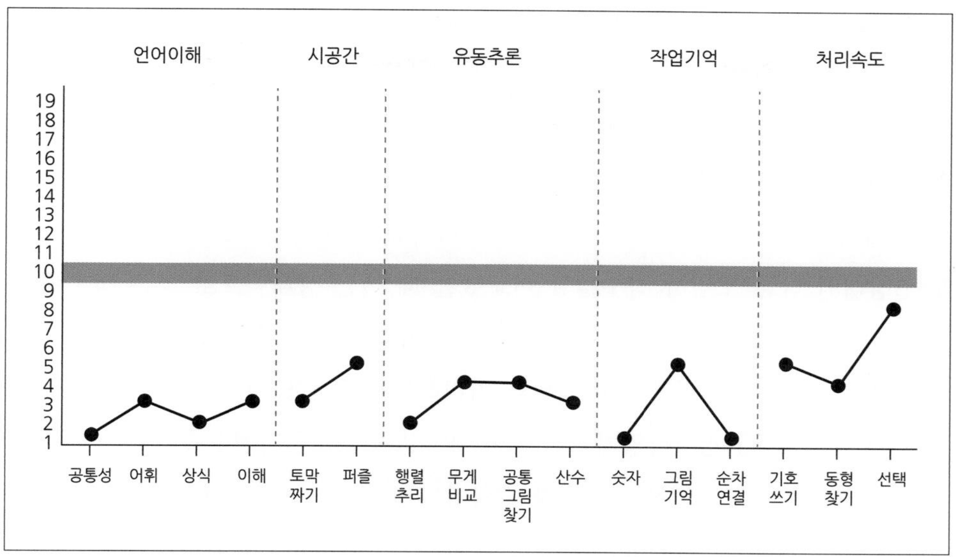

▌그림 9-2 **B의 소검사 환산점수 프로파일**

수준으로 공간 구성 능력, 시각 자극을 분석하고 통합하는 능력 등이 매우 미흡한 것으로 나타났다. 퍼즐(5) 점수는 [평균 하] 수준으로, 시공간 추론 능력, 정신적 회전 능력 등 시공간 자극을 정신적으로 구성하는 능력이 또래에 비해 저조하다. 따라서 B는 부분과 전체의 관계를 이해하고 추상적인 자극을 조작하는 데 어려움이 있는 것으로 나타났다.

유동추론지표(60) 점수는 [매우 낮음] 수준으로 새로운 문제를 해결하는 능력과 추상적 사고 능력이 매우 부족한 것으로 나타났다. 행렬추리(2)와 무게비교(4) 점수는 [매우 낮음] 수준으로 부분과 전체의 관계를 파악하는 능력 및 양적 균등 개념을 이해하고 적용하는 능력이 또래에 비해 매우 저조하다.

작업기억지표(61) 점수는 [매우 낮음] 수준으로 정보를 일시적으로 유지하는 능력이 미흡한 것으로 나타났다. 특히 B는 숫자(1)에서 [매우 낮음] 수준의 점수를 받아 청각 자극을 일시적으로 기억하는 능력이 매우 부족한 것으로 보인다. 그림기억(5) 점수는 [평균 하] 수준으로 시각 자극을 기억하는 능력이 또래에 비해 낮은 편이다. 하지만 B는 숫자보다 그림기억에서 상대적으로 더 높은 점수를 받았으며, 이는 자신의 능력 안에서는 청각 자극보다 시각 자극을 사용하여 기억하는 능력이 더 높다는 것을 의미한다.

처리속도지표(71) 점수는 [낮음] 수준이지만 지표점수들 중 가장 높게 나타났다. B의 간단한 시각 정보를 빠르고 정확하게 구분하는 능력이 또래에 비해서는 부족하지만 자신의 능력 안에서 상대적으로 높다는 것을 의미한다. 기호쓰기(5) 점수는 [평균 하] 수준, 동형찾기(4) 점수는 [매우 낮음] 수준으로 시각-운동 협응 능력과 시각 자극을 빠르고 정확하게 변별하는 능력이 또래에 비해 저조하다. 그러나 B의 1~3점대인 다른 소검사 점수들과 비교했을 때 이는 상대적으로 높은 점수에 해당한다. 선택(8)은 [평균] 수준으로 소검사 중 가장 높은 점수를 받았다. 이를 보면 B는 그림 자극을 변별하고 시각 자극을 처리하는 능력이 또래와 비슷한 수준이다.

추가지표척도 중 청각작업기억지표(50)에서 [낮음] 수준의 점수를 받아, B는 청각 자극을 일시적으로 기억하는 능력과 주의력이 부족한 것으로 나타났다. 특히 순차연결(1)에서 [매우 낮음] 수준의 점수를 받아, 청각단기기억 및 글자와 숫자 자극을 변별하여 기억하는 능력이 매우 부족하고 청각적 시연 능력과 주의력도 또래에 비해 매우 부족한 것으로 나타났다. 작업기억지표(61) 점수와 비교했을 때 청각작업기억지표(50)에서 더 낮은 점수를 받았는데, 이는 아동이 시각 자극보다 청각 자극을 기억에 입력하고 유지하는 데 더 어려움이 있다는 것을 의미한다.

II. 영재

영재(Gifted/Talented)에 대한 정의는 학자들마다 다양하다. 먼저, 과거에는 높은 지적 능력에 초점을 맞춰 영재를 정의하였다. 예를 들어, 미국의 심리학자 Terman (1925)은 영재를 "지능이 탁월한 사람"이라고 하며, 지능지수가 135 이상인 사람을 영재로 정의하였다. 또한 Hollingworth(1926)는 영재를 "지능검사에서 상위 1%의 아동"으로 정의하였다(양정모, 진석언, 2018 재인용). 그러나 이후 학자들은 인지능력 외에도 예술 및 특정 분야에서 뛰어난 재능을 강조하며 영재에 대한 정의를 확장하였다. 예를 들어, Renzulli(1978)는 영재의 특성으로 평균 이상의 지능, 과제 집착력, 창의성 등을 강조하였으며, Sternberg(1986)는 영재성을 성공에 필요한 능력의 총합인 성공지능으로 설명하였다(양정모, 진석언, 2018 재인용). 그러나 다양한 정의에도 불구하고 영재의 특성에는 항상 높은 지적 능력이 포함되며, 영재를 정의할 때 지적 능력은 매우 중요한 요소이다. 따라서 이 장에서는 영재의 지적 측면에 초점을 맞추어 설명하고자 한다.

현재 미국과 국내의 영재에 대한 정의는 다음과 같다. 미국 연방정부 교육부(U.S. Department of Education, 1993)에 따르면 "영재 아동은 비슷한 경험과 환경의 또래와 비교하였을 때 높은 수준의 성취를 보이거나, 또는 그러한 잠재성을 가진 아동 및 청소년을 말하며, 이들에게는 학교에서 일반적으로 제공하는 것 이상의 서비스나 활동이 필요하다."고 정의한다(이현주, 신종호, 2009 재인용). 그리고 미국영재협회(National Association for Gifted Children, NAGC)에서는 영재를 "같은 연령, 경험, 환경의 사람들에 비해 한 영역 이상에서 더 높은 성과를 낼 수 있는 능력을 가진 사람"으로 정의하며, 이들이 자신의 잠재 능력을 발휘하려면 적합한 학습 기회를 충분히 제공받아야 한다고 설명한다. 국내의 경우, 「영재교육진흥법」 제2조에서 '영재'를 "재능이 뛰어난 사람으로서 타고난 잠재력을 계발하기 위하여 특별한 교육이 필요한 사람"으로 정의한다(국가법령정보센터, 2017).

1. 영재의 판별

영재 판별의 목적은 아동의 잠재적인 영재성을 발견하여 이를 계발할 수 있도록 적절한 교육을 제공하는 것이다. 영재는 임상 장애에 속하지 않기 때문에 정신장애 진단 및 통계 편람(DSM)과 같은 임상적 진단 기준이 존재하지 않는다. 국내의 경우 교사의 관찰이나 추천을 통해 영재 판별이 이루어지고 있으며, 「영재교육진흥법 시행령」 제3장 '영재교육대상자의 선정 등'에서 영재교육대상자의 선발기준 및 선발절차 등을 제시한다(국가법령정보센터, 2015). 〈표 9-2〉에서 볼 수 있듯이 영재교육대상자로 선정되기 위해서는 해당 학교의 장이나 지도교사의 추천서를 받아야 한다. 또한 영재교육대상자 선정 기준에는 "표준화된 지능검사, 사고력검사, 창의적 문제해결력검사, 그 밖의 소정의 검사 · 면접 또는 관찰의 방법에 따라 특정교과나 특정분야에서 일정 수준 이상의 뛰어난 재능 또는 잠재력이 있다고 인정되는 자" 혹은 "예술적 · 신체적 분야에서 일정 수준 이상의 재능 또는 잠재력이 있다고 인정되는 자"가 해당된다(국가법령정보센터, 2015). 양정모와 진석언(2018)은 영재 판별을 위한 다양한 도구 중 특히 지능검사가 전통적으로 영재 판별에 핵심적인 역할을 한다고

하며, 지능지수의 중요성을 강조했다. 현재 표준화된 지능검사로는 웩슬러 지능검사(예: K-WISC-V; 곽금주, 장승민, 2019)를 주로 사용하며, 아동의 전체 IQ가 평균보다 2 표준편차 이상인 경우를 영재로 판별한다(Kaufman, Raiford, & Coalson, 2015).

표 9-2 「영재교육진흥법 시행령」 제3장 영재교육대상자의 선정 등

제11조(영재교육대상자의 선정) ① 영재교육대상자로 선정되고자 하는 자 또는 그의 보호자는 선정신청서에 재학중인 학교의 장이나 지도교사의 추천서를 첨부하여 영재교육을 받고자 하는 영재교육기관의 장에게 제출하여야 한다.

② 제1항에 따라 신청서를 제출받은 영재교육기관의 장은 제12조 제3항에 따른 선정기준에 적합한 자를 제16조에 따른 선정심사위원회의 심의를 거쳐 영재교육대상자로 선정하고, 이를 당사자에게 통지하여야 한다.

③ 삭제 〈2006. 12. 21.〉

④ 영재교육기관의 장은 학칙(영재교육원의 경우에는 당해 영재교육원의 운영규정을 말한다. 이하 같다)이 정하는 바에 따라 제1항의 규정에 의한 선정신청자에게 선정에 필요한 비용의 전부 또는 일부를 징수할 수 있다. 다만, 제12조 제2항에 해당하는 영재교육대상자에게 선정에 필요한 비용을 감면할 수 있다.

제12조(영재교육대상자의 선정기준 등) ① 영재교육대상자는 영재교육기관의 교육영역 및 목적에 적합하고, 교육내용을 이수할 능력이 있다고 인정되는 다음 각 호의 어느 하나에 해당하는 자로 한다.

1. 표준화된 지능검사, 사고력검사, 창의적 문제해결력검사 그 밖의 소정의 검사·면접 또는 관찰의 방법에 따라 특정교과 또는 특정분야에서 일정수준 이상의 뛰어난 재능 또는 잠재력이 있다고 인정되는 자
2. 실기검사 그 밖의 소정의 검사·면접 또는 관찰의 방법에 따라 예술적·신체적 분야에서 일정수준 이상의 재능 또는 잠재력이 있다고 인정되는 자

② 제1항에도 불구하고 사회·경제적 이유로 잠재력이 발현되지 못한 다음 각 호의 자로서 영재교육기관의 교육영역 및 목적에 적합하고, 교육내용을 이수할 능력이 있다고 인정되는 자는 영재교육대상자로 선발될 수 있다.

1. 「국민기초생활 보장법」 제7조 제1항 제4호에 따른 교육급여 수급권자
2. 「도서·벽지 교육진흥법」 제2조에 따른 도서·벽지에 거주하는 자
3. 「장애인 등에 대한 특수교육법」 제15조에 따른 특수교육대상자
4. 행정구역상 읍·면 지역에 거주하는 자
5. 그 밖에 사회·경제적 이유로 교육기회의 격차가 발생하였다고 인정되는 자

③ 영재교육대상자의 선정에 필요한 기준·방법 등(이하 "선정기준"이라 한다)은 학칙으로 정한다.

④ 영재교육기관의 장은 선정기준을 영재교육대상자 선정신청접수일 1월 전까지 공고하여야 한다. 다만, 제15조 단서의 규정에 의한 영재학급 또는 영재교육원의 학생정원결원의 경우에는 선정신청접수일 7일 전까지 공고할 수 있다.

출처: 국가법령정보센터(2015).

이처럼 국내의 영재 판별은 교사의 관찰 및 추천제로 운영하며 절대적인 영재 판별 기준은 존재하지 않는다(이재호, 류지영, 진석언, 2011). 양정모와 진석언(2018)에 따르면, 국내 영재 아동의 비율을 감안했을 때 영재교육대상자로 선정된 인원수는 점점 감소하고 있는 추세이다. 영재교육의 목적은 아동의 잠재성을 계발하고 궁극적으로 사회를 발전시키는 데 있으므로 영재교육은 영재성을 가진 모든 영재 아동에게 적절히 제공되어야 한다(이재호 외, 2011). 따라서 향후 영재의 정의 및 정확한 판별 기준을 마련하는 것이 필요하다.

2. 영재의 특성

대부분의 학자들은 영재의 인지적 특성 중 높은 지적 능력을 강조한다. 다양한 연구에서도 영재 아동의 지적 능력은 일반 아동에 비해 더 높은 수준으로 나타난다(Weiss et al., 2019).

최근에는 영재 아동의 뛰어난 창의성이 주목되고 있다(송효완, 이정화, 임미라, 박병기, 2015). 창의성은 다양하게 정의되고 있지만 일반적으로 인지능력을 기반으로 한 아이디어의 다양성, 독창성, 유용성, 문제 발견과 해결 능력 등을 의미한다(이선영, 2014). 영재 아동은 일반 아동에 비해 창의적 문제해결 능력이 높고(Groborz & Necka, 2003), 창의적 사고력이 뛰어나며(고유미, 여상인, 2011), 상위 인지능력이 우수하다(이신동, 박성옥, 태진미, 2016). 상위 인지(meta cognition)란 특정한 인지적 과제를 수행하는 데 필요한 전략을 계획하며, 자신의 인지과정을 통제하고 조정할 수 있는 능력을 의미한다(Flavell, 1979: Snyder, Nietfeld, & Linnenbrink-Garcia, 2011 재인용). 연구에 따르면, 영재 아동은 일반 아동에 비해 새로운 전략을 쉽고 빠르게 학습하고 이를 상황에 수월하게 접목시킬 수 있을 뿐 아니라 자신의 인지과정이나 자신이 사용한 전략에 대해서도 잘 알고 있는 것으로 나타났다(김형재, 홍순옥, 2011).

이 외에도, 영재 아동은 특정한 영역에서 빠른 발달 속도를 보이는데, 이를 비동시적 발달이라 한다(Bashkireva, Bashkireva, & Morozov, 2018). 예를 들어, 미취학 언어 영재 아동의 경우, 언어 능력이 다른 능력에 비해 더 빨리 발달하여, 능력들 간에 격차가 나타날 수 있다. 이 때문에 높은 언어 능력을 가지고 있어도 손의 운동

기능이 언어 능력 만큼 발달하지 못하여 자신의 생각을 글로 표현하는 데 어려움이 있을 수 있다(이현주, 신종호, 2009). 이처럼 영재 아동은 모든 영역에서 고르게 발달하지 않으며 재능을 가진 특정 영역에서 더 빠르게 발달하는 모습을 보인다.

영재 아동의 정서적 · 심리적 특성으로는 높은 내적 동기, 주의집중력, 호기심, 완벽주의 등이 있다. 영재 아동은 높은 내적 동기를 가지는데, 이는 어떠한 보상이 없어도 공부하는 것 자체를 즐겁고 흥미롭게 여기는 것을 의미한다(이신동, 박성옥, 태진미, 2016). 그러나 과제에 대한 내적 동기와 주의집중력이 과도하게 높을 경우 영재 아동은 과제에 집착하고 또래 관계에 관심을 보이지 않아 부정적인 평가를 받기도 한다. 또한 영재 아동은 상위 인지, 정신 활동 등을 포함하여 끊임없는 지적 활동을 추구하는 경향이 있는데 이를 지적 탐구 과흥분성(intellectual overexcitement)이라 한다(이신동 외, 2016). 이러한 특성으로 인해 영재 아동은 스스로 문제를 해결하는 것을 즐기고, 고차원적인 지적 사고를 선호하며, 왕성한 호기심을 보인다. 이 외에도, 영재는 완벽주의 성향을 보이는 경향이 있다(Mofield & Parker Peters, 2015). 완벽주의에 대해서 획일적인 정의는 없지만, Frost, Marten, Lahart, 그리고 Rosenblate(1990)에 따르면 완벽주의 성향을 가진 사람은 실수하는 것을 지나치게 걱정하고, 자신에 대해 높은 평가기준을 가지며, 질서와 조직을 중요시하는 경향이 있다. 모든 영재가 이러한 완벽주의 성향을 보이는 것은 아니지만, 대부분의 영재 아동은 학업적인 영역에서 완벽주의 성향을 보이고, 자신에 대한 기준이 높으며, 부모의 기대에 완벽하게 부응해야 한다는 압박감을 경험한다(Margot & Rinn, 2016).

3. 영재와 WISC-V

WISC-V에서 측정하는 능력과 관련하여, 영재 아동은 일반적으로 언어이해, 시공간, 유동추론, 인지적 유연성 등 다양한 영역에서 일반 아동에 비해 뛰어난 수행을 보인다(Raiford, Holdnack, Drozdick, & Zhang, 2014; Weiss, Saklosfe, Holdnack, & Prifitera, 2019). Rowe, Dandridge, Pawlush, Thompson, 그리고 Ferrier(2014)의 연구에서 영재 아동은 언어적 추론 능력 및 언어적 표현 능력, 시공간 조직화 능력, 인지적 유연성 등이 높은 것으로 나타났다. 또한 영재 아동은 일반 아동에 비해 과제를 수행할 때 시각처리 능력이나 시공간 능력을 더 많이 사용하는 경향이 있다(Maddocks, 2018). 예를 들어, Van Garderen과 Montague(2003)에 따르면, 영재 아동은 어려운 수학 문제를 풀 때 시공간적 표상을 더 효율적으로 사용하였다. 시공간적 표상이란 문제 해결을 위해 물체의 시각 정보 및 공간적 관계를 정신적으로 표상하는 것을 의미한다(Hegarty & Kozhevnikov, 1999: Van Garden & Montague, 2003 재인용). 이를 뒷받침하는 Boonen, van Wesel, Jolles, 그리고 van der Schoot(2014)의 연구에서는 시공간적 표상을 사용하는 아동이 그렇지 않은 아동보다 과제를 더 정확하게 수행하였다. 또한 영재 아동은 고차원적 추론을 담당하는 전두엽과 공간적 정보와 움직임을 처리하는 후두엽의 연결성이 일반 아동에 비해 더 높았다(Navas-Sánchez et al., 2014). 이는 영재 아동이 일반 아동에 비해 공간 및 시각 정보를 더 잘 활용할 수 있다는 것을 나타낸다.

그러나 영재 아동이 모든 영역에서 한결같이 우수한 인지능력을 보여 주는 것은 아니다. 일반적으로 영재 아동의 작업기억과 처리속도 능력은 일반 아동에 비해 우수하지만, 자신의 능력 안에서 다른 능력에 비해 상대적으로 낮게 나타난다(Molinero, Mata, Calero, García-Martín, & Araque-Cuenca, 2015; Rowe et al., 2014). Rowe 등(2014)과 Molinero 등(2015)의 WISC-IV 연구에서도 영재 아동은 작업기억지표와 처리속도지표에서 [평균~평균 상] 수준의 점수를 받아 또래와 비슷하거나 평균보다 높은 수준의 수행을 나타냈지만, 영재 아동의 다른 지표점수와 비교했을 때 이는 상대적으로 낮은 점수에 해당하였다. 영재 아동이 처리속도지표와 작업기억지표에서 상대적으로 낮은 점수를 받는 것은 앞서 영재의 특성에서 언급한 높은 지적 탐구 과흥분성과 연관될 수 있다. 영재 아동은 끊임없이 새로운 지적 활동을 추구하는데(이신동 외, 2016), 이 때문에 비교적 단순하고 반복적인 수행이 필요한 처리속도지표 소검사나 작업기억지표 소검사를 수행할 때는 흥미를 잃어 저조한 수행을 보일 수 있다(National Association for Gifted Children, 2010). 한편, 영재 아동은 완벽주의 성향이 있는데 이는 시간 제한이 있는 처리속도 소검사 수행에 부정적 영향을 미칠 수 있다(Bremner, McTaggart, Saklofske, & Janzen, 2011). 이 때문에 영재 아동은 추가지표 중 일반능력지표보다 작업기억지표와 처리속도지표의 소검사를 포함하는 인지효율지표에서 더 낮은 점수를 받는 경향이 있다(Bremner et al., 2011; Wechsler, 2014c). 영재 아동의 상대적 약점인 처리속도와 작업기억 영역을 포함하는 전체 IQ 점수는 영재 아동의 지적 능력을 충분히 반영하지 못할 수 있다. 따라서 Maddocks(2018)는 영재의 지적 능력을 평가할 때 작업기억이나 처리속도 능력에 상대적으로 영향을 적게 받는 일반능력지표나 언어이해지표 등 다양한 지표 점수를 고려하는 것이 단일한 전체 IQ 점수를 사용하는 것보다 적절할 수 있다고 제안하였다.

Wechsler(2014c)는 만 6~16세 영재 아동 95명을 대상으로 WISC-V를 실시하여 통제집단과 비교하였다. 우선, 영재 집단의 전체 IQ(M=127.5)는 [우수] 수준으로 통제집단(M=105.7)에 비해 유의미하게 높았다. 영재 집단은 언어이해지표(M=127.7), 시공간지표(M=121.2), 유동추론지표(M=120.3), 작업기억지표(M=117.9), 처리속도지표(M=112.9)의 모든 기본지표에서 [평균 상~우수] 수준의 점수를 받았으며, 모든 지표점수는 통제집단에 비해 유의미하게 높았다. 지표점수 중 언어이해지표(M=127.7) 점수가 [우수] 수준으로 가장 높았으며, 공통성(M=15.1)과 어휘(M=14.9) 점수도 [평균 상] 수준으로 높았다. 영재 집단은 어휘력, 표현력, 두 사물의 유사성을 추론하는 능력 등이 통제집단에 비해 뛰어났다. 언어이해지표 다음으로 시공간지표(M=121.2)와 유동추론지표(M=120.3) 점수가 [우수] 수준으로 높았으며, 영재 집단은 시공간 조직화 능력, 인지적 유연성, 추론 능력 등이 통제집단에 비해 높은 것으로 나타났다. 반면, 작업기억지표(M=117.9)와 처리속도지표(M=112.9) 점수는 [평균 상] 수준이지만 영재 집단 내의 다른 점수들보다는 상대적으로 낮았다. 작업기억지표를 구성하는 숫자(M=14.0)와 그림기억(M=12.3) 소검사 점수는 각각 [평균 상]과 [평균] 수준이었으며, 이를 보면 영재 집단의 청각·시각단기기억 및 작업기억 능력은 적절히 발달하였으나 이들의 다른 능력에 비해서는 상대적으로 부족하다고 볼 수 있다. 또한 처리속도지표를 구성하는 기호쓰기(M=12.1)와 동형찾기(M=12.5) 점수도 [평균] 수준으로 집단 내에서 낮은 편이었다. 특히 영재 집단은 선택(M=11.8) 점수가 [평균] 수준으로 집단 내에서 가장 낮아, 단순한 시각 자극을 빠르고 정확하게 구분하는 능력이 다른 능력에 비해 상대적으로 부족하게 나타났다. 추가지표에서 영재 집단은 일반능력지표(M=127.1) 점수가 인지효율지표(M=118.8) 점수보다 높았는데, 이는 영재 집단의 작업기억지표 점수와 처리속도지표 점수가 상대적으로 낮았기 때문이다.

4. 영재 사례

다음은 영재 아동 C의 사례이다. C는 만 9세 남자아이로 또래에 비해 학업 성취 수준이 높아 영재 특수교육의 적합성을 판단하기 위해 교사가 인지적 평가를 의뢰하였다. [그림 9-3]과 [그림 9-4]는 C의 K-WISC-V 지표점수와 소검사 환산점수 프로파일이다.

C의 전체 IQ(138)는 [매우 우수] 수준으로 전반적인 지적 능력이 또래에 비해 매우 높은 수준이다. 언어이해지표(135) 점수는 [매우 우수] 수준으로 C는 언어적 자극을 이해하고 조작하는 데 뛰어난 능력을 보이는 것으로 나타났다. 공통성(16)과 어휘(16) 점수는 [매우 우수] 수준으로, 언어적 추론 능력과 언어적 개념 형성 능력은 정상 아동에 비하여 뛰어나다.

시공간지표(136) 점수는 [매우 우수] 수준으로 추상적인 시각 자극을 분석하고 종합하는 능력이 매우 뛰어난 것으로 나타났다. 특히 토막짜기(17) 점수는 [매우 우수] 수준으로 이는 C의 공간 지각 능력, 시지각 구성 능력이 매우 높은 수준임을 의미한다. 또한 퍼즐(16)에서도 [매우 우수] 수준의 높은 점수를 받아, 정신적 조작 능력, 비운동적 구성 능력 및 정신적 회전 능력이 매우 우수한 것으로 나타났다.

유동추론지표(137) 점수는 [매우 우수] 수준으로 새로운 문제를 해결하는 능력 및 시각처리 능력, 추상적 추론 능력이 또래에 비해 뛰어난 것으로 나타났다. 행렬추리(14) 점수는 [평균 상] 수준으로, 유동지능, 시각처리 능력, 비언어적 추론 능력이 또래에 비해 높은 편이다. 특히 무게비교(19)가 [매우 우수] 수준으로 소검사 중 가장 높은 점수를 받았다. 이는 C가 높은 양적추론 능력을 가지고 있으며, 새로운 문제에 대한 해결책을 찾기 위해 주의를 통제하는 능력이 매우 우수하다는 것을 의미한다.

작업기억지표(114) 점수는 [평균 상] 수준으로 정보를 일시적으로 유지하는 능력은 또래에 비해 높은 것으로 나타났으나 이는 자신의 능력 안에서 상대적으로 낮은 점수에 해당한다. 숫자(13)와 그림기억(12) 소검사에서도 각각 [평균 상], [평균] 수준의 점수를 받았지만, C의 다른 소검사 점수들과 비교해 봤을 때 상대적으로 낮은 점수에 해당한다. 따라서 짧은 시간 동안 의식적으로 시각 · 청각 정보를 조작하는 작업기억 능력이 양호하게 발달하였으나 자신의 능력 안에서는 상대적인 약점으로

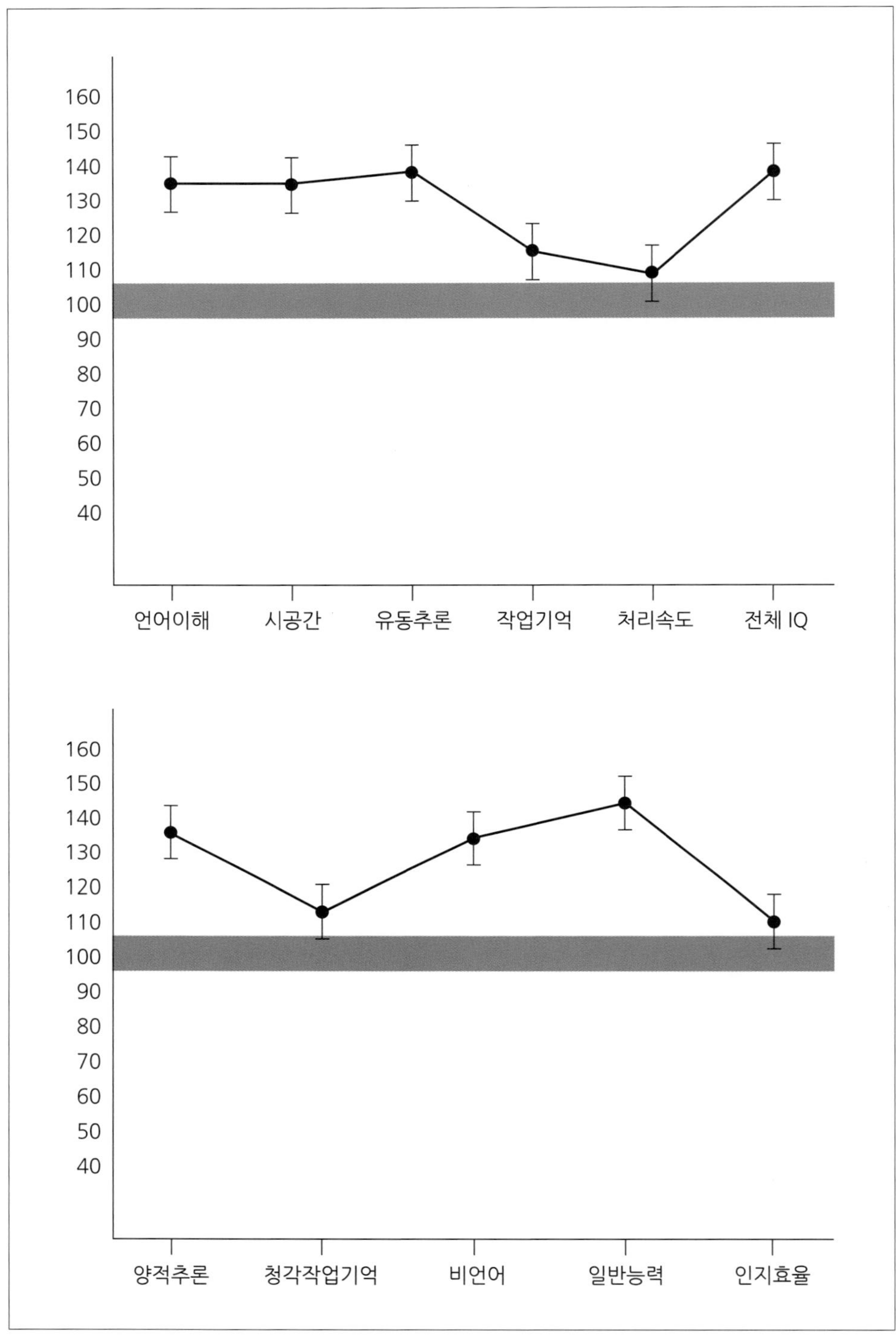

그림 9-3 C의 지표점수 프로파일

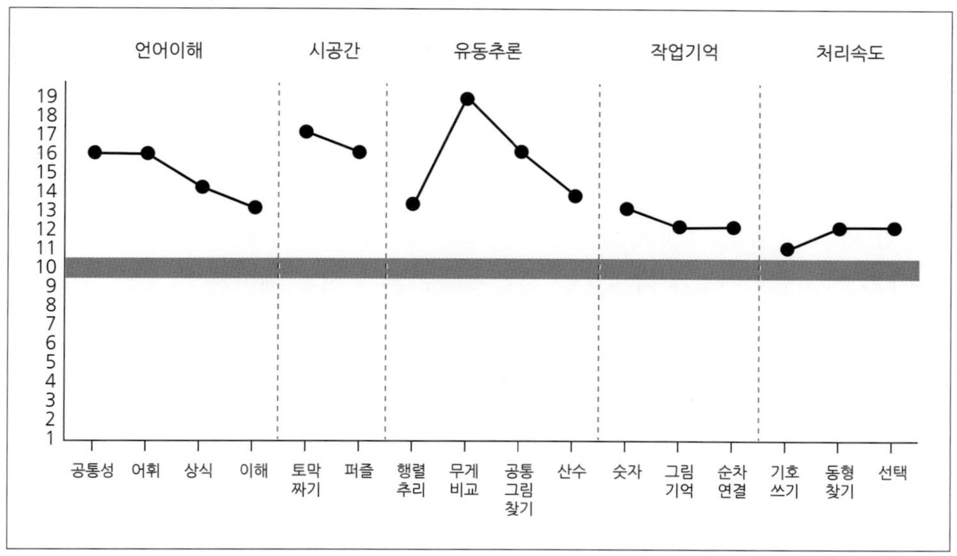

그림 9-4 C의 소검사 환산점수 프로파일

나타났다.

처리속도지표(108) 점수는 [평균] 수준으로 주의집중을 유지하면서 단순한 과제를 빠르게 수행하는 능력은 적절하게 발달하였다. 기호쓰기(11)와 동형찾기(12) 점수도 [평균] 수준으로 C의 시각단기기억, 정신운동속도, 주의집중력은 또래와 비슷하다. 그러나 처리속도지표 점수가 기본지표점수 중 가장 낮은 점수에 해당하여 시각적 변별 능력과 시각-운동 협응 능력 등은 자신의 능력 안에서 다른 능력에 비해 상대적으로 낮은 수준이다.

추가지표척도에서도 대부분 높은 점수를 받았으나, 청각작업기억지표(113) 점수는 [평균 상] 수준으로 평균보다 높지만 자신의 능력 안에서 상대적으로 낮게 나타났다. 청각작업기억지표를 구성하는 숫자(13)와 순차연결(12)에서는 각각 [평균 상], [평균] 수준의 점수를 받았지만, C의 청각단기기억, 청각적 순차처리 능력, 정신적 조작 능력은 다른 능력에 비해 낮은 수준에 해당한다. C의 인지효율지표(113) 점수도 마찬가지로 [평균 상] 수준이지만 다른 지표점수들에 비해 상대적으로 낮게 나타났다. 특히 인지효율지표(113) 점수는 [매우 우수] 수준인 일반능력지표(143) 점수와 비교했을 때 더 낮았는데, 이는 낮은 작업기억지표 점수와 처리속도지표 점수의 영향이다.

III. 학습장애

학습장애(Learning Disorder)는 지적 능력이 평균 수준임에도 읽기, 쓰기, 수학을 포함한 학업 성취 영역에서 낮은 수행을 보이는 경우를 의미한다. 1963년 미국의 심리학자 Samuel Kirk가 처음으로 '학습장애'라는 용어를 제안한 이래로 학습장애의 정의와 개념에 대해서 다양한 의견이 제시되고 있으며(한국학습장애학회, 2014) 현재 미국과 국내에서는 다음과 같이 정의한다.

우선, 미국의 경우 DSM-5에서 학습장애의 명칭을 '특정학습장애(Specific Learning Disorder)'로 변경하였으며, "정상 수준의 지능을 가지고 있으나 특정한 학업 성취에 어려움을 보이는 상태"로 학습장애를 정의한다(American Psychiatric Association, 2013). 「미국장애인교육법(Individuals with Disabilities Education Act Amendments, IDEA)」(2018)의 특정학습장애 판별에 관한 조항에 따르면, 특정학습장애란 아동이 적합한 학습경험을 제공받았음에도 구어 표현, 듣기, 이해, 쓰기 표현, 읽기, 사고, 산수 계산 등에서 불완전한 능력을 보이는 것을 의미한다. IDEA(2018)에 따르면, 학습장애는 특수교육대상 아동의 약 34%를 차지할 정도로 출현율이 높은 장애이다.

국내의 경우 「장애인 등에 대한 특수교육법 시행령」 제10조에서 학습장애 특수교육대상자를 "개인의 내적 요인으로 인하여 듣기, 말하기, 주의집중, 지각(知覺), 기억, 문제해결 등의 학습 기능이나 읽기, 쓰기, 수학 등 학업 성취 영역에서 현저하게 어려움이 있는 사람"이라고 정의한다(국가법령정보센터, 2016b). 한국특수교육학회(2008)에서는 학습장애를 "개인 내적 원인으로 인하여 일생 동안 발달적 학습(듣기, 말하기, 주의집중, 지각, 기억, 문제해결 등)이나 학업적 학습(읽기, 쓰기, 수학 등) 영역들 중 하나 이상에서 심각한 어려움을 겪는 것"이라고 정의한다. 또한 학습장애는 "다른 장애 조건(감각장애, 정신지체, 정서장애 등)이나 환경실조(문화적 요인, 경제적 요인, 교수적 요인 등)와 함께 나타날 수 있으나 이러한 요인이 직접적인 원인이 되어 나타난 것은 아니다."라고 설명한다(한국특수교육학회, 2008). 국내 학습장애 아동의 수는 급감하고 있지만 교육부에서 실시하는 학업 성취도 평가에서 기초학력 미달 비율은 점차 증가하고 있어 국내 학습장애 아동의 정확한 규모를 파악하기 어려운 상황이다(김동일, 고혜정, 2018).

1. 학습장애의 판별

「장애인 등에 대한 특수교육법 시행규칙」 제2조 제1항에서는 학습장애 아동의 진단 및 평가를 위해 지능검사, 기초학습기능검사, 학습준비도검사, 시지각발달검사, 지각운동발달검사, 시각-운동통합발달검사를 사용하도록 규정하고 있다(국가법령정보센터, 2016a). 그러나 구체적인 방법과 판별 기준은 제시하고 있지 않으며, 우리나라의 경우 검사도구의 수가 극히 제한적이고 몇몇 검사는 재표준화가 필요하다는 점에서 학습장애를 진단하는 데 어려움이 많다. 따라서 학습장애의 명확한 개념 정의 및 판별에 대한 구체적인 기준을 마련하는 것이 필요하다(한국학습장애학회, 2014).

학습장애 진단 및 평가에 사용하는 다양한 모델이 있는데 그중 대표적으로 능력-성취 불일치 모델, 중재반응 모델, 인지처리 결함 모델을 들 수 있다(한국학습장애학회, 2014). 우선, 능력-성취 불일치 모델은 아동의 잠재적인 지적 능력과 실제 학업 성취 간 차이에 중점을 두어 학습장애를 진단하는 것이다(Bateman, 1965). 그러나 학습장애 여부를 판단하기 위해 아동에게 학업적 어려움이 나타날 때까지 기다려야 한다는 점(Stuebing et al., 2002), 지능을 정확히 평가하는 것에 한계가 있다는 의견(Siegel, 1989) 등 여러 비판이 제기되어 왔다. 이에 대한 대안으로 중재반응 모델(Response-to-Intervention)을 제시하였는데, 중재반응 모델이란 "교육환경에서 제공되는 다양한 교육적 중재에 대한 아동의 반응을 평가하여 학습장애를 진단하는 것"을 의미한다(Vaughn & Fuchs, 2003). 이 모델은 교육현장의 중재에 초점을 두고, 장애 위험이 있는 아동들에게 효과적인 교육적 중재를 제공했음에도 학업 수행에 진전이 없을 경우 학습장애로 진단한다. 그러나 효과적인 교육방법을 어떻게 정의하고 제시할 것인지, 중재에 대한 아동의 반응을 어떻게 측정할 것인지가 명확하지 않다는 한계점이 있다. 마지막으로, 인지처리 결함 모델에서는 학습장애를 진단할 때 인지처리를 강조한다(Fuchs, Hale, & Kearns, 2011). 인지처리란 정보를 조작하고 변형하는 정신적 행위나 조작을 말하며, 인지처리 결함 모델은 학업 수행의 문제가 이러한 인지처리 과정의 결함 때문에 발생한다고 본다. 이 모델은 개인 인지처리 과정의 강점과 약점을 파악하여, 인지적 결함에 대한 적합한 중재를 가능하게 한다는 점에서 의의가 있다(이대식, 2007).

학습장애 진단에 대한 이 세 가지 모델은 각각 장단점을 지니고 있어 어느 것이 더 좋다고 판단할 수 없으나, 국내의 경우 대부분의 연구(80.8%)에서 능력-성취 불일치 모델을 채택하고 있고, 지능검사는 웩슬러 지능검사를, 학업 성취도 검사는 기초학습기능검사를 가장 많이 사용하는 것으로 나타났다(김우리, 고혜정, 2014). 그러나 학습장애의 진단과정은 여전히 명확하지 않고, 진단을 받는다 하더라도 진단받은 아동은 적절한 교육 서비스를 충분히 제공받지 못하는 실정이며, 오히려 '장애'라는 낙인을 우려해 학습장애로 진단받기를 꺼리는 경우가 많다(김동일, 고혜정, 2018). 따라서 향후 학습장애의 진단 기준 확립과 적절한 교육 서비스 제공에 대한 정확한 기준 마련이 필요하다.

2. 학습장애의 특성

학습장애의 대표적인 특성은 읽기, 쓰기, 수학, 말하기, 추론 등의 기술을 학습하는 데 지속적인 어려움을 겪는 것이다. 학습장애 아동은 정상적인 지적 능력을 갖추었음에도 현저한 학습부진을 보이며, 이는 단순히 학습 기회 부족이나 부적합한 교육에 따른 결과가 아니다. 학습장애 아동은 거듭되는 학업적 실패로 인해 사회기술 부족, 사회적 위축 또는 공격적 행동을 나타낼 수 있으며 사회적 적응에 많은 어려움을 보일 수 있다. 또한 이는 자신감과 동기 저하, 우울감, 불안감, 긴장감 등 정서에 부정적인 영향을 미칠 수 있다(김동일 외, 2009).

학습장애의 유형은 읽기장애, 쓰기장애, 수학장애로 나눌 수 있으며, 다음은 각 장애의 특징에 대한 설명이다. 우선, 흔히 난독증이라고 알려져 있는 읽기장애는 아동이 유치원이나 초등학교에 들어가면서 글자와 소리 사이의 대응 관계를 배울 때 주로 발견된다(Beminger & Richards, 2010: Puttaswamy, 2018 재인용). 읽기장애 아동은 음운처리에 결함을 보이는데, 음소를 구별하고 이를 의미와 연관시키는 것을 어려워하며, 단어를 잘 기억하지 못하는 경향을 보인다(Willcutt et al., 2013). 그리고, 이들은 글자를 인지하지 못하거나, 문장을 읽을 때 단어나 글자를 빠뜨리거나, 주어진 단어를 다른 말로 바꾸어 읽는 등의 문제를 보인다. 또한 음운처리의 결함으로 인해 읽기장애 아동은 독해력에도 문제를 보이며 글의 내용을 이해하는 데 어려움을 겪을 수 있다(Herman, Gomez, Williams, & Perkins, 2008). 신경심리학 연구에 따르면, 읽기장애 아동이 보이는 음운처리 결함은 측두엽과 두정엽이 만나는 좌반구의 영역과 관련이 있다(Feifer, 2011). 읽기장애는 학습장애 중 가장 흔한 것으로 알려져 있으며(Sexton, Gelhorn, Bell, & Classi, 2012), 유병률이 20%에 달한다고 보고하는 연구도 있다(Shaywitz & Shaywitz, 2016).

쓰기장애는 문법적으로 올바른 문장이나 단락을 쓰는 것에 어려움을 보이는 것을 의미하며, 주로 읽기장애와 함께 나타난다(Carpenter & Miller, 1982). 쓰기 능력은 일반적으로 아동이 학교에서 수업을 듣고 과제를 수행할 때 필수적이며, 학습에 필요한 중요한 능력 중 하나이다(Graham, Gillespie, & McKeown, 2013). 이러한 쓰기 능력은 글씨 쓰기, 철자 쓰기, 작문 등 여러 하위 영역으로 구성된다(최덕경, 최성규, 2001; 고혜성, 박현숙, 2005). 글씨 쓰기는 손으로 글씨 쓰는 능력을 말하며, 쓰기장애 아동의 글씨는 모양이나 크기 등이 일정하지 못하거나 띄어쓰기 간격이 불규칙한 경향이 있다(한국학습장애학회, 2014). 철자 쓰기는 맞춤법에 따라 글을 쓰는 능력을 의미한다. 불규칙한 영어에 비해 한글은 소리와 형태의 규칙성이 명확한 편이지만 그럼에도 많은 아동들이 초등학교 고학년까지 맞춤법을 어려워한다(서주영, 김자경, 2015). 철자 쓰기와 관련해 일반적으로 쓰기장애 아동은 관련 없는 모음을 적거나, 불필요한 글자를 삽입하거나, 문법을 고려하지 않고 소리 나는 대로 적는 등의 오류를 보인다. 작문은 글씨 쓰기와 철자 쓰기보다 더 광범위하고 고차원적인 어휘력과 문장 구사력을 필요로 한다(고혜정, 박현숙, 2005). 작문할 때 쓰기장애 아동은 비교적 적은 수의 단어나 문장을 사용하고 글을 쓸 때 계획하지 않고 기억나는 대로 말하듯이, 즉흥적으로 나열하여 글을 쓰는 경우가 많다.

마지막으로, 수학장애(산술장애)란 또래에 비해 수학 교과 학업 성적이 현저하게 낮은 경우를 의미한다(한국학습장애학회, 2014). 수학장애 아동은 단순 연산뿐만 아니라 추상적인 수학 개념, 수학 응용 문제 등 다양한 수학 영역에서 낮은 학업 성취도를 보인다(Carnine, Jones, & Dixon, 1994; Mercer & Miller, 1992). 수학장애 아동은 취학 전부터 크기, 순서, 양, 거리, 공간과 관련된 수학 개념의 습득이 느리고 불충분한 경향을 보인다. 이러한 경향은 취학 후에 더 고차원적이고 추상적인 수학 개념을 학습하는 데 어려움을 겪는 것으로 이어질 수 있다. 또한 수학장애 아동은 정상 아동보다 문제를 해결할 때 비효과적인 전략을 사용하기 때문에(Montague, 1997; Parmer, Cawley, & Frazita, 1996), 연산 속도가 느리고 정확성이 떨어지는 경향이 있다. 이 외에도, 수학장애 아동은 공간 지각에 어려움을 보이며, 정신적 회전 능력도 부족하다. 이들은 지각-협응 능력에 문제를 보이기도 하며, 이로 인해 연산 과정에서 부호를 제대로 그리지 못하는 등의 특징을 나타낼 수 있다(한국학습장애학회, 2014).

3. 학습장애와 WISC-V

학습장애 아동은 낮은 학업 성취도에 비해서 평균 수준의 지적 능력을 가지고 있다(Toffalini, Giofrè, & Cornoldi, 2017). 그러나 평균 수준의 지적 능력에도 불구하고 특정 인지능력에서 결함을 보이는데, 연구에 따르면 학습장애 아동은 작업기억과 처리속도에서 결함을 보인다(Toffalini et al., 2017). 특히 Alloway와 Alloway(2010)의 연구에서 작업기억 능력은 학업 성취 및 학습 능력의 예측요인으로 나타났다. 또한 학습장애 아동은 주의집중력에서 결함을 보이기도 한다(김동일, 이대식, 신동호, 2016).

학습장애의 하위 유형에 따라 인지적 양상은 다르게 나타나며, 다음은 읽기장애, 쓰기장애, 그리고 수학장애의 인지적 특성과 WISC-V 결과를 살펴보겠다.

먼저, 읽기장애의 경우이다. 언어이해와 관련하여, 읽기장애 아동은 음운처리의 결함으로 인해 장기기억으로부터 어휘지식을 인출하는 것에 어려움을 나타낸다(Willcutt et al., 2013). 또한 읽기장애 아동은 정상 아동에 비해 단어를 빠르게 읽지 못하며, 언어로 자신의 생각을 표현하는 능력이 부족하다(Cutting, Materek, Cole, Levine, & Mahone, 2009). 언어능력은 작업기억과 서로 연관이 있어, 읽기장애 아동은 정상 아동에 비해 작업기억 능력도 부족하다(De Weerdt, Desoete, & Roeyers, 2013). 특히, Pham과 Hasson(2014)의 연구에 따르면 언어적 작업기억은 읽기 능력의 중요한 예측요인으로 나타났다. 언어적 작업기억은 입력된 언어 자극을 유지하고 변환하는 복잡한 인지 작업을 포함하는데, 읽기장애 아동이 가진 낮은 수준의 언어적 작업기억은 단어를 조합하고 분리하는 것을 어렵게 해 효율적인 읽기를 방해한다(Sesma, Mahone, Levine, Eason, & Cutting, 2009).

한편, 읽기장애 아동, 특히 난독증 아동은 시공간 영역에서 평균 이상의 수행을 보이기도 한다(Von Karolyi, Winner, Gray, & Sherman, 2003). 이들은 언어능력을 담당하는 좌반구에 손상이 나타나는 대신(Reíd, 2016), 시각 정보를 전체로 인식하고 처리하는 우반구가 더 잘 발달했다. 그래서 난독증 아동과 정상 아동을 비교한 결과, 난독증 아동은 시각 정보를 통합적으로 파악하는 능력이 요구되는 시공간 과제를 정상 아동보다 더 빠르게 수행하였다(Von Karolyi et al., 2003). WISC-IV의 시각처리 능력, 시각적 조직화 능력을 측정하는 지각추론지표에서도 읽기장애 아동은 쓰기장애와 수학장애보다 상대적으로 높은 점수를 받았다(Toffalini et al., 2017).

Wechsler(2014c)는 만 7~16세 읽기장애 아동 30명을 대상으로 WISC-V를 실시하여 통제집단과 비교하였다. 우선, 읽기장애 집단의 전체 IQ(M=88.9)는 [평균 하] 수준으로 통제집단(M=102.0)에 비하여 유의미하게 낮았다. 기본지표 중 작업기억지표(M=87.8)는 [평균 하] 수준으로 가장 낮은 점수를 받아, 읽기장애 집단은 시각·청각 자극에 주의를 기울여 기억하는 능력이 다소 부족한 것으로 나타났다. 작업기억지표를 구성하는 숫자(M=8.2)와 그림기억(M=7.7) 소검사에서 각각 [평균], [평균 하] 수준의 점수를 받았으며 해당 점수는 통제집단에 비하여 유의미하게 낮았다. 언어이해지표(M=89.1)에서도 [평균 하] 수준의 점수를 받아 언어적 추론 능력과 어휘력이 또래에 비해 다소 낮은 것으로 나타났다. 언어이해지표를 구성하는 소검사인 공통성(M=8.2)과 어휘(M=7.7) 점수도 [평균], [평균 하] 수준으로 해당 점수는 통제집단에 비해 유의미하게 낮았다. 반면, 시공간지표(M=93.3) 점수는 [평균] 수준으로 집단 내 지표점수 중 가장 높았다. 시공간지표를 구성하는 토막짜기(M=9.1)와 퍼즐(M=8.5)은 [평균] 수준으로 다른 점수들에 비해 상대적으로 높은 점수를 받아, 읽기장애 집단은 시각 자극을 보고 전체와 부분의 관계를 이해하는 능력이 상대적으로 양호한 것으로 나타났다.

다음은 쓰기장애의 경우이다. 쓰기장애 아동은 글씨 쓰기, 철자 쓰기, 작문 등에서 어려움을 보인다. 그러나 WISC-V의 소검사들은 이러한 능력을 직접적으로 평가하지 않으므로 아동이 직접 기호를 그려야 하는 기호쓰기 소검사의 수행에서 연필을 잡는 것이 부자연스러운지, 기호를 지나치게 강하거나 약하게 쓰는지 등을 관찰하여 아동의 쓰기 능력을 간접적으로 확인한다. 쓰기장애는 보통 읽기장애와 함께 나타나며, 읽기장애 아동의 76%가 쓰기장애를 동반한다는 연구 결과가 있다

(Beminger & Richards, 2010: Puttaswamy, 2018 재인용). 이러한 결과는 읽기와 쓰기에 필요한 이해력, 단기기억, 인지적 처리속도의 과정이 서로 겹치기 때문이다. 따라서 WISC-V 연구에서도 쓰기장애는 주로 읽기장애를 동반한 경우가 연구되었다(Puttaswamy, 2018; Wechsler, 2014c).

또다른 연구에 따르면 쓰기장애 아동은 정상 아동에 비해 청각 자극을 기억하는 능력에 결함을 보였다(Brandenburg et al., 2015). Toffalini 등(2017)이 쓰기장애 아동 147명을 대상으로 WISC-IV를 실시한 결과, 기본지표 중 작업기억지표(M=95.31)에서 가장 낮은 점수를 받았다.

Wechsler(2014c)는 만 6~14세 읽기 및 쓰기장애 아동 22명을 대상으로 WISC-V를 실시하여 통제집단과 비교하였다. 우선, 읽기 및 쓰기장애 집단의 전체 IQ(M=84.8)는 [평균 하] 수준이었으며, 통제집단(M=96.2)에 비해 유의미하게 점수가 낮았다. 작업기억지표(M=85.8)는 [평균 하] 수준으로 기본지표점수 중 가장 낮은 점수를 받았으며, 통제집단(M=98.7)에 비해서도 유의미하게 낮았다. 숫자(M=7.2)와 그림기억(M=8.0) 점수도 각각 [평균 하], [평균] 수준으로 통제집단에 비해 유의미하게 낮았다. 이에 따라 읽기 및 쓰기장애 아동은 시각 · 청각 자극을 일시적으로 기억에 유지하는 능력이 또래에 비해 부족한 것으로 나타났다. 반면, 시공간지표(M=96.2) 점수는 [평균] 수준으로 집단 내에서 가장 높았으며, 통제집단(M=98.0)과 유의미한 차이를 보이지 않았다. 이는 연구의 대상인 쓰기장애 아동들이 대부분 읽기장애도 동반하고 있어, 읽기장애 아동의 상대적으로 양호한 시공간 능력이 반영된 결과일 수 있다. 시공간지표를 구성하는 토막짜기(M=9.1)와 퍼즐(M=9.6) 소검사는 [평균] 수준이지만 다른 소검사 점수들과 비교해 보았을 때 상대적으로 높은 점수에 해당해, 읽기 및 쓰기장애 집단은 시공간 구성 능력과 부분-전체의 관계를 이해하는 능력이 자신의 능력 안에서 상대적으로 높은 것으로 나타났다. 한편, 기호쓰기(M=7.8) 점수는 [평균 하] 수준으로 다른 소검사 점수들에 비해 낮은 편이었으나 통제집단(M=9.0)과 유의미한 차이를 보이지는 않았다.

마지막으로, 수학장애의 경우이다. 수학장애 아동은 숫자를 세고 더하고 빼는 등 기본적인 수의 개념이 또래에 비해 현저하게 부족하다(Toffalini et al., 2017). 또한 수학장애 아동은 시공간 문제해결 능력, 시지각 능력, 시각-운동 협응 능력 등 전반적인 시공간 영역에서 결함을 보인다(Toffalini et al., 2017). 수학장애 아동은 작업기억 영역에서도 결함을 보이는데, 작업기억 능력의 결함은 양적인 정보의 표상을 어렵게 하며 양적 문제해결 능력을 떨어뜨린다(Passolunghi & Cornoldi, 2008). 또한 수학장애 아동은 인지적 유연성이 부족한데, Baddeley(1996)에 따르면 인지적 유연성이란 과제의 규칙을 바꾸었을 때 인지적으로 유연하게 사고를 전환할 수 있는 능력을 의미한다(Van der Sluis, de Jong, & van der Leij, 2004 재인용).

Wechsler(2014c)는 만 9~16세 수학장애 아동 28명을 대상으로 WISC-V를 실시하여 통제집단과 비교하였다. 그 결과, 수학장애 집단의 전체 IQ(M=83.6)는 [평균 하] 수준으로 통제집단(M=98.4)에 비해 유의미하게 낮았다. 기본지표 중 유동추론지표(M=82.2)는 [평균 하] 수준으로 가장 낮은 점수를 받았으며, 이는 통제집단(M=96.7)에 비해 유의미하게 낮았다. 행렬추리(M=7.2)와 무게비교(M=6.5) 소검사에서 각각 [평균 하] 수준의 점수를 받아, 수학장애 집단은 새로운 문제를 해결하는 능력과 양적 균등 개념이 또래에 비해 다소 부족한 것으로 나타났다. 다음으로, 수학장애 집단의 시공간지표(M=85.4) 점수는 [평균 하] 수준으로 낮게 나타났으며, 통제집단(M=100.0)과 유의미한 점수 차이를 보였다. 토막짜기(M=7.1)와 퍼즐(M=7.6) 소검사에서 각각 [평균 하] 수준의 점수를 받아, 수학장애 집단의 시공간 구성 능력과 부분-전체의 관계를 파악하는 능력은 또래에 비해 다소 저조하였다. 추가지표에서는 양적추론지표(M=79.9) 점수가 [낮음] 수준으로 가장 낮았다. 특히 산수(M=6.4) 점수는 [평균 하] 수준으로 소검사 중에서 가장 낮은 점수를 받았으며, 정상 아동(M=9.3)과 유의미한 점수 차이를 보였다. 이에 따라 수학장애 집단의 암산 능력과 수학적 추론 능력 등은 또래에 비해 부족한 것으로 나타났다.

4. 학습장애 사례

다음은 학습장애 중 읽기장애 아동 D의 사례이다. D는 만 6세 남자아이로 난독증이 의심되어 초등학교 교사가 인지적 평가를 의뢰하였다. [그림 9-5]와 [그림 9-6]은 D의 K-WISC-V 지표점수와 소검사 환산점수 프로파일이다.

D의 전체 IQ(90)는 [평균] 수준으로 전반적인 인지능력은 양호하다. 언어이해지표(84) 점수는 [평균 하] 수준으로 언어적 추론 능력과 언어적 개념 형성 능력이 다소 부족한 것으로 나타났다. 공통성(7)과 어휘(7) 점수는 모두 [평균 하] 수준으로

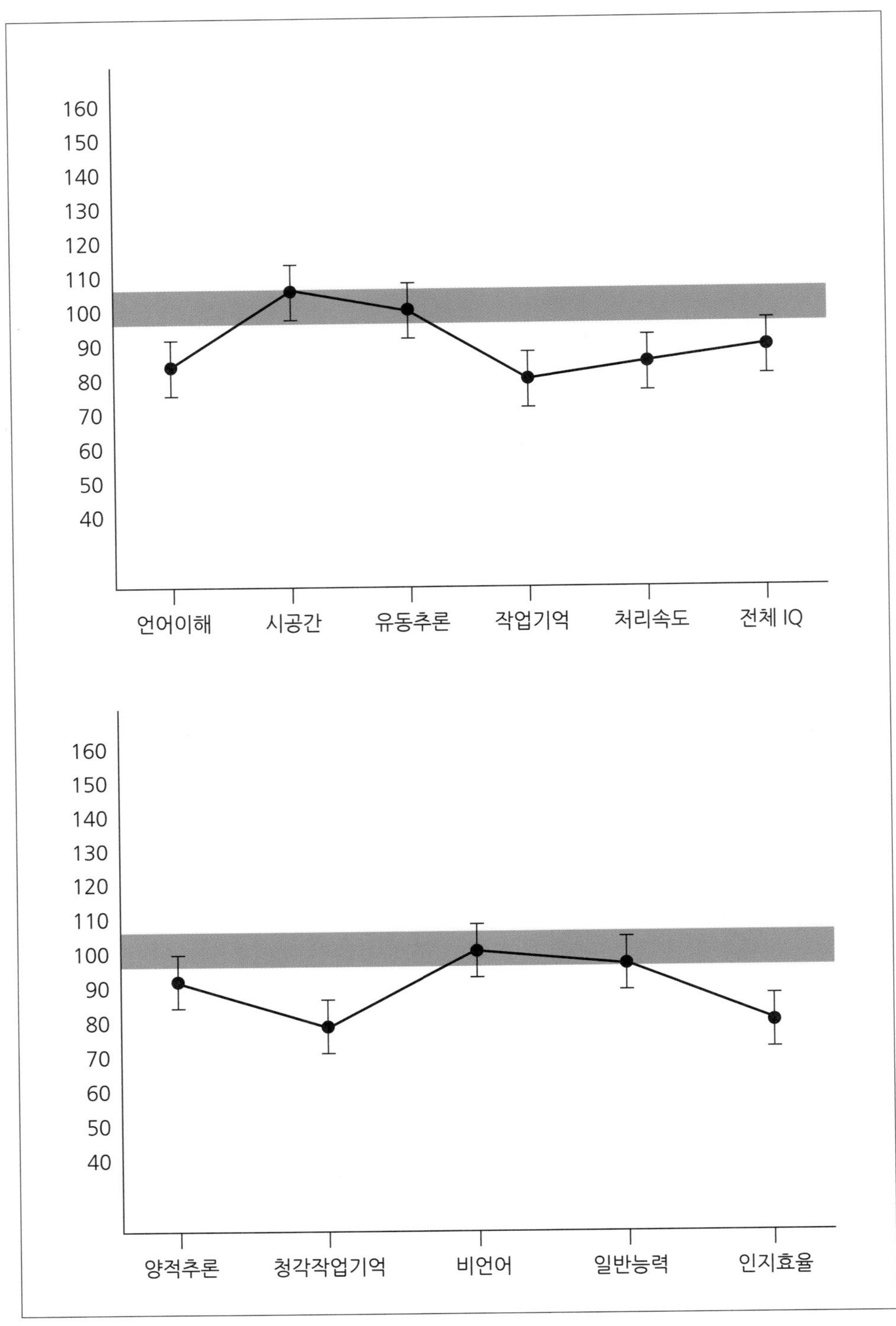

▮그림 9-5 **D의 지표점수 프로파일**

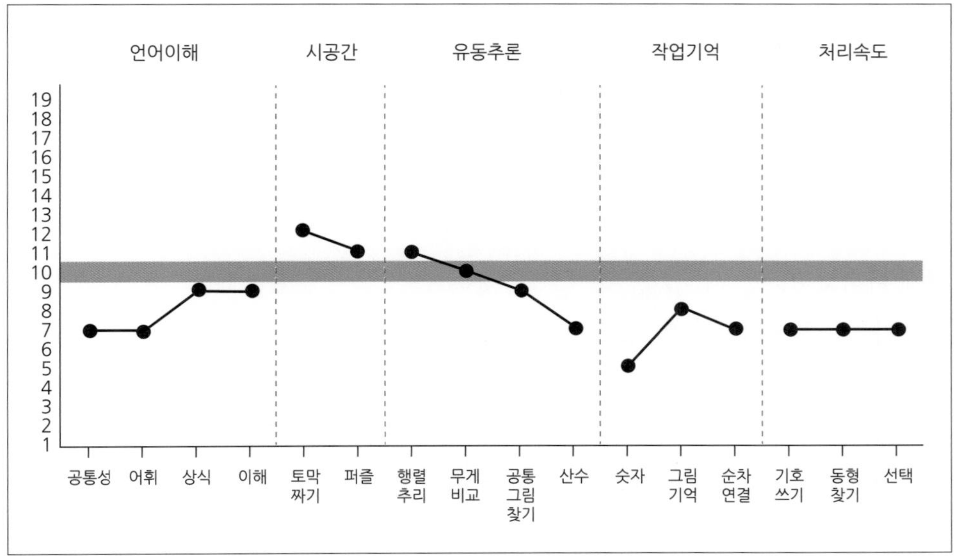

▮그림 9-6 **D의 소검사 환산점수 프로파일**

언어적 개념의 유사성을 추론하는 능력과 단어의 의미를 언어로 표현하는 능력이 또래에 비해 낮게 나타났다.

시공간지표(108) 점수는 [평균] 수준으로 시공간 관계를 이해하고 구성하는 능력이 적절하게 발달하였다. 토막짜기(12) 점수는 [평균] 수준으로 자신의 능력 안에서 가장 높은 점수이며, 이에 따라 시공간 자극을 이해해서 구성하는 시각-운동 협응 능력은 적절하게 발달한 것으로 나타났다. 퍼즐(11) 점수도 [평균] 수준으로 자신의 능력 안에서 상대적으로 높은 편이므로 부분-전체의 관계를 이해하고, 시공간 자극을 정신적으로 조작하는 능력은 양호해 보인다.

유동추론지표(103) 점수는 [평균] 수준으로 새로운 문제를 해결하는 능력과 시각 자극을 보고 규칙을 찾아내는 능력이 적절하게 발달한 것으로 보인다. 행렬추리(11) 점수는 [평균] 수준으로 시지각 추론 능력과 부분과 전체의 관계를 파악하는 능력이 양호하다고 볼 수 있다. 무게비교(10) 점수도 [평균] 수준으로 양적 균등 개념을 적용하는 능력이 비교적 적절하게 발달한 것으로 나타났다.

작업기억지표(80) 점수는 [평균 하] 수준으로 짧은 시간 동안 의식적으로 정보를 유지하는 능력이 또래에 비해 상대적으로 부족하다. 숫자(5) 점수는 [평균 하] 수준이므로 청각 자극을 기억하는 능력, 순차처리 능력, 주의집중력 등은 저조한 것으로 나타났다. 반면, 그림기억(8) 점수는 [평균] 수준으로 숫자(5) 점수보다 높아, 청각 자극보다 시각 자극을 기억하는 능력이 더 양호한 것으로 나타났다.

처리속도지표(84) 점수는 [평균 하] 수준으로 시각 정보를 빠르고 정확하게 처리하는 능력이 상대적으로 저조하다. 기호쓰기(7)와 동형찾기(7) 점수는 모두 [평균 하] 수준으로 시각-운동 협응 능력과 시각적 기호를 빠르게 변별하는 능력이 다소 낮게 나타났다.

추가지표척도에서는 인지효율지표(79)가 일반능력지표(96)보다 낮게 나타났다. D의 작업기억지표와 처리속도지표 점수가 다른 지표점수들에 비해 상대적으로 낮기 때문이다. 비언어지표(99)는 [평균] 수준으로 자신의 능력 안에서 높은 편이므로, D는 상대적으로 언어 능력을 적게 필요로 하는 과제를 더 잘 수행하는 것으로 보인다. 청각작업기억지표(78) 점수는 [낮음] 수준으로 청각적으로 자극이 제시될 때 그 정보를 유지하는 능력은 다소 부족하였다.

다음은 수학장애 아동 E의 사례이다. E는 만 12세 여자아이로 수학 공식을 기억하지 못하고 수학 문제를 푸는 것을 어려워하여 모가 인지적 평가를 의뢰하였다. [그림 9-7]과 [그림 9-8]은 E의 K-WISC-V 지표점수와 소검사 환산점수 프로파일이다.

E의 전체 IQ(91)는 [평균] 수준으로 전반적인 지적 능력은 양호하다. 언어이해지표(105) 점수는 [평균] 수준으로 언어적 개념에 대한 이해 능력과 언어로 표현하는 능력이 적절한 것으로 나타났다. 공통성(12) 점수는 [평균] 수준으로 개인 내 소검사 점수 중 가장 높았으며, 이에 따라 언어적 개념의 유사성을 추론하는 능력은 다른 능력에 비해 상대적으로 높은 편으로 볼 수 있다. 어휘(10) 점수도 [평균] 수준으로 단어의 사전적인 뜻을 언어로 설명하는 능력은 적절한 것으로 나타났다. 상식(8) 점수는 [평균] 수준이지만 공통성이나 어휘 점수에 비해 상대적으로 낮게 나타나 어휘량에 비해 일반 상식이 상대적으로 부족한 것으로 나타났다. 그리고 이해(7) 점수는 [평균 하] 수준이므로 사회적 판단 능력, 관습과 규칙에 대한 경험이 부족하다고 볼 수 있다.

시공간지표(84) 점수는 [평균 하] 수준으로 시공간 관계를 이해하고 구성하는 능력이 상대적으로 저조하다. 토막짜기(7) 점수와 퍼즐(7) 점수는 모두 [평균 하] 수준이므로 전체와 부분의 관계를 이해하는 능력과 시각 자극을 분석하고 종합하는 능

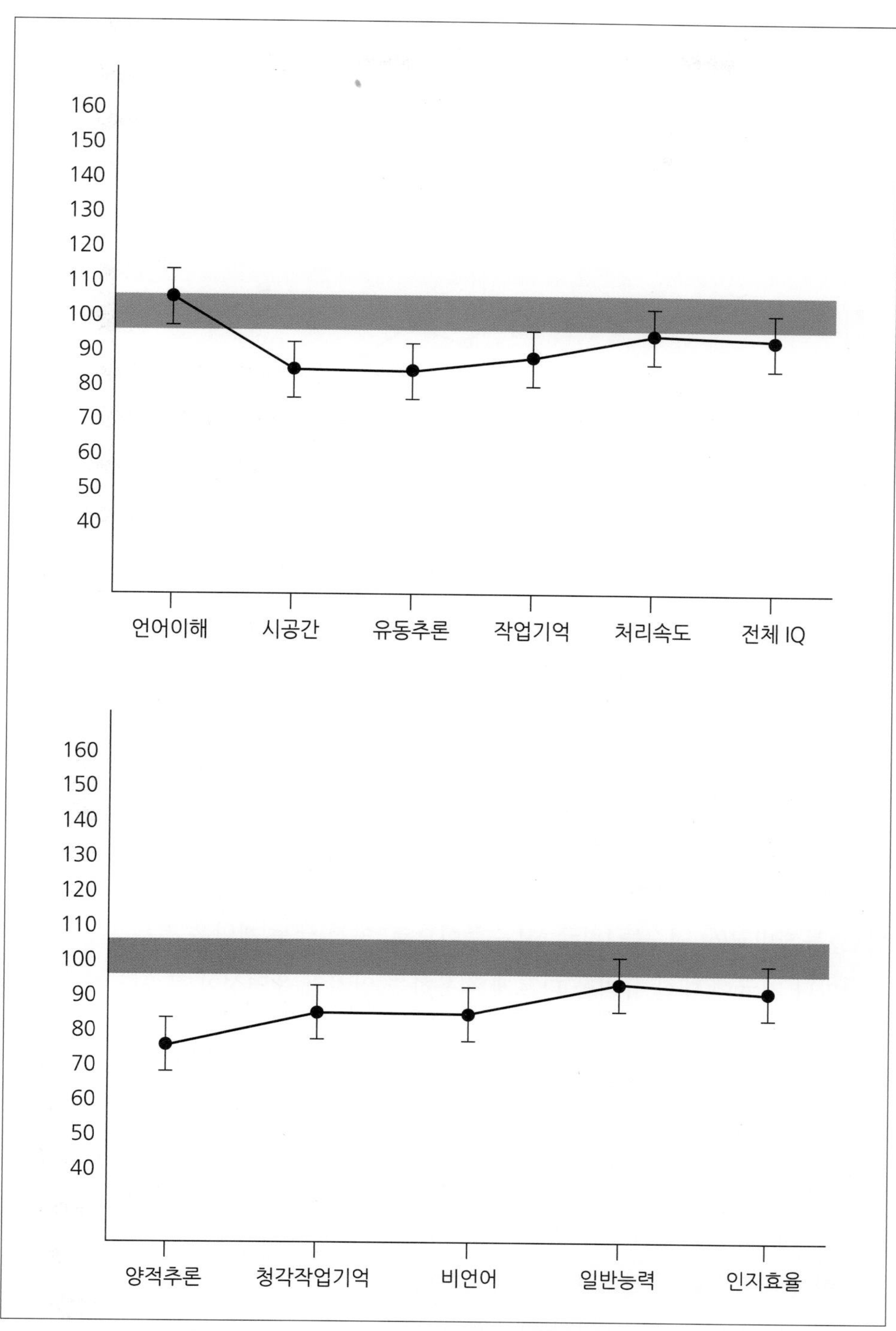

그림 9-7 E의 지표점수 프로파일

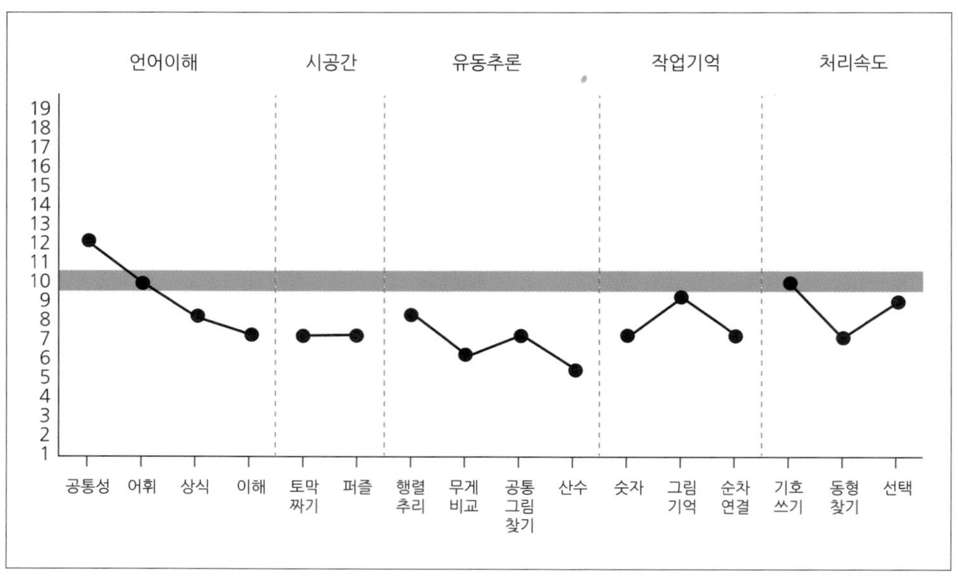

▌그림 9-8 **E의 소검사 환산점수 프로파일**

력이 부족한 것으로 나타났다.

유동추론지표(83) 점수는 [평균 하] 수준으로 기본지표점수 중에서 가장 낮다. 이를 보면 E는 새로운 문제를 해결하는 능력 및 추상적 추론 능력이 다소 부족한 것으로 보인다. 행렬추리(8) 점수는 [평균] 수준으로 시각 정보를 처리하고 전체와 부분의 관계를 파악하여 규칙을 찾아내는 능력이 상대적으로 양호하다고 볼 수 있다. 반면, 무게비교(6) 점수는 [평균 하] 수준이므로, 양적 균등 개념을 적용하는 능력과 문항마다 자극에 대한 규칙을 다르게 적용하는 인지적 유연성이 부족한 것으로 나타났다.

작업기억지표(89) 점수는 [평균 하] 수준으로 짧은 시간 동안 시각 · 청각 정보를 유지하는 능력이 다소 부족한 편이다. 숫자(7) 점수는 [평균 하] 수준으로 숫자 자극을 기억하는 능력과 청각적 시연 능력이 부족해 보인다. 반면, 그림기억(9) 점수는 [평균] 수준으로 숫자(7) 점수보다 높아, 자극이 시각적으로 제시되었을 때의 기억 능력이 상대적으로 더 양호한 것으로 나타났다.

처리속도지표(92) 점수는 [평균] 수준으로 시각 자극을 정확하고 신속하게 처리하는 능력이나 시각-운동 협응 능력이 적절하게 발달했다고 볼 수 있다. 기호쓰기

(10) 점수는 [평균] 수준으로 시각적 기호를 빠르게 기억하는 능력과 시각-운동 협응 능력은 양호하게 나타났다. 반면, 동형찾기(7) 점수는 [평균] 수준이므로, E는 더 정교하게 시각 자극을 변별하는 능력과 주의집중력이 상대적으로 더 부족한 것으로 나타났다.

추가지표척도에서는 양적추론지표(78) 점수가 [낮음] 수준으로 지표점수 중 가장 낮다. 따라서 E는 양적인 관계를 이해하고 적용하는 능력과 암산 능력, 수학적 추론 능력이 매우 부족한 것으로 보인다. 특히 산수(5) 점수는 [평균 하] 수준으로 자신의 능력 안에서 가장 낮은 점수를 받아, 계산 능력과 수와 관련된 추론 능력이 미흡한 것으로 나타났다.

제10장

임상사례를 통한 해석 2

Ⅰ. 자폐 스펙트럼 장애
Ⅱ. 주의력결핍 과잉행동장애
Ⅲ. 청각장애

임상사례를 통한 해석 2

이 장에서는 앞 장에 이어서 자폐 스펙트럼 장애, 주의력결핍 과잉행동장애, 청각장애의 전반적인 특징과 WISC-V 프로파일 특징에 대해서 알아보고, 각 장애의 K-WISC-V 사례를 살펴보겠다.

I. 자폐 스펙트럼 장애

자폐 스펙트럼 장애(Autism Spectrum Disorder)는 의사소통과 사회적 상호작용 능력에 결함을 보이며 반복적인 상동행동을 특징으로 한다. 자폐 스펙트럼 장애는 유전적 결함이나 뇌 발달 문제에 기인한 신경발달장애로 대부분 생애 초기(3세 이전)에 발생하며, 평균적으로 만 3~6세에 발견된다(천근아, 송동호, 2014: 국립정신건강센터, 2018 재인용). DSM-5에서는 자폐 스펙트럼 장애는 "유아기부터 발현되어 의사소통과 사회적 상호 교류의 지속적인 장애를 나타내며, 상동행동과 제한적인 관심을 보인다"라고 설명한다(American Psychology Association, 2013). 과거에는 자폐성 장애, 아스퍼거 장애 등 별개의 범주로 구분하였으나 DSM-5에서는 질병의 심각도에 따른 같은 범주상의 장애로 보고 '자폐 스펙트럼 장애'라는 단일한 명칭으로 바꾸었다.

국내의 경우 「장애인 등에 대한 특수교육법 시행령」 제10조에 따라 자폐성 장애를 지닌 특수교육대상자를 "사회적 상호작용과 의사소통에 결함이 있고, 제한적이고 반복적인 관심과 활동을 보임으로써 교육적 성취 및 일상생활 적응에 도움이 필요한 사람"이라고 정의한다(국가법령정보센터, 2016b). 국내에서 '자폐 스펙트럼 장애'라는 명칭을 사용하기 시작한 지는 얼마 되지 않았다. 2008년 이전에는 자폐 스펙트럼 장애를 '발달장애'라고 불렀으나, 2008년 이후부터 보건복지부에서 발달장애를 '자폐 스펙트럼 장애'라는 명칭으로 바꾸었다. 국내 자폐 스펙트럼 장애 아동의 유병률은 약 2.6%로 꾸준한 증가율을 보이고 있다(국립정신건강센터, 2018). 자폐 스펙트럼 장애는 가벼운 상태의 자폐 증상부터 전형적이고 심한 상태의 자폐 증상까지 넓은 범위의 증상들을 포함하기 때문에 개인의 인지능력 및 장애의 심각도 등에 따라 다양한 양상을 나타낸다.

1. 자폐 스펙트럼 장애의 판별

자폐 스펙트럼 장애의 조기 판별은 매우 중요한데, 자폐 스펙트럼 장애의 조기 개입은 이후 발달이나 언어, 정서, 행동 및 다양한 측면에서 더 적응적인 결과로 이어지기 때문이다(Hume, Bellini, & Pratt, 2005). DSM-5의 경우, 자폐 스펙트럼 장애를 진단하기 위해서 다음과 같은 다섯 가지 기준을 제시한다(APA, 2013). 첫째, 다양한 맥락에 걸쳐 사회적 의사소통과 상호작용에 지속적인 결함을 보인다. 둘째, 제한적이고 반복적인 행동, 흥미 및 활동 패턴을 보인다. 셋째, 이러한 증상은 아동 초기에 나타난다. 넷째, 이러한 증상은 사회적 · 직업적 또는 다른 중요한 기능 영역에 심각한 손상을 초래한다. 마지막으로, 이러한 장애는 지적장애나 전반적 발달 지연 장애에 의해 더 잘 설명되지 않아야 한다. 국내에서 자폐 스펙트럼 장애 진단에 활용할 수 있는 검사도구로는 한국 아동기 자폐 평정 척도 2판(Korean-Childhood Autism Rating Scale-2nd, K-CARS 2; 이소현, 윤선아, 신민섭, 2019), 이화-자폐아동 행동발달 평가도구(EWHA Check List for Autistic Children, E-CLAC 2; 김태련, 박랑규, 2004) 등이 있다. 보건복지부(2019)에서는 자폐 스펙트럼 장애의 판정기준을 〈표 10-1〉과 같이 4단계로 나누어 제시한다.

표 10-1 보건복지부의 자폐 스펙트럼 장애 판정기준

가. 장애진단기관 및 전문의

의료기관의 정신건강의학과(소아정신건강의학과) 전문의

나. 진료기록 등의 확인

장애진단을 하는 전문의는 원인 질환 등에 대한 충분한 치료 후에도 장애가 고착되었음을 진단서, 소견서, 진료기록 등으로 확인하여야 한다. (필요시 환자에게 타 병원 진료기록 등을 제출하게 한다.)

다. 장애진단 및 재판정 시기

A. 전반성발달장애(자폐증)가 확실해진 시점(최소 만 2세 이상)에서 장애를 진단한다.

B. 수술 또는 치료로 기능이 회복될 수 있다고 판단하는 경우에는 장애진단을 처치 후로 유보하여야 한다. 다만, 1년 이내에 국내 여건 또는 장애인의 건강상태 등으로 인하여 수술 등을 하지 못하는 경우는 예외로 하되 필요한 시기를 지정하여 재판정을 받도록 하여야 한다.

C. 소아청소년은 만 6세 미만에서 장애판정을 받은 경우 만 6세 이상~만 12세 미만에서 재판정을 실시하여야 한다.

- 만 6세 이상~만 12세 미만 기간에 최초 장애판정 또는 재판정을 받은 경우 향후 장애상태의 변화가 예상되는 경우에는 만 12세 이상~만 18세 미만 사이에 재판정을 받아야 한다.

D. 향후 장애정도의 변화가 예상되는 경우에는 반드시 재판정을 받도록 하여야 한다. 이 경우 재판정의 시기는 최초의 판정일로부터 2년 이상 경과한 후로 한다. 2년 이내에 장애상태의 변화가 예상될 때에는 장애의 진단을 유보하여야 한다.

E. 재판정이 필요한 경우에 장애진단을 하는 전문의는 장애정도 심사용 진단서에 그 시기와 필요성을 구체적으로 명시하여야 한다.

라. 판정 절차

자폐성장애의 장애정도 판정은 아래의 순서를 따라 이루어진다.

1단계. 자폐성장애의 진단명에 대한 확인

2단계. 자폐성장애의 상태(impairment) 확인

3단계. 자폐성장애로 인한 정신적 능력장애(disability) 상태의 확인

4단계. 자폐성장애 정도의 종합적인 진단

A. 자폐성장애의 진단명에 대한 확인

(가) 우리 나라에서 공식적인 자폐성장애의 분류체계로 사용하고 있는 제10차 국제질병사인분류(International Classification of Diseases, 10th Version)의 진단지침에 따른다.

(나) ICD 10의 진단명이 F84 전반성발달장애(자폐증)인 경우에 자폐성장애정도 판정을 한다.

B. 자폐성장애의 상태(impairment) 확인

진단된 자폐성장애의 상태가 자폐성장애정도 판정기준에 따라 어느 장애정도에 적절한지를 임상적 진단평가과정을 통하여 판단한 뒤 장애정도를 정하며, 자폐증상의 심각도는

전문의의 판단에 따른다. 또한 K-CARS 또는 여러 자폐성 척도를 이용하여 판단할 수 있다. 이 경우 사용한 척도와 그 점수 및 판단 소견을 기술한다.

C. 자폐성장애로 인한 정신적 능력장애(disability) 상태의 확인
자폐성장애에 대한 임상적 진단평가와 보호자 및 주위 사람의 정보와 일상환경에서의 적응상태 등을 감안하여 장애정도 판정을 내린다.

D. 자폐성장애정도의 종합적인 진단
자폐성장애의 상태와 GAS 평가를 종합하여 최종 장애정도를 판정한다.

출처: 보건복지부(2019).

2. 자폐 스펙트럼 장애의 특성

자폐 스펙트럼 장애의 대표적인 특성은 사회적 의사소통의 결핍, 제한된 관심사와 활동 범위, 반복적인 상동행동이다. 우선, 사회적 의사소통의 결핍은 자폐 스펙트럼 장애 아동에게 가장 흔하게 나타나는 증상 중 하나로, 이들은 사회적 맥락 속에서 타인의 생각과 감정, 흥미를 인지하는 데 어려움을 겪는다. 예컨대, 자폐 스펙트럼 장애 아동은 눈 마주치기를 회피하거나 상대방이 불편할 정도로 눈을 뚫어지게 보기도 한다. 또한 타인의 말을 그대로 흉내 내는 경향과 역할 놀이를 하지 못하는 경향을 보인다(APA, 2013; Naigles, 2013). 다음으로, 자폐 스펙트럼 장애 아동은 관심사가 제한되어 있으며 활동 범위가 좁다. 이를테면, 자폐 스펙트럼 장애 아동은 자동차 모델명, 버스 노선도와 같은 특정 영역에 제한된 관심을 가지며, 고집스럽게 몰두하는 경향을 보인다. 뿐만 아니라, 자폐 스펙트럼 장애 아동은 외부 자극에 대해 지나치게 둔감하거나 민감한 경향을 보일 수 있으며(양문봉, 신석호, 2011), 일상생활의 사소한 변화에도 불안함을 느끼며 강한 집착을 보인다. 예를 들어, 자폐 스펙트럼 장애 아동은 집안의 가구를 재배치하거나 평소와는 다른 길로 학교를 가는 것과 같은 사소한 변화에 매우 민감하게 반응하고 괴로워할 수 있다. 마지막으로, 자폐 스펙트럼 장애 아동은 반복적인 상동행동을 보인다. 여기에는 자신의 몸을 계속 흔들거나 손가락을 튕기는 등의 단순한 동작성 상동증과, 물건을 일렬로 세우는 데 몰두하거나 계속 돌리는 등 물건을 반복적으로 사용하는 상동증, 같은 말을 반복하는 상동증이 포함된다(APA, 2013).

대부분의 자폐 스펙트럼 장애 아동이 보이는 인지적 특성으로는 중앙 응집(central coherence) 능력의 결함과 실행 기능(executive function)의 결함이 있다. 우

선, 중앙 응집 능력이란 부분적인 정보를 처리해서 통합적으로 정보를 파악하는 능력을 말한다(Plaisted, 2015). 자폐 스펙트럼 장애 아동의 경우 중앙 응집 능력의 결함으로 인해 전체보다는 부분에 집착하는 경향을 보이며, 이로 인해 건물의 창문 수 등과 같은 특정 부분에 지나치게 높은 관심을 보일 수 있다. 다음으로, 실행 기능은 목표 달성을 위하여 자신의 사고와 행동을 조절하고 적절한 문제해결 전략을 사용하는 고차원적 인지능력을 의미한다(Roebers, 2017). 그러나 자폐 스펙트럼 장애 아동은 실행 기능의 결함으로 상황을 미리 예측하거나 계획 세우는 것을 어려워할 수 있으며, 다양한 대안을 통해 융통성 있게 사고하고 행동하는 능력, 목표를 달성하기 위해 불필요한 자극을 억제하는 행동 억제 능력, 주어진 상황과 과제에 따라 주의를 조절하는 능력에 결함을 보일 수 있다(이슬기, 도승이, 정광조, 2016).

3. 자폐 스펙트럼 장애와 WISC-V

자폐 스펙트럼 장애 아동의 지적 능력은 자폐 증상이 심할수록 낮게 나타난다(Maston & Shoemaker, 2009). 자폐 스펙트럼 장애는 신경발달장애 중 인지적 특성이 가장 이질적이고 복잡하다(Weiss, Saklofske, Holdnack, & Prifitera, 2019). 따라서 WISC-V를 통해 자폐 스펙트럼 장애 아동의 인지능력을 평가할 경우 증상의 심각도, 의사소통 능력, 지적 능력 등을 고려하여 지능검사 결과를 해석해야 한다.

자폐 스펙트럼 장애 아동이 보이는 증상의 심각도와 언어 손상 정도에 따라 아동의 언어 능력이 다르게 나타난다. Boucher(2012)에 따르면 자폐 스펙트럼 장애 아동의 언어 능력은 심각한 손상을 보이는 경우부터 정상 수준까지 다양하게 나타났다. 이를 고려하여 DSM-5에서는 자폐 스펙트럼 장애를 진단할 때 '언어 손상이 동반된' 혹은 '언어 손상이 동반되지 않은'을 별도로 명시하도록 한다(APA, 2013). 일반적으로 언어 손상이 동반되지 않은 자폐 스펙트럼 장애 아동이 언어 손상이 동반된 자폐 스펙트럼 장애 아동보다 더 높은 언어 능력 및 인지능력을 보인다(Wechsler, 2014c; Weiss et al., 2019). 예를 들어, Saalasti 등(2008)과 Seung(2007)에 따르면, 언어 손상이 동반되지 않은 자폐 스펙트럼 장애 아동은 언어 손상이 동반된 경우보다 기본적인 단어를 더 잘 이해하며, 언어로 자신의 생각을 잘 표현할 수 있었다. 그러나 다른 연구에서는 언어 손상이 동반되지 않은 자폐 스펙트럼 장애 아동도 언어 이해도가 떨어지며, 단어를 범주화하는 데 어려움을 보였다(Boucher, 2012; Mays & Calhoun, 2007; McGregor et al., 2012: Weiss et al., 2019 재인용). 이처럼 언어 손상이 동반되지 않은 자폐 스펙트럼 장애 아동에 대한 연구들은 상반된 결과를 나타내기도 한다.

그리고 Hill(2004)에 따르면 자폐 스펙트럼 장애 아동은 작업기능을 포함하는 실행기능의 결함을 보인다. Wang 등(2017)에 따르면, 자폐 스펙트럼 장애 아동의 작업기억 결함은 뇌 이상과 관련이 있다. 예를 들어, 자폐 스펙트럼 장애 아동은 초기에 전두엽의 크기와 무게가 비정상적으로 커지며(Courchesne & Pierce, 2005; Redcay, Courchesne, 2005: Wang et al., 2017 재인용) 실행 기능을 담당하는 전두엽의 신경망이 정교하게 발달하지 못하고 지연을 보여, 충동 통제, 운동 기능, 주의력 유지 등과 관련된 작업기억에 결함이 나타난다(Peterson, 2016). 자폐 스펙트럼 장애 아동은 작업기억 결함으로 인해, 숫자 소검사처럼 한 가지 자극을 처리하는 과제는 양호하게 수행 가능하지만 순차연결 소검사처럼 두 가지 이상의 자극을 동시처리하거나 정신적 조작이 많이 필요한 과제에는 어려움을 보인다(조정숙, 조명숙, 이효신, 2013).

자폐 스펙트럼 장애 아동은 처리속도와 운동 기능에서 결함을 보이며(Calhoun & Mayes, 2005; Green et al., 2002; Oliveras-Rentas, Kenworthy, Roberson, Martin, & Wallace, 2012), 정상 아동에 비하여 글씨 쓰기 능력이 낮게 나타났다(Ramnauth, 2018). 따라서 이들은 처리속도와 쓰기 능력을 모두 필요로 하는 기호쓰기 소검사에서 낮은 수행을 보일 수 있다. Oliveras-Rentas 등(2012)이 자폐 스펙트럼 장애 아동 56명을 대상으로 WISC-IV를 실시한 결과, 자폐 스펙트럼 장애 아동은 지표점수 중 처리속도지표에서 가장 낮은 점수를 받았다. 마찬가지로, 한국 자폐 스펙트럼 장애 아동 90명을 대상으로 K-WISC-IV를 실시한 연구에서도 아동은 처리속도지표에서 가장 낮은 점수를 받았다(조은영, 김현미, 송동호, 천근아, 2017).

한편, 자폐 스펙트럼 장애 아동은 유동추론 능력과 시공간 능력이 자신의 능력 안에서 상대적인 강점으로 나타났다(Mayes & Calhoun, 2008; Nader, Courchesne, Dawson, & Soulières, 2016). Stevenson과 Gernsbacher(2013)에 따르면, 자폐 스펙트럼 장애 아동은 시각 정보를 활용하는 공간 추론 능력이 요구되는 토막짜기 소검사에서 높은 수행을 보인다. 앞서 언급했듯이 자폐 스펙트럼 장애 아동은 통합적으로 정보를 파악하는 중앙 응집 능력에 결함을 보이지만, 이로 인해 오히려 세부적인 정보처리에는 두각을 나타내는 경향이 있다(Happé & Frith, 2006). 때문에 이들은 부분적으로 시각 정보를 처리하는 과제 접근 방식으로 토막짜기의 규칙을 잘 파악할 수 있다. 또한 자폐 스펙트럼 장애 아동은 시각적으로 비슷한 두 물체를 정상 아동에 비해 더 잘 구별하고 어릴 때부터 추상적 시각 자극에 더 민감하게 반응한다(Plaisted, 2015). 또한 Pierce, Conant, Hazin, Stoner, 그리고 Desmond(2011)에 따르면 자폐 스펙트럼 장애 아동은 정상 아동에 비해 기호와 같은 추상적 시각 자극을 더 선호하였다. Oliveras-Rentas 등(2012)의 WISC-IV 연구에서 자폐 스펙트럼 장애 아동은 지표점수 중 시각처리 능력, 시각적 조직화 능력을 측정하는 지각추론지표에서 가장 높은 점수를 받았다. 또한 조은영 등(2017)의 K-WISC-IV 연구에서도 한국 자폐 스펙트럼 장애 아동은 지각추론지표에서 높은 점수를 받았다.

Wechsler(2014c)는 만 6~16세 사이의 언어 손상이 동반된 자폐 스펙트럼 장애 아동(ASD-L) 30명과 언어 손상이 동반되지 않은 자폐 스펙트럼 장애 아동(ASD-NL) 32명을 대상으로 WISC-V를 실시하여 통제집단과 비교하였다. 우선, ASD-L 집단의 경우 전체 IQ(M=76.3)는 [낮음] 수준으로 통제집단(M=102.1)에 비하여 유의미하게 낮았다. 언어이해지표(M=80.4), 시공간지표(M=82.8), 유동추론지표(M=84.3), 작업기억지표(M=77.6), 처리속도지표(M=75.8)에서 [평균 하~낮음] 수준의 점수를 받았으며 통제집단에 비하여 모두 유의미하게 낮았다. 특히 처리속도지표(M=75.8)에서 [낮음] 수준으로 기본지표 중 가장 낮은 점수를 받았으며, 이를 구성하는 소검사인 기호쓰기(M=5.2)와 동형찾기(M=6.2) 점수도 [평균 하] 수준으로 낮았다. 즉, ASD-L 집단은 간단한 과제를 빠르게 수행하는 능력과 시각적 변별능력이 정상 아동에 비해 부족하였다. 반면, 유동추론지표(M=84.3)에서 지표점수 중 가장 높은 점수를 받았으며, 그다음으로는 시공간지표(M=82.8)에서 높은 점수를 받았다. 따라서 시각적 세부사항에 주의를 기울이고 시공간 자극을 조작하는 능력, 새롭게 규칙을 찾아내는 능력은 ASD-L 집단 내에서 상대적으로 높은 것으로 나타났다. 유동추론지표를 구성하는 무게비교(M=7.1)와 행렬추리(M=7.4) 소검사 점수는 다른 점수들에 비해 상대적으로 높았으며, 시공간지표를 구성하는 토막짜기(M=7.2)와 퍼즐(M=6.7) 점수도 다른 점수들에 비해 상대적으로 높은 편이었다. 추가지표에서는 일반능력지표(M=81.8) 점수가 인지효율지표(M=74.4) 점수보다 높았는데, 이는 ASD-L 집단이 작업기억지표와 처리속도지표에서 상대적으로 낮은 점수를 받았기 때문이다.

다음은 ASD-NL 집단의 경우이다. ASD-NL 집단은 ASD-L 집단보다 점수대가 높지만 점수 패턴은 유사하게 나타났다. 우선, ASD-NL 집단의 전체 IQ(M=98.3)는 [평균] 수준으로 통제집단(M=105)과 유의미한 차이가 나지 않았다. 작업기억지표(M=95.4) 점수는 [평균] 수준으로 통제집단(M=104.3)에 비해 유의미하게 낮았다. 언어이해지표(M=102.5), 시공간지표(M=100.7), 유동추론지표(M=100.9), 처리속도지표(M=89.4)에서는 [평균~평균 하] 수준의 점수를 받았으며, 통제집단과 유의미한 점수 차이는 없었다. 지표점수 중 처리속도지표(M=89.4)에서 [평균 하] 수준으로 가장 낮은 점수를 받았으며, 이를 구성하는 기호쓰기(M=7.8)와 동형찾기(M=8.4)에서도 [평균~평균 하] 수준으로 집단 내에서 상대적으로 낮은 점수를 받았다. 따라서 ASD-NL도 ASD-L과 마찬가지로 간단한 과제를 빠르게 수행하는 능력과 시각적 변별 능력이 다른 능력에 비해 부족한 것으로 나타났다. 추가지표에서는 일반능력지표(M=101.1) 점수가 인지효율지표(M=91.0) 점수에 비해 높았으며 이는 ASD-L 집단의 결과와 동일하다.

4. 자폐 스펙트럼 장애 사례

다음은 자폐 스펙트럼 장애 아동 F의 사례이다. F는 만 9세 남자아이로 또래관계에 어려움을 나타내며 자신이 관심 있는 주제에 대해서만 계속 이야기하는 등의 특이행동을 보여 모가 인지적 평가를 의뢰하였다. [그림 10-1]과 [그림 10-2]는 F의 K-WISC-V 지표점수와 소검사 환산점수 프로파일이다.

F의 전체 IQ(95)는 [평균] 수준으로 전반적인 인지능력은 또래와 비슷한 것으로 나타났다. 그러나 전체 IQ로 F의 전반적인 지적 능력을 보고하기에는 지표점수 간 편차가 매우 커서 단일하다고 볼 수 없으므로 전체 IQ 대신 일반능력지표를 활용하여 전반적인 지적 능력을 평가해야 한다. F의 일반능력지표(103) 점수는 [평균] 수준으로 적절한 것으로 나타났다.

F의 언어이해지표(95) 점수는 [평균] 수준으로, 어휘지식이나 언어적 표현 능력은 또래와 비슷하게 발달한 것으로 볼 수 있다. 공통성(9)과 어휘(9) 소검사에서 모두

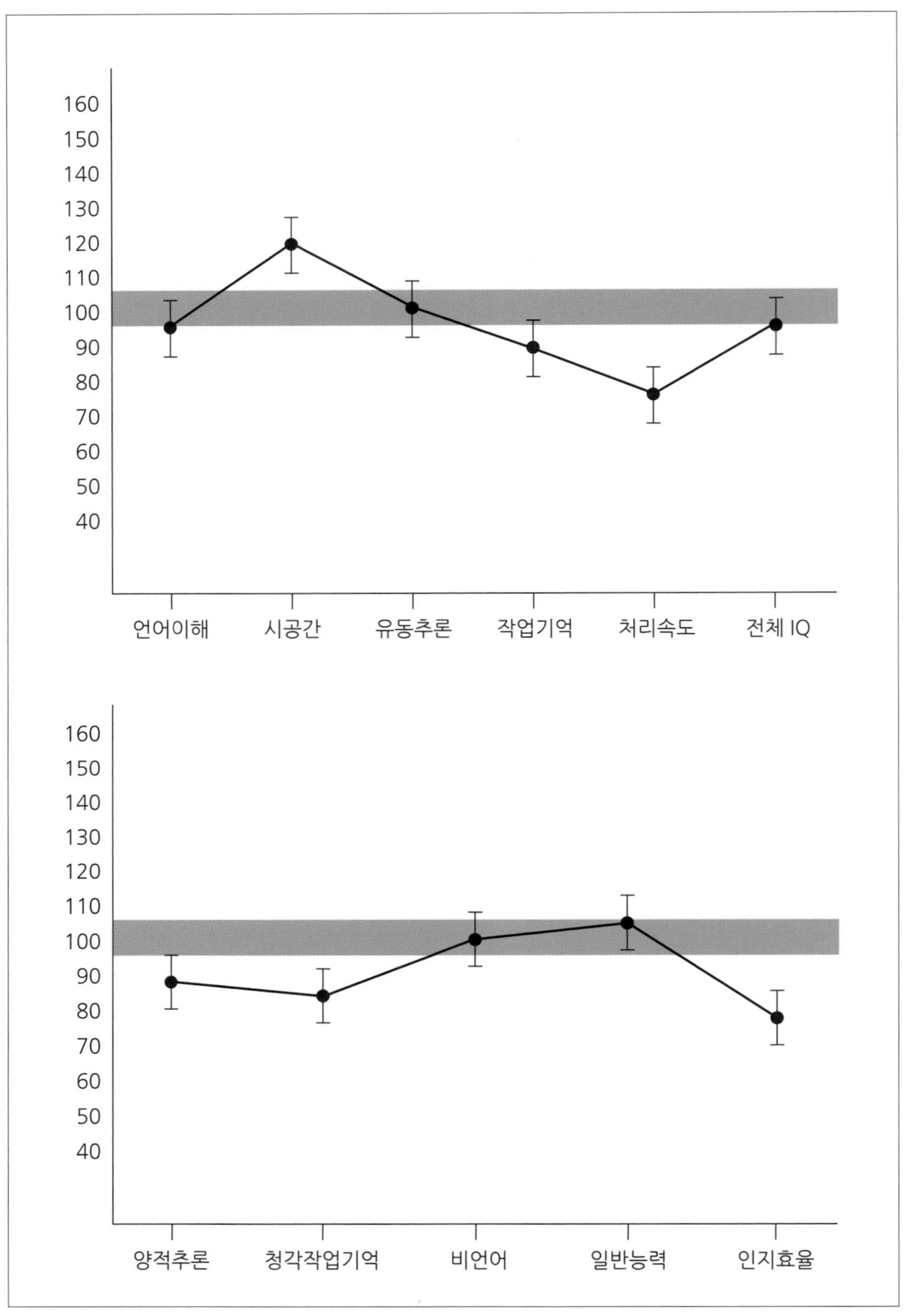

그림 10-1 **F의 지표점수 프로파일**

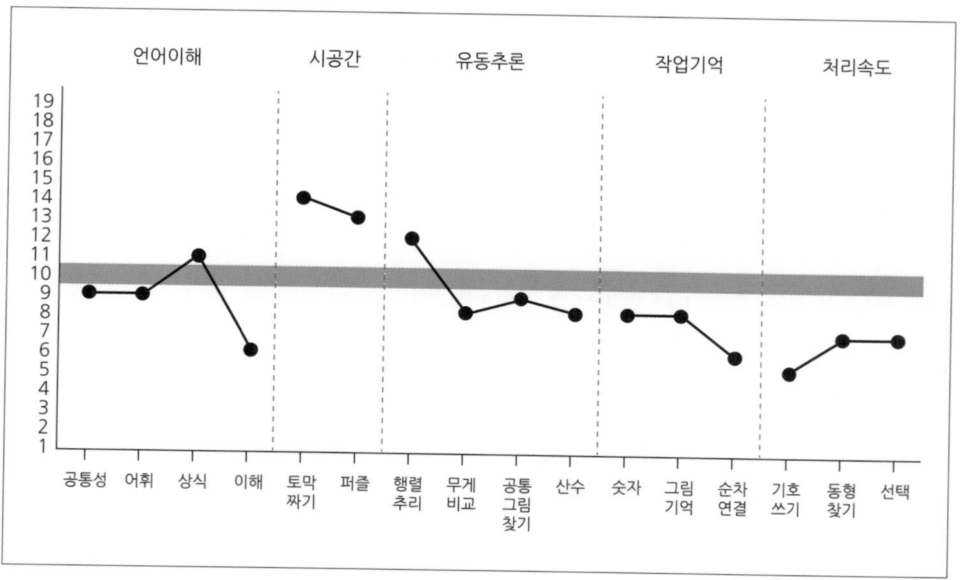

그림 10-2 **F의 소검사 환산점수 프로파일**

[평균] 수준의 점수를 받아 사물의 유사성을 언어적으로 추론하는 능력과 단어의 의미를 표현하는 능력은 적절하게 발달한 것으로 나타났다. 그러나 이해(6)에서는 [평균 하] 수준으로 소검사 점수 중 가장 낮은 점수를 받았다. 이는 F가 사회적 판단을 기반으로 사회적 규범이나 지식을 내면화하는 데 어려움을 보인다는 것을 반영한다.

시공간지표(119) 점수는 [평균 상] 수준으로 지표점수 중 가장 높았다. 따라서 시공간적 세부사항에 주의를 기울이고 시공간 자극을 조작하는 능력은 다른 능력들에 비해 상대적으로 우수하다. 특히 토막짜기(14)와 퍼즐(13)은 모두 [평균 상] 수준으로 높은 점수를 받아 시공간 자극을 분석하고 통합하는 능력이 잘 발달되어 있는 편이다.

유동추론지표(100) 점수는 [평균] 수준으로 시각 자극을 보고 규칙을 찾아내는 능력과 새로운 문제를 해결하는 추론 능력이 적절하게 발달하였다. 행렬추리(12) 점수는 [평균] 수준으로 추상적인 시각 자극을 보고 분석하는 능력이 양호하다고 볼 수 있다. 무게비교(8) 점수도 [평균] 수준이지만 행렬추리 점수에 비해 상대적으로 낮게 나타났다. 이는 F의 추상적 추론 능력보다 인지적 유연성이 상대적으로 더 부족하다는 것을 의미한다.

작업기억지표(89) 점수는 [평균 하] 수준으로, 정보를 일시적으로 저장하고 인출하는 능력이 또래에 비해 저조한 것으로 보인다. 숫자(8)와 그림기억(8) 점수는 [평균] 수준으로 나타났지만 이는 자신의 능력 안에서 상대적으로 낮은 점수에 해당한다. 따라서 F는 청각 자극을 기억하는 능력과 짧은 시간 동안 시각적 재인을 하는 능력이 다른 능력보다 낮은 편임을 알 수 있다.

처리속도지표(79) 점수는 [평균 하] 수준으로 지표점수들 중 가장 낮게 나타났다. 기호쓰기(5)와 동형찾기(7)에서도 모두 [평균 하] 수준의 점수를 받아, F는 시각 정보를 빠르고 정확하게 변별하고 의사결정을 하는 데 어려움을 겪는 것으로 볼 수 있다.

추가지표척도에서 F는 인지효율지표(80)에서 일반능력지표(103)보다 낮은 점수를 받았다. 이는 작업기억지표와 처리속도지표에서 더 낮은 점수를 받았기 때문이다. 양적추론지표(89)에서는 [평균 하] 수준의 점수를 받아, 양적 관계를 이해하고 적용하는 능력이 또래에 비해 다소 부족한 것으로 나타났다.

II. 주의력결핍 과잉행동장애

주의력결핍 과잉행동장애(Attention Deficit/Hyperactivity Disorder, ADHD)는 주의가 산만하고, 충동적이며 과잉행동을 보이는 장애를 의미한다. DSM-5에 따르면, ADHD는 부주의, 과잉행동, 충동성을 필수 증상으로 보이며, 이러한 증상은 12세 이전에 발현하여 적어도 6개월 이상 나타나야 한다(APA, 2013). ADHD는 주로 학습장애, 기분장애, 불안장애, 품행장애 및 적대적 반항장애 등 다른 질환을 동반하는 경우가 많다. 특히 ADHD 아동의 약 40~70%가 품행장애 혹은 적대적 반항장애를 동반하는 것으로 보고된다(안동현 외, 2015). ADHD의 정확한 원인은 아직 밝혀지지 않았으나 신경생물학적 요인, 유전적 요인, 부적절한 양육 등이 논의되고 있으며 그중에서도 뇌의 신경생물학적 요인이 결정적 원인으로 알려져 있다. 특히 대뇌 중 주의력, 충동 억제, 행동의 조직화 등을 담당하는 전두엽의 손상이 ADHD의 원인으로 지속적으로 논의되고 있다(안동현 외, 2015). 국내 ADHD 유병률은 꾸준히 증가하고 있으며 남아가 여아에 비해 약 4배 높은 것으로 보고된다(김효진, 정성원, 정철호, 2015; 김경애, 2019). ADHD는 치료효과가 잘 나타나는 장애이기 때문에 조기 발견과 적절한 시기의 치료가 매우 중요하다.

1. ADHD의 판별

ADHD는 임상 장애로 구분하여 DSM-5에서 진단 기준을 제공하고 있다. 그러나 아직 ADHD를 정확하게 진단할 수 있는 임상 도구는 없으며, 심리검사 및 다양한 척도, 부모, 보호자, 교사 면담을 통해 아동의 주의집중 문제와 관련된 정보를 다각적으로 검토하여 진단해야 한다(이상훈, 2018). 앞서 언급한 바와 같이 DSM-5에 따르면 ADHD는 기능 또는 발달을 저해하는 부주의, 과잉행동-충동성이 6개월 이상 나타나야 한다. 우선, 부주의 증상은 반항이나 지시 이해의 부족에 기인한 것이 아니며 아동 스스로 외부자극을 조절하기 어려워 매우 산만한 모습을 보이는 것이다. 부주의 증상으로는 과제나 활동에 필요한 준비물을 자주 잃어버리는 것, 주의집중의 어려움, 무질서한 모습 등이 있다. 과잉행동은 높은 활동수준을 의미하는데, 이는 장시간 가만히 앉아 있어야 하는 상황에서 신체 통제에 어려움을 느껴, 과도하게 꼼지락거리거나 책상을 두드리는 행동 또는 수다를 떠는 행동으로 나타난다. 마지막으로, 충동성은 행동 통제력의 부족으로, 자신의 차례를 기다리는 것을 어려워하며, 생각하지 않고 바로 행동하는 것 등을 포함한다. 더 자세한 DSM-5 진단 기준은 〈표 10-2〉를 참고하라.

국내에서는 김영신 등(2003)이 표준화한 한국판 주의력결핍 과잉행동장애 평정척도(Korean version of Attention Deficit/Hyperactivity Disorder Rating Scale, K-ARS)를 통해 아동의 부주의, 과잉행동, 충동성을 평가할 수 있으며, 오경자와 김영아(2010)가 표준화한 한국판 아동청소년 행동평가척도(Child Behavior Checklist, 한국판 CBCL 6-18)를 통해 아동의 전반적인 사회능력 및 문제 행동을 평가할 수 있다. 이 외에도, 신민섭과 구훈정(2007)이 표준화한 한국판 아동 색 선로검사(Children's Color Trails Test, CCTT), 신민섭과 박민주(2007)가 표준화한 한국판 스트룹 아동 색상-단어 검사(Stroop Color And Word Test, STROOP), 신민섭, 조성준, 전선영과 홍강의(2000)가 개발한 한국판 주의력 장애 진단 시스템(ADHD Diagnostic System, ADS) 등을 통해 아동의 주의력 및 실행 기능을 평가할 수 있다. 그리고 아동의 ADHD 여부를 평가하기 위해서 웩슬러 지능검사(예: K-WISC-V; 곽금주, 장승민, 2019a)와 같은 표준화된 개별 지능검사를 사용할 수도 있다(안동현 외, 2015).

표 10-2 DSM-5의 ADHD 진단 기준

A. 기능 또는 발달을 저해하는 지속적인 부주의 및 과잉행동-충동성이 (1) 그리고/또는 (2)의 특징을 갖는다.

1. **부주의**: 다음 9개 증상 가운데 6개 이상이 적어도 6개월 동안 발달 수준에 적합하지 않고 사회적 · 학업적/직업적 활동에 직접적으로 부정적인 영향을 미칠 정도로 지속된다.

   주의점: 이러한 증상은 단지 반항적 행동, 적대감 또는 과제나 지시 이해의 실패로 인한 양상이 아니어야 한다. 후기 청소년이나 성인(17세 이상)의 경우에는 적어도 다섯 가지의 증상을 만족해야 한다.

   a. 종종 세부적인 면에 대해 면밀한 주의를 기울이지 못하거나 학업, 직업 또는 다른 활동에서 부주의한 실수를 저지른다(세부적인 것을 못 보고 넘어가거나 놓침, 작업이 부정확함).
   b. 종종 과제를 하거나 놀이를 할 때 지속적으로 주의집중을 할 수 없다(강의, 대화 또는 긴 글을 읽을 때 계속해서 집중하기가 어려움).
   c. 종종 다른 사람이 직접 말을 할 때 경청하지 않는 것처럼 보인다(명백하게 주의집중을 방해하는 것이 없는데도 마음이 다른 곳에 있는 것처럼 보임).
   d. 종종 지시를 완수하지 못하고 학업, 잡일 또는 작업장에서의 임무를 수행하지 못한다(과제를 시작하지만 주의를 빨리 잃고, 쉽게 곁길로 샘).
   e. 종종 과제와 활동을 체계화하는 데 어려움이 있다(순차적인 과제를 처리하는 데 어려움, 물건이나 소지품을 정리하는 데 어려움, 지저분하고 체계적이지 못한 작업, 시간 관리를 잘하지 못함, 마감시간을 맞추지 못함).
   f. 종종 지속적인 정신적 노력을 요구하는 과제(학업 또는 숙제, 후기 청소년이나 성인의 경우에는 보고서 준비하기, 서류 작성하기, 긴 서류 검토하기)에 참여하기를 기피하고, 싫어하거나 저항한다.
   g. 과제나 활동에 꼭 필요한 물건들(학습과제, 연필, 책, 도구, 지갑, 열쇠, 문서 작업, 안경, 휴대전화)을 자주 잃어버린다.
   h. 종종 외부자극(청소년 후기나 성인의 경우에는 관련이 없는 생각들이 포함될 수 있음)에 의해 쉽게 산만해진다.
   i. 종종 일상적인 활동(잡일하기, 심부름하기, 청소년 후기나 성인의 경우에는 전화 회답하기, 청구서 지불하기, 약속 지키기)을 잊어버린다.

2. **과잉행동-충동성**: 다음 9개 증상 가운데 6개 이상이 적어도 6개월 동안 발달 수준에 적합하지 않고 사회적 · 학업적/직업적 활동에 직접적으로 부정적인 영향을 미칠 정도로 지속된다.

   주의점: 이러한 증상은 단지 반항적 행동, 적대감 또는 과제나 지시 이해의 실패로 인한 양상이 아니어야 한다. 청소년 후기나 성인(17세 이상)의 경우에는 적어도 다섯 가지 증상을 만족해야 한다.

   a. 종종 손발을 만지작거리며 가만두지 못하거나 의자에 앉아서도 몸을 꿈틀거린다.
   b. 종종 앉아 있도록 요구되는 교실이나 다른 상황에서 자리를 떠난다(교실이나 사무실 또는 다른 업무 현장, 또는 자리를 지키는 게 요구되는 상황에서 자리를 이탈).
   c. 종종 부적절하게 지나치게 뛰어다니거나 기어오른다(주의점: 청소년 또는 성인에서는 주관적으로 좌불안석을 경험하는 것에 국한될 수 있음).

d. 종종 조용히 여가활동에 참여하거나 놀지 못한다.
e. 종종 '끊임없이 활동하거나' 마치 '태엽 풀린 자동차처럼' 행동한다(음식점이나 회의실에 장시간 동안 가만히 있을 수 없거나 불편해함. 다른 사람에게 가만히 있지 못하는 것처럼 보이거나 가만히 있기가 어려워 보일 수 있음).
f. 종종 지나치게 수다스럽게 말한다.
g. 종종 질문이 끝나기 전에 성급하게 대답한다(다른 사람의 말을 가로챔, 대화 시 자신의 차례를 기다리지 못함).
h. 종종 자신의 차례를 기다리지 못한다(줄 서 있는 동안).
i. 종종 다른 사람의 활동을 방해하거나 침해한다(대화나 게임, 활동에 참견함, 다른 사람에게 묻거나 허락을 받지 않고 다른 사람의 물건을 사용하기도 함, 청소년이나 성인의 경우 다른 사람이 하는 일을 침해하거나 꿰찰 수 있음).

B. 몇 가지 부주의 또는 과잉행동-충동성 증상이 12세 이전에 나타난다.
C. 몇 가지 부주의 또는 과잉행동-충동성 증상이 두 가지 또는 그 이상의 환경에서 존재한다(가정, 학교나 직장, 친구들 또는 친척들과의 관계, 다른 활동에서).
D. 증상이 사회적 · 학업적 또는 직업적 기능의 질을 방해하거나 감소시킨다는 명확한 증거가 있다.
E. 증상이 조현병 또는 기타 정신병적 장애의 경과 중에만 발생되지는 않으며, 다른 정신질환(기분장애, 불안장애, 해리장애, 성격장애, 물질중독 또는 금단)으로 더 잘 설명되지 않는다.

다음 중 하나를 명시할 것

314.01(F90.2) **복합 표현형**: 지난 6개월 동안 진단 기준 A1(부주의)과 진단 기준 A2(과잉행동-충동성)를 모두 충족한다.

314.00(F90.0) **주의력결핍 우세 표현형**: 지난 6개월 동안 진단 기준 A1(부주의)은 충족하지만 A2(과잉행동-충동성)는 충족하지 않는다.

314.01(F90.1) **과잉행동-충동 우세 표현형**: 지난 6개월 동안 진단 기준 A2(과잉행동-충동성)는 충족하지만 A1(부주의)은 충족하지 않는다.

다음의 경우 명시할 것

부분관해상태: 과거에 완전한 진단 기준을 충족하였고, 지난 6개월 동안에는 완전한 진단 기준을 충족하지는 않지만 여전히 증상이 사회적 · 학업적 또는 직업적 기능에 손상을 일으키는 상태다.

현재의 심각도를 명시할 것

경도: 현재 진단을 충족하는 수준을 초과하는 증상은 거의 없으며, 증상으로 인한 사회적 · 학업적 또는 직업적 기능의 손상은 경미한 수준을 넘지 않는다.

중등도: 증상 또는 기능적 손상이 '경도'와 '고도' 사이에 있다.

고도: 진단을 충족하는 수준을 초과하는 다양한 증상 또는 특히 심각한 몇 가지 증상이 있다. 혹은 증상이 사회적 또는 직업적 기능에 뚜렷한 손상을 야기한다.

2. ADHD의 특성

ADHD 아동의 핵심 증상은 과잉행동, 부주의, 충동성으로 아동의 연령에 따라 각 증상의 양상은 다르게 나타난다(안동현 외, 2015). 우선, 과잉행동은 안절부절못하거나, 꼼지락거리는 행동, 불필요한 몸의 움직임 등을 포함하며 주로 학령전기 ADHD 아동에게 많이 나타난다. 학령전기 ADHD 아동은 가만히 앉아 있지 못하고 이리저리 돌아다니거나 주변 사람을 방해하는 행동을 자주 보인다. 다음으로, 부주의 증상은 주의집중력을 유지하는 데 어려움을 겪으며 주변 자극에 의해 쉽게 주의가 분산되고 산만해지는 것을 의미한다(김은진 외, 2017). 부주의 증상은 지루하고 반복적인 과제를 수행할 때 두드러지게 나타나며, 이로 인해 ADHD 아동은 과제의 지시를 집중해서 듣지 않거나 여러 번 반복해도 지시를 따르기 어려워하는 모습을 보인다. 이러한 부주의 증상은 학령전기보다 학령기 ADHD 아동에게서 더 두드러지게 나타나며, 아동의 낮은 학업 성취, 동기 및 의욕 저하로 이어진다(김은진 외, 2017). 학령기 ADHD 아동은 사소한 자극에도 쉽게 산만해져 학업 수행 시 실수나 오류를 자주 범하고, 자신의 능력을 충분히 발휘하지 못하기 때문이다. 부주의 증상은 사춘기 이후에도 지속되는 경향이 있다(Pingault et al., 2011: 이수민 외, 2016 재인용). 마지막으로, 충동성은 지시가 다 끝나지 않았음에도 불구하고 급하게 반응하는 것을 말하며, ADHD 아동은 충동성으로 인해 위험한 행동을 자주 보이고 품행 문제가 증가하기도 한다. 앞에서 언급한 바와 같이 적대적 반항장애는 ADHD 아동에게 흔히 나타나는 공존 질환 중 하나이며, 국내 ADHD 아동의 약 27%는 적대적 반항장애를 동반한다고 보고된 바 있다(Huh, Choi, Song, Kim, Hong, & Joung, 2011).

이러한 핵심 증상들로 인해 ADHD 아동은 충동성, 적대감과 같은 부적절한 사회행동을 보이며 같이 나누거나 협력하거나 차례를 기다리는 등의 사회적 기술이 부족하다(Wehmeier, Schacht, & Barkley 2010). 또한 ADHD 아동은 부주의 증상으로 인하여 사회적 상호작용 상황에서 타인의 의도나 행동을 올바르게 파악하지 못하는 경향이 있다(Sibley, Evans, & Serpell, 2010). 이로 인해 ADHD 아동은 또래 관계에 어려움을 겪으며 또래나 타인으로부터 거부당하거나 사회적 고립을 경험할 수 있다(Gardner & Gerdes, 2015).

ADHD 아동의 대표적인 인지적 특성 중 하나는 실행 기능의 결함인데(Craig et al., 2016), 실행 기능이란 목표달성을 위한 인지능력으로, 목표를 위한 자기조절, 자기 주도적 행동, 새로운 상황에 대처하는 행동, 주의력, 억제, 작업기억 등을 포함한다(Craig et al., 2016). 실행 기능은 전두엽과 연관이 있는데, 연구에 따르면 ADHD 아동은 전두엽의 구조적 · 기능적 손상을 보이는 것으로 나타났다(Depue, Burgess, Willcutt, Ruzic, & Banich, 2010). ADHD 아동의 인지능력 손상은 주로 이러한 실행 기능의 결함에 기인하며 ADHD 아동은 실행 기능 중에서 특히 계획하기, 반응 억제, 작업기억 등에 결함을 보인다(Willcutt, Doyle, Nigg, Faraone, & Pennington, 2005). Shaw 등(2007)은 ADHD 아동의 뇌 성숙도를 연구했는데, 그 결과 ADHD 아동의 주의력, 행동 계획 등과 관련된 인지 처리 과정을 담당하는 뇌 영역에서 발달 지연이 나타났다. 또한 ADHD 아동은 부적절한 반응을 억제하는 능력에서 결함을 보이며(Crosbie et al., 2013), 주의력 결함으로 인해 정상 아동에 비하여 반응속도가 상대적으로 느리게 나타난다(Epstein et al., 2010). 작업기억과 관련하여, 국내 연구에서 ADHD 아동은 정상 아동과 비교했을 때 장기기억에서는 뚜렷한 차이를 보이지 않았지만, 작업기억에서는 분명한 결함을 나타냈다(김지연, 백용매, 2007). 그리고 ADHD 아동은 정상 아동과 달리 작업기억 과제를 수행할 때 전두 피질, 두정엽 피질, 시상, 미상핵 등의 영역에서 비대칭적인 활성화를 보였다(이용기, 안성민, 2014).

3. ADHD와 WISC-V

앞에서 언급한 바와 같이, 주의력 결핍은 ADHD 아동의 주된 특성이다. ADHD 아동의 주의력 결핍은 지속적으로 시각적 주의와 변별을 유지하는 데 관여하는 신경전달물질인 노르에피네프린과 도파민의 저하와 관련이 있다(Llorente et al., 2012). 주의력은 짧은 시간 동안 주의집중력을 유지해야 하는 WISC-V 작업기억 소검사를 통해 확인할 수 있는데, ADHD 아동은 작업기억 소검사에서 더 많은 시간과 노력이 필요하며 잦은 실수를 하는 경향이 있다. 이는 ADHD 아동이 주의를 유지하고 통제하는 데 어려움을 겪고 지나치게 활동적인 것과 관련이 있다(U.S. Department of Health and Human Services, NIH, 2019). Styck와 Watkins(2017)

가 ADHD 아동 233명을 대상으로 한 WISC-IV 연구에서 ADHD 아동은 작업기억지표에서 가장 낮은 점수를 받았다. 한국 ADHD 아동 18명을 대상으로 K-WISC-IV를 실시한 조정숙과 이효신(2013)의 연구에서도 ADHD 집단의 작업기억지표(M=80.5)는 [평균 하] 수준으로 나타났다.

한편 ADHD 아동은 글씨쓰기 속도, 명명속도, 반응시간 등의 다양한 처리속도 영역에서도 결함을 보인다(Jacobson et al., 2011). Penny, Waschbusch, Carrey, 그리고 Drabman(2005)에 따르면, ADHD 아동의 높은 부주의 증상은 느린 처리속도와 시각적 · 공간적 처리의 결함 그리고 청각적 정보처리 능력의 결함과도 연관이 있었다. 이러한 경향은 웩슬러 지능검사의 낮은 기호쓰기 소검사 수행으로 나타날 수 있는데, Largotta(2009)의 연구에 따르면, ADHD 집단은 기호쓰기 소검사를 가장 어려워하였다(Puttaswamy, 2018 재인용). 또한 Gomez, Vance, 그리고 Watson(2016)은 ADHD 아동 812명을 대상으로 WISC-IV를 실시하였는데, 기호쓰기 소검사(M=7.33)에서 가장 낮은 점수를 받았다. Walg, Hapfelmeier, El-Wahsch, 그리고 Prior(2017)는 만 7~16세 ADHD 아동 50명을 대상으로 WISC-IV를 실시하여 통제집단과 비교하였는데, ADHD 아동은 처리속도지표에서 가장 낮은 점수를 받았다. 한국 ADHD 아동 23명을 대상으로 한 K-WISC-IV 연구에서도 ADHD 아동은 처리속도지표에서 지표점수 중 가장 낮은 점수를 받았다(구민제 외, 2016).

이렇듯 작업기억과 처리속도에서 인지적 결함을 보이는 ADHD 아동은 추가지표의 일반능력지표보다 인지효율지표에서 낮은 점수를 받는 경향이 있다(구민제 외, 2016; Puttaswamy, 2018). Fenollar-Cortés, Navarro-Soria, González-Gómez, 그리고 García-Sevilla(2015)는 만 6~14세 ADHD 아동 86명을 대상으로 WISC-IV의 인지효율지표와 일반능력지표를 통제집단과 비교하였는데, ADHD 아동의 인지효율지표 점수는 통제집단에 비하여 유의미하게 낮게 나타났다. 한국 ADHD 아동을 대상으로 한 구민제 외(2016)의 연구결과에서도 인지효율지표 점수가 일반능력지표 점수보다 낮았다.

Wechsler(2014c)는 만 6~16세 ADHD 아동 48명을 대상으로 WISC-V를 실시하여 통제집단과 비교하였다. ADHD 집단의 전체 IQ(M=95.6)는 [평균] 수준으로 전반적인 지적 능력은 정상 아동과 비슷하였다. 언어이해지표(M=97.8), 시공간지표

(M=97.3), 유동추론지표(M=97.6), 작업기억지표(M=94.8), 처리속도지표(M=94.2)의 모든 기본지표에서 [평균] 수준의 점수를 받았으나 언어이해지표, 작업기억지표, 처리속도지표 점수는 통제집단에 비하면 유의미하게 낮다. 집단 내에서 지표점수 간 점수 차이는 많이 나지 않았으나, 기본지표 중 처리속도지표(M=94.2) 점수가 가장 낮았다. 처리속도지표를 구성하는 기호쓰기(M=8.4)와 동형찾기(M=9.5) 소검사 점수는 모두 [평균] 수준이었으나 기호쓰기(M=8.4) 점수는 ADHD 집단의 소검사 점수 중 가장 낮았는데, 이는 시각-운동 협응 능력, 주의력, 시각적 변별 능력이 다른 능력에 비해 부족하다는 것을 의미한다. 작업기억지표(M=94.8)에서는 [평균] 수준의 점수를 받았으나 이는 ADHD 집단 내의 다른 점수들에 비해 상대적으로 낮았다. 숫자(M=9.2)와 그림기억(M=8.9) 소검사 점수는 각각 [평균] 수준에 해당하였다. 추가지표에서 인지효율지표(M=92.8) 점수가 일반능력지표(M=97.1) 점수보다 낮게 나타났는데 이는 ADHD 집단이 작업기억지표와 처리속도지표에서 상대적으로 낮은 점수를 받았기 때문이다.

4. ADHD 사례

다음은 ADHD 아동 G의 사례이다. G는 만 6세 남자아이로 학교 수업에 집중하기 어려워하며 가만히 앉아 있지 못하여 담임 교사가 인지적 평가를 의뢰하였다. [그림 10-3]과 [그림 10-4]는 G의 K-WISC-V 지표점수와 소검사 환산점수 프로파일이다.

G의 전체 IQ(91)는 [평균] 수준으로, 전반적인 지적 능력은 또래와 비슷하다. 언어이해지표(97) 점수는 [평균] 수준으로 G는 어휘지식을 상황에 따라 적절히 사용할 수 있으며, 언어적 추론 능력과 개념을 형성하는 능력이 적절하게 발달했다고 볼 수 있다. 공통성(10)과 어휘(9)에서도 각각 [평균] 수준의 점수를 받아, 두 사물의 유사성을 논리적으로 표현할 수 있는 능력과 일반적인 단어에 대한 지식이 적절한 수준이다. 반면, 이해(7)에서 [평균 하] 수준의 점수를 받았는데, 이를 통해 G의 사회적 상황에 대한 판단이나 이해 수준은 부족한 편임을 알 수 있다. 그리고 상식(7)에서도 [평균 하] 수준의 점수를 받았는데, 이를 보아 G는 교육을 통해 습득한 기본지식이 부족한 수준이다.

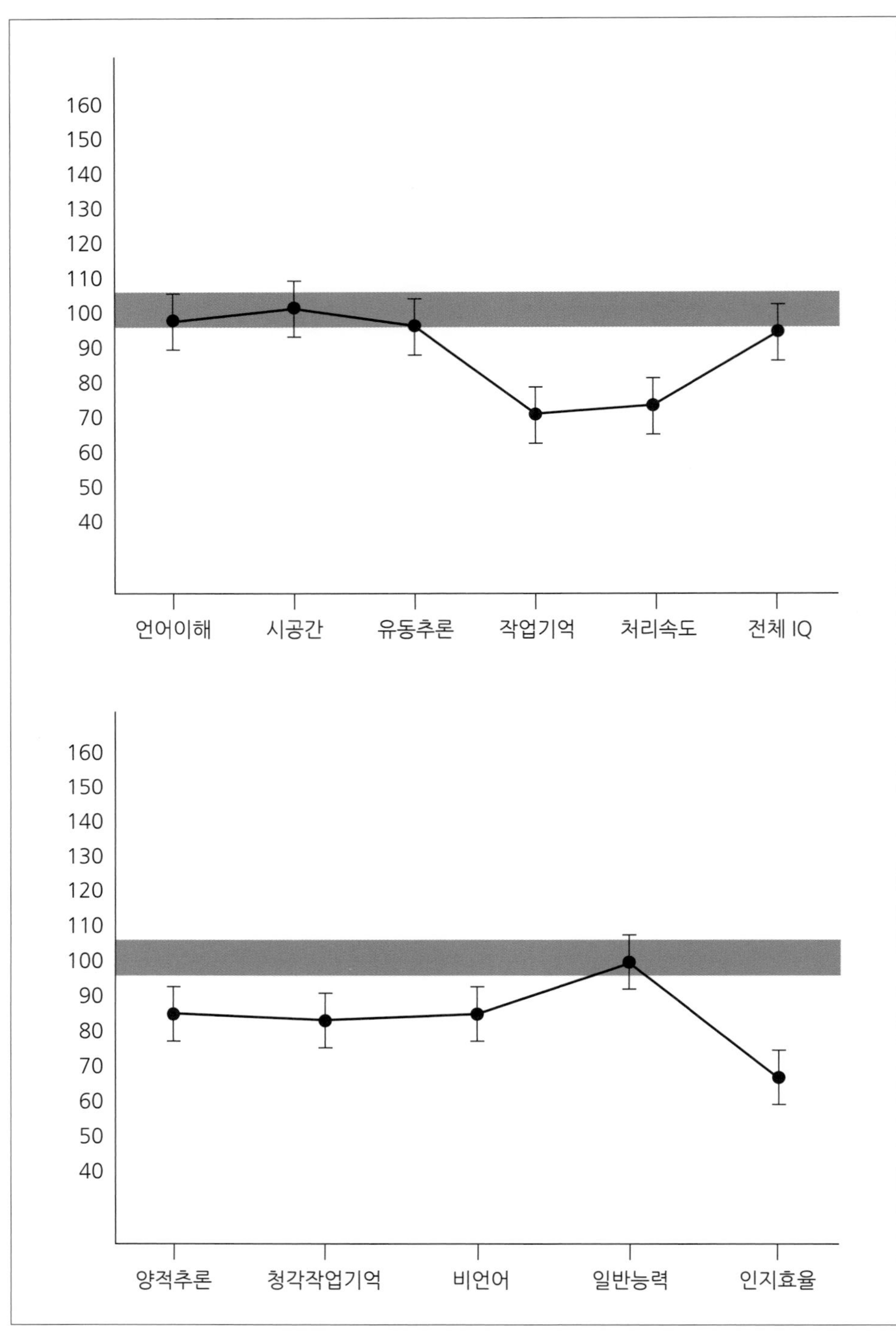

▌그림 10-3 **G의 지표점수 프로파일**

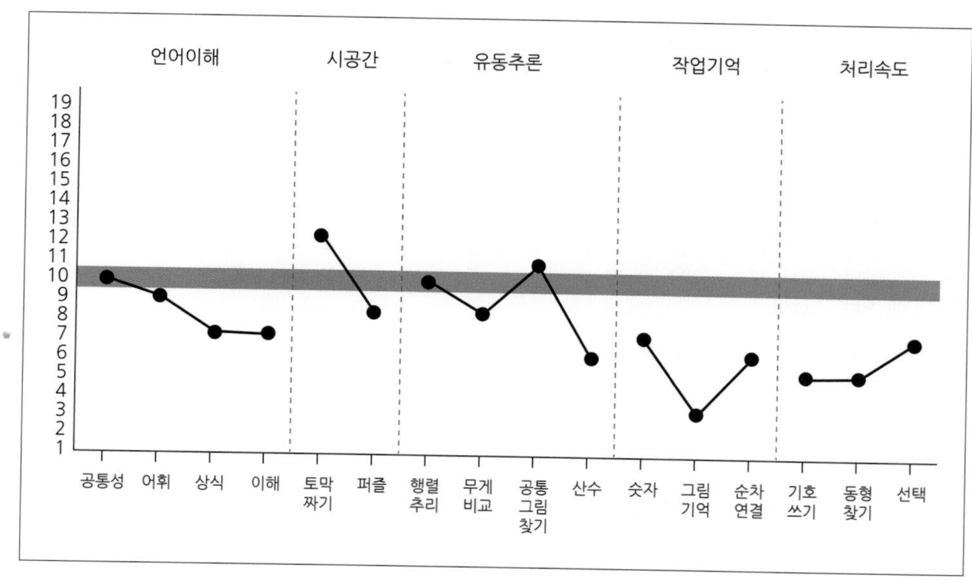

그림 10-4 G의 소검사 환산점수 프로파일

시공간지표(100) 점수는 [평균] 수준으로 시공간 자극을 정신적으로 분석하고 조작하여 시공간 관계를 파악하는 능력이 적절하게 발달한 것으로 나타났다. 토막짜기(12)와 퍼즐(8)에서는 각각 [평균] 수준의 점수를 받아, G의 시각-운동 협응 능력, 공간 지각 능력, 부분과 전체의 관계를 이해하는 능력, 정신적 회전 능력은 적절한 수준인 것으로 볼 수 있다.

유동추론지표(94) 점수는 [평균] 수준으로, 새로운 문제를 접했을 때 여러 가지 정보와 인지능력을 활용하여 추론하고 해결해 나가는 유동지능이 적절하게 발달하였다. 행렬추리(10)와 무게비교(8)에서 모두 [평균] 수준의 점수를 받아, 시각적 정보처리 능력과 양적추론 능력은 또래와 비슷한 수준으로 볼 수 있다. 반면, 산수(6)에서는 [평균 하] 수준의 점수를 받아 주의집중력, 작업기억, 계산 능력 등이 또래에 비해 상대적으로 부족한 것으로 나타났다.

작업기억지표(72) 점수는 [낮음] 수준으로 정보를 일시적으로 저장하고 조작하는 능력과 주의집중력이 또래에 비해 저조하다. 숫자(7)는 [평균 하] 수준으로 G의 언어 자극에 대한 인지적 유연성, 정신적 조작 능력이 또래에 비해 부족한 것으로 나타났다. 그림기억(3)에서도 [매우 낮음] 수준으로 소검사 점수 중 가장 낮은 점수를 받아, 시각 자극을 입력하고 유지하는 데 어려움이 있는 것으로 나타났다.

처리속도지표(73) 점수는 [낮음] 수준으로 단순한 과제를 빠르고 정확하게 수행하는 능력이 부족하다고 볼 수 있다. 기호쓰기(5)와 동형찾기(5) 점수 모두 [평균 하] 수준으로, G는 처리속도를 비롯해 시각단기기억, 억제와 조절 능력, 지속적으로 주의를 유지하는 능력이 또래에 비해 부족한 것으로 볼 수 있다. 선택(7)에서도 [평균 하] 수준의 점수를 받아 시각적 변별 능력, 시각 정보의 처리 능력이 상대적으로 낮게 나타났다.

G는 추가지표 중 일반능력지표(99)에서 [평균] 수준의 점수를 받은 반면, 인지효율지표(67)에서 [매우 낮음] 수준의 점수를 받아 인지효율지표가 일반능력지표에 비해 유의미하게 낮게 나타났다. 이는 G가 작업기억지표와 처리속도지표에서 다른 기본지표점수들에 비해 상대적으로 낮은 점수를 받았기 때문이다. 청각작업기억지표(81) 점수는 [평균 하] 수준으로 청각적 변별 능력, 주의집중력, 청각작업기억 능력 등이 또래에 비해 부족한 것으로 나타났다.

III. 청각장애

청각장애란 청력의 손실로 인해서 의사소통 및 다양한 일상 생활에 어려움을 겪는 상태를 의미한다. 「장애인 등에 대한 특수교육법 시행령」 제10조에서는 청각장애를 "청력 손실이 심하여 보청기를 착용해도 청각을 통한 의사소통이 불가능 또는 곤란한 상태이거나 청력이 남아 있어도 보청기를 착용해야 청각을 통한 의사소통이 가능하여 청각에 의한 교육적 성취가 어려운 사람"이라고 정의한다(국가법령정보센터, 2016b). 또한 「장애인복지법 시행령」 제2조 별표 1에서는 청력 손실에 중점을 두어 청각장애를 "두 귀의 청력을 각각 60dB 이상 잃은 사람(40cm 이상의 거리에서 발성된 말소리를 듣지 못하는 사람), 한 귀의 청력을 80dB 이상 잃고, 다른 귀의 청력을 40dB 이상 잃은 사람, 두 귀에 들리는 보통 말소리의 명료도가 50% 이하인 사람, 평형 기능에 상당한 장애가 있는 사람"으로 정의한다(국가법령정보센터, 2019). 청각장애가 언어에 미치는 영향은 청력 손실의 정도에 따라 다르게 나타난다. 가령 중등도(41~55dB)의 청력 손실이 있을 경우, 일상적인 대화에서 말소리를 듣기 어려우며 아주 가까운 거리에서만 들을 수 있다. 고도(71~90dB)의 청력 손실이 있을 경우에는 큰 말소리도 들리지 않아 많은 단어를 인지할 수 없다. 따라서 청각적 단서만으로는 일상적인 대화가 불가능하며 반드시 청각 보조기기를 착용하여야 하고, 보조기기를 착용하더라도 말소리를 정확하게 알아듣지 못할 수 있다(국립특수교육원, 2016).

1. 청각장애의 판별

청각장애는 청력검사를 통해 진단한다. 청각장애 아동을 진단하기 위해 이음향방사검사, 이미턴스검사, 뇌간유발반응검사, 순음청력검사, 어음청력검사 등의 청력검사를 주로 사용한다(국립특수교육원, 2016). 청각장애의 진단은 빠르면 빠를수록 좋다. 장애의 원인, 정도 및 특성을 조기에 파악하여 청력 손실을 최소화하고, 적절한 중재와 교육 등을 통해서 언어 발달을 도울 수 있기 때문이다(김춘경, 이수연, 이윤주, 정종진, 최웅용, 2016). 청각장애의 판정기준은 보건복지부에서 〈표 10-3〉과 같이 제시한다. 과거에는 「장애인복지법」에서 '청력장애 장애등급 기준'에 따라 청력 손실의 정도를 기반으로 청각장애를 5등급으로 나누어 구분하였다. 그러나 2019년 7월부터는 장애의 등급제를 폐지하고 청력 손실의 정도에 따라 '장애의 정도가 심한 장애인' '장애의 정도가 심하지 않은 장애인'으로 나누어 제시한다(보건복지부, 2019).

표 10-3 보건복지부의 청력장애 판정기준

가. 장애진단기관 및 전문의

청력검사실과 청력검사기(오디오미터)가 있는 의료기관의 이비인후과 전문의

나. 진료기록 등의 확인

장애진단을 하는 전문의는 원인 질환 등에 대하여 6개월 이상의 충분한 치료 후에도 장애가 고착되었음을 진단서, 소견서, 진료기록 등으로 확인하여야 한다. (필요시 환자에게 타 병원 진료기록 등을 제출하게 한다.)

다만, 장애상태가 고착되었음이 전문적 진단에 의해 인정되는 경우 이전 진료기록 등을 확인하지 않을 수 있다. 이 경우 이에 대한 의견을 구체적으로 장애정도 심사용 진단서에 명시하여야 한다.

다. 장애진단 및 재판정 시기

A. 장애의 원인 질환 등에 관하여 충분히 치료하여 장애가 고착되었을 때에 진단하며, 그 기준 시기는 원인 질환 또는 부상 등의 발생 또는 수술 이후 6개월 이상 지속적으로 치료한 후로 한다. 다만, 청력기관의 결손 등 장애의 고착이 명백한 경우는 예외로 한다.

B. 전음성 또는 혼합성 난청의 경우에는 장애진단을 수술 또는 처치 등의 의료적 조치 후로 유보하여야 한다. 다만, 1년 이내에 국내 여건 또는 장애인의 건강상태 등으로 인하여 수술 등을 하지 못하는 경우는 예외로 하되, 필요한 시기를 지정하여 재판정을 받도록 하여야 한다. 전음성 난청 또는 혼합성 난청이 의심되는 경우 기도 및 골도 순음청력검사를 시행하여, 기도-골도 차가 6분법에 의해 20데시벨(dB) 이내일 경우 또는 수술 후 난청이 고정되었을 것으로 판단되는 경우에는 재판정을 제외할 수 있다.

C. 향후 장애정도의 변화가 예상되는 경우에는 반드시 재판정을 받도록 하여야 한다. 이 경우 재판정의 시기는 최초의 판정일로부터 2년 이상 경과한 후로 한다. 2년 이내에 장애상태의 변화가 예상될 때에는 장애의 진단을 유보하여야 한다.

D. 재판정이 필요한 경우 장애진단을 하는 전문의는 장애정도 심사용 진단서에 그 시기와 필요성을 구체적으로 명시하여야 한다.

라. 판정 절차

A. 청력장애의 장애정도 평가는 순음청력검사의 기도순음역치를 기준으로 한다.

B. 청력의 감소가 의심되지만 의사소통이 되지 아니하여 청력검사를 시행할 수 없을 때에는 청성뇌간반응검사를 시행하고, 필요한 경우 청성지속반응검사를 첨부하여 장애를 판정한다.

C. 이명이 언어의 구분능력을 감소시킬 수 있으므로 청력역치 검사와 이명도 검사를 같이 실시하여 다음과 같이 장애정도를 가중할 수 있다. 이명은 객관적인 측정이 어려우나, 2회 이상의 반복검사에서 이명의 음질과 크기가 서로 상응할 때 가능하다.

D. 최대어음명료도는 2~7일의 반복검사주기를 가지고 3회 시행한 검사 결과 중 가장 좋은 검사 결과를 기준으로 한다.

장애정도	장애상태
장애의 정도가 심한 장애인	1. 두 귀의 청력 손실이 각각 90데시벨(dB) 이상인 사람 2. 두 귀의 청력 손실이 각각 80데시벨(dB) 이상인 사람
장애의 정도가 심하지 않은 장애인	1. 두 귀의 청력손실이 각각 70데시벨(dB) 이상인 사람 2. 두 귀에 들리는 보통 말소리의 최대의 명료도가 50 퍼센트 이하인 사람 3. 두 귀의 청력손실이 각각 60데시벨(dB) 이상인 사람 4. 한 귀의 청력손실이 80데시벨(dB) 이상, 다른 귀의 청력 손실이 40데시벨(dB) 이상인 사람

위 표의 판정 절차는 보건복지부(2019)에서 제시한 판정 절차를 요약한 것이다. 자세한 판정 절차는 보건복지부 판정기준을 참고하라.

2. 청각장애의 특성

정상 아동은 일상생활에서 자연스럽게 다양한 소리를 익히고 말로 표현하는 방법을 터득한다. 그러나 청각장애 아동은 말소리를 듣지 못하기 때문에 자연스러운 환경에서 언어를 습득할 수 없어서, 언어 이해나 구어 표현 등을 포함한 언어 발달 지연이 나타난다. 언어 발달 지연과 청각 자극의 부재는 전반적인 인지 처리 과정에 부정적인 영향을 줄 수 있다(Pisoni et al., 2008). 그래서 청각장애 아동은 문제해결 능력, 사고력 등을 포함한 인지 발달 지연을 나타내고, 이는 학업 성취 저하로도 이어질 수 있다(Pisoni et al., 2008).

청각장애 아동의 언어 발달 지연은 사회성에도 영향을 미친다. 청각장애 아동은 의사소통 능력의 결함으로 인하여 또래 관계 형성에 어려움을 겪는데, 이로 인해 사회적으로 고립되었다고 느낄 수 있으며(Nunes, Pretzlik, Olsson, 2001), 또래 관계에서 낮은 자존감을 보이기도 한다(Theunissen et al., 2014). 또한 청각적 · 언어적 단서를 인식하지 못하는 것은 타인의 생각과 정서를 알아차리지 못하게 하며 사회 규칙, 문화에 대한 이해를 어렵게 한다(Calderon & Greenberg, 2003; Moeller, 2007). 따라서 청각장애 아동은 사회적 · 정서적 문제 행동을 보이기도 한다. 청력 손실이 있는 아동은 우울증, 공격성, 품행장애와 같은 정신건강 문제를 나타낸다고 보고하는 연구도 있다(Theunissen et al., 2014). 이 외에도 청각장애 아동은 정상 아동에 비해 일상생활에서 피로를 많이 느낀다. 특히 소음이 많은 교실 환경에서 청각장애 아동은 듣기 위해 정상 아동들보다 더 많은 노력을 기울여야 하기 때문에 피로 및 스트레스를 더 많이 느낄 수 있다. 이렇게 반복적인 피로감을 느끼는 아동은 학교에 자주 결석하며 낮은 학업 수행을 보이기도 한다(Hornsby, Werfel, Camarata, & Bess, 2014).

이렇게 청각장애 아동의 언어 발달 지연은 인지 · 사회 발달 및 다양한 영역에 영향을 줄 수 있다. 따라서 청력 손상을 조기에 진단하고 적합한 보조기기를 이용하여 청각장애 아동의 듣기와 말하기를 돕는 것이 필요하다. 청력 보조기기에는 보청기와 인공와우가 있다. 보청기는 귀에 착용하는 음향기기로, 청각장애 아동은 보청기를 사용하여 소리를 크게 들을 수 있다. 인공와우란 와우(달팽이관)의 기능을 대신해주는 기기로, 보청기를 착용하여도 청력에 도움이 되지 않을 때 인공와우 이식 수술을 받는다(국립특수교육원, 2016). 인공와우 이식을 받은 청각장애 아동의 언어 발달,

인지 발달 및 행동이 정상 아동과 유사한지에 대해서는 상반된 연구 결과가 존재한다. 한 연구에서는 만 4세 이전에 인공와우 이식 수술을 받은 아동의 75% 이상이 일상적인 대화를 할 수 있으며, 정상 아동과 유사한 정서적 행동을 보인다고 보고하였다(Park, Oh, Chang, Kim, & Lee, 2016). 반면, 평균 생후 33개월에 인공와우 이식 수술을 받은 청각장애 아동들을 대상으로 한 연구에서는 수술을 받은 이후에도 청각장애 아동에게서 공격성, 파괴적 행동, 부주의와 같은 행동 문제가 정상 아동에 비해 여전히 높게 나타난다고 보고하였다(Jiménez-Romero, 2015). 인공와우 이식으로 언어 능력이 향상되었음에도 이러한 행동 문제를 보이는 원인에는 다양한 요인이 있지만, 그중에서도 이식 수술을 받은 연령과 시기가 매우 중요한 것으로 보인다. 만 2세 이전은 언어 발달에 매우 중요한 시기이다(May-Mederake, 2012). 따라서 그 시기 이전에 청력 손상을 발견하고 필요한 경우 인공와우 이식 수술을 받는 것이 아동의 언어 발달뿐만 아니라 인지 발달 및 행동에 긍정적인 영향을 줄 수 있다.

3. 청각장애와 WISC-V

청각장애 아동의 인지적 특성은 아동의 청력 손상 정도, 보조기기 착용 여부, 의사소통 유형 등에 따라서 다양하게 나타난다. WISC-V에서는 언어적 지시를 통해 검사가 진행되고, 대부분 아동이 언어를 사용하여 반응하기 때문에, WISC-V를 통해 청각장애 아동의 지적 능력을 평가할 경우 아동의 청력 손상 정도, 보조기기 착용 여부, 의사소통 능력 등 다양한 요소를 고려해야 하며, 검사 결과를 신중히 해석해야 한다.

우선, 청각장애 아동은 청력 손상으로 인해 언어 능력에 결함을 보일 수 있다. Edwards, Figueras, Mellanby, 그리고 Langdon(2011)의 연구에서 간단한 언어적 추론 과제를 수행할 때 청각장애 아동과 정상 아동의 수행은 차이가 없었지만 과제가 복잡해질수록 청각장애 아동의 수행은 급격하게 떨어졌다. 또한 Takahashi, Isaka, Yamamoto, 그리고 Nakamura(2017)의 연구에서도 청각장애 아동은 정상 아동에 비해 어휘와 문법이 부족한 것으로 나타났다. 그러나 모든 청각장애 아동의 언어 능력이 낮은 것은 아니다. Bond(2015)는 청력 손상 자체가 인지적 결함을 유발하는 것이 아니라, 청력 손상으로 인한 언어 습득 기회의 제한이 청각장애 아동의 언어

능력에 영향을 미치는 것이라고 언급하였다. 따라서 아동 초기에 보청기를 착용하거나 인공와우 이식 수술을 받아 조기 개입이 이루어진 청각장애 아동은 언어 습득 기회가 증가하여 향상된 언어 능력을 보였다(Connor, Craig, Raudenbush, Heavner, & Zwolan, 2006).

다음으로, 청각장애 아동은 작업기억에서 결함을 보이는데(Pisoni, Kronenberger, Roman, & Geers, 2011; Watson, Titterington, Henry, & Toner, 2007), 작업기억이란 정보를 저장하고, 조작하고, 인출할 수 있는 능력을 의미하며(Baddeley & Hitch, 1974: Jarivs & Gathercole, 2003 재인용), 어휘 습득, 문장 이해 및 읽기 등 다양한 언어 능력에 영향을 미칠 수 있다. Watson 등(2007)의 연구에서 인공와우 이식 수술을 받은 청각장애 아동은 작업기억을 측정하는 숫자 소검사에서 정상 아동에 비해 저조한 수행을 보였으며, Pisoni 등(2011)의 연구에서도 인공와우 이식 수술을 받은 초등학생 및 고등학생의 숫자 소검사 점수가 낮게 나타났다(Geers, Pisoni, & Brenner, 2013 재인용). 작업기억은 음운 정보의 조작과 언어적 시연으로 발달하는데, 청력 결함으로 인해 이러한 작업기억 발달이 적절하게 이루어지지 못했기 때문이다(Geers et al., 2013). 또한 청각장애 아동은 작업기억 중에서도 특히 청각작업기억에서 더 큰 결함을 보인다(Edwards, Aitkenhead, & Langdon, 2016; Davidson, Geers, Hale, Sommers, Brenner, & Spehar, 2019). 인공와우 이식 수술을 받은 청각장애 아동의 청각단기기억 용량은 정상 아동에 비하여 유의미하게 낮았으며(Edwards et al., 2016), 시공간 작업기억보다 언어적 작업기억이나 청각작업기억이 필요한 과제에서 더 낮은 수행을 보였다(Davidson et al., 2019). 또한 AuBuchon, Pisoni, 그리고 Kronenberger(2015)의 연구에 따르면, 청각장애 아동의 언어적 시연 속도는 정상 아동에 비해 느리다. 따라서 숫자 및 글자를 반복적으로 시연하면서 기억해야 하는 숫자와 순차연결 소검사에서 청각장애 아동은 낮은 수행을 보일 수 있다.

이러한 인지적 특성을 보이는 청각장애 아동은 WISC-V에서 다음과 같은 양상을 보인다. Adam-Costa, Day, 그리고 Raiford(2016)는 청력 손상이 있지만 보청기나 인공와우 이식 수술을 통해서 듣고 말하는 것이 가능한 만 6~16세 청각장애 아동 15명을 대상으로 WISC-V를 실시하였다. 그 결과, 청각장애 아동의 전체 IQ(M=103.9)는 [평균] 수준으로 이들의 전반적인 지적 능력은 또래 정상 아동과 비슷한 것으로 나타났다. 언어이해지표(M=105.5) 점수는 [평균] 수준으로, 언어적 표현 능력 및 일반 상식은 적절하게 발달한 것으로 나타났다. 이는 모든 청각장애 아동의 언어 능력이 낮은 것은 아님을 보이는 앞선 연구 결과들과 같다. 작업기억지표(M=95.6)에서 [평균] 수준의 점수를 받았으나, 이는 기본지표 중 가장 낮은 점수에 해당한다. 작업기억지표를 구성하는 숫자(M=8.9)와 그림기억(M=9.6) 소검사 점수도 [평균] 수준으로 나타났으나, 청각 자극으로 제시되는 숫자 소검사 점수보다 시각 자극으로 제시되는 그림기억 소검사 점수가 상대적으로 더 높았다. 추가지표 중 청각작업기억지표(M=90.0)에서는 [평균] 수준으로 가장 낮은 점수를 받았다. 청각작업기억지표를 구성하는 숫자나 순차연결과 같은 소검사들은 특히 청각적 요소가 많이 포함되기 때문에 청각장애 아동들에게 불리하게 작용한 것일 수 있다. 청각작업기억지표를 구성하는 순차연결 점수(M=7.4)는 [평균 하] 수준으로 소검사 점수들 중 가장 낮았다. 청각장애 아동의 작업기억지표 점수보다 청각작업기억지표 점수가 상대적으로 낮았는데, 이는 청각장애 아동이 작업기억 중에서도 시각 자극보다 청각 자극을 입력하고 유지하는 것을 어려워함을 반영한다.

Arrington(2018)은 만 6~11세 청각장애 아동 43명을 대상으로 WISC-V를 실시하였다. 그 결과, 청각장애 아동의 전체 IQ(M=90.15)는 [평균] 수준이었으며, 기본지표 중 언어이해지표(M=81.68)에서 [평균 하] 수준으로 집단 내에서 가장 낮은 점수를 받았다. 따라서 청각장애 아동의 언어적 표현 능력, 일반 상식, 언어적 추론 능력 등은 또래에 비해 낮은 것으로 나타났다. 특히 언어이해지표 소검사 중 공통성(M=7.71)보다 어휘(M=5.56)에서 더 낮은 점수를 받았는데, 이는 어휘가 공통성보다 더 복잡하고 긴 대답을 요구하기 때문일 수 있다. 작업기억지표(M=87.5)에서는 [평균 하] 수준으로 다른 점수들에 비해 낮은 점수를 받았다. 작업기억지표를 구성하는 소검사인 숫자(M=7.29)와 그림기억(M=7.98)에서도 [평균 하] 수준으로 낮은 점수를 받았다. Adam-Costa 등(2016)의 연구 결과와 마찬가지로, 청각장애 아동은 그림기억보다 숫자 소검사에서 상대적으로 더 낮은 점수를 받았으며, 이는 앞서 말한 바와 같이 청각장애 아동이 시각 자극보다 청각 자극을 조작하고 기억하는 것을 더 어려워하는 특성 때문일 수 있다(Marschark et al., 2016; Pisoni & Cleary, 2003: Arrington, 2018 재인용).

청각장애 아동의 지적 능력을 평가할 때 전체 IQ 외에도 비언어지표를 활용할 수 있다. 비언어지표는 언어적 반응이 요구되지 않는 6개의 소검사인 토막짜기,

퍼즐, 행렬추리, 무게비교, 그림기억, 기호쓰기로 구성된다. 앞서 언급한 Adam-Costa 등(2016)의 WISC-V 연구에서 청각장애 아동의 비언어지표(M=103.9) 점수는 [평균] 수준이었으며, 비언어지표를 구성하는 소검사인 토막짜기(M=10.9), 퍼즐(M=10.8), 행렬추리(M=10.3), 무게비교(M=11.2), 그림기억(M=9.6), 기호쓰기(M=10.4)에서도 모두 [평균] 수준의 점수를 받았다. Arrington(2018)의 WISC-V 연구에서 청각장애 아동의 비언어지표(M=95.95) 점수도 마찬가지로 [평균] 수준이었으며, 언어 능력을 포함하는 전체 IQ(M=90.15)에 비해 상대적으로 높았다.

4. 청각장애 사례

다음은 청각장애 아동 H의 사례이다. H는 만 15세 여자아이로 청력 손실로 인해 인공와우 이식 수술을 받았다. 다음의 [그림 10-5]와 [그림 10-6]은 H의 K-WISC-V 지표점수와 소검사 환산점수 프로파일이다.

H의 전체 IQ(91)는 [평균] 수준으로 전반적인 지적 능력이 또래와 비슷하다. 언어이해지표(84) 점수는 [평균 하] 수준으로 기본지표점수 중 가장 낮은 점수에 해당한다. 따라서 H의 어휘지식과 언어적 추론 능력은 또래보다 저조한 편이라고 볼 수 있다. 공통성(8)과 어휘(6) 점수는 각각 [평균]과 [평균 하] 수준으로, 공통성(8)보다 어휘(6)에서 더 낮은 점수를 받았는데, 이는 H가 단어의 정확한 의미를 문장으로 풀어서 설명하는 능력이 상대적으로 부족함을 나타낸다. 상식(5)과 이해(6)에서는 [평균 하] 수준의 점수를 받아 일반적 지식이나 사회적 상황에 대한 지식을 언어적으로 표현하는 능력이 저조한 것으로 보인다.

시공간지표(108) 점수는 [평균] 수준으로 전체와 부분의 관계를 이해하거나 시각 정보를 정신적으로 조작할 수 있는 능력이 또래와 비슷하다. 토막짜기(12)와 퍼즐(11)에서 모두 [평균] 수준의 점수를 받았으며, H의 시각-운동 협응 능력, 정신적 회전 능력 및 세부사항에 대한 주의는 적절하게 발달하였다.

유동추론지표(94) 점수는 [평균] 수준으로 새로운 문제를 해결하거나 규칙을 발견하고 적용하는 능력은 또래와 비슷한 수준으로 나타났다. 행렬추리(10)와 무게비교(8)에서 모두 [평균] 수준의 점수를 받아, 시각 정보를 보고 규칙을 파악하는 능력과 양적 균등 개념을 사용하는 능력은 적절하게 발달한 것으로 나타났다.

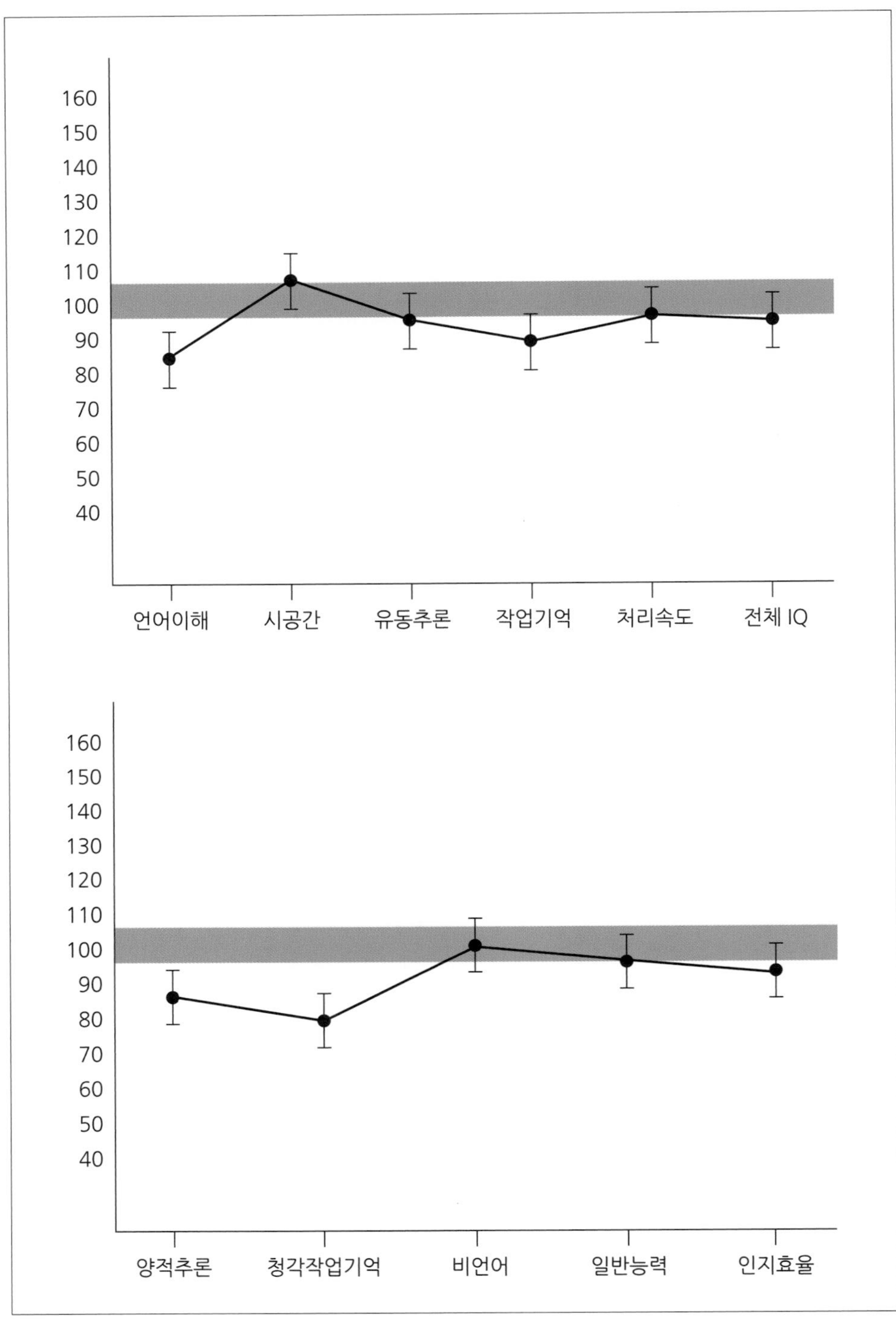

그림 10-5 H의 지표점수 프로파일

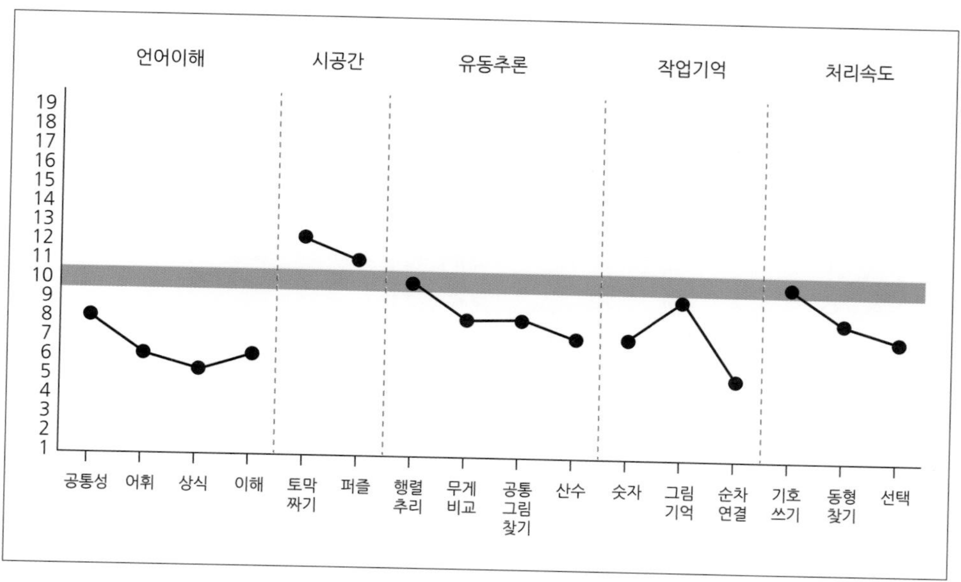

그림 10-6 **H의 소검사 환산점수 프로파일**

작업기억지표(89) 점수는 [평균 하] 수준으로 일시적으로 정보를 유지하고 조작하는 능력은 또래에 비해 상대적으로 빈약하다. 숫자(7) 점수는 [평균 하] 수준으로 청각 정보를 듣고 기억하는 능력이 다소 부족한 편이다. 반면, 그림기억(9) 점수는 [평균] 수준으로 숫자보다 높은 점수를 받았으며, 시각 정보를 입력하고 유지하는 능력은 양호한 것으로 보인다.

처리속도지표(95) 점수는 [평균] 수준으로 단순한 과제를 빠르고 정확하게 수행하는 능력이 또래와 비슷한 수준으로 나타났다. 기호쓰기(10)와 동형찾기(8) 점수는 모두 [평균] 수준으로, 주의를 기울여 시각 자극을 변별하는 능력과 시각-운동 협응 능력은 적절하게 발달했다.

추가지표척도에서 청각작업기억지표(78) 점수는 낮은 수준으로, 모든 지표점수들 중 가장 낮았다. H는 작업기억 중에서도 시각 정보보다 청각 정보를 유지하는 능력이 부족한 것으로 나타났는데, 특히 순차연결(5) 점수는 [평균 하] 수준으로 소검사 중 가장 낮은 점수에 해당한다. 이는 H가 청각 자극 중 숫자와 글자를 구분하여 기억하고, 이를 순서에 맞게 재배열하여 표현하는 능력이 부족하다는 것을 의미한다. 반면, 비언어지표(100) 점수는 [평균] 수준으로, 언어적 표현이 필요하지 않은 소검사에서는 또래와 비슷한 수행을 보였다.

참고문헌

고유미, 여상인(2011). 과학영재 학생과 일반 학생의 문제 발견력, 창의적 사고력, 창의적 성향, 과학 탐구 능력 비교. 초등과학교육, 30(4), 624-633.

고혜정, 박현숙(2005). 이야기문법 자기평가 교수전략이 초등 쓰기장애 학생의 쓰기 표현력에 미치는 효과. 특수교육학연구, 40(1), 281-303.

곽금주(2002). 아동 심리평가와 검사. 서울: 학지사.

곽금주(2016). 발달심리학. 서울: 학지사.

곽금주, 박혜원, 김청택(2001). 한국 웩슬러 아동지능검사 3판(K-WISC-III) 지침서. 서울: 도서출판 특수교육.

곽금주, 오상우, 김청택(2011). 한국 웩슬러 아동지능검사 4판(K-WISC-IV) 전문가 지침서. 서울: 학지사.

곽금주, 장승민(2019a). 한국 웩슬러 아동지능검사 5판(K-WISC-V). 서울: 학지사.

곽금주, 장승민(2019b). 한국 웩슬러 아동지능검사 5판(K-WISC-V) 실시와 채점 지침서. 서울: 학지사.

구민제, 오상우, 이상열, 백영석, 이지혜, 황규식(2016). 한국 웩슬러 아동지능검사 4판(K-WISC-IV)에서 일반능력지표(GAI)의 임상적 유용성: 주의력결핍 과잉행동장애 아동을 대상으로. 소아청소년정신의학, 27(4), 313-318.

국가법령정보센터(2015). 「영재교육진흥법 시행령」 제3장.

국가법령정보센터(2016a). 「장애인에 대한 특수교육법 시행규칙」 제2조 제1항.

국가법령정보센터(2016b). 「장애인 등에 대한 특수교육법 시행령」 제10조.

국가법령정보센터(2017). 「영재교육진흥법」 제2조.

국가법령정보센터(2019). 「장애인복지법 시행령」 제2조 별표 1.

국립정신건강센터(2018). 「발달장애 아동청소년의 문제행동치료 가이드라인」.

국립특수교육원(2016). 「장애영유아 양육길라잡이」.

김경애(2019. 11. 9.). "ADHD 80%는 남성…10명 중 6명 10대." 중앙일보.

김도연, 옥정, 김현미(2015). K-WISC-IV의 이해와 실제. 서울: 시그마프레스.

김동일, 고은영, 정소라, 이유리, 이기정, 박중규, 김이내(2009). 국내 학습장애 연구의 동향 분석. 아시아교육연구, 10(2), 283-347.
김동일, 고혜정(2018). 학습곤란 (ld) 학생을 위한 교육지원의 확장적 전환: 학습장애 (LD) 정의 체계 재구조화. 학습장애연구, 15, 1-12.
김동일, 신동호, 이대식(2016). 학습 장애 아동의 이해와 교육. 서울: 학지사.
김연수, 곽금주(2015). 학령 전기 아동의 비현실적인 낙관적 믿음과 지능, 만족지연의 관계. 한국심리학회지: 발달, 28(4), 71-85.
김영란, 정은희(2002). 놀이활동 프로그램이 정신지체아의 적응행동에 미치는 효과. 정서 · 행동장애연구, 18(2), 93-115.
김영신, 소유경, 노주선, 최낙경, 김세주, 고윤주(2003). 한국어판 부모 및 교사용 ADHD 평가척도(K-ARS)의 규준 연구. 신경정신의학, 42(3), 352-359.
김우리, 고혜정(2014). 한국의 읽기학습장애 진단모형별 진단 절차 및 준거. 아시아교육연구, 15(2), 83-110.
김은진, 김윤신, 서완석, 이소희, 박은진, 배승민, 신동원(2017). 주의력결핍 과잉행동장애 한국형 치료 권고안 개정안 (I): 서론, 임상양상 및 공존질환. 소아청소년정신의학, 28(2), 46-57.
김재환, 오상우, 홍창희, 김지혜, 황순택, 문혜신, 정은경(2014). 임상심리검사의 이해. 서울: 학지사.
김지연, 백용매(2007). 정상아동과 주의력결핍 과잉행동장애아동의 기억결함과 실행기능의 차이. 상담학연구, 8(1), 333-349.
김춘경, 이수연, 이윤주, 정종진, 최웅용(2016). 상담학 사전. 서울: 학지사.
김태련, 박랑규(2004). 이화 자폐아동 행동발달 평가 도구. 서울: 도서출판 특수교육.
김형재, 홍순옥(2011). 유아영재와 일반유아의 실행기능 영역별 비교. 열린유아교육연구, 16(3), 259-280.
김홍근(2004). KWIS와 K-WAIS 중 어느 것을 사용할 것인가? 한국심리학회지: 임상, 23(1), 145-154.
김효진, 정성원, 정철호(2015). 지난 10년간 일 대학병원 정신건강의학과 소아청소년 초진환자 분포의 변화. 소아청소년정신의학, 26(3), 165-175.
노경란, 박현정, 안지현, 전영미(2018). 웩슬러 지능검사의 치료 및 교육적 활용: 인지기능 향상 가이드북. 서울: 학지사.
문수백(2014). 한국 카우프만 아동 지능검사 2(KABC-II) 전문가 지침서. 서울: 학지사.
박혜원, 곽금주, 박광배(1995). 웩슬러 유아지능검사의 수행분석: 형제관계 중심으로. 인간발달연구, 2, 107-116.
박혜원, 곽금주, 박광배(1996). 한국 웩슬러 유아지능검사(K-WPPSI) 지침서. 서울: 도서출판 특수교육.
박혜원, 이경옥, 안동현(2016). 한국 웩슬러 유아지능검사4판(K-WPPSI-IV) 실시지침서. 서울: 학지사.
배경진, 이란(2016). 경도지적장애 아동의 생성이름대기와 기능적 작업기억 특성. 특수교육논총, 31(2), 65-84.
배민영, 심현섭, 박희영(2018). 과제 유형에 따른 경도 지적장애 청소년의 비유창성 특성. 특수교육, 17(2), 115-136.

보건복지부(2019). 장애등급판정기준.

서주영, 김자경(2015). 쓰기장애 위험학생과 일반학생의 쓰기 하위영역별 읽기 변인과의 관련성 비교. 특수교육학연구, 50(1), 99-119.

서효정, 전병운, 임경원(2018). 지적장애인 지원정도척도 연구 동향과 과제: 2004년-2017년 미국 연구를 중심으로. 지적장애연구, 20(2), 41-66.

소유경, 노주선, 김영신, 고선규, 고윤주(2002). 한국어판 부모, 교사 ADHD 평가척도의 신뢰도와 타당도 연구. 신경정신의학, 41(2), 283-289.

송준만, 강경숙, 김미선, 김은주(2016). 지적장애아교육(2판). 서울: 학지사.

송효완, 이정화, 임미라, 박병기(2015). 영재학생과 일반학생의 창의성 비교: 메타분석. 교육심리연구, 29(3), 543-567.

신민섭, 구훈정(2007). 아동 색 선로검사. 서울: 학지사.

신민섭, 박민주(2007). 스트룹 아동 색상-단어 검사. 서울: 학지사.

신민섭, 조성준, 전선영, 홍강의(2000). 전산화된 주의력장애 진단시스템의 개발 및 표준화 연구. 소아청소년 정신의학, 11(1), 65-76.

신민섭, 조수철(2010). 한국 라이터 비언어성 지능검사: 전문가 지침서. 서울: 학지사 심리검사연구소.

심현섭, 김영태, 김진숙, 김향희, 배소영(2010). 의사소통장애의 이해(2판). 서울: 학지사.

안동현, 김봉석, 두정일, 박태원, 반건호, 신민섭, 홍현주(2015). ADHD의 통합적 이해. 서울: 학지사.

안태규, 이선란, 변민경, 박진성, 조영남(2011). 시, 지각훈련이 뇌졸중 환자의 시, 지각 기능과 일상생활활동 수행 능력에 미치는 효과. 고령자. 치매작업치료학회지, 5(2), 51-60.

양문봉, 신석호(2011). 자폐스펙트럼장애 A to Z. 서울: 시그마프레스.

양정모, 진석언(2018). 지능검사 데이터의 분석에 근거한 초등학교 영재학생의 출현 비율 추정. 영재교육연구, 28(4), 415-438.

염태호, 박영숙, 오경자, 김정규, 이영호(1992). K-WAIS 실시요강. 서울: 한국가이던스.

오경자, 김영아(2010). 아동청소년 행동평가척도 매뉴얼. 서울: 휴노컨설팅.

웩슬러 성인지능검사(K-WAIS-IV). (n.d.). 한국심리연구소. http://www.koreapsy.kr/shop/detail.php?zipEncode==0tB15umLrxyJzsm9u2zHb3DV5MjZKdn90wDU91DLLMDMetpSfMvWLME

이경옥, 박혜원, 이상희(2016). 한국 웩슬러 유아지능검사 4판(K-WPPSI-IV)의 지능구조에 관한 연구. 한국아동학회, 37(6), 107-117.

이대식(2007). 수학학습장애 진단 및 판별 방법으로서의 내재성 처리과정(intrinsic processing) 결함 접근의 타당성과 전망. 정서·행동장애연구, 23(2), 217-249.

이상훈(2018). 주의력결핍 과잉행동장애의 의료적 진단에 대한 고찰. 정서·행동장애연구, 34(4), 1-24.

이선영(2014). 영재성과 창의성 개념 간의 관계를 통해서 본 영재성과 창의성: 동질적인 개념인가? 이질적인 개념인가? 영재와 영재교육, 13(1), 107-128.

이소현, 윤선아, 신민섭(2019). 한국판 아동기 자폐 평정 척도 2(K-CARS2). 서울: 학지사.

이수민, 최재원, 김경민, 김준원, 김수연, 강태웅, 정재훈(2016). 주의력결핍 과잉행동장애 진단 및 치료: ADHD 중개연구센터 가이드라인. 소아청소년정신의학, 27(4), 236-266.

이슬기, 도승이, 정광조(2016). 자폐스펙트럼, ADHD, 그리고 틱장애를 가진 아동의 실행기능 비교 연구. 정서·행동장애연구, 32(4), 233-249.

이신동, 박성옥, 태진미(2016). 영재상담: 이론과 적용. 서울: 학지사.

이용기, 안성민(2014). 주의력결핍 과잉행동장애(ADHD) 아동의 작업기억 과제 수행 시 fMRI 분석. 한국콘텐츠학회논문지, 14(12), 854-862.

이우경, 이원혜(2012). 심리평가의 최신 흐름. 서울: 학지사.

이우경, 이원혜(2019). 심리평가의 최신 흐름(2판). 서울: 학지사.

이재호, 류지영, 진석언(2011). 미래사회 영재 판별 방법에 관한 연구. 정보교육학회논문지, 15(2), 307-317.

이창우, 서봉연(1974). KWISC 실시요강. 서울: 배영사.

이현주, 신종호(2009). 영재아동 바로 알기. 서울: 학지사.

장정은, 정윤숙, 최양희, 김성원(2013). 과학 영재들의 과제집착력 특성 탐색. 한국과학교육학회지, 33(1), 1-16.

전용신(1970). 고대-비네 검사. 고려대학교 행동과학연구소. 서울: 고려대학교 출판부.

전용신, 서봉연, 이창우(1963). KWIS 실시요강. 서울: 중앙교육연구소.

조은영, 김현미, 송동호, 천근아(2017). 고기능 자폐 스펙트럼 장애 아동의 K-WISC-IV 프로파일 분석 및 융합적 적용. 한국융합학회논문지, 8(7), 341-348.

조정숙, 이효신(2013). 아스퍼거 장애 아동과 ADHD 아동의 인지적 특성 비교: 지능과 실행기능을 중심으로. 정서·행동장애연구, 29(4), 39-59.

최덕경, 최성규(2001). MALL의 선택적, 단계적 적용이 학습장애아의 낱말 읽기와 쓰기 능력에 미치는 효과. 언어치료연구, 10(2), 137-156.

한국교육개발원(1991). KEDI-WISC 검사요강. 서울: 도서출판특수교육.

한국장애인고용공단(2019). 한 눈에 보는 장애인 통계.

한국특수교육학회(2008). 특수교육대상자 개념 및 선별기준. 경기: 한국특수교육학회.

한국학습장애학회(2014). 학습장애 총론. 서울: 학지사.

현성용, 김교헌, 김미리혜, 김아영, 김현택, 박동건, 황상민(2015). 현대 심리학의 이해. 서울: 학지사.

황순택(2006). K-WAIS는 타당한 지능검사인가? KWAIS 와 KWIS의 규준 비교. 한국심리학회지: 임상, 25(3), 849-863.

황순택, 김지혜, 박광배, 최진영, 홍상황(2012). 한국 웩슬러 성인지능검사 4판(K-WAIS-IV) 기술 및 해석 요강. 대구: 한국심리주식회사.

황순택, 김지혜, 홍상황(2015). 한국 바인랜드 적응행동척도 2판 K-Vineland-II. 대구: 한국심리주식회사.

황정규(2010). 인간의 지능. 서울: 학지사.

Adam-Costa, E. B., Day, L. A., & Raiford, S. E. (2016). *WISC-V Special Group Study: Children with Hearing Differences Who Utilize Spoken Language and Have Assistive Technology* (Report No. 4). New Jersey: Pearson Education.

Alderson, R. M., Kasper, L. J., Patros, C. H., Hudec, K. L., Tarle, S. J., & Lea, S. E. (2015). Working memory deficits in boys with attention deficit/hyperactivity disorder (ADHD): An examination of orthographic coding and episodic buffer processes. *Child Neuropsychology, 21*(4), 509-530.

Alloway, T. P., & Alloway, R. G. (2010). Investigating the predictive roles of working memory and IQ in academic attainment. *Journal of Experimental Child Psychology, 106*(1), 20-29.

American Association on Intellectual and Developmental Disabilities. (2019). *Definition of Intellectual Disability*. Retrieved from https://www.aaidd.org/intellectual-disability/definition

American Psychiatric Association. (2013). *Diagnostic and statistical manual of mental disorders* (5th ed.). Washington, DC: Author.

Arrington, L. M. (2018). *An investigation of the cognitive profile of deaf and hard of hearing students on the Wechsler Intelligence Scale for Children*. Doctoral dissertation. Texas Woman 's University. Denton, TX.

AuBuchon, A. M., Pisoni, D. B., & Kronenberger, W. G. (2015). Verbal processing speed and executive functioning in long-term cochlear implant users. *Journal of Speech, Language, and Hearing Research, 58*(1), 151-162.

Barry, J. R., Fulkerson, S. C., Kubala, A. L., & Seaquist, M. R. (1956). Score equivalence of the Wechsler-Bellevue intelligence scales, forms I and II. *Journal of Clinical Psychology*, 57-60.

Bashkireva, T., Bashkireva, A., & Morozov, A. (2018). *Peculiarities of Dissinchrony in the Intellectually Gifted 7-Year-Old Children*. In International Conference on the Development of Education in Russia and the CIS Member States (ICEDER 2018). Atlantis Press.

Bateman, B. (1965). An educator's view of a diagnostic approach to learning disorders. *Learning disorders, 1*, 219-239.

Batty, G. D., Deary, I. J., & Gottfredson, L. S. (2007). Premorbid (early life) IQ and later mortality risk: Systematic review. *Annals of epidemiology, 17*(4), 278-288.

Belmont, L., & Marolla, F. A. (1973). Birth order, family size, and intelligence: A study of a total population of 19-year-old men born in the Netherlands is presented. *Science, 182*(4117), 1096-1101.

Bergeron, R., & Floyd, R. G. (2013). Individual part score profiles of children with intellectual disability: A descriptive analysis across three intelligence tests. *School Psychology*

Review, 42(1), 22-38.

Boake, C. (2002). From the Binet–Simon to the Wechsler–Bellevue: Tracing the history of intelligence testing. *Journal of clinical and experimental neuropsychology, 24*(3), 383-405.

Boat, T. F., Wu, J. T., Sciences, S., & National Academies of Sciences, Engineering, and Medicine. (2015). *Clinical characteristics of intellectual disabilities. In Mental disorders and disabilities among low-income children*. Washington DC: The National Academies Press.

Bond, P. (2015). *The Cognitive Assessment of Deaf and Hard of Hearing Children in Ireland: Best Practice for Educational Psychologists*. Doctoral dissertation. University of East London.

Boonen, A. J., van Wesel, F., Jolles, J., & van der Schoot, M. (2014). The role of visual representation type, spatial ability, and reading comprehension in word problem solving: An item-level analysis in elementary school children. *International Journal of Educational Research, 68*, 15-26.

Boucher, J. (2012). Research review: Structural language in autistic spectrum disorder–characteristics and causes. *Journal of Child Psychology and Psychiatry, 53*(3), 219-233.

Bracken, B., & McCallum, R. S. (1998). *Universal nonverbal intelligence test*. Austin, TX: PRO-ED.

Bracken, B., & McCallum, R. S. (2016). *Universal nonverbal intelligence test–second edition*. Austin, TX: PRO-ED.

Brandenburg, J., Klesczewski, J., Fischbach, A., Schuchardt, K., Büttner, G., & Hasselhorn, M. (2015). Working memory in children with learning disabilities in reading versus spelling: Searching for overlapping and specific cognitive factors. *Journal of learning disabilities, 48*(6), 622-634.

Bremner, D., McTaggart, B., Saklofske, D. H., & Janzen, T. (2011). WISC-IV GAI and CPI in psychoeducational assessment. *Canadian Journal of School Psychology, 26*(3), 209-219.

Buckingham, J., Beaman, R., & Wheldall, K. (2014). Why poor children are more likely to become poor readers: The early years. *Educational Review, 66*(4), 428-446.

Calderon, R. & Greenberg, M. (2003). Social and Emotional Development of Deaf Children: Family, school, and program effects. In M. Marschark & P.E. Spencer (Eds) *Oxford Handbook of Deaf Studies, Language and Education*. (pp. 177–189). New York, NY: Oxford University Press.

Calero, M. D., García-Martín, M. B., Jiménez, M. I., Kazén, M., & Araque, A. (2007). Self-regulation advantage for high-IQ children: Findings from a research study. *Learning and Individual Differences*, *17*(4), 328–343.

Calhoun, S. L., & Mayes, S. D. (2005). Processing speed in children with clinical disorders. *Psychology in the Schools, 42*(4), 333–343.

Calvin, C. M., Deary, I. J., Fenton, C., Roberts, B. A., Der, G., Leckenby, N., & Batty, G. D. (2011). Intelligence in youth and all-cause-mortality: Systematic review with meta-analysis. *International journal of epidemiology*, *40*(3), 626–644.

Carnine, D., Jones, E. D., & Dixon, R. (1994). Mathematics: Educational tools for diverse learners. *School Psychology Review, 23*(3), 406–427.

Carpenter, D., & Miller, L. J. (1982). Spelling ability of reading disabled LD students and able readers. *Learning Disability Quarterly, 5*(1), 65–70.

Carroll, J. B. (1993). *Human cognitive abilities: A survey of factor-analytic studies.* Cambridge University Press.

Cassady, J. C., Smith, L. L., & Putman, S. M. (2008). Phonological awareness development as a discrete process: Evidence for an integrative model. *Reading Psychology, 29*(6), 508–533.

Connor, C. M., Craig, H. K., Raudenbush, S. W., Heavner, K., & Zwolan, T. A. (2006). The age at which young deaf children receive cochlear implants and their vocabulary and speech-production growth: Is there an added value for early implantation? *Ear and hearing, 27*(6), 628–644.

Craig, F., Margari, F., Legrottaglie, A. R., Palumbi, R., De Giambattista, C., & Margari, L. (2016). A review of executive function deficits in autism spectrum disorder and attention-deficit/hyperactivity disorder. *Neuropsychiatric disease and treatment, 12*, 1191–1202.

Crosbie, J., Arnold, P., Paterson, A., Swanson, J., Dupuis, A., Li, X., ... & Schachar, R. J. (2013). Response inhibition and ADHD traits: Correlates and heritability in a community sample. *Journal of Abnormal Child Psychology, 41*(3), 497–507.

Cutting, L. E., Materek, A., Cole, C. A., Levine, T. M., & Mahone, E. M. (2009). Effects of fluency, oral language, and executive function on reading comprehension performance. *Annals of dyslexia, 59*(1), 34–54.

Davidson, L. S., Geers, A. E., Hale, S., Sommers, M. M., Brenner, C., & Spehar, B. (2019). Effects of early auditory deprivation on working memory and reasoning abilities in verbal and visuospatial domains for pediatric cochlear implant recipients. *Ear and hearing, 40*(3), 517–528.

De Weerdt, F., Desoete, A., & Roeyers, H. (2013). Working memory in children with reading disabilities and/or mathematical disabilities. *Journal of learning disabilities, 46*(5), 461–472.

Dekker, M. C., Koot, H. M., Ende, J. V. D., & Verhulst, F. C. (2002). Emotional and behavioral problems in children and adolescents with and without intellectual disability. *Journal of Child Psychology and Psychiatry, 43*(8), 1087-1098.

Depue, B. E., Burgess, G. C., Willcutt, E. G., Ruzic, L., & Banich, M. T. (2010). Inhibitory control of memory retrieval and motor processing associated with the right lateral prefrontal cortex: evidence from deficits in individuals with ADHD. *Neuropsychologia, 48*(13), 3909-3917.

Deutsch, C. K., Dube, W. V., & McIlvane, W. J. (2008). Attention deficits, attention-deficit hyperactivity disorder, and intellectual disabilities. *Developmental Disabilities Research Reviews, 14*(4), 285-292.

Duckworth, A. L., & Seligman, M. E. (2005). Self-discipline outdoes IQ in predicting academic performance of adolescents. *Psychological science, 16*(12), 939-944.

Dutton, E., & Lynn, R. (2013). A negative Flynn effect in Finland, 1997–2009. *Intelligence, 41*(6), 817-820.

Edwards, L., Aitkenhead, L., & Langdon, D. (2016). The contribution of short-term memory capacity to reading ability in adolescents with cochlear implants. *International journal of pediatric otorhinolaryngology, 90*, 37-42.

Edwards, L., Figueras, B., Mellanby, J., & Langdon, D. (2011). Verbal and spatial analogical reasoning in deaf and hearing children: the role of grammar and vocabulary. *Journal of Deaf Studies and Deaf Education*, *16*(2), 189-197.

Embretson, S. E., & McCollam, K. M. S. (2000). Psychometric Approaches to Understanding and Measuring Intelligence. In R. J. Sternberg (Ed.), *Handbook of Intelligence* (pp. 423-444). Cambridge: Cambridge University Press.

Epstein, J. N., Hwang, M. E., Antonini, T., Langberg, J. M., Altaye, M., & Arnold, L. E. (2010). Examining predictors of reaction times in children with ADHD and normal controls. *Journal of the International Neuropsychological Society, 16*(1), 138-147.

Fagan, J. F. (2011). Intelligence in infancy. In R. J. Sternberg & S. B. Kaufman (Ed.). *The Cambridge handbook of intelligence*. New York: Cambridge University Press.

Feifer, S. (2011). How SLD manifests in reading. In D. P. Flanagan & V. C. Alfonso (Eds.), *Essentials of specific learning disability identification* (pp. 21-41). Hoboken, NJ: John Wiley.

Fenollar-Cortés, J., Navarro-Soria, I., González-Gómez, C., & García-Sevilla, J. (2015). Cognitive Profile for Children with ADHD by Using WISC-IV: Subtype Differences? *Revista de Psicodidáctica, 20*(1), 157-176.

Fergusson, D. M., John Horwood, L., & Ridder, E. M. (2005). Show me the child at seven II: Childhood intelligence and later outcomes in adolescence and young adulthood. *Journal of Child Psychology and Psychiatry*, *46*(8), 850-858.

Flanagan, D. P., & Alfonso, V. C. (2017). *Essentials of WISC-V assessment*. Hoboken, NJ:

John Wiley & Sons.

Flanagan, D. P., & Dixon, S. G. (2013). The Cattell-Horn-Carroll theory of cognitive abilities. In C. R. Reynolds, K. J. Vannest, & E. FletcherJanzen (Eds.), *Encyclopedia of special education* (pp. 368-382). Hoboken, NJ: John Wiley & Sons.

Flanagan, D. P., & Kaufman, A. S. (2009). *Essentials of WISC-IV assessment* (2nd ed.). New York: Wiley.

Flanagan, D. P., Ortiz, S. O., Alfonso, V. C. (2017). *The cross-battery assessment software system, version 2.0* (X-BASS v2.0). Hoboken, NJ: Wiley.

Flanagan, D., McDonough, E. M., & Kaufman, A. S. (2018). *Contemporary intellectual assessment: theories, tests, and issues* (4th ed.). New York: The Guildford, Press.

Frost, R. O., Marten, P., Lahart, C., & Rosenblate, R. (1990). The dimensions of perfectionism. *Cognitive therapy and research, 14*(5), 449-468.

Fuchs, D., Hale, J. B., & Kearns, D. M. (2011). On the importance of a cognitive processing perspective: an introduction. *Learning Disabilities, 44*, 99-104.

Gale, C. R., Batty, G. D., Tynelius, P., Deary, I. J., & Rasmussen, F. (2010). Intelligence in early adulthood and subsequent hospitalization for mental disorders. *Epidemiology, 21*, 70-77.

Gardner, D. M., & Gerdes, A. C. (2015). A review of peer relationships and friendships in youth with ADHD. *Journal of attention disorders, 19*(10), 844-855.

Gathercole, S. E., Alloway, T. P., Willis, C., & Adams, A. M. (2006). Working memory in children with reading disabilities. *Journal of experimental child psychology, 93*(3), 265-281.

Geers, A. E., Pisoni, D. B., & Brenner, C. (2013). Complex working memory span in cochlear implanted and normal hearing teenagers. *Otology & Neurotology, 34*(3), 396-401.

Gomez, R., Vance, A., & Watson, S. D. (2016). Structure of the Wechsler Intelligence Scale for Children-Fourth Edition in a group of children with ADHD. *Frontiers in Psychology, 7*, 737.

Goodwin, C. J. (2015). *A History of Modern Psychology*, (5th ed.). Hoboken, NJ: John Wiley & Sons.

Gordon, S., Duff, S., Davidson, T., & Whitaker, S. (2010). Comparison of the WAIS-III and WISC-IV in 16-year-old special education students. *Journal of Applied Research in Intellectual Disabilities, 23*(2), 197-200.

Graham, S., Gillespie, A., & McKeown, D. (2013). Writing: Importance, development, and instruction. *Reading and writing, 26*(1), 1-15.

Green, C. T., Bunge, S. A., Chiongbian, V. B., Barrow, M., & Ferrer, E. (2017). Fluid reasoning predicts future mathematical performance among children and adolescents.

Journal of experimental child psychology, 157, 125-143.

Green, D., Baird, G., Barnett, A. L., Henderson, L., Huber, J., & Henderson, S. E. (2002). The severity and nature of motor impairment in Asperger's syndrome: a comparison with specific developmental disorder of motor function. *Journal of child psychology and psychiatry, 43*(5), 655-668.

Groborz, M., & Necka, E. (2003). Creativity and cognitive control: Explorations of generation and evaluation skills. *Creativity Research Journal, 15*, 183-197.

Gross, R. (2015). Psychology: *The science of mind and behaviour* (7th ed.). London: Hodder Education

Guez, A., Peyre, H., Le Cam, M., Gauvrit, N., & Ramus, F. (2018). Are high-IQ students more at risk of school failure? *Intelligence, 71*, 32-40.

Happé, F., & Frith, U. (2006). The weak coherence account: detail-focused cognitive style in autism spectrum disorders. *Journal of autism and developmental disorders, 36*(1), 5-25.

Hegelund, E. R., Flensborg-Madsen, T., Dammeyer, J., & Mortensen, E. L. (2018). Low IQ as a predictor of unsuccessful educational and occupational achievement: A register-based study of 1,098,742 men in Denmark 1968-2016. *Intelligence, 71*, 46-53.

Herman, P., Gomez, L. M., Gomez, K., Williams, A., & Perkins, K. (2008). Metacognitive support for reading in science classrooms. In *Proceedings of the 8th international conference on International conference for the learning sciences-Volume 1* (pp. 342-349). International Society of the Learning Sciences.

Higgins, C., & Schools, A. P. (1966). CRITICAL REVIEW OF THE STANFORD. BINET IQ TABLES. In U. S. Department of Health, Education & Welfare Office of Education, *The Emerging Research Worker and His Needs* (pp. 143-144). Report of the Convocation on Educational Research.

Hill, E. L. (2004). Executive dysfunction in autism. *Trends in Cognitive Sciences, 8*(1), 26-32.

Hornsby, B. W., Werfel, K., Camarata, S., & Bess, F. H. (2014). Subjective fatigue in children with hearing loss: Some preliminary findings. *American Journal of Audiology, 23*, 129-134.

Hronis, A., Roberts, L., & Kneebone, I. I. (2017). A review of cognitive impairments in children with intellectual disabilities: Implications for cognitive behaviour therapy. *British Journal of Clinical Psychology, 56*(2), 189-207.

Huh, Y., Choi, I., Song, M., Kim, S., Hong, S. D., & Joung, Y. (2011). A comparison of comorbidity and psychological outcomes in children and adolescents with attention-deficit/hyperactivity disorder. *Psychiatry investigation, 8*(2), 95.

Hume, K., Bellini, S., & Pratt, C. (2005). The usage and perceived outcomes of early intervention and early childhood programs for young children with autism spectrum disorder. *Topics in Early Childhood Special Education, 25*(4), 195-207.

Individuals with disabilities Education Act, IDEA. (2018). *Specific learning disability.* Retrieved from https//sites. ed.gov/idea/.

Jacobson, L. A., Ryan, M., Martin, R. B., Ewen, J., Mostofsky, S. H., Denckla, M. B., & Mahone, E. M. (2011). Working memory influences processing speed and reading fluency in ADHD. *Child Neuropsychology, 17*(3), 209-224.

Jarvis, H. L., & Gathercole, S. E. (2003). Verbal and non-verbal working memory and achievements on national curriculum tests at 11 and 14 years of age. *Educational and Child Psychology, 20*(3), 123-140.

Jiménez-Romero, M. S. (2015). The influence of cochlear implants on behaviour problems in deaf children. *Psicothema, 27*(3), 229-234.

K-Leiter-R 한국판 라이터 비언어성 지능검사. (n.d.). 인싸이트. http://inpsyt.co.kr/psy/item/view/KLeiterR_CO_TG

K-WISC-IV 한국 웩슬러 아동지능검사 4판. (n.d.). 인싸이트. https://inpsyt.co.kr/psy/item/view/KWISC4_CO_TG

K-WISC-V 한국 웩슬러 아동지능검사 5판. (n.d.). 인싸이트. http://inpsyt.co.kr/psy/item/view/KWISC5_CO_TG

K-WPPSI-IV 한국 웩슬러 유아지능검사 4판. (n.d.). 인싸이트. https://inpsyt.co.kr/psy/item/view/WPPSI_CO_TG

KABC-II 한국 카우프만 아동 지능검사. (n.d.). 인싸이트. http://inpsyt.co.kr/psy/item/view/KABC2_CO_TG#goListTop

Kaufman, A. S. (1983). Test Review: Wechsler, D. Manual for the Wechsler adult intelligence scale, revised. New York: Psychological corporation, 1981. *Journal of Psychoeducational Assessment, 1*(3), 309-313.

Kaufman, A. S. (2018). *Contemporary intellectual assessment: Theories, tests, and issues.* Guilford Publications.

Kaufman, A. S., & Kaufman, J. C. (2001). Emotional intelligence as an aspect of general intelligence: What would David Wechsler say? *Emotion, 1*(3), 258-264.

Kaufman, A. S., & Kaufman, N. L. (1983). *K-ABC: Kaufman assessment battery for children: Interpretive manual.* American Guidance Service.

Kaufman, A. S., & Kaufman, N. L. (2004). *Kaufman assessment battery for children* (2nd ed). Bloomington, MN: NCS Pearson.

Kaufman, A. S., & Lichtenberger, E. O. (1999). *Essentials of WAIS-III assessment.* New York: John Wiley & Son.

Kaufman, A. S., Flanagan, D. P., Alfonso, V. C., & Mascolo, J. T. (2006). Test review: Wechsler intelligence scale for children, (WISC-IV). *Journal of Psychoeducational Assessment, 24*(3), 278-295.

Kaufman, A. S., Raiford, S. E., & Coalson, D. L. (2015). *Intelligent testing with the WISC-V.*

John Wiley & Sons.

Kercood, S., Grskovic, J. A., Banda, D., & Begeske, J. (2014). Working memory and autism: A review of literature. *Research in Autism Spectrum Disorders, 8*(10), 1316–1332.

Koenen, K. C., Moffitt, T. E., Roberts, A. L., Martin, L. T., Kubzansky, L., Harrington, H., . . . Caspi, A. (2009). Childhood IQ and adult mental disorders: A test of the cognitive reserve hypothesis. *American Journal of Psychiatry, 166*, 50–57.

LaBarba, R. C. (2013). *Foundations of developmental psychology*. New York, NY: Academic Press.

Leiter, R. G., & Arthur, G. (1940). *Leiter international performance scale* (Vol. 1). Santa Barbara State College Press.

Lichtenberger, E. O., and Kaufman, A. S. (2012). *Essentials of WAIS-IV Assessment*. Hoboken, NJ: Wiley.

Little, S. G. (1992). The WISC-III: Everything old is new again. *School Psychology Quarterly, 7*(2), 148.

Llorente, A. M., Voigt, R. G., Bhatnagar, P., Jensen, C. L., Heird, W. C., Williams, J., ... & Satz, P. (2012). Simultaneous visual sustained attention-discrimination and goal-directed search are associated with excretion of catecholaminergic metabolites in children with attention-deficit/hyperactivity disorder. *Journal of Pediatric Biochemistry, 2*(2), 115–122.

Lohman, D. F., & Korb, K. A. (2006). Gifted today but not tomorrow? Longitudinal changes in ability and achievement during elementary school. *Journal for the Education of the Gifted, 29*(4), 451–484.

Lowrie, T., Logan, T., & Ramful, A. (2017). Visuospatial training improves elementary students' mathematics performance. *British Journal of Educational Psychology, 87*(2), 170–186.

Lund, N. (2010). *Intelligence and learning*. London, England: Palgrave Macmillan.

Maddocks, D. L. (2018). The identification of students who are gifted and have a learning disability: A comparison of different diagnostic criteria. *Gifted Child Quarterly, 62*(2), 175–192.

Maddocks, D. L. S. (2018). *Which cognitive abilities affect academic achievement for individuals who are gifted or gifted with a learning disability?* (Doctoral dissertation, The University of Texas at Austin). Retrieved from https://repositories.lib.utexas.edu/handle/2152/68695

Margot, K. C., & Rinn, A. N. (2016). Perfectionism in gifted adolescents: A replication and extension. *Journal of Advanced Academics, 27*(3), 190–209.

Matarazzo, J. D. (1981). David Wechsler (1896–1981). *American Psychologist, 36*(12), 1542–1543.

Mathiassen, B., Brøndbo, P. H., Waterloo, K., Martinussen, M., Eriksen, M., Hanssen-Bauer, K., & Kvernmo, S. (2012). IQ as a predictor of clinician-rated mental health problems in children and adolescents. *British Journal of Clinical Psychology, 51*(2), 185-196.

Matson, J. L., & Shoemaker, M. (2009). Intellectual disability and its relationship to autism spectrum disorders. *Research in developmental disabilities, 30*(6), 1107-1114.

May-Mederake, B. (2012). Early intervention and assessment of speech and language development in young children with cochlear implants. International *Journal of Pediatric Otorhinolaryngology, 76*(7), 939-946.

Mayes, S. D., & Calhoun, S. L. (2006). WISC-IV and WISC-III profiles in children with ADHD. *Journal of Attention Disorders, 9*(3), 486-493.

Mayes, S. D., & Calhoun, S. L. (2007). Learning, attention, writing, and processing speed in typical children and children with ADHD, autism, anxiety, depression, and oppositional-defiant disorder. *Child Neuropsychology, 13*(6), 469-493.

Mayes, S. D., & Calhoun, S. L. (2008). WISC-IV and WIAT-II profiles in children with high-functioning autism. *Journal of autism and developmental disorders, 38*(3), 428-439.

McCall, R. B., & Carriger, M. S. (1993). A meta-analysis of infant habituation and recognition memory performance as predictors of later IQ. *Child development, 64*(1), 57-79.

McGrew, K. S., LaForte, E. M., & Schrank, F. A. (2014). *Technical manual: Woodcock-Johnson IV.* Rolling Meadows, IL: Riverside.

Mercer, C. D., & Miller, S. P. (1992). Teaching students with learning problems in math to acquire, understand, and apply basic math facts. *Remedial and Special Education, 13*(3), 19-35.

Mischel, H. N., & Mischel, W. (1987). The development of children's knowledge of self-control strategies. In *Motivation, intention, and volition* (pp. 321-336). Springer, Berlin, Heidelberg.

Moeller, M. P. (2007). Current state of knowledge: psychosocial development in children with hearing impairment. *Ear and hearing, 28*(6), 729-739.

Mofield, E. L., & Parker Peters, M. (2015). The relationship between perfectionism and overexcitabilities in gifted adolescents. *Journal for the Education of the Gifted, 38*(4), 405-427.

Molinero, C., Mata, S., Calero, M. D., García-Martín, M. B., & Araque-Cuenca, A. (2015). Usefulness of WISC-IV in determining intellectual giftedness. *The Spanish journal of psychology, 18*, 1-10.

Montague, M. (1997). Cognitive strategy instruction in mathematics for students with learning disabilities. *Journal of learning disabilities, 30*(2), 164-177.

Munsinger, H. (1975). Children's resemblance to their biological and adopting parents in two ethnic groups. *Behavior genetics, 5*(3), 239-254.

Murphy, L. L., Spies, R. A., & Plake, B. S. (2006). *Tests in print VII*. Lincoln: Buros Institute of Mental Measurements.

Myers, D. G., & Dewall, C. N. (2016). 마이어스의 심리학(11판) (신현정, 김비아 역). 서울: 시그마프레스, *Psychology*. (2015). 11th ed. New York: Worth.

Nader, A. M., Courchesne, V., Dawson, M., & Soulières, I. (2016). Does WISC-IV underestimate the intelligence of autistic children? *Journal of autism and developmental disorders, 46*(5), 1582-1589.

Naigles, L.R. (2013). Input and language development in children with autism. *Seminars in Speech and Language, 34*(4), 237-248.

National Association for Gifted Children. (2010). "Myths About Gifted Students". Retrieved March 23, 2019, from https://www.nagc.org/myths-about-gifted-students.

Navas-Sánchez, F. J., Alemán-Gómez, Y., Sánchez-Gonzalez, J., Guzmán-De-Villoria, J. A., Franco, C., Robles, O., ... & Desco, M. (2014). White matter microstructure correlates of mathematical giftedness and intelligence quotient. *Human brain mapping, 35*(6), 2619-2631.

Neisser, U. (1998). *The rising curve: long-term gains in IQ and related measures*. Washington, DC: American Psychological Association.

Neisser, U., Boodoo, G., Bouchard Jr, T. J., Boykin, A. W., Brody, N., Ceci, S. J., ... & Urbina, S. (1996). Intelligence: Knowns and unknowns. *American psychologist, 51*(2), 77.

Nunes, T., Pretzlik, U., &Olsson, J. (2001). Deaf children's social relationships in mainstream schools. *Deafness &Education International, 3*(3), 123-136.

Oliveras-Rentas, R. E., Kenworthy, L., Roberson, R. B., Martin, A., & Wallace, G. L. (2012). WISC-IV profile in high-functioning autism spectrum disorders: Impaired processing speed is associated with increased autism communication symptoms and decreased adaptive communication abilities. *Journal of autism and developmental disorders, 42*(5), 655-664.

Olson, S., Bates, J., & Kaskie, B. (1992). Caregiver-infant interaction antecedents of children's school-age cognitive ability. *Merrill-Palmer Quarterly, 38*, 309-330.

Park, M., Oh, S. H., Chang, S. O., Kim, C. S., & Lee, J. H. (2016). Long-term functional and behavioral-emotional outcomes in children with early cochlear implants: Parental testimonies. *International Journal of Pediatric Otorhinolaryngology, 83*, 137-142.

Parmer, R. S., Cawley, J. F., & Frazita, R. R. (1996). "Word Problem-Solving by Students With and Without Mild Disabilities." *Exceptional Children, 62*, 415-429.

Passolunghi, M. C., & Cornoldi, C. (2008). Working memory failures in children with arithmetical difficulties. *Child Neuropsychology, 14*(5), 387-400.

Penny, A. M., Waschbusch, D. A., Carrey, N., & Drabman, R. S. (2005). Applying a psychoeducational perspective to ADHD. *Journal of Attention Disorders, 8*(4), 208–220.

Peterson, J. L. (2016). *Internalizing Symptoms: Relations to Executive Functions in Young Children with Autism Spectrum Disorder* (Doctoral dissertation, Seattle Pacific University). Retrieved from https://search.proquest.com/docview/1823285519?pq-origsite=gscholar&fromopenview=true

Pham A. V., & Hasson R. M. (2014). Verbal and visuospatial working memory as predictors of children's reading ability. *Archives of Clinical Neuropsychology, 29*, 467–477.

Pierce, K., Conant, D., Hazin, R., Stoner, R., & Desmond, J. (2011). Preference for geometric patterns early in life as a risk factor for autism. *Archives of general psychiatry, 68*(1), 101–109.

Pieters, S., Desoete, A., Roeyers, H., Vanderswalmen, R., & Van Waelvelde, H. (2012). Behind mathematical learning disabilities: What about visual perception and motor skills? *Learning and Individual Differences, 22*, 498–504.

Pisoni, D. B., Conway, C. M., Kronenberger, W. G., Horn, D. L., Karpicke, J., & Henning, S. C. (2008). Efficacy and effectiveness of cochlear implants in deaf children. *Deaf cognition: Foundations and outcomes*, 52–101.

Pisoni, D., Kronenberger, W., Roman, A., & Geers, A. (2011). Article 7: Measures of digit span and verbal rehearsal speed in deaf children following more than 10 years of cochlear implantation. *Ear and hearing, 32*(1), 60s.

Plaisted, K. C. (2015). Reduced Generalization in Autism: An Alternative to Weak Central Coherence. *The Development of Autism: Perspectives from Theory and Research*, 149–169.

Plucker, J. A., & Esping, A. (2016). 지능101 (김정희 역). 서울: 시그마프레스, *Intelligence 101*. (2014). New York: Springer.

Puttaswamy, A. (2018). *Cognitive profiling of attention-deficit/hyperactivity disorder and specific learning disability in reading and written expression*. Doctoral dissertation. Fairleigh Dickinson University. Teaneck, NJ.

Q–interactive, Pearson's 1:1 iPad Based Assessment System(n.d.). Pearson. https://www.pearsonassessments.com/store/usassessments/en/Store/Professional–Assessments/Q–interactive%2C–Pearson%E2%80%99s–1%3A1–iPad–Based–Assessment–System/p/100000773.html

Raiford SE, Drozdick L, Zhang O., & Zhou, X. (2015). *Expanded Index Scores (WISC-V Technical Report #1)*. Bloomington, MN: NCS Pearson.

Raiford, S. E., Holdnack, J., Drozdick, L., & Zhang, O. (2014). *Q-interactive special group studies: The WISC–V and Children with Intellectual Giftedness and Intellectual Disability* (Q–interactive Technical Report. No. 9). Bloomington, MN: Pearson.

Raiford, S. E., Weiss, L. G., Rolfhus, E., & Coalson, D. (2005). *General ability index*

(WISC-IV technical report No. 4). Retrieved from http://pearsonassess.com/hai/Images/pdf/wisciv/WISCIVTechReport4.pdf

Reid, G. (2016). *Dyslexia: A practitioner's handbook*. New York: John Wiley & Son.

Reynolds Intellectual Assessment Scales. (n.d.). *Wpspublish*. https://www.wpspublish.com/rias-reynolds-intellectual-assessment-scales

Reynolds, C. R., & Kamphaus, R. W. (2003). *Reynolds Intellectual Assessment Scales (RIAS)*. Tampa, FL: Psychological Assessment Resources.

Reynolds, C. R., & Kamphaus, R. W. (2015). *Reynolds intellectual assessment scales, Second Edition (RIAS-2)*. Tampa, FL: Psychological Assessment Resources.

Reynolds, M. R., & Keith, T. Z. (2017). Multi-Group and hierarchical confirmatory factor analysis of the Wechsler Intelligence Scale for Children—Fifth Edition: What does it measure? *Intelligence*, 62, 31-47.

Rhodes, S. M., Riby, D. M., Matthews, K., & Coghill, D. R. (2011). Attention-deficit/hyperactivity disorder and Williams syndrome: shared behavioral and neuropsychological profiles. *Journal of clinical and experimental neuropsychology, 33*(1), 147-156.

Roebers, C. M. (2017). Executive function and metacognition: Towards a unifying framework of cognitive self-regulation. *Developmental Review, 45*, 31-51.

Roid, G, H. (2003). *Stanford-Binet intelligence scales, fifth edition*. Itasca, IL: Riverside.

Roid, G. H., & Miller, L. J. (1997). *Leiter international performance scale-revised (Leiter-R)*. Wood Dale, IL: Stoelting.

Roid, G., Miller, L., Pomplun, M., & Koch, C. (2013). *Leiter international performance scale* (3rd ed.). Wood Dale, IL: Stoetling.

Rowe, E. W., Dandridge, J., Pawlush, A., Thompson, D. F., & Ferrier, D. E. (2014). Exploratory and confirmatory factor analyses of the WISC-IV with gifted students. *School Psychology Quarterly, 29*(4), 536.

Saalasti, S., Lepistö, T., Toppila, E., Kujala, T., Laakso, M., Nieminen-von Wendt, T., ... & Jansson-Verkasalo, E. (2008). Language abilities of children with Asperger syndrome. *Journal of autism and developmental disorders, 38*(8), 1574-1580.

Sattler, J. M., Dumont, R., & Coalson, D. L. (2016). Assessment of children: WISC-V and WPPSI-IV. San Diego, CA: Jerome M. Sattler.

Saxon, W. (1981, May 3). Dr. David Wechsler, 85, author of intelligence tests. *The New York Times*, p. 44.

Schacter, D. L., Gilbert, D. T., Wegner, D. M., & Nock, M. K. (2016). 심리학입문 2판 (민경환 외 역). 서울: 시그마프레스, *Introducing Psychology, 2nd ed.* (2012). New York: Worth.

Schmidt, F. L., & Hunter, J. (2004). General mental ability in the world of work: occupational attainment and job performance. *Journal of personality and social psychology, 86*(1), 162.

Schmidt, F. L., Hunter, J. E., & Outerbridge, A. N. (1986). Impact of job experience and ability on job knowledge, work sample performance, and supervisory ratings of job performance. *Journal of applied psychology, 71*(3), 432.

Schneider, W., Lichtenberger, E., Mather, N., & Kaufman, N. L. (2018). *Essentials of assessment report writing*. Hoboken, NJ: Wiley.

Schneider, W., Niklas, F., & Schmiedeler, S. (2014). Intellectual development from early childhood to early adulthood: The impact of early IQ differences on stability and change over time. *Learning and Individual Differences, 32*, 156-162.

Schuchardt, K., Gebhardt, M., & Mäehler, C. (2010). Working memory functions in children with different degrees of intellectual disability. *Journal of intellectual disability research, 54*(4), 346-353.

Schuchardt, K., Maehler, C., & Hasselhorn, M. (2011). Functional deficits in phonological working memory in children with intellectual disabilities. *Research in developmental disabilities, 32*(5), 1934-1940.

Sesma, H. W., Mahone, E. M., Levine, T., Eason, S. H., & Cutting, L. E. (2009). The contribution of executive skills to reading comprehension. *Child Neuropsychology, 15*, 232-246.

Seung, H. K. (2007). Linguistic characteristics of individuals with high functioning autism and Asperger syndrome. *Clinical Linguistics & Phonetics, 21*(4), 247-259.

Sexton, C. C., Gelhorn, H. L., Bell, J. A., & Classi, P. M. (2012). The co-occurrence of reading disorder and ADHD: Epidemiology, treatment, psychosocial impact, and economic burden. *Journal of learning disabilities, 45*(6), 538-564.

Shaw, P., Eckstrand, K., Sharp, W., Blumenthal, J., Lerch, J. P., Greenstein, D. E. E. A., ... & Rapoport, J. L. (2007). Attention-deficit/hyperactivity disorder is characterized by a delay in cortical maturation. *Proceedings of the National Academy of Sciences, 104*(49), 19649-19654.

Shaywitz, S. E., & Shaywitz, B. A. (2016). Reading disability and the brain. In M. Scherer (Ed.), *On developing readers: Readings from educational leadership* (pp. 146-156). Alexandria, VA: ASCD.

Sibley, M. H., Evans, S. W., & Serpell, Z. N. (2010). Social cognition and interpersonal impairment in young adolescents with ADHD. *Journal of Psychopathology and Behavior Assessment, 32*, 193-202.

Siegel, L. S. (1989). IQ is irrelevant to the definition of learning disabilities. *Journal of learning disabilities, 22*(8), 469-478.

Snyder, K. E., Nietfeld, J. L., & Linnenbrink-Garcia, L. (2011). Giftedness and metacognition:

A short-term longitudinal investigation of metacognitive monitoring in the classroom. *Gifted Child Quarterly, 55*(3), 181-193.

Spruill, J., Oakland, T., & Harrison, P. (2005). Assessment of mental retardation. In A. Prifitera, D. H. Saklofske, & L. G. Weiss (Eds.), *WISC-IV clinical use and interpretation: Scientist-practitioner perspectives* (pp. 299-331). San Diego, CA: Elsevier.

Staff, R. T., Murray, A. D., Deary, I. J., & Whalley, L. J. (2004). What provides cerebral reserve? *Brain, 127*(5), 1191-1199.

Stanford-Binet Intelligence Scales, Fifth Edition. (n.d.). *Wpspublish*. https://www.wpspublish.com/sb-5-stanford-binet-intelligence-scales-fifth-edition

Sternberg, R. J., & Kaufman, S. B. (2011). *The Cambridge Handbook of Intelligence*. Cambridge: Cambridge University Press.

Stevenson, J. L., & Gernsbacher, M. A. (2013). Abstract spatial reasoning as an autistic strength. *PloS one, 8*(3) e59329.

Stuebing, K. K., Fletcher, J. M., LeDoux, J. M., Lyon, G. R., Shaywitz, S. E., & Shaywitz, B. A. (2002). Validity of IQ-discrepancy classifications of reading disabilities: A meta-analysis. *American Educational Research Journal, 39*(2), 469-518.

Styck, K. M., & Watkins, M. W. (2017). Structural validity of the WISC-IV for students with ADHD. *Journal of Attention Disorders, 21*(11), 921-928.

Swanson, H. L., & Jerman, O. (2006). Math disabilities: A selective meta-analysis of the literature. *Review of educational Research, 76*(2), 249-274.

Takahashi, N., Isaka, Y., Yamamoto, T., & Nakamura, T. (2017). Vocabulary and grammar differences between deaf and hearing students. *The Journal of Deaf Studies and Deaf Education, 22*(1), 88-104.

Terman, L. M. (1916). *The measurement of intelligence: An explanation of and a complete guide for the use of the Stanford revision and extension of the Binet-Simon Intelligence Scale*. Oxford, England: Houghton Mifflin.

Theunissen, S. C., Rieffe, C., Kouwenberg, M., De Raeve, L. J., Soede, W., Briaire, J. J., & Frijns, J. H. (2014). Behavioral problems in school-aged hearing-impaired children: the influence of sociodemographic, linguistic, and medical factors. *European child & adolescent psychiatry, 23*(4), 187-196.

Theunissen, S. C., Rieffe, C., Netten, A. P., Briaire, J. J., Soede, W., Kouwenberg, M., &Frijns, J. H. (2014). Self-esteem in hearing-impaired children: The influence of communication, education, and audiological characteristics. *PloS one, 9*(4) e94521.

Toffalini, E., Giofré, D., & Cornoldi, C. (2017). Strengths and weaknesses in the intellectual profile of different subtypes of specific learning disorder: A study on 1,049 diagnosed children. *Clinical Psychological Science, 5*(2), 402-409.

Universal Nonverbal Intelligence Test Second Edition. (n.d.). *Stoeltingco* https://www.

stoeltingco.com/universal-nonverbal-intelligence-test-second-edition-unit-2-kit.html

U.S. Department of Health and Human Services, NIH (2019). *Attention-Deficit/Hyperactivity Disorder*. Retrieved May 23, 2020 from https://www.nimh.nih.gov/health/topics/attention-deficit-hyperactivity-disorder-adhd/index.shtml

Van der Molen, M. J., Henry, L. A., & Van Luit, J. E. H. (2014). Working memory development in children with mild to borderline intellectual disabilities. *Journal of Intellectual Disability Research, 58*(7), 637-650.

Van der Sluis, S., de Jong, P. F., & van der Leij, A. (2004). Inhibition and shifting in children with learning deficits in arithmetic and reading. *Journal of experimental child psychology, 87*(3), 239-266.

Van Garderen, D., & Montague, M. (2003). Visual-spatial representation, mathematical problem solving, and students of varying abilities. *Learning Disabilities Research & Practice, 18*(4), 246-254.

Vaughn, S., & Fuchs, L. S. (2003). Redefining learning disabilities as inadequate response to instruction: The promise and potential problems. *Learning disabilities research & practice, 18*(3), 137-146.

Von Karolyi, C., Winner, E., Gray, W., & Sherman, G. F. (2003). Dyslexia linked to talent: Global visual-spatial ability. *Brain and language, 85*(3), 427-431.

Von Stumm, S., & Plomin, R. (2015). Socioeconomic status and the growth of intelligence from infancy through adolescence. *Intelligence*, *48*, 30-36.

Walg, M., Hapfelmeier, G., El-Wahsch, D., & Prior, H. (2017). The faster internal clock in ADHD is related to lower processing speed: WISC-IV profile analyses and time estimation tasks facilitate the distinction between real ADHD and pseudo-ADHD. *European child & adolescent psychiatry, 26*(10), 1177-1186.

Wang, Y., Zhang, Y. B., Liu, L. L., Cui, J. F., Wang, J., Shum, D. H., ... & Chan, R. C. (2017). A meta-analysis of working memory impairments in autism spectrum disorders. *Neuropsychology review, 27*(1), 46-61.

Watson, D. R., Titterington, J., Henry, A., & Toner, J. G. (2007). Auditory sensory memory and working memory processes in children with normal hearing and cochlear implants. *Audiology and Neurotology, 12*(2), 65-76.

Wechsler, D. (1939). *Wechsler-Bellevue intelligence scale, form I*. New York: The Psychological Corporation.

Wechsler, D. (1944). *The measurement of adult intelligence*. The Williams & Wilkins company.

Wechsler, D. (1946). *The Wechsler-Bellevue intelligence scale, form II*. New York: The Psychological Corporation.

Wechsler, D. (1949). *Wechsler Intelligence Scale for Children*. New York: The Psychological

Corporation.

Wechsler, D. (1955). *Wechsler Adult Intelligence Scale.* New York, NY: The Psychological Corporation.

Wechsler, D. (1967). *Wechsler Preschool and Primary Scale of Intelligence.* New York, NY: The Psychological Corporation.

Wechsler, D. (1974). *Manual for the Wechsler Intelligence Scale for Children-Revised.* San Antonio, TX: The Psychological Corporation.

Wechsler, D. (1975). Intelligence defined and undefined: A relativistic appraisal. *American Psychologist, 30*(2), 135.

Wechsler, D. (1981). *Wechsler Adult Intelligence Scale-Revised.* San Antonio, TX: The Psychological Corporation.

Wechsler, D. (1989). *Wechsler Preschool and Primary Scale of Intelligence-Revised.* San Antonio, TX: Psychological Corporation.

Wechsler, D. (1991). *Wechsler intelligence scale for children* (3rd ed.). San Antonio, TX: The Psychological Corporation.

Wechsler, D. (1997). *Wechsler adult intelligence scale* (3rd ed.). *San Antonio, TX: Psychological Corporation.*

Wechsler, D. (2002). *Wechsler Preschool and Primary Scale of Intelligence* (3rd ed.). San Antonio, TX: Pearson.

Wechsler, D. (2003). *Wechsler intelligence scale for children* (4th ed.). San Antonio, TX: Pearson.

Wechsler, D. (2008). *Wechsler adult intelligence scale* (4th ed.). Bloomington, MN: Pearson.

Wechsler, D. (2012). *Wechsler preschool and primary scale of intelligence* (4th ed.). Bloomington, MN: Pearson.

Wechsler, D. (2014a). *Wechsler Intelligence Scale for Children* (5th ed.). San Antonio, TX: Pearson.

Wechsler, D. (2014b). *WISC-V Administration and scoring manual.* San Antonio, TX: Pearson.

Wechsler, D. (2014c). *WISC-V Technical and interpretive manual.* San Antonio, TX: Pearson.

Wehmeier, P. M., Schacht, A., & Barkley, R. A. (2010). Social and emotional impairment in children and adolescents with ADHD and the impact on quality of life. *Journal of Adolescent Health, 46*, 209–217.

Weiss, L. G., Saklofske, D. H., Coalson, D., & Raiford, S. E. (2010). *WAIS-IV. Clinical use and interpretation: Scientist-practitioner perspectives.* London: Academic Press.

Weiss, L. G., Saklofske, D. H., Holdnack, J. A., & Prifitera, A. (2015). *WISC-V assessment and interpretation: Scientist-practitioner perspectives*. London: Academic Press.

Weiss, L. G., Saklofske, D. H., Holdnack, J. A., & Prifitera, A. (2016). *WISC-V: Advances in the assessment of intelligence*. San Diego: Academic Press/ Elsevier.

Weiss, L. G., Saklofske, D. H., Holdnack, J. A., & Prifitera, A. (2019). *WISC-V: Clinical Use and Interpretation*. San Diego: Academic Press/Elsevier.

Weiss, L. G., Saklofske, D. H., Prifitera, A., & Holdnack, J. A. (2006). *WISC-IV advanced clinical interpretation*. San Diego, CA: Academic Press.

Werner, S., Corrigan, P., Ditchman, N., & Sokol, K. (2012). Stigma and intellectual disability: A review of related measures and future directions. *Research in developmental disabilities, 33*(2), 748-765.

Whalley, L. J., & Deary, I. J. (2001). Longitudinal cohort study of childhood IQ and survival up to age 76. *BMJ, 322,* 1-5.

Whitaker, S. (2010). Error in the estimation of intellectual ability in the low range using the WISC-IV and WAIS-III. *Personality and Individual Differences*, *48*(5), 517-521.

White, F., Livesey, D., & Hayes, B. (2012). *Developmental psychology: From infancy to development*. Frenchs Forest, New South Wales: Pearson Australia.

Willcutt, E. G., Doyle, A. E., Nigg, J. T., Faraone, S. V., & Pennington, B. F. (2005). Validity of the executive function theory of attention-deficit/hyperactivity disorder: a meta-analytic review. *Biological psychiatry*, *57*(11), 1336-1346.

Willcutt, E. G., Petrill, S. A., Wu, S., Boada, R., DeFries, J. C., Olson, R. K., & Pennington, B. F. (2013). Comorbidity between reading disability and math disability: Concurrent psychopathology, functional impairment, and neuropsychological functioning. *Journal of learning disabilities*, *46*(6), 500-516.

World Health Organization (1993). *The ICD-10 Classification of Mental and Behavioural Disorders*. Geneva: WHO.

Zachary, R. A. (1990). Wechsler's intelligence scales: Theoretical and practical considerations. *Journal of Psychoeducational Assessment*, *8*(3), 276-289.

Zacks, J. M. (2008). Neuroimaging studies of mental rotation: A meta-analysis and review. *Journal of cognitive neuroscience*, *20*(1), 1-19.

Zajonc, R. B. (1976). Family Configuration and Intelligence. *Science*, 192(4236), 227-236.

Zajonc, R. B., Markus, H., & Markus, G. B. (1979). The birth order puzzle. *Journal of personality and social psychology*, *37*(8), 1325.

찾아보기

인명

내용

ㄹ

ㅁ

ㅂ

ㅅ

ㅇ

ㅈ

저자 소개

◆ **곽금주**(Kwak Keumjoo)

서울대학교 학사(아동학)
서울대학교 석사(심리학)
George Washington University Ed.S(교육학)
연세대학교 박사(심리학)
현) 서울대학교 심리학과 교수

주요 경력
한국발달심리학회 회장 역임
한국인간발달학회 회장 역임

주요 저서
『현대 심리학의 이해』(4판, 공저, 학지사, 2020)
『K-WISC-V 실시와 채점 지침서』(공저, (주)인싸이트, 2019)
『발달심리학: 아동기를 중심으로』(학지사, 2016)
『여성심리학』(공저, 학지사, 2015)
『영아발달』(공저, 학지사, 2014)

K-WISC-Ⅴ 이해와 해석

Understanding and Analysis of K-WISC-Ⅴ

2021년 4월 20일 1판 1쇄 발행
2023년 9월 20일 1판 5쇄 발행

지은이 • 곽 금 주

펴낸이 • 김 진 환

펴낸곳 • (주) 학지사

04031 서울특별시 마포구 양화로 15길 20 마인드월드빌딩 5층

대표전화 • 02) 330-5114 팩스 • 02) 324-2345

등록번호 • 제313-2006-000265호

홈페이지 • http://www.hakjisa.co.kr
인스타그램 • https://www.instagram.com/hakjisabook

ISBN 978-89-997-2394-0 93180

정가 27,000원